INTO THE
PHILOSOPHY

走 进 哲 学 丛 书

生存论研究

邹诗鹏　著

北京师范大学出版集团
BEIJING NORMAL UNIVERSITY PUBLISHING GROUP
北京师范大学出版社

目　录

彰显哲学生存论

一

许多看起来俗套而流行的学术话题常常没有经过专门的学术清理，"生存论"即是如此。最近这些年来，人们在不同场合提到这一话题，听起来"生存论"俨然是一个内涵明确且学界周知的学术论题。然而，事实上，生存论并没有获得学理层面的深入探讨，其何以能够在当代哲学中彰显出来并成为当代哲学的一大主题，本身就是需要解决的问题。

在当代哲学中，生存论的彰显是当代哲学中已经和正在发生的理论事实。生存论的彰显客观上与当代西方哲学在存在论问题上发生的深刻变化关联在一起。这一变化，体现为人们通常所称的存在论变革或生存论转向，其实质即生存论存在论的开启。在存在论变革之类听起来有些武断的提法背后，其实包含着人们对当代哲学诸多主题转换的认可，并且包含着对当代人类生存实践活动、社会结构以及文化传统当代转型等现实问题的理解与把握，这本身也是当代哲学在存在论意义上的自我理解工作。

这是一个过渡性的时代，哲学家们提出了诸多主题，如人论、文化哲学、生活世界理论、实践哲学、语言哲学，并且看起来在每一个主题后面都存在着一些诸如"……转向"之类的东西，这些转向已足够繁复，乃至于让人"晕头转向"。但不管怎么说，生存论仍然是当代哲学中的一个中心问题，是关涉当代哲学存在论问题时必须研究的问题，是一个在生存主义哲学中成为问题的问题，也是一个其丰富内涵尚未得到开启的开放性的问题。换言之，如果生存论的当代彰显与存在论的变革是如此紧密地关联在一起，那么，弄清生存论彰显的意义与限度，就仍然是一件必要的学术任务。

所谓生存论的彰显，意味着从传统的存在论哲学和认识论哲学向生存论哲学转变的路向。生存论的彰显不只是从存在论直接转变为生存论，在从存在论哲学向认识论哲学的历史性的转换过程中，存在论的独立性已经被取消了。如果把认识论看成关于客观世界的解释理论，那么哲学的成立恰恰是在排除了认识论之后才是可能的，但是一旦这样做，哲学本身也就陷入一种缺乏规范性乃至理性规定性的困境。哲学存在论的使命在于为理性本身提供一种纯粹的支撑，但存在论也无法摆脱来自认识论在形式上的束缚。这种情况在认识论成为一种独立的哲学形态以后变得更为明显。如果说，在存在论哲学形态中，认识论还是依附性的，那么，在认识论形态中，恰恰出现了一个倒置：存在论成为认识论的依附性理论。存在论必然是与认识论的理论形式连接在一起的，存在概念的实体性与超验性，包括存在论的理论结构，都被纳入认识论的理论表达式中。其后果是存在论本来应有的生存论蕴含被抽掉了。因此，从理论历史的意义上说，哲学生存论的彰显必然要将存在论从认识论的束缚中解放出来。存在论是通过对认识论的"否定之否定"环节从而还原为或提升为生存论的。当然，生存论路向也不只是从认识论到生存论的领域转换，因为认识论若脱离与其关联的存在论基础，只不过是哲学的一个分支领域。当代哲学生存论的一个困境就在于过分割裂生存论与认识论的应有关联，从而使对生存论的理解以及自我理解陷入一种非理性的、相对主义的甚至是虚无主义的困境。认识论哲学是指一种哲学的历史形态，这是一种与存在论哲学成为一体、并由此体现着存在论哲学的完备理论结构的历史形态（在某种意义上说，超验存在论正是通过认识论哲学显现出来的）。不过，生存论转向对认识论哲学的超越，并不意味着否弃认识论，至少，认识论作为一种中介和理解手段，对于哲学生存论的阐释仍然具有至关重要的方法论意义。因此，在从存在论哲学和认识论哲学向生存论哲学的转换过程中，认识论发挥着一种扬弃功能。这意味着当代哲学转型并不必然地存在着认识论与生存论的断裂，如果说当代哲学生存论强化了这种断裂的话，那么在生存论的历史性的建构过程中将包含着必要的知识论的旨向。也只有这样，生存论哲学才不至于流于某种前逻辑的、前语言的甚至是神秘的状态，而是得到一种历史性的和合理性的理解，并获得一种稳定的当代哲学资格。

　　哲学生存论的当代彰显包含三方面内容：已经彰显出来的，正在或尚待彰显的，始终处于未竟或遮蔽状态的。我们的研究工作将是通过清理第一个方面的内容，从而将探讨重点引入后两个方面。对于当代哲学亟待实现的自我理解而言，这两个问题是最紧要地关联在一起的。

已经彰显出来的哲学生存论无疑是与生存主义哲学联系在一起的。克尔凯郭尔是生存主义意义上的"生存论转向（Existential Turn）"的肇端者。在克尔凯郭尔看来，苏格拉底是生存哲学家的典范，但是，自柏拉图开始的西方理性主义传统把与生存融合一体的思想"提升"为"哲学"。要还原哲学的精神本性，就必须强调孤独个体生存的意义及体验状况，并通过伦理学途径导向宗教信仰。克尔凯郭尔的弱小无助的孤独个体与叔本华的非理性的生存意志是相通的，这也正是尼采所要超越的。尼采强调：只有超人才能支配自己的意志并成为生存个体，生存个体的生命实现过程可能是悲剧性的，但绝不是悲观的。尼采是在彻底反叛西方传统的理性主义精神的前提下提出其"强力意志"的，这种努力也得到了包括生命哲学、哲学人类学、价值哲学以及生活世界现象学等哲学派别在内的现代人本主义思潮的强势影响。现代人本主义的核心即在于生命的自觉与理解，对生命的自觉与理解正是当代文化的自我肯定方式，并由此构成对传统意识哲学的反叛。海德格尔则把这种文化精神的反叛与自觉深化到存在论的批判与建构中，海德格尔通过此在展开的基本存在论，可以看成生存主义哲学视野内生存论努力的成果形式。但是，海德格尔本人的思想转变以及对过分强化感性个体生存的生存主义哲学的反感与厌倦也表明，基本存在论也是生存主义哲学的终结。不过，这种看起来属于定论式的观点并不是没有问题的。确实，"终结"很容易想当然地被看成"结束"或"中断"，而生存主义也很容易被看成整个当代哲学生存论彰显活动的全部努力，但思想的进程表明这恰恰是对哲学生存论的严重误解。"终结"并非"结束"与"中断"，因为导致主题终结的问题并没有消失，而是以变化了的形式继续存在并向新的方向敞开。终结意味着问题的转移或转换，海德格尔的思想转变也可以表象性地看成从此在生存论向语言生存论的转移。由此，对此在个体生存结构的感性阐释转入阐解和探寻语言生存论之堂奥，整个当代哲学的生存论努力，则在强大的语言学哲学背景下以及哲学精神的相对主义处境下艰难前行，并展示出哲学发展的可能方向。

二

生存论的当代彰显仍然处于未完成状态。一方面，生存论并不只是生存主义哲学的专利，但包括生存主义在内的现代人本主义对生存论仍然发生着潜在的和持续性的影响，已经成为传统的当代哲学运动与思潮中也都蕴含着生存论的努力与方向，亟待清理和深化。另一方面，正在或尚待彰显的生存论显形又滞留于当代哲学、特别是当代语言哲学的复杂状况中，而且，当下时代病态的精神状况对哲学生存论之路显然产生了负面的并且也是十分复杂的影响。

已经开显的生存论主要是通过生存主义哲学表达出来的，但却不能局限于和停留于生存主义之一维，生存主义与同一时期关注人的生存的其他人本主义思潮的内在关联仍然需要认真梳理。从某种程度上说，生存主义正是当代西方哲学为整个哲学生存论布下的陷阱，生存论与生存主义哲学的命运被拴在了一起，而生存主义哲学的自暴自弃也给人留下一个强烈印象：生存论的个体化之路也由此不了了之，以至于从生存主义向语言哲学的转换被不言而喻地看成生存论路向的终结。事实上，生存主义向语言哲学的转折并不是转换而是转移，转换意味着从主题到内涵的转变，而转移则意味着主题并没有发生变化，变化的只是思考或解决主题的范式与方法。生存主义与语言哲学的主题都是生存，生存主义关心的是生存的个体与感性层面，而语言哲学关心的，则是经过感性与非理性洗礼后生存的理性化重构与回复活动，是生存的理性化、公共性及其蕴含的可能的历史问题。生存主义与语言哲学都旨在摆脱和超越传统意识哲学与认识论哲学，生存主义力图达到一种新的感受与表达形式，语言哲学则是力图形成一种新的哲学分析与工作形式。在生存论哲学的进程中，生存主义标示着生存论的已经完成了的道路，而语言哲学表现的则是尚待开启的生存论道路，语言哲学承继着较生存主义而言更为深远的历史使命，情形也更为复杂。语言学哲学的兴起表明哲学的性质与功用已经发生了历史性的转换，但语言学哲学本身的前提尚须通过生存论加以说明。

由此观之，当代语言哲学本身就存在着一条通向生存哲学的思想之路。从很大程度上说，语言哲学是技术性的哲学，因而也是技术化时代的主导哲学。然而就像语言在文化体系中并没有摆脱工具性一样，语言哲学也成为工具化特征最为明显的哲学形式。这注定了语言哲学以及以语言哲学为主要表现方式的当代哲学的无根基性。这可以从三个方面来看。第一，当代哲学对语言的工具化态度指向的是生活形式的真实性，但是，语言在表征技术化或图像化的生活形式与日常生活形式时，注定要陷入某种悖论。这种悖论深刻地揭示了，语言不可能破解或消弭生活目标与生活样式之间的巨大冲突。而且，相对于英美分析哲学而言，对生存论哲学影响更为直接的是现象学传统中的语言哲学，但后者所依赖的并不是表征当代人类生活形式的当代语言，而是欧洲语言的古希腊源头，这种语言的"返祖"现象部分地表明当代哲学试图在寻求一种肯定当代生活的语言方式。然而，对于无法表征当代生活的语言的依赖（包括对语言的沉默功能的诉求）现象同样也表明，当代生存论哲学并没有寻找到其合理的历史性方向。

第二，当代语言哲学深刻地揭示出，语言是存在的家，而生存论的丰富性也寓于语言之中，但语言的可表达性、作为语言的在场形式的文字以及声音的延异也不断破解着生存论意蕴。语言的自身反讽现象表明语言只是生存论的表达形式，而语言对生存论的解释功能意味着语言只不过是理解活动的表现形式，语言及其表达的反讽性表征着生存的悖论性。

第三，更重要的在于，语言学哲学的兴起是置身于并且同一于强势的后现代相对主义背景下的，语言的反讽、延异以及复杂的悖论性，正是与这种相对主义的思想背景联系在一起的。后现代哲学强调的个人真实性显然是生存主义哲学感性个体观的进一步扩展，但个人真实性并不是真实的个体，而是标志着个人真实性的话语符码，对个人真实性的强调旨在强化和推进解构主义策略。也就是说，个人真实性并不是作为一种乌托邦式的个人主义提出来的，而是带出并强化了生活世界的话语契机。个人真实性是生活世界话语的谜底，但却是无须揭穿的谜底，其原因就在于：生活世界话语本身就是无底的谜面。不言而喻，发轫于晚期胡塞尔哲学并通过后现代哲学得以强势推进的生活世界理论，已在生存主义和语言哲学之后大大地深化和推进了生存论哲学。不过，正是在后现代哲学不断还原与回复的非理论的语境下，生活世界理论陷入一种散漫、空疏、缺乏理论建构的困境之中，生活世界的话语膨胀与幻相遮蔽了理论的无根状态。事实上，在后现代哲学浓厚的相对主义以及虚无主义的思想状况下，生存论哲学所蕴含的必要的理论建构本身就会被斥之为基础主义或另一种"最后在场的形而上学"而受到颠覆。

三

生存论在当代哲学中的彰显，作为哲学存在论变革的表现方式，可以从如下三个方面来理解。

1. 存在论变革本身所依托并且反过来又必然体现出来的生存方式与生存观念的历史性转变

任何一种哲学存在论形式都是由一定的生存方式与生存观念决定的，而人类生存方式与生存观念的当代转变，必然要求实现哲学存在论形式的当代转换。当代人类生存方式正在经历从绝对匮乏的生存状态向相对匮乏的生存状态的转换，绝对匮乏表现在物质生活资料的匮乏以及由此确定的人们精神生活方式的单一性与低品质性。相对匮乏则表现在相对富裕的物质生活难以转化为富有内涵与自我肯定性的精神生活样式，多样性的精神生活无法遮蔽精神深处的生存焦虑与困惑。绝对匮乏时代的精神特征是超验的形而上学宰制着精神理念，相对匮乏状态是新的精神生活样式的尚待生成的困惑与焦虑状态，同时也意味着人们丰富而又散漫的感性生活正在趋向于形成一种整体性的和理性的生存论理解形式。从绝对匮乏状态到相对匮乏状态，反映在哲学存在论上，正是从超验的、实体性的抽象存在论向感性的、历史性的生存论存在论的跃迁。因而，转换生存观念，提升人的生命质量与生存意义，从把人的生存还原为一般生命物的流俗生存观念走向注重人生存的超越性与人本性的生存论的自觉与理论建构，从被近代性强化了的人类中心主义走向注重人、自然、社会相互协调统一的成熟的人类中心主义，便成为当代哲学存在论变革的题中应有之义。实际上，发展主题从传统的唯经济发展观向可持续发展观的转变，就内在地要求实现对于注重生命质量与生活意义、强调人与自然和谐共生的新型生存方式的哲学理解。可持续发展观不仅是人类社会运作模式的自主性和整体性的变革，而且必然还包含并要求具体体现为人类社会诸主体的生存观念的重大变革。这就是从那种根深蒂固的动物性的、重占有的片面的生存观念转变为注重生存意义与生命质量，强调人、社会、自然的全面协调发展的生存观念，这是一种具有自我反思、约束及调节机制与效应的属人的生存观念。当然，生存观的上述转变必然是哲学观的历史性转变的反映。传统存在论得以确立起来的超验性基础与实体主义思维方式的必然终结实质性地敞开了哲学理性与生存的根本性关联，这一关联使形而上学脱离了超验存在论和实体认识论的束缚，通过融入生活世界从而培植生活形而上学的内涵，神本的和物本的哲学还原成了人的哲学，生存观念正在实现从传统的超验实存观和自然主义实存观，向高扬人的存在的超越性与责任意识的属人的生存观念的转变。

2. 从哲学的传统理念及语言表述系统中潜存着的可能性所开展的历史的延续性与突变性

传统的生命力在于其原创性与杂多性蕴含、生成并影响着后世文化的一切可能的前进方向,而哲学特别是西方哲学的传统恰恰又是根植于以系词为中心的存在论话语系统中的。结合现有的一些古希腊哲学及语言学研究成果,我们发现,在古老的传统中,存在论与生存论同一于生命理论,因而,当代生存论哲学关于生存的词义从"实存"含义向"自身超越"含义的转换或提升,其实也已经以原初而又丰富的语用及语义形式蕴含于古希腊系词中了。在此,所谓生存论哲学蕴含着一项向古老的哲学传统回复的努力,但这种努力绝不能仅仅理解为向某种词义表达的回复,而是依循着并借助这种词源方向,向一种文化的根基以及由此开显出来的文化系统的多样性与杂糅性回复。就义理而言,生存论哲学并不意味着抛弃西方哲学传统,因为生存论作为一项持续性的努力本身就是与古希腊哲学的努斯精神、中世纪基督教哲学的非理性主义生命体验、文艺复兴运动的人文主义以及深刻地影响着德国古典哲学及狂飙运动等潜存于传统西方哲学中的浪漫主义联系在一起的。就此而言,当代生存论哲学意味着通过生存论这一新的阐释模式开掘和复活西方哲学传统中的努斯精神。

然而,生存论哲学毕竟蕴含着哲学样态在现当代的一种转变,转变仍是本书强化的关键,从这一意义而言,将"存在(Being)"诠释为"生存(Existence)"、将"存在论(Ontology)"诠释为"生存论(Theory of Existence)",进而揭示和强化生存与存在的人本内涵,本身也表达了作者在精神信仰上的无神论立场。我个人坚信,生存论的彰显,在时代精神以及信仰层面，必然标示着从有神论向无神论的历史性的转变。在后世西方哲学的超验性和实体性的传统中，作为实存的生存与作为超验形式的存在是分离的，但超验的、实体性的存在论及其话语系统其实限制了生存论的自觉与理论建构。因而，仅仅作为"自身同一"的"直接性存在"的"实存"（existence），是无法构成一种开放性的解释系统的，实存概念的尖锐的悖论性被裹挟于圆熟中道的"哲学体系"中，其中潜存的活生生的生命力被提升为概念运演过程的整体的生命性。作为人的生命形式的实存，并没有成为个体的活生生的生命样式，甚至从"实存"中并没有区分出人的生存与一般生命物的生存。就此而言，从传统哲学的实存论向当代哲学的生存论的转换和提升，本身就是从传统哲学的存在论哲学及认识论哲学向当代生存论哲学样态转换的关键。

3. 生存论本身所要超越的文化传统以及蕴含的历史的人类性方向

当代西方生存论哲学的努力同样也陷入了后现代相对主义与虚无主义困境。一般而言，相对主义与虚无主义属于西方文化按照其自身固有的逻辑周期性发作的精神现象，然而，相对主义与虚无主义的挥之不去倒应该看成西方哲学与文化的危相。其实质是，西方哲学与文化按其所谓"内在的"的历史逻辑，普遍化的"历史"已经陷入了困境。生存论哲学，作为表征哲学存在论变革的哲学样式，必然承担起解释文化传统当代转换的思想使命。文化传统的当代转换，其主体是人类多样化的主体，既包括非西方，也包括西方。通过对当代西方生存论哲学的剖析与反思，我们发现：人类整体的生存论建构活动需要充分地借助西方资源，但绝不是向西方的简单趋同。后现代哲学作为当代西方文化的反讽与反叛已经表明了这一点，后现代哲学理性的建构，实质上是对西方中心主义的反叛，它总是要求回归到地平线，其潜在的目标正是人类文化的异质多样性。这种异质多样性绝不是仅仅通过理论的方式建构起来的，而是通过人的历史实践活动呈现出来的。因而，在生存论哲学所承载着的文化传统的现当代转换的背景内，必然还蕴含着"非西方"（这是一个不得已的所指）文化传统及其生存样式的当代意义及其转换。

四

对当代西方生存论哲学的清理，必然蕴含着对西方中心主义的批判与拆解。正是通过这一工作，我们有理由建立起马克思实践哲学与当代西方生存论哲学的批判性和建设性的关联。马克思实践哲学是生成于西方哲学传统、但又通过内在地超越西方哲学传统从而蕴含了一种人类性的哲学方向，马克思实践哲学对当代历史的作用既体现在对西方社会发展的警识、治疗与调整，也体现在对非西方文化传统的当代转换的积极而强有力的影响和主导，马克思的实践哲学是世界历史真正走向世界历史时代的主导哲学。而要走出当代西方生存论哲学的困境，也应当从马克思实践哲学中寻求资源与智慧。

把生存论哲学的起点确立为生存主义哲学，这是就已经呈现出来的内涵以及作为现代哲学开端的强烈的非理性主义氛围而言的。事实上，在更为广阔的思想文化与社会历史背景下，相对于当代哲学的历史性的理性转换而言，当代生存论哲学的起点应当是马克思的实践哲学，包括通过马克思实践哲学获得理解的生存哲学。哲学在当代还将一直持续下去，这意味着马克思实践哲学对当代生存论哲学的方向性意义还远远没有开显出来。但是，由于多方面的原因，马克思实践哲学与包括当代西方生存论哲学、语言哲学以及后现代哲学在内的整个当代西方哲学的批判性和建设性的对话关系并没有建立起来。尽管生存论哲学也潜存着一条趋向马克思实践哲学的道路，但马克思实践哲学对生存论哲学的实际影响仍然显得不足。从很大程度上说，当代西方生存论哲学最后陷入相对主义困境，与他们没有充分重视马克思实践哲学是有直接关系的。

马克思实践哲学作为当代哲学变革的积极成果，直接蕴含着并要求实现哲学存在论形式的当代变革。传统哲学的超验的、实体性的抽象存在论形式即马克思实践哲学所要批判和超越的对象，而当代哲学存在论变革所要达到的目标，即感性的、历史性的生存论存在论正是马克思实践哲学的题中应有之义。也只有在马克思实践哲学中，当代哲学存在论变革的目标及意义才能得到合理的阐释与理解。当代哲学对生存论的追求，并不只是哲学学科内部的变化，而是在当代人类生存方式已经发生深刻变化的情况下，作为时代精神的哲学应当达到的理论自觉。新技术革命、知识社会、晚期资本主义，正在深刻地影响和改变着人类的生活，与此同时，各种矛盾与冲突呈日益加剧之势。这是一个呼唤智慧和理性并要求诉诸实践的时代。西方哲学、当代西方哲学以及非西方的文化传统也许都缺乏这样一种包容性和建设性的智慧与理性。正是在这一意义上，我们认为，作为内在地超越西方哲学包括当代西方哲学、并参与和引导着非西方文化传统的创造性转换因而蕴含着人类关怀的马克思的实践生存论思想，对于当代生存论哲学将产生深刻的引导作用。相比之下，马克思实践哲学仍然是这一历史时代的主导精神，也只有不断发展着的、与时俱进的马克思实践哲学方能达到对当代生存论哲学的理论自觉。

马克思实践哲学中蕴含的生存论理论与结构，我们称为实践—生存论。实践—生存论强调人的实践活动的主体超越性、感性现实性与社会历史性，强调人通过自身的历史实践活动生成和创造人与世界的生存论统一，包括个体性与整体性的统一、理性与非理性的统一、对象性与非对象性的统一、主体性与主体间性的统一、自由与自然的统一、超越性与责任性的统一，通过社会化所实现的人的自然化与自然的人化以及人的社会化与社会建制的合人性化的统一。实践—生存论的理论结构即人、自然、社会之间开放的、互动的和历史性的生命活动结构，相对于生活世界的散漫性与非理论性的特征而言，实践—生存论构成了一种理性的和历史性的生存论存在论建构，是生活世界的形而上学理论。

实践—生存论并不是马克思已经提出的理论，而是我们通过深入剖析当代人类实践活动并通过解读马克思哲学从而提升出来的理论建构。这一理论建构并不是直接来自于马克思文本，但却是深刻地蕴含于马克思实践哲学之中，是马克思哲学当代性的理论表达形式，同时也是马克思实践哲学富于自我批判与超越精神的理论表现形式。马克思哲学的渗透和参与，也将对治疗和走出这一时代的病态的精神状况产生积极作用。

实践—生存论之所以成为当代生存论哲学的方向，也在于它出示了生存论的方向。当代西方的生存论哲学只能局限于西方哲学背景内，而实践—生存论的理论视野则是当代人类的普遍交往与对话活动，是一个充满差异甚至冲突的当代人类的交往与对话活动。与当代西方哲学总是局限于感性个体或语言不同，实践—生存论的理论建构要求把哲学范式扩展到实践与文化范式。通过人类自我解放的历史实践活动把握当代人类文化与社会生活的本质，这使得生存论获得了广泛而深刻的理解与批判性，从而在形成人类的多样性的文化样式上真正有所作为。

当代哲学的生存论在西方哲学的主导性影响下已经走过了一个多世纪，期间经历了无数次看起来徒劳无功的反复与折腾。但是，这一历程包括其间经历的反复与折腾其实都是有益的，这些努力不断地趋向形成成熟健全的生存理解。生存论哲学或许并不存在一个定限的和可量化的目标与尺度，那些确定了定限目标和量化尺度的思想企图，必然要遭遇自我解构与淘汰。作为人自我解放的根本理论，实践—生存论显然不属于这类定限的目标，而是蕴含了人自身实践活动的无限可能性与方向，因而对于人自身的生存实践活动将始终起着一种理性的引导作用。实践—生存论设定了人生存活动的丰富性与无限可能性，这种必要的乌托邦设定可以看作当代哲学的存在论承诺，但却根源于人自身生存实践活动不断自我超越的本性。实践—生存论是人类实践活动的本质结构与方向。

实践—生存论的理论建构最恰当地反映了生存论的未竟性。生存论很难说成是一种定限的目标，生存论的彰显也不只是属于课题性的任务，而是思想的、历史性的任务，它在本质上是实践问题与历史问题。只要人的生存实践活动尚处于困境之中，生存论就必然处于未竟状态，然而，就人类始终处于一种未完成的历史性的生成状态而言，生存论的未竟性恰恰意味着其开放性与生成性。按照马克思的实践—生存论思想，生存论的彰显绝不只是"哲学"内部的事情，而是人之为人的历史性的生成过程。人本身始终处于不断生成的未完成状态，而人的生存必然是历史性地创造着和生成着、同时又不可能历史地完成的难题。而生存论哲学的未竟状态也不是源于理论的未完成性，而是源自人类自身实践活动的历史的未完成性与开放性。生存论的彰显本质上是实践问题与历史问题，是对历史与实践活动中的人的自我认识与实现问题。可以把实践—生存论看成当代生存论哲学的目标，但这并不是一个定限的和可量化的目标与尺度，而恰恰是标示着人的可能性与未完成性的目标，是标示着生存论彰显之历史性和人类性方向的目标。当西方哲学仅仅从理论上理解生存论的未完成性、因而使问题本身陷入理论困境之时，马克思的实践—生存论思想却开显了一条摆脱理论困境、内在地理解当代人类生存方式的路向，并由此提供了一种克服人类生存困境的信念支撑。如同生存论将始终处于一种未竟状态并由此预示着人生存的执着的超越与丰富性，马克思实践哲学也由于执着的生存论关怀与追求从而显示其不断延伸的当代性意义。

第一章

存在论及"生存"词义考辨

　　清理当代哲学生存论，一个方便的同时也是十分必要的入口是对与生存相关的词语予以梳理，生存论，在词源上首先就需要从存在论入手，但这是一种颇为复杂的工作。我们知道，存在论话语系统本身就非常复杂，而加上"生存"话语之后看起来更复杂。不过，值得注意的是，无论在西方语言系统中，还是在汉语言表达中，存在论话语的复杂性本身就是与生存话语联系在一起的。因此，把两者结合在一起考虑，或许正是使问题本身得到清理的恰当方式。

　　人们常常发现，对一些基本概念的混淆，导致了无边无际的争论，甚至一些堂皇的理论结构都是建立在这种混淆之上的。对于哲学学科特别是汉语化的哲学学科而言，情况还要复杂一些。作为外来的西方哲学术语在汉语化过程中，必然要与中国传统语言的表达方式相协调，而这本身就可能是对西方哲学概念内涵改造。但许多学者仍然强调在西学术语的汉译过程中应尽量保持其原味。这样一来，我们发现，即使是一些专业哲学研究人士，也常常无可奈何地认可某种复杂的汉译状况。比如 Ontology 这一哲学理论的基本范畴，就存在着"存在论""本体论""存有论"等多种译法，而这多种译法的汉语意味并不一致。又如存在论的基本范畴 to be 或 Being，在哲学上常译为"存在""有"或"是"，联合国教科文组织出版的一本书 Learning to Be 则被翻译为"学会生存"。我们知道，Existence 一词通常被译为"生存"，然而，即使是 Being 频繁出现的哲学著作中，Existence 也常常译为存在。实际上，Existence 一直存在"生存""实存""存在"等多种译法，而且即使是在同一部书中，也是前后不一。Existence 译为"生存"，但以它为词根的 Existentialism 则堂而皇之地译为"存在主义"，等等，学术界似乎已很难就上述复杂的汉译问题形成共识。不过，要研究生存论，就必须要对这种复杂的存在论话语系统作一种基本的梳理和规定。这一工作有两个方面的意义。一是理清存在话语系统（to be，to on，Being，esse）及存在论话语系统（Ontology，Ousiology），从术语的规范上为进一步的研究确立一个可以操作的话语平台；二是对"生存"（Existence）一词进行一种词源学及语用方面的考察，这种考察既在于揭示生存与存在论话语系统的演进之间的内在关系，又在于揭示生存词义的演进与当代生存论哲学兴起的内在联系。而"存在论"与"生存"的汉译问题，则是围绕着上述主题必须展开的问题。

一、"存在论(Ontology)"格义

生存与生存论必然是置身于存在及存在论的话语背景中的，而且，生存与生存论问题恰恰是通过对存在论话语系统的清理引申出来的。但我们首先就需要面对一个不仅自身语义极其复杂，而且汉译语境看起来更为繁杂的存在论话语系统。由于生存论一直是与存在论话语系统纠缠混杂在一起的，以致当提到生存论时，人们差不多总会有意无意地与自己熟悉的存在论画等号。① 事实上，无论是作为存在论根源的生存论，还是作为存在论之"终结"的生存论，都是有别于存在论的，这种差别恰恰是随着存在论的不断理论化和抽象化而逐渐形成的。从这个意义上说，对存在论话语系统地清理和分辨实际上也意味着敞开并确定生存论的语义关联。

存在论(Ontology)是哲学的核心理论，顾名思义，存在论即关于"存在"的理论，是关于存在是什么以及存在如何存在的理论。存在论虽然是在 17 世纪才由一位德国经院学者郭克兰纽命名并由沃尔夫加以系统化，但就存在论这一学问而言，则是早已由古希腊哲学确定了基本框

---

① 具体又分两种情形。一种情形是，多年以来，汉语学术界对"Existence"(生存)一直习惯地翻译为"存在"，进而将"存在论"望文生义地看成"生存论"。另一种情形是，基于对中国文化传统的体认将"存在论"作了"生存论"的理解，但却忽视了西方传统中二者在形式、词源以及义理上的差别。

架及理论内容的，存在论本身就是古希腊哲学的典范形态。①

但这并不表明 Ontology 的含义是确定无疑的。古希腊哲学的 Ontology 并不是一开始就确立起来的，更不是一劳永逸的理论体系。当我们面对存在论理论时，首先要面对的是这一理论本身以及在文化传播过程中的复杂性。如果说任何一种哲学观都包含着相应的 Ontology，那么对于主张不断追求理论超越的西方哲学传统来说，后来的西方哲学显然有理由构造与古希腊哲学的 Ontology 有所突破甚或根本不同的 Ontology 结构。Ontology 的复杂性从历史角度上说源于其核心概念 to on(to be)在西方思想演进中的复杂性，从本质上说则是源于哲学家们不同的哲学观念，不同的哲学观念不过是各自不同的生存论(或隐蔽的或自明的、或有神论的或无神论的)的理论表达形式。这种状况必然导致人们对 Ontology 的不同理解，所谓存在论差异其实是一直就存在的，而存在论差异的根源处或许正是人们在进行存在论的理论构造时很少去考虑的生存论差异。

---

① 虽然对存在的研究是巴门尼德以后古希腊哲学研究的中心问题，但是当时这种探讨并没有固定的名称，亚里士多德把这类问题含混地称为"第一哲学"。直到 1613 年，郭克兰纽才在他用拉丁文编写的《哲学辞典》中首次提出专门的 ontologia，与"存在的哲学"(Philosophia de ente)同义。随后，德国哲学家卡洛维斯、洛布科维茨以及克劳贝格等相继把"ontologia"看成与"形而上学"(metaphysics)或"存在智慧学"(ontosophia)同义的词(参见刘立群：《超越西方思想》，39 页，北京，社会科学文献出版社，2000)。后来，沃尔夫通过其著名的哲学影响从而将 ontologia 推广为哲学的专门术语。沃尔夫把哲学分为理论哲学和实践哲学两个部分，其中理论哲学再分为逻辑学和形而上学，而形而上学再细分为 ontologia、宇宙论、理性学与自然神学，其中，ontologia 是一门基础性的和相对独立的学科，从实际内容上看，它不过是将通过波埃修斯等人编纂整理过的亚里士多德的"第一哲学"的学科化，其中的基本理论结构则早在亚里士多德那里就已经形成了。

更为复杂的是，由于 Ontology 在文化传播中与异文化传统及其语言习惯的冲突、融汇与涵化，一方面使得在西方哲学那里本就十分复杂的 Ontology 的异文化翻译更为复杂，另一方面，文化传播的结果则使得 Ontology 被赋予了越来越多的异文化内涵，任何一种形成一定语言习惯的误解都有其存在的合理性并值得异文化所尊重和珍惜。Ontology 的汉译问题就充分地表明了这一点。近二百年西学东渐的学术传播史与汇通史已经构成丰富的汉语存在论话语系统。实际上，要进入生存论，就必须要进入汉语言语境中的存在论，而这本身又必然需要对 Ontology 复杂的汉译问题有一个基本的区分与把握。

近百年来，Ontology 先后被译为"物性学""万有学"（卫礼贤）、"实体论"（陈大齐）、"本体论"（樊炳清）、"本体学"（常守义）、"本体问题"（刘强）、"万有论"（陈康）、"凡有论"、"至有论"（张君劢）、"存有论"（唐君毅）、"有根论"（张岱年），"翁陀罗己"（音译，陈康），"是论"（陈康、汪子嵩、王太庆等）以及"是态论"（陈康）等。① 实际上，Ontology 到现在为止仍没有形成一种"统一"的译法，看样子也不太可能形成统一意见了。

上述 Ontology 的不同译法大体上可归为三类：一是从"存在"确定 Ontology；二是以"有"来解释 Ontology；三是从"是"本身来规定 Ontology。一般而言，前两类译法是最常见的而且已经形成了相应的汉语表达习惯。但要弄清楚 Ontology 在西方传统中的本义，恐怕还需要充分考虑第三类译法。

---

① 参见刘立群：《超越西方思想》，36 页，北京，社会科学文献出版社，2000。

如前所述，Ontology 的汉译问题并非单纯的语言翻译问题，而是直接关联于存在论的深层次的学理及义理问题。从某种程度上说，上述三种分类基本上反映出了西方 Ontology 理论的三类典型。大体说来，巴门尼德、柏拉图及亚里士多德所代表的古希腊哲学所关注的恐怕主要还是系词意义上的"是"，因而那时的存在论主要应看成"是论"；以黑格尔为代表的德国古典哲学所思考的则是存在论状态，因而译为"有论"及"存有论"似更合理一些；至于海德格尔等现代哲学家们则是试图从生存论意义上揭示并敞开"存在"（Sein，简称"在"），因而他们所追求的则是一个较传统哲学的 Ontology 来说更为"原始"或"基础"的"生存论"。另外则是 Ontology 在中国化的过程中与中国文化传统的汇通，中国文化传统丰富的生存论底蕴及其存有意识，使得中国学人自觉或不自觉地从"存在"或"有"的意义上去理解 Ontology，中国文化及语言传统不太可能从"本原"（逻辑先在性）意义理解 Ontology。所谓本原不过就是承担着事物及世界之"本源"。事实上，人们更多地倾向于用"存在论""有论""存有论""万有论""有根论"来译 Ontology，这种译法至今仍是各地区学界的主导译法，这种状况也许部分地与作为马克思哲学背景的黑格尔哲学的重大影响有关，但更主要的缘由还是自身的文化及语言传统。

尽管不同的人基于不同的哲学传统及哲学观，从而有理由在不同的意义上使用存在论，但存在论在古希腊哲学中的相对确定的论域规定还是值得重视的，它至少可以使我们获得一种进入并反省存在论的基本样式。值得注意的是，近些年来，随着西方哲学中国化在学术质量方面的提高，尤其是随着人们对陈康先生的相关思想的重视以及对古希腊语

eimi 之词义的深入把握，已有越来越多的学者主张将 to be 或 to on 直接翻译为“是”，而将 Ontology 直接翻译为“是论”或“是态论”①。Ontology 的核心范畴即希腊语 On（拉丁文 ens，英文 Being，德文 Sein），on 则是希腊语 eimi 的中性分词形式，eimi 乃希腊语中单数第一人称的系词，相当于英语“I am”，意为“依靠自己的力量能运动、生活和存在”②。就本义而言，On 准确些倒应译为“是”，就这个意义而言，从“是论”（及“是态论”）的角度理解“存在论”（Ontology）虽然不太符合中文的构词法及用语习惯，但就内涵而言，却更符合西方哲学存在论之追求判断与逻辑可靠性的理论本性。单纯就词义而言，把 On 译为“是”，把“Ontology”译为“是论”其实是准确的，古汉语中确实没有判断词“是”，但“是”在古汉语中的意思确实是指实实在在地存在，如“明辨是非”、“实事求是”中的“是”。现代汉语已经把“是”当成了一个判断词并使得表达日常化了，但如果同时揉进一些古汉语的用法与意义，那么我们基本上还是可以用“是论”来较为准确地理解和表达“Ontology”。至于用语习惯，本身就是在不断的运用中形成的，叫的人多了，自然就形成了习惯，只不过从目前的情形看，“Ontology”译为存在论还是大家

---

① 参见 1. 赵敦华：《“是”、“在”、“有”的形而上学之辩》，载《学人》（第四辑），南京，江苏文艺出版社，1998。2. 王太庆：《我们怎样认识西方人的“是”？》，同上书。3. 余纪元：《亚里士多德论 ON》，载《哲学研究》，1995(4)。4. 王路：《如何理解“存在”？》，载《哲学研究》，1997(7)。5. 汪子嵩、王太庆：《关于“存在”和“是”》，载《复旦学报》，2000(1)。6. 萧诗美：《西方哲学的 Being 只能从是去理解》，载《武汉大学学报》，2000(1)；《“是态论”：一个值得推荐的译名》，载《场与有：中外哲学的比较与融通》（四），武汉，武汉大学出版社，1997。

② 汪子嵩等编：《希腊哲学史》第 1 卷，610 页，北京，人民出版社，1997。

都能够接受的。

Ontology 最常见并已经形成了相应的语言习惯的汉译仍然是"本体论"。不过，越来越多的学者强调不应该把 Ontology 译为"本体论"。一是因为在汉语中"本体"的含义是指"本来的状态及状况"，更为重要的则是因为在成就了系统的存在论学说的古希腊亚里士多德哲学中，作为研究其十范畴之首（"ousia"）的 ousiology 更有理由称之为"本体论"。

Ousia，是 ousa 的一个名词，ousa 乃希腊文表达第一人称单数的"是"（eimi）的阴性分词形式。ousa 在巴门尼德那里尚无特殊意义，在柏拉图对话中，出现了 ousia，意指"与可感事物、与非存在相对立的真实存在，即永不变灭的可知世界的存在"①，其意与 idee 直接同一。亚里士多德则把 ousia 列为十范畴之首，意为"基质""实是"或"正是其是"，指实际存在的可感事物，其意与柏拉图在很大程度上是相左的。ousia应包含两方面含义，一是指载体、基质，另一含义不好用一汉语词汇表达或转译，意为"某物为某物的自身规定性"，汉语译为"实体"，仔细琢磨起来也只是表达了第一层含义，好在经过百余年的西学化过程，今天在专业语境中，人们基本上都认同了"实体"作为纯粹概念的自身规定的含义。对于亚里士多德而言，ousia 必定是一种词义的规定性，如何判断 ousia 是否能够成为终极存在或实体，关键就要"看它是不是只能作判断句的主词（所言者），而不能作谓词（去言者）"②。这样一来，"ousia"

① 参见颜一：《实体（ousia）是什么？》，载《世界哲学》，2002(2)。
② 张祥龙：《本体论为何是诠释学》，载《从现象学到孔夫子》，100 页，北京，商务印书馆，2001。

从语用上就先行确定了判断的主词进而构成了存在论的依托。后来，在拉丁文中，ousia 译为 essentia，在公元 5 世纪波埃修斯则进一步将该词译为 substantia(英译为 substance)，后人翻译为实体、本体，我们经常译为物质(不过是指那种起到世界支撑作用的"具体可感的实在的物体")。把亚里士多德的 ousia 译为 substantia，在某种程度上也强化了亚里士多德与柏拉图在 ousia 理解上的差异。柏拉图的 ousia 强调的是"普遍"，是事物的一切普遍性，而亚里士多德的 ousia 强调的则是每个事物都有其自身个别性，其实二者仍然还有相通的地方，柏拉图强调的是共性的普遍性，而亚里士多德则是个性的普遍性，两者之所以从语义上被截然分开，恰恰是由于人们把亚里士多德的 ousia 看成具体的个别物，而这也正是后文所谓"实存物(exsistere)"从"存在(to be)"分化出来的词源学上的重要渊源之一。其实，ousia 译为 substance 本身就很成问题，源自拉丁文 hypostaisis 的 substance，其意正是"在下面站着或支撑着的东西"，但这层含义只是转达了 ousia 的表达"载体"或"基质"的第一层含义，而第二层含义却没有得到表达。已有不少学者提出用英文 entity 或词组 real thing 来翻译和理解 ousia，颇有道理①。

其实，把"Substance"译为"物质"也是有问题的，现在所谓"物质"(Matter)在西方哲学传统中源于亚里士多德所谓"质料"(hyle)，"hyle"是最早的物质概念②。一些亚里士多德专家(如吴寿彭)也将 hyle 译为"物质"，但亚里士多德本人明确反对把 hyle 看成"ousia"。"我所指的物

---

① 参见颜一：《实体(ousia)是什么？》，载《世界哲学》，2002(2)。
② 汪子嵩、王太庆：《"存在"与"是"》，载《复旦学报》，2000(1)。

质(hyle，引者注)，它自身既不是个别事物也不是某一定量，也不是已归属于其他说明实是的范畴……一切其他事物用来说明本体(ousia)，而这里所标指的是 hyle，所以终极底层自身既不是个别事物，也不是某一定量，也不是具有其他正面特征的事物；并且也不是这些的反面，因为反面特征也只有时而偶尔附随于 hyle"①。按照亚里士多德的意思，hyle 不能被诠释为 substance。在 ousia 与 substance 相通的意义上，hyle 也不能译为 substance。反过来说，如果从 substance 来确定"物质"范畴，那么所谓"物质"就不是传统教科书在自然本体论意义上的所谓"物质"。相反，它正好表明一种纯粹的规定性，即亚里士多德所谓："一切都剥除了以后剩下的就只是物质"②。Substance 仍然属于根植于西方哲学传统中的逻辑规定性，只不过照海德格尔的看法，传统西方哲学同样"始终没有揭示出这一概念作为主体之根据的本意"③。因此，亚里士多德哲学中"ousia"的规范译法还是"本体"，相应地，在亚里士多德那里，也有一门研究 ousia 的学说 Ousiology，而这一学说我们倒更有理由译为"本体论"。因此，如果"本体"是指事物在生成意义上的本源或结构构成意义上的基质的话，那么用它来翻译亚里士多德的"ousia"或许是比较贴切的。但问题是，汉语言中的"本体"实指整个宇宙人生观上的本体，如张载之"气的本体"，朱熹之"性之本体""形器之本体""天理自然之本体"，王守仁之"心之本体"，其中既有实，也含虚，或

---

① ［古希腊］亚里士多德：《形而上学》，吴寿彭译，128 页，北京，商务印书馆，1985。
② 同上书，127 页。
③ ［德］海德格尔：《存在与时间》，陈嘉映译，54 页，北京，生活·读书·新知三联书店，1999(中译注)。

者更为妥帖地说是不分虚实。中国哲学传统中本体的这种意蕴差不多是很多主张物质本体论的论者们所没有看到的，中国哲学的本体概念一直就是非实体性的。但另一方面，我们又不应该由此认为，中国哲学传统中的本体概念可以用来表达西方哲学的"存在"。总的看来，"本体"的规定性中包含着天人一体观念，因而是与人的体悟密不可分的，而西方哲学中的存在与实体概念则是一种逻辑规定性，它是用来强化人的理性认识或者就是人的认识对象，它是反对人以非知性的方式加以参悟的。

当然，将 Ousiology 混同于 Ontology，也不是没有原因的。在英语中本来就没有与 Ousiology 相关的词，而是一律译为 Ontology，原来，这的确与英语中并没有把希腊文的 ousia 与 On 区别开来有关。ousia 与 On 分别是 eimi 的阴性分词与中性分词，英语中并没有这种区别，而是一律译为 Being，而且所照顾到的其实只是 On，而 ousia 及 Ousiology 的意义则在这种词的演变过程中被取代了。这是人们只能从 On、Ontology 来译 ousia 及 Ousiology 的词源方面的原因。因此，如果将 Ousiology 与 Ontology 区分开来，所谓存在论与本体论的词义内涵也许会明确些，而一些相关问题的讨论或可做到规范和深入。其实，国内也早有学者曾强调应当将 Ousiology 翻译为本体论，以区别于作为"存在论"的 Ontology。如黄楠森先生就曾指出，"这个词（即 Ontology，引者注）的本来含义是关于存在的理论，译为存在论亦未尝不可。"① 而旅美学者、著名亚里士多德研究专家余纪元则明确指出："我以'存在论'译'Ontol-

① 黄楠森：《本体论能否成为一门相对独立的科学》，载《哲学研究》，1992(12)。

ogy'，而以'本体论'译'ousiology'"①。叶秀山先生也建议应将 ontology 译为存在论而不是本体论②。

我们认为，"存在论"基本上是 Ontology 较为公允并符合汉语言表达的译法。不过，如下两点需要特别注意：第一，"存在论"中的"存在"（to on、to be）须与所谓"存在主义哲学"（Existentialism Philosophy，应译为"生存主义哲学"）中的 Existence 区别开，习惯上把 Existence 译为"存在"及"实存"都是不合适的，"存在"应当较 Existence 具有更为超验的和形上的意蕴。本书所论及的"生存"与"生存论"从基本语义及义理上当然是生存哲学意义上的，至于 Existence 与古希腊语系词 eimi 的可能的词义关联，则容稍后讨论。第二，除表达 Existence 外，在汉语习惯表达中"是"的分词形式 to on（Being）经常也译为"存在"，不过这样一来倒是大大限制了"存在"的"存在论"内涵——当然，这一点也与 Ontology 在西方哲学传统特别是亚里士多德之后的西方哲学传统中的实体化倾向有直接关系。因而，当把 to on（Being）惯常地译为"存在"或"在"时，还须从语义及义理上将它"还原"为"是"（to be）。就是说，我们可以用"存在论"来称谓 Ontology，但其核心范畴还是要确定为"是"③。

什么是存在？实际上追问的是"是"本身，追问的是这一"是"是如何"是起来"的。在根源的意义上，存在论实际上先行地将一切具体存在物

---

① 余纪元：《陈康与亚里士多德》，载《北京大学学报》，1992(1)。

② 叶秀山：《思·史·诗》，139 页，北京，人民出版社，1994。

③ 除个别特别强调的地方外，本书一概以"存在论"而不是"本体论"称谓 Ontology（包括引用的相关译著在内，下不再注明），相应的，Existence 一概称为生存，而不是"存在"或"实存"，而 Being 则视具体语境分别译为"存在"或"是"。

以及所指"悬置"起来，而先追问形成实体间关联的判断、即"是"本身是如何可能的，追问本身显然又是基于一个实有的"是"而不是否定这一"是"的存在。这就是说，"是"本身无疑乃"世界"的基本事实，而哲学的起点恰恰就在于惊异于这一基本事实从而必须给这一事实确立一个自立自洽的法度，于是对"是"的追问便自然指向对"是"的范畴性的确证与规定。不过，这样一来，"是"也就不断地构造着共相（idos，idea）并获得了一种共相性，"是"本身就是一个最普遍的和最一般的抽象概念，是既无质的差异又无量的区分的绝对的"一"，而那些被悬置起来的具体存在物以及所指则成为殊相，是通过具体的质与量所规定着的"多"。

巴门尼德开始关注"是"。不过作为巴门尼德核心范畴的"是"乃是现在直陈式单数第三人称的"是"（estin，相当于 it is）。显然，这个 estin 比起"存在"（Being）来，在分化程度上要重要得多，而且其含义也要普遍和广泛得多，这样一种"是"在陈康先生看来甚至"无法翻译"，用"存在"和"有"都不能解，而只能勉强译为"如若一是"[①]。汪子嵩及王太庆两位先生曾这样阐释"是"的意思："第一，作为某个东西而存在（'存在'是'是'所包含的一种意义）；第二，依靠自己的能力起这样的作用；第三，显现、呈现为这个样子。"[②]笔者认为巴门尼德所确定的是"是"的总体性的范畴规定性："是"是完整的、单一的、不动的、没有终结的，也只有它才能构成可以被思想、被表述的真实的名称，等等。

---

① 参见［古希腊］柏拉图：《巴曼尼得斯篇》，107 页，北京，商务印书馆，1982。
② 汪子嵩、王太庆：《关于"存在"和"是"》，载《复旦学报》，2000(1)。

巴门尼德与其说提出了一个内涵明确的范畴"是",倒不如说是提出了一个刺激后世哲学家们进入存在论思维的令人困惑而又充满挑战意义的"是"。实际上,只有到了亚里士多德,才把"是"(On,若要与巴门尼德的"是",即 estin 区分开,也不妨称之为"实是")看成最高的哲学范畴并建立起了专门研究 On 的学科,即 Ontology。按人们对亚里士多德的研究领域的归类,这类研究"是之所以为是"的学说被称为 Metaphysics(形而上学),而我们现在通常称为"本体论"的理论只不过属于亚里士多德的整个存在论或形而上学理论体系中的一个核心部分,即 Ousiology。但核心部分毕竟不能代替整个理论体系。亚里士多德的存在论体系其实可以看成以 on 为中心范畴所建立起来的逻辑学体系,或者本身就是关于 on 的逻辑学。实际上,也正是通过这样一种规定,"是"本身才有理由作为一个恒定的范畴存在,这一范畴正是后世哲学中作为核心范畴的存在(Being)。

存在论不仅要确定"是",还要通过"是"规定作为"是者"的"存在"(Being)。在此,判断即是规定和肯定,Being 是"是"的谓词和逻辑生成者,是"是"作为共相所具体展开的林林总总且层次迥异的殊相。它既指作为终极理念的真、善、美、自由、正义、平等,也指一切具体可感的现象事物,既指过去了的存在(wesen),也指尚待生成的存在(to exist),既指人们熟悉的世界,也包含人们尚未认识甚至不可能认识的世界。存在论是"是"与"是者"的同一,是共相与殊相的同一,这种同一单从形式上看属于自身同一,但通过这种自身同一,却蕴含了存在内涵的无限丰富性。这是西方传统所固有的概念辩证法,后来黑格尔之所以能够从概念论推出他的整个哲学体系,依靠的正是这一概念辩证法。

"是"与"存在"是指世界中能够存在的一切，但它本身作为"是"的谓词与殊相是以实体的样式存在着的。但是，"是者"或者"存在"作为实体存在本身必须满足如下两个条件。第一个条件看起来属于技术性条件："是者"或"存在"必须能够思想和表达。这一条件本身又包含着一种"是者"或"存在"与语言的内在的互动关联："是者"或"存在"必须是通过语言表述出来因而能够被理解，反过来说，"是者"或"存在"必须是能够被理解的因而通过语言被表述出来。这一互动关联源自"是"的逻辑本性，同时也显示出存在论在本质上的可知特性。存在论所确立的是一个纯有的世界而不是无的世界，为此，必须划清"是"与"不是"的界限并把"不是"摒弃于意义及语言之外。巴门尼德说："一条路，[它]是，[它]不可能不是（that[it]is，and that it is impossible for[it]not to be），这是确信的道路，（因为它通向真理）；另一条路是，[它]不是，[它]必然不是（that[it]is not and that it is needful that[it]not to be），我告诉你，这是完全走不通的死路，因为你认识不了不是的东西，这是做不到的，也不能说出它来。"①"说出存在"意味着存在着作为"是"之谓词的"是者"或"存在"，而"是者"或"存在"的存在本身也验证并在一定程度上保证了"是"之为"真"。"是"与"是者"或"存在"的逻辑同一性正是通过作为语言的"是"所承担起来的，西方当代语言哲学所要达到的目标其实已经存在于古希腊存在论话语系统中。

第二个条件也许更根本：能够存在的存在必须是"善"的。存在论所

① 这段新译文见汪子嵩、王太庆：《关于"存在"和"是"》，载《复旦学报》，2000（1）。另参见汪子嵩等：《希腊哲学史》，第1卷，595～596页，北京，人民出版社，1997。

奠定的是关于存在必然存在的信念，因此，作为"是"的谓词或殊相的"是者"与"存在"必须体现出"是"的价值属性。这一价值属性是通过"是"本身的逻辑规定性所确定了的，因而贯通知识图式的"是"同时也是美德的"是"。反过来说，不符合上述规定性的所谓"是者"及"存在"其实也有理由被看成"不是者"与"非存在"。这里的"是"不仅意味着"真"，同时也意味着"是非"的明确界限。这样一来，我们或许会明白：巴门尼德坚决要求肯定"是"而排斥"不是"决不仅仅只是出于某种关于客观世界构成的纯粹认识论上的假设，而是反映了一种内在的人性及价值论设定。存在论所奠定的是关于存在必然存在并引导着人的生存活动的价值信念。"真正信心的力量决不允许从'不是'产生任何东西，所以正义决不放松它的锁链，容许它生成或毁灭，而是将它抓得很紧。决定这些事情的就在于：'是'还是'不是'。"①

存在论的论域可以通过三个问题展开。第一个问题是：什么是存在？这一问题问的并非"什么"，而是"是"本身，问题直接引出了对"是"本身的追问与确证。由此达到两个结果：一是确立起"是"作为系词的共相普遍性及逻辑整全性，通过"是"，不同实体之间得以形成主谓关系；二是树立起了"是"的信念，使我们确信对于世界的追问活动是有意义的。第二个问题是：什么存在着？这一问直接针对在第一个问题中被悬置起来的那个"什么"，什么存在着？实际上是问：存在着什么？不过这里的"什么"并非一个未知或不可知的"什么"，它本身就是作为一种实存的或潜存的"存在者"，即作为"是"之殊相及谓词样式的是者（Being）。

---

① 汪子嵩等：《希腊哲学史》第 1 卷，592 页，北京，人民出版社，1997。

尽管上述两个问题是套在一起的："是"规定着"是者"或"存在"的内涵与边界，而"是者"或"存在"本身就是"是"成为"是"的印证。但是，从义理上说，第一个问题优先于第二个问题："是"先在于并规定着"是者"或"存在"。但是，这里的关键并不在于仅仅确定系词"是"，也不在于仅仅把"是"概念化，而在于通过"是"的确定从而展开一个"是的状态"，上述"是者"或"存在"恰恰是通过这一"是的状态"从而"存在着"的。显然，并不是所有作为实存着的实体都可以称为"是者"或"存在"。"是"规定着"是者"或"存在"，但"是者"或"存在"如何符合"是"的本质规定性？比如，在"人是高级动物"这一命题中，作为"是者"或"存在"的"高级动物"确实符合于人之"是"的本质性，这也证实了命题中的"是"是真的。但是，在"人是狗"这一命题中，虽然"狗"同样也应该是"是者"或"存在"①，但作为"人是"的谓词，却恰恰意味着其中的"是"是假的，因为若单纯从实存性上看，狗乃是对于人之"是"而言的"非是者"或"非存在"。如果说"是"本身具有一种先在的规定性，那么在具体语境中，作为系词"是"的形式上的谓词为什么并不一定成为"是者"或"存在"？在此，我们恐怕还需要追问"是的状态"。这是在前述两个提问中没有充分显现出来的，而要展开"是"，就需要紧要的一问：是如何是或存在如何存在？

　　"是的状态"所关注的核心是"是"所"是起来"或"存在"之"在起来"的方式。这一方式简练地说就是先验（辩证法）。立足于纯粹概念进行概念

---

　　①　比如，在"人类最亲近的动物是狗"这一命题中，"狗"作为"是者"或"存在"恰恰就证明着命题的"真"。

体系的演绎，是存在论的共同特点。一般的存在论都可以看成超验于现实的经验世界，而凭靠从概念到概念的纯粹的、先验的推演所展开的"是的状态"。即使如亚里士多德等带有感觉论倾向的存在论，虽然其理论入口是经验感觉，但随着理论的深入，这种经验感觉遂逐渐被其获得的纯粹概念所超越和扬弃。"是的状态"所展开的是"是"的普遍的、共通的状态，并且那些"不是者"或"非存在"恰恰是因为不符合"是的状态"而被识别并排斥的。"是的状态"是一种纯粹的和先验的概念状态，如巴门尼德的"如若一是"（estin）、柏拉图的"相"或"理念"（idea）、亚里士多德的"是"（On）、斯宾诺莎的"实体"（Substance）、康德的"自在之物"（Ding an sich）、黑格尔的"绝对精神"（absoluter Geist）、海德格尔的"在"（Sein），这些纯粹概念，在最抽象的意义上是与"神"或"上帝"同一的，"是的状态"作为"是"的纯粹概念化推演过程所指证的乃是上帝的绝对存在状态。

存在论的纯粹概念式的先验推演方式特别适合说明某种超验者的存在，在一切概念化的实体中，只有"是"是不需要通过经验材料而仅凭纯粹概念就可推出其存在的绝对实体，这是最完善的存在。从这一意义而言，Ontology 其优越的运用领域正是基督教神学，而中世纪神学中存在论的异常发达不是没有道理的。反过来说，上帝的绝对存在也使得存在论在理论上显示出自洽性，如果一般的概念总是难免受到经验感觉的纷扰，那么上帝这一概念则是可以免受这一纷扰而又能够自立的存在，它是"是"与"是者"、"存在"与"存在体"的"完美"的统一体。通过诉诸神学特别是基督教神学，存在论关于终极理念的价值论指向获得了某种深刻的文化确证，反过来说，存在论所包含的这种超验性的价值论指向也显示了哲学存在论在面对经验世界及超验世界方面的原创智慧。这恐怕是我们在学习西方哲学时仍然需要深入思考的。

存在论的纯粹概念式的先验推演过程最后所确证的是超验者的存在，或者说只能通过这一超验者的存在来确证"是"本身的先验性。通过上述过程，存在论获得了一种可以避免纷扰的感性世界从而确证存在的理论样式。但是，存在论避开感性世界，并不意味着它没有一种人性论的或价值论的蕴含。作为"是"之在场的"是者"或"存在"，所标示的恰恰是一种存在论的价值论或人性论规定。在此，存在论与其人性论或价值论的关联看起来比我们设想的要远为复杂。

关于存在的信念究竟是来自于形式上的逻辑规定性，还是其他隐蔽着的东西？一种逻辑规定性究竟以什么方式确立和包含了存在的无限丰富内涵？前面讲过，巴门尼德通过肯定"是"而排斥"不是"绝不只是出于一种认识论上的旨趣，而是要解决深层次的人性与价值论设定。但是反过来说，存在论的语言结构以及逻辑图式是否一直遮蔽着这种深层次的人性与价值论设定？这种设定究竟是什么呢？

从某种意义上说，存在论中所包孕的原初的人性与价值论设定应是一种像赫拉克利特的"活火"式的生生不息的生命运动，这是以永恒的方式所肯定的生命运动。生命当然是生命形态与生命样式的不断更替，但生命过程本身却没有终结、永不停歇，所谓"一切皆流、一切皆变"，事物的运动本性不过就是事物的生命本性。这是生存论的最初含义。然而这样一种含义却被巴门尼德的存在论在形式上禁锢了。"存在被强有力地锁定在有限的范围内，它没有开始和终结，因为生成和毁灭已经被真正的信念赶得很远了。存在自身静止在同一个地方，永远停留在那里，因为强大的必然性将它牢牢地锁在有限这一范围内，使它在各个方向都一样。"①

　　说到底，存在的"善"并不是由某种逻辑规定性确立的，而是由一种
更为直接和感性的生存论承担起来的。善的"和谐"性并不是来自外在的
形式——尽管古希腊还只能停留于外在的形式去确证"善"——而是来自
世界的生命和谐，逻辑规定性仍然只是对这种生命和谐性的表现方式。
善的理念就是一种深层的生存论得以形成的依托，反过来说，生存论的
深层的自觉必然成就着善的理念。这或许是我们尽管对存在论的某一种
形式不满，但还总是眷恋着"存在"的根由所在。不管怎么说，从"存在"
中挖掘"生存"的道路总的来说还是向人们敞开的。

二、生存(Existence)与存在(Being)：断裂与沟通

　　在对"存在论"(Ontology)的复杂的词源、学理及其汉译情况作了某
种综合性和技术性的梳理与规定之后，我们再来集中考察"生存"(Exist-
ence)与"存在"(Being)的词义关系。

　　从发生学意义上讲，也许有理由认为存在概念的形成对于"生存"来
说是后续性的。如果说"生存"在最一般的意义上不过是指一切生生不息
的生命运动过程，那么对这一运动过程的抽象从而形成的静态的实体性
的概念，便是"存在(Being)"。但这种看法显然也有问题，究竟是指哪
一种或哪一位古希腊哲学家的"存在"？如果把"存在"确定为亚里士多德

---

　　①　转引自汪子嵩等：《希腊哲学史》第 1 卷，602 页，北京，人民出版社，1997。

的"On",那么这种"存在"或许有理由"后于"并"高于"生存,如果是指巴门尼德的"estin",问题倒可能变得十分复杂。我们知道,巴门尼德的"存在"确实是针对赫拉克利特的常变不居、难以把握并且极易导向克拉底鲁式的不可知论的"活火"说而确立起来的,巴门尼德对"存在"的规定从形式上看似乎又是对活生生的生命活动过程的限定——甚至有理由把由巴门尼德的存在所排除的"非存在"确定为"生存"。然而,这仍然只是问题的一方面,另一方面,巴门尼德同时又提出了"思想与存在是同一的"著名命题,其中用来表达"思想"的关键术语即"努斯"(Nous)。在巴门尼德本人看来,Nous 恰恰是具有思想能力与器官(phronein)的人的表现形式,其功能与存在同一,而且巴门尼德也把它描述为"火"。按亚里士多德的诠释,"巴门尼德讲有两种东西,存在与非存在,也就是火和土"。作为存在的表现样态,"火"呈现着存在本身仍然是生命的"本体",也正是在这一意义上,阿那克萨戈拉将蕴含着丰富的生命内涵的 Nous 确定为整个宇宙的本体。可见,在巴门尼德那里作为更"高"的哲学范畴的"存在"并没有轻率地排斥生命的意味。

关键在于,考察生存与存在的关系绝不能从一种被后世整理了的并因而定型了的概念框架去考察,在这方面,尤其是对古希腊存在论而言,语言学上的考察仍然是必要的。因此,生存与存在的复杂关系必须"绕过"在今人看来已经概念化、实体化的某一种"存在",而在于把"存在"本身就看成状态、过程,看成"动词",因为正是作为一种状态、过程与"动词"的"存在"蕴含了"生存"的最初意义。"生存"的原初词义注定是与"存在"词义的追溯性考察联系在一起的。我们希望通过对在巴门尼德那里既简练又深刻的"estin"语义剖析或者以之为入口,从而探寻一条敞开"生存"之原初意义的通道。

巴门尼德的"estin"是希腊语"eimi"(均为音译)的现在陈述式单数第三人称的系词(即"it is")。而 eimi(相当于英文表达式"I am")则与 bhu 或 bheu 一起构成整个印欧语系中系词"是"的两个基本词根,也构成后来生存、存在(或"是")以及自然、神等基本的哲学词汇及意义。陈村富先生在《希腊哲学史》中作了较清晰的梳理,援引如下:

> 希腊文属印欧语系。在印欧语系中,"是"的词根有两个。一是"es",在希腊语中就是"eimi",梵文是"as",拉丁文写作 sum 及分词 esse。原来的意思就是"依靠自己的力量能运动、生活和存在";说某物 es,就是说某物自然而然地出现在那里,生存在那里。可见这个词的本意就有显现、呈现的意思,包含后来"存在"的意思。另一个是"bhu"、"bheu",在希腊文中就是 phyo,希腊文的意思就是产生 produce,成长 grow,本来就是那样 be by nature,拉丁文为 fui,fuo。bhu,bheu 原来的意思是"依靠自己的力量,能自然而然地生长、涌现、出现"。以梵文为表述工具的古代印度哲学中,"as"偏重于单纯的、抽象的存在,或静止的、绝对的存在……而 bhu,bheu 表示变化的、相对的东西,指现象方面的事物。在希腊语中,作为 es 词根的 eimi,后来演变成系动词的"是",而 phyo 后来指自然而然成长的、变化的东西,最后变成 physis(自然、本性),指本性上就有力量成为"如此如此"的东西。①

---

① 汪子嵩等:《希腊哲学史》第 1 卷,610 页,北京,人民出版社,1997。

设若生存的本义是指一种依靠自身而呈现的变动不居而又自然而然的生命运动，那么依上文的意思，"生存"应当从"是"的第二个词根寻释。海德格尔的意思也是如此，在《形而上学导论》中，海德格尔写道：

> 另一个印度日耳曼语的词干是 bhû，bheu，也属此干的希腊语是 φύω，起来，起作用，由其自身来站立并停留。这个 bhû 迄今一直被按照通用的外形的看法用 φύσιϛ 和 φύειν 来解释为自然与"生"。这种较原始的解释是从与希腊哲学的开端的分歧中得出来的，这个"生"也就从这种较原始的解释中表明为升起，这个升起又是从在场与现象来加以定义的。①

按照海德格尔的理解，"φύσιϛ"这个词的词典意思就是"生长，使成长"，"说的是自身绽开，说的是揭开自身的开展，说的是在如此开展中进入现象，保持并停留于现象中。简略地说，φύσιϛ 就是既绽开又持留的强力"。② 诸如玫瑰花的开放，大海涨潮，植物的更生，动物和人类的生育，等等，都是 φύσιϛ。这样的 φύσιϛ 其实也就是人们赋予生存的最初的生命命义。但是，这种命义却在西方哲学的流变中不断被离弃了。

> 对存在者整体本身的发问真正肇端于希腊人，在那个时代，人们称存在者为 φύσιϛ，希腊文里在者这个基本词汇习惯于译为"自

---

① ［德］海德格尔：《形而上学导论》，71 页，北京，商务印书馆，1996。
② 同上书，16～17 页。

然"。在拉丁文中，这个译名，即 natura 的真正意思为"出生"、"诞生"。但是，拉丁译名已经减损了 φύσις 这个希腊词的原初内容，毁坏了它本来的哲学的命名力量。这种情形不仅在这个词的拉丁文译名中发生，而且也同样存在于所有其他从希腊语到罗曼语的哲学翻译中。这一从希腊语到罗曼语的翻译进程不是偶然的和无害的，而是希腊哲学的原始本质被隔断被异化过程的第一阶段。这一罗曼语的翻译后来在基督教中和在基督教的中世纪成为权威性的。近代哲学从中世纪过渡而来，近代哲学在中世纪的概念世界中运行，并从而创造了那些仍在流行的观念和概念词汇，而今天的人们依然通过这些观念和概念来讲解西方哲学的开端。①

海德格尔倒并不认为"生"只是属于第二种词根，相反，他认为，包含后来日耳曼语系动词 sein 所特有的语干在内的三种系动词的词干都存在着一种能够"一眼看清的确切含义：生、升起、停留"，即是说，系动词的起初的含义必然是生存性的，只不过，"这些起初的含义今天已消失了；只有一个'抽象的'含义'在'还保存了下来"②。海德格尔用了一连串八、九个诘问来呈示这种抽象化的"在"如何将"生"挤出了哲学视界之外，海氏的诘问指向了对"在"的意义内涵以及表达着在的语言意义的怀疑，这一怀疑直接包含于最后两个诘问中：

---

① ［德］海德格尔：《形而上学导论》，15 页，北京，商务印书馆，1996。
② 同上书，72 页。

......

8. 在的意义由我们看来只是由逻辑语法的指点而是"抽象的"因而引申出来的,这样的在的意义能够是自身完满而原始的吗?

9. 语言之此一从足够原始的情况中把握来的本质有法子显示一下吗?①

海德格尔的总结性的诘问是:"为什么是在者在而倒不是无在?"②照海德格尔的意思,表达着"在"的词只是实体性的"在者",这一"在者"中其实已经包含了由"生"的词干所衍生出来的一切实体存在,而根本的问题倒在于现代哲学何以不再可能"无中生有"?

应当说,仅仅从"phyo"来确定"生存"的含义本身就是失之偏颇的。一方面,由"phyo"所不断演进并且在一定程度上客体化的"自然"(physis,nature)在今人眼里已很难与某种自为性的生存联系在一起,而这种趋势其实又与"自然"观本身不断离弃对存在的神性诠证而趋向于"科学化"及其"祛魅化"有关。另一方面,"生存"的原初意味显然又是存贮于 es 的内涵中的。在梵文中,as 与 bhu 或 bheu(又写作 bhava)的区别是存在的,"as 指单纯的、抽象意义的存在,或静的、绝对的存在。Bhu 指变动的、具体意义的存在,或动的、相对的存在。"③"由 bhu 变出来的 bhava,也是存在,存在物、生物,但和由 as 变出来的 sattva 在哲学意义上大有不同。Sattva 可有超越时空的抽象含义,而 bhava 则在时空

---

① ［德］海德格尔:《形而上学导论》,73 页,北京,商务印书馆,1996。

② 同上书,73 页。

③ 金克木:《试论梵语中的"有——存在"》,载《哲学研究》,1980(7)。

之内。前者含有不变的绝对性，而后者的含义是有变化的过程。"①但是，到底是梵文影响了希腊文，还是希腊文影响了梵文，恐怕本身已是一笔糊涂账。不过就 es 与 bhu 或 bheu 的词根意义而言，二者都包含着生存的原初含义。存在话语的自身分裂与梵语表达是有很大关系的，但不应该由此过多地影响我们对 es 的丰富的生存意义的理解。为便于分析，我们不妨从古希腊系动词的相对确定且我们已经习惯的存在样式，即存在"eimi"的不定式"einai"(to be)的语言用法来说明这一问题。

美国研究古希腊哲学史及语言的专家查理·卡恩(Charles H. Kahn)曾把 einai 的用法细分为三类，这种细分法更便于我们剖析生存与存在的词源关系。第一类是表示"真实的"用法。在古希腊语的用法中，to be 可分为两种语法结构，一是"潜在结构"(potential construction)，这一用法指潜在的存在，但并不明确地指某种存在，也不表示具体现实的存在物。在这个意义上，它同时也包含着一种现代德语 existenz 的意味，现代德语 existenz 指"超越、向上存在"，强调生存要"摆脱实存性、发展可能性"，这一含义与 to be 的"潜在结构"无疑是相通的。二是"真实结构"(verdical construction)，表示事物的状态、属性等，如"是真的""是这样"。但上述两种用法都可以归结为系动词，表示"一般地有某种东西，而不是专指有某种具体存在物"，这即 to be 的"真实的"用法，这一用法又是对上述潜在结构的对抗。按照这一用法，to be 不应该承担 existenz 的意义。真实的用法从本质上看是排斥具体的存在物(exsistere)的，但是，一种用法意义对另一种用法意义的排斥，往往又带来并

---

① 金克木：《试论梵语中的"有——存在"》，载《哲学研究》，1980(7)。

规定了某种新的用法意义，从而导致产生相应的新词，只不过，表达着"具体存在物"含义的 exsistere 来得很晚罢了。

第二类是由 to be 在词形上的时态确定的。希腊语在句子上没有时态变化，其时态在词形上就已经表现出来了。一般而言，希腊动词词干在词形上包含着不定过去时、现在未完成时与完成时三种区分。其中，不定过去时表示非持续的或者不关涉时间的单纯的简单过程，甚至就是某种行为完成的瞬间；现在未完成时表示行为的持续性状态或过程；而完成时则表示过去的行为造成现在的状态。绝大多数希腊动词词干都包含着上述三种状态或其中的两种，但唯独 to be 没有完成时与不定过去时，而只有表示现在未完成时的用法。

To be 的这一独特的用法耐人寻味。所谓现在未完成时，大致相当于现代英语中的一般现在时，我们知道表达真理性的语句都用一般现在时而且是单数第三人称，这在现代英美语言的表达中已习以为常，可于存在论的语言表达却大有寓意。正是由于没有不定过去时与完成时的限定，to be 的词形得以保留，而由于只有现在未完成时从而使 to be（而不是其他动词）具有专门表达持续在场的时间性概念。to be 从用法上就具有自身永恒性，所谓自身永恒即"存在通过自身的努力而永远地活着"。to be 没有终结，这是一种持续、永久的在场状态，是通过现代分词 ou-sa 进而确定的动名词 ousia。这里其实已经带出或规定了"生存"的含义。卡恩的研究表明，existence 最初是混合于"ousia"（永—生）中的，在亚里士多德时代还没有分离出来。在亚里士多德的本体论（"ousiology"）中，作为"基质"的 ousia 一方面是指具体可感的"物质"——这与 exsistere 是相通的，但另一方面 ousia 显然又是一种范畴的规定性，是抽象的，或者说是顺从于 On 的依附性规定，这种受制性关系决定着不可能从 ousia 中剥离出一种指代"具体存在物"的概念。事实上，existence 作为哲学术语在伊壁鸠鲁的物质主义时代才开始流行，人们需要把感性的存在物称为一种概念，这就是 existence，而斯多亚派则直接用它来表示"一个物体"①。"在晚期的希腊哲学术语中，'所是的东西'一般的意义被归结为'存在'（即 existence，引者注），斯多亚派更明确地把'存在'的意义归结为'形体'，认为真正存在的东西只是形体。"②

至于 to exist 从 to be 中独立并区分出来，则是在中世纪。著名的中世纪哲学史专家 J. 欧文就认为，把事物的本质（essence）与事物的生存（existence）明确地用术语区别开来，是中世纪哲学。"亚里士多德思想中可能已有这样的区分，但是尚没有词语来确切地阐述它。"③也就是说，在亚里士多德哲学中，Existence 的意义是暗含于 On（Being）之中的。

to be 的第一种用法通过排开某具体存在物的方式从而"确定"了后来拉丁文中 exsistere 的内涵，第二种用法虽蕴含着生存与存在的应有关联与沟通，但在语用上却逐渐形成了一种与 On（Being）剥离开来的 exsistere 概念。实际上，to be 的第三种用法，即"表示位置的用法"更加接近作为"具体存在物"的 exsistere。to be 总是在某一个处所"存在"，

---

① C. H. 卡恩：《希腊动词 to be 和存在概念》，载《语言基础》，1966（2）；参见庞学铨：《存在范畴探源》，14 页，上海，上海三联书店，1994。

② 赵敦华：《西方哲学通史》（第 1 卷），279 页，北京，北京大学出版社，1996。

③ J. 欧文：《亚里士多德学派形而上学中的存在学说》，170 页，加拿大多伦多大学出版社，1957；参见庞学铨：《存在范畴探源》，14 页，上海，上海三联书店，1994。

否则便是无，是非存在。从语义而言，"在"之状态或属性还同时表达或蕴含着某个位置或处所，如中文语句中的"在"就或显或隐地包含着对位置的强调或提示①。"欧洲语言中，凡是表达 existence 时使用从古老的动词词根 es 转化来的动词'是'（如英语的 to be）的地方，都依靠加这类位置副词而获得表达 existence 的意义，英语中的 there is 是这样，德语的'Dasein'是这样，俄语的 ЬыТъ 也是这样。因此，to be 十分平常地被作为'是在某处'（to be some where）"②。to be 的这种用法显示了存在与处所的关联，这是古希腊人所认同的道理。在古希腊人看来，"存在"总是在场并具形的。柏拉图曾在《蒂迈欧篇》中说："凡是存在着的东西大概都必然存在于某一地点并且占有若干空间，若使那些东西既不在地上又不在天上，那就没有它的存在了。"③海德格尔也在其著作中反复强调，在古希腊，作为伦理学的存在论就是关于"居所"的思考。古希腊哲学从时间性上往往赋予存在以无限性与持存性，但在空间上却无法忍受"虚无"的折磨，必须要求存在具有一种实在的空间向度与规定性。第三种用法对于充实 exsistere 是极有意义的，为第一、第二种用法排斥掉

---

① 这样的例句在古汉语中很多，如，"关关雎鸠，在河之洲"（《诗经·周南》），"子在，回何敢死"（《论语·先进》），"仲子生而有文在其手"（《左传》），"见龙在田"（《易·乾卦》）。在许多现代汉语表达式中，"在"同样也指代着或隐含着位置，如："你在哪儿?"，"广州在中国南方"，中南一带的方言往往还在具体的行为语言后再加一个"在"（如"我在上班在"，"车子在车库里放着在"），更加强调这种位置感。汉语方言中表达位置的"在"往往无须分辨其词形（主要说来还是动词），因此用"在"来翻译西方哲学的"存在"to be 听起来更上口一些。

② 庞学铨：《存在范畴探源》，19 页，上海，上海三联书店，1994。

③ ［古希腊］柏拉图：《柏拉图〈对话〉七篇》，191 页，沈阳，辽宁教育出版社，1998。

的 exsistere，其含义仍然显得空荡，但是空间向度及其由此获得的位置感则赋予 exsistere 以"实存"蕴含。这是特别值得琢磨的。

上述关于 to be 的三种用法及其含义，其实已经前定和包含了后来拉丁语"exsistere"以及德语"Existenz"的所有含义。Exsistere 从表面上看正是第一种用法所排斥的含义，但这种被排斥的含义恰恰又存身于第三种用法中；在这个意义上，einai 已经前定了后来 exsistere 的"实存"意义。至于现代德语 Existenz 之"生存"含义，可以说正是上述三种用法的综合。其中，第一种用法规定了 Existenz 的属性特征，它意味着"生存"的真实性与自有性；第二种用法则规定了 Existenz 的时间特征，它显示了生存的持存性，表示生存总是处于一种未完成的状态；第三种用法则直接给出了 Existenz 的空间性，显示了生存的场属特征。

我们更为关心"实存"（exsistere）与"生存"（Existenz）的断裂，但这种断裂的确又是"根源于"exsistere 与 to be 的断裂上。显然，在"实存（exsistere）"与"生存（Existenz）"之间，后者更好地遵循和表达了希腊语 einai(to be)的用法与含义。而"实存（exsistere）"则是取了被 einai 的第一种用法所排斥的含义。在人们给一个词下定义时，总是要排除不属于该词意义的其他内容，这实际上又带出并规定了被排除掉的内容的意义，并产生了新的词汇概念。因而，当人们从 einai 中排除了"具体存在物"时，实际上就已经确定了后来 exsistere 的内涵。因此，我们说，ex-sistere 尽管作为一种专门的哲学术语出现得很晚，但它作为"具体存在物"的本义却已经以自身排斥的方式先行蕴含于古希腊的 einai 之中。

这就是说，在拉丁文表示实存的"exsistere"与希腊文表示存在的"einai"之间事实上存在一种用法与含义的断裂。这一断裂值得琢磨。to be 的第一种用法向我们显示：exsistere 正是取了被 to be 的真实用法排斥的含义，这种排斥虽然也隐含着一种规定，但从词用上看却必然是断裂，且这一断裂随着 to be 由系动词向动名词 Being 的过渡而确定下来。第三种用法向我们显示出 exsistere 的场属特征，它从空间意义上确定了 exsistere 与 Being 的边界。实质上，在显示存在的生存论意义尤其是通过现代德语 Existenz 所表达的生存论意义方面，第二种用法具有更实质的规范意义，尤不可少。因为对于存在的时间性规定恰恰是存在的本质性规定，这一用法既确定了作为"存在"的 einai，也构成了现代德语 Existenz 的本质规定，还确定了"实存（exsistere）"与上述"存在"与"生存"的差别。当 exsistere 与 einai 的第一种用法发生否定性关联并与第三种用法发生肯定性关联的同时，却与被第二种用法所排斥掉的东西发生了实质性关联。这种语用之间甚至构成某种解释性的关联。在 einai 的第二种用法中，被排斥的不定过去时与完成时恰好构成了 exsistere 的时间规定性也即本质规定性。没有这种规定性，仅仅作为实际存在物的实存规定是难以使"实存（exsistere）"成为一个哲学术语的。

现在我们专门考察 exsistere 的词源。exsistere（也写作 exsistre 或 existere）来自拉丁语，其意思是"呈现出来""生成""从隐蔽的处所中产生出来"，概括为"具体存在物"。从词义上讲，exsistere 必然包含着"从……中呈现出来"，"从……生成"。这里，尚未明示但却又是自明的"……"或"隐蔽的处所"其实正是"存在"（to be），exsistere 从 to be 中"呈现出来""生成""产生出来"，其间的过程并不是离弃、彻底分离，而是若即若离、循道而生的结果。因此，由 exsistere 又可以敞开一条回返 to be 的通道，反过来说，to be 敞向 exsistere，同样也是一个自身开显而又自身遮蔽的过程。to be 与 exsistere 相互之间的互渗过程我们可以看成"生存"之真理的昭显。然而，就 exsistere 在后世哲学特别是中世纪哲学中的意义，又是通过被确定为某种人们便于认知的"具体存在物"而从 to be 中疏离——这个词汇更多是在唯物主义与经验主义的意义上被使用——而 to be 也不断成为静态的、抽象的概念实体而远离其原初的"生"的意味。

从拉丁文中，我们不得不接受一种关于 exsistere 的解释，这是一个内涵不断被限定的范畴，其意义乃"实存"，即实际的、被规定的"存在物"，而且，"实存"并不专指人的存在。

在词源学上，exsistere 其实还可以追溯到希腊语中的 eksistasthai，它是古希腊文中唯一与 exsistere 同根的字。但 eksistasthai 的意义与 exsistere 并不相通，前者的意思是指"站立于外""出窍""离其寓所"之意。取其蕴意，这一希腊语的原义倒是暗合了当代语境中的"生存（Existenz）"，但显然不如后者之意义明确，尽管海德格尔强调就应该从 ek-sistasthai 去领会 Existenz，即从自身否定的意义上去理解 Existenz 的"能存在"与"去存在"的含义，但这种含义显然还不是 eksistasthai 本身就能承担得了的①。因为在前苏格拉底时期，不管是语言本身，还是人们的思想，都不可能形成自我否定的概念。何况，exsistere 表达"实存物"的基本含义仍然是需要明确的，生存从"实存"（exsistere）向"超越实存"（Existenz）的词义演进恰恰是确定于 exsistere 之"实存物"的基本含

① ek-sistasthai 中间的"-"是海德格尔故意加上去的，海氏强调的是前缀 ek，即"超越—实存"，而且海氏这种随意性的语词拆解分析其实是借题发挥，他的真实的思考对象还是"在（Sein）"

义之上的。

　　值得注意的是，尽管 exsistere 的实存意义得到了哲学上的确认，而且这种确认恰恰意味着 einai 失去了对存在时间性也即存在本质的表达，但这绝不意味着 exsistere 能够取代 On(Being)从而成为哲学的中心话语。古希腊并没有出现用动词 to exist 来表示的存在 existence 概念，或者说，古希腊 "天生" 就没有具有存在论意义的生存概念。而且拉丁语中的 exsistere 也注定不能在后来的存在论话语系统中占据主流位置。这就是说，表达存在的专词 to be 可以发生词形上的变化，但绝不可以被替换。据卡恩的考证，在古希腊语中，与 exsistere 相应的两个专门术语，一个是 yparchein(名词形式是 yparxis，该词在现代希腊语中被译成 existence，这是一个误译)，另一个是 ypostenai(名词形式是 yposta-sis，相当于拉丁文中表达 "存在" 的 existee)， "它们在柏拉图和亚里士多德的存在论中都没有扮演什么角色" [①]。柏拉图和亚里士多德对作为感性的具体存在物的 exsistere 的排斥，实际上强化了 to be 的存在论意义并进而从这一表达式中提升出一个概念化和实体化的存在概念 On(Being)。但也正是由于存在概念 On(Being)的概念化和实体化，进而通过术语的不断流变，衍生出一个新的表达着具体可感物的 "非存在" 概念，这就是隐晦地包含于亚里士多德的 ousia 中作为常驻状态的 "实存物"eksistasthai。我们今天常常不加思索地用 existence 一词来标志 "存

---

　　① 卡恩：《在希腊哲学中生存为什么没有作为特殊的概念出现》，P. Morewedre：《古代和中世纪的生存哲学》，7 页，纽约，1982；参见庞学铨：《存在概念探源》，14 页，上海，上海三联书店，1994。

在"，但作为该词词源的 eksistasthai 在"在希腊人思想中恰恰是：不在"①。反过来说，有了这样一种词源性的"不在"概念，"存在"的名词化才是可能的，而且这一"不在"从词形与用法上都应当是与 to be 截然有别的。但不管怎么说，在存在论的话语系统中设置一种"非存在"是一种必要的陪衬，这就像我们总是要通过"丑"来烘托"美"，通过"坏"来确定"好"，但这样一种"非存在"注定不可能在存在论的话语系统中占据重要地位。

拉丁文 exsistere 对古希腊语 eksistasthai 的取代并不只是词的替换，而且还是词义的巨大跃迁。作为"非存在"的 eksistasthai 还在存在论话语系统中担当着配角，或者说正在形成中的存在论话语系统还保留给"非存在"以一定地位。但是对于作为实存物的 exsistere 来讲，它甚至有可能完全从高度抽象、概念化和自足的存在论话语系统中消失。当然，作为一种词义的演进过程，二者之间是有一定联系的。可以说，exsistere 的意义正是 eksistasthai 在存在论中地位不断消减的累积性的结果，因为 exsistere 从存在论话语系统中的消失，恰恰就表现在其向非存在的自觉或不自觉的认同。

总体上看，作为指称具体感性事物的存在的实存概念，在古希腊并没有从存在论话语中独立出来。在巴门尼德哲学中，所谓实存即非存在。在柏拉图哲学中，"实存"大约相当于作为"理念摹本"的"具体事物"，只有 idea(相，理念)才是真实存在的。而具体事物作为生成变化的可见世界的一部分，虽然"分有"理念从而也取得一定的真实性，但总

---

① ［德］海德格尔：《形而上学导论》，63 页，北京，商务印书馆，1996。

体上看仍是一种"虚假的存在"。"具体事物"虽"分有"idea，但并不必然意味着都蕴含 idea，恰恰相反，idea 本身是与具体可感事物相分离的结果①。这意味着，从语义上讲，idea 总是与具体可感事物相对立的，这样一来具体事物的非存在性也确定起来了。这一发端于巴门尼德的关于存在与非存在分离的思想，经柏拉图而在亚里士多德哲学中进一步固定下来。在亚里士多德哲学中，具体可感事物既是确定其哲学体系的基石，又是其哲学体系要排斥的。亚氏的"实体（Substance）"中隐含着具体存在物的内涵，不过，由于亚氏对"实体"的规定很含混，也使得这一内容显得模糊不清。他把实体看作一切东西的基础或基质，是"根本的、非其他意义的、纯粹的'有'"（On）②。在具体划分实体类型时，他又将实体区分为第一实体和第二实体，前者即指个别事物，它"最得当地被称为实体"，因为它"是其他一切东西的基础，而其他一切东西或者是被用来述说它们，或者是存在于它们里面"③。至于第二实体，则是进一步说明解释第一实体的种或属，虽同样也是真实存在的，但其存在却要依赖于第一实体。对亚里士多德而言，存在必须首先是具体存在物，

---

①　关于 idea 与具体存在物是否分离，学术界向来是有争论的。大体而言，大多数柏拉图专家与一些现代学者认为 idea 与具体存在物是分离的，在这一意义上，idea 汉译为"相"较"理念"更确切一些。如罗斯就认为，依柏拉图回忆说的思想，idea 必然是独立于具体可感事物的，"它（指回忆说，引者注）明显地包含有（相）分离存在的思想。（相）并不是以它的不完善性体现在可感事物之中，而是以它的纯粹性分离地存在的"（汪子嵩等：《希腊哲学史》第 2 卷，732—734 页）。但是，策勒、马堡学派以及陈康先生都反对将 idea 与具体存在物分离开来。但是，不管是概念论，还是实在论都是反对将 idea 还原并混同于具体存在物的。因此，笔者大体还是倾向于接受分离说。

②　［古希腊］亚里士多德：《形而上学》，125 页，北京，商务印书馆，1983。

③　［古希腊］亚里士多德：《范畴篇　解释篇》，13 页，北京，商务印书馆，1997。

Being 必然首先是 exsistere 然后才会成为 Being。"假如有所存在，则存在的实际是那个或行、或坐、或健康的事物（人）。这些所以看来比较的实在，正因为在它们的底层存有某一确定的事物（即本体或个体）为主题。"①但亚里士多德的思想并不完全一致。在关于形式质料说中，他就否定了个别事物真实存在的观点，认为"形式"才是真实存在的第一实体，而"形式的命意"即"指每一事物的怎是与其原始本体"②。从很大程度上讲，亚氏确立实体说其实是要更为合理系统地实现永恒的存在与实存物的分离并赋予后者以非存在的内涵。"某些东西，我们说它们是，是因为它们是实体，另一些东西则因为它们是实体的属性，还有一些东西则因为它们是趋于实体的过程、实体的毁灭、缺乏、性质，或者是实体的产生、生成，或者是实体的相关者，或者是所有这些东西以及实体自身的否定，正因为这个道理，我们说，即使非存在也是什么都不是的东西。"③在亚里士多德哲学中，生命本身就是实体的属性，是实体由以实现自身否定的动因，而作为非存在当然也就不能承担和表达生命。

在现实与抽象、具体与一般之间，古希腊人明显偏向于抽象与一般，贬抑现实与具体，他们总是愿意将真实存在赋予前者，把虚幻性赋予后者。这种对现实与抽象、具体与一般的颠倒反映了希腊人怀疑甚至否定既定生存及生命的实在性并追求某种永恒存在的信念状态。但他们追求某种永恒的东西仍然是为了达到对于有限生存的无限肯定。正因如

---

① ［古希腊］亚里士多德：《形而上学》，125 页。

② 同上书，136 页。

③ ［古希腊］亚里士多德：《形而上学》，56～57 页，1003a33—b10；另参见赵敦华：《西方哲学通史》（第 1 卷），209 页，北京，北京大学出版社，1996。

此，他们不愿意将这种永恒存在虚幻化，而是要求赋予其实体存在的意义，因而希腊哲人们也不愿意将 to be 与潜在地表达着"具体存在物""不定过去时""完成时"用法的"实存（exsistere）"对立起来，而宁愿将它置于一种"潜在"的使用状态。但是，希腊人所固有的理性精神使得他们不满足于现存物的存在，而是要超越现存物，寻求一种普遍性的逻各斯并将其看成具有创造力和生命活力的动因根源。而一旦将这一动因概念化，也就必然否弃先前已经确立起来的对具体存在物的存在信念，古希腊的理性精神从生存命义上讲必然导向一种超验的信仰意识。

语词蕴含了思想，而思想也常常容易凝固在既定的语词之中。思想的一种不幸就在于它无法跳开语词的既定用法的限制，因而语词用法的成型也意味着思想转型的艰难。当人们思考"存在"时，自然要使用 Being，当人们思考实际事物的"存在"时，又会将目光转向 exsistere，思考"存在"必然要思考 to be，而思考"存在物"时，所思考的则是语词 exsistere。这里，我们当然没有理由过分责难：为什么非得用 to be 或 Being 来表达"存在"？为什么非得用 exsistere 来表达"自然物"？但问题是当人们在思考"存在"与"存在物"时，二者已经确立的用法规则会作为一种"在场"的东西限定我们的思维活动。事实上，当人们经常不以为然地把 to be 与 exsistere 放在一起思考时，词语本身既定的用法就已经导致了两个概念的实体化以及相互封闭的理解。to be 既无法向 exsistere 敞开，而由 exsistere 也无法打开一条通向 to be 的道路，可以说人们越是清楚两个语词的用法，这两个语词就越是难以沟通。中世纪，存在概念本身由拉丁文 esse 取代，与此同时中世纪及近代的神学家及哲学家们对 exsistere 的频繁使用本身也意味着 exsistere 与 esse 的对立。实存含义的 exsistere 已经成了语言习惯，哲学家及神学家们当然清楚其意义，相应地，esse 的概念化的、超验的和神圣的存在论内涵也不断确认下来。

这就是说，在古代、中世纪及近代，并没有一个词的含义能够符合我们现在所说的"生存"意义。exsistere 已经被深深地凝固为"实存"意义，人们尚不可能将它与"生存"联系起来。拉丁文"存在"概念（esse）的通行实际上使 exsistere 的实存意义得以确定下来。整个古希腊哲学一直没有能够从 to be 中区分出一种独立地、固定地表达"实存"意义的概念来，实存意义及其相应的术语的确定似乎注定是通过将存在话语的希腊文转化为拉丁文的方式实现的。但是，to exist 从 to be 中的分离一开始也就确定了 exsistere 的实存意义，这是词语用法上的既定事实。因此中世纪乃至近现代的哲人们也都有理由在"实存"的意义上理解 exsistere 或 existence（existenz）。

GOD ESSE①，but exsistere exist.

作为超验的、神性的存在的 esse 与作为具体存在物的 exsistere 之间从词义上是对立的。在基督教哲学中，esse 与 exsistere 分属于两个不同的世界：上帝是 esse，而包括人在内的万物则是 exsistere，exsis-

---

① 在《旧约·出埃及记》中，摩西欲往以色列，临行前见上帝，问及如何向以色列人称呼上帝，上帝告知："I AM WHO I AM"，I AM，即 ESSE，希伯来语译为 YHWH，意为"生活者""充满活力者"，后者的希腊版本译为"ho on"（即"存在"），这里的"存在"，乃永存，"耶和华"（LORD）一名的意思就是"永存"。

tere 也可能"分有"esse，但正如具体物"分有"idea 而不可能获得 idea 一样，exsistere 不可能成为 esse。笛卡尔以后的近代哲学看到，这种划分是以牺牲掉思维活动的自主性为代价的，因而主张将 esse 与 exsistere 分置于两个领域，即存在论和认识论领域，以此解决思维活动的主体性。其中，exsistere 应当被当作一个被认知的对象、一件属于自然世界的事物，具体地说是一种"物理事实"，而 esse 则指向超验性的精神活动，它属于自由世界，是人们信仰的对象。当然，对于近世哲学家来说，存在论与认识论是一回事，或者说存在论本身必然是通过认识论的方式建立起来的，而存在论中的存在概念则延伸为认识论领域的本质概念。在同一于认识论的存在论体系中，所谓 existence 本身就是由担当着存在论功能的认识论研究的对象领域，这一点应该说在亚里士多德式的本体论（ousiology）中就已经表现出来了。近代哲学更倾向于把亚里士多德的实体当作"本质"（essence），essence 就是 esse 的过去表达式，这一方面意味着 essence 获得了存在规定性，另一方面也意味着 esse 本身也可能作为一种确定的范畴对象从而成为哲学反思和建构的实体性概念。在这个意义上，作为非存在的实存物的 exsistere 也可能纳入存在论及认识论系统中而赋予存在性①。

18 世纪，学者及思想家们开始不限于用拉丁文著述。这意味着 exsistere 单纯的"实存"意义有可能被突破，但这只是一种可能性。事实上，尽管德国古典哲学家们已开始使用"Existenz"一词，但他们仍然是

---

①　最典型的算是斯宾诺莎的自因理论，斯宾诺莎说："自因（causa sui），我理解为这样的东西，它的本质（essentia）即包含存在（existentia），或者它的本性只能设想为存在着。"[荷兰]斯宾诺莎：《伦理学》，贺麟译，3 页，北京，商务印书馆，1996。

在严格的"实存"意义上使用的。康德经常使用 existenz，他一般都是在事物的存在意义上使用的，也没有对该词作过解释。看得出来，他依然是沿用了其拉丁文含义。在《纯粹理性批判》中，康德把 existenz 看成"知性概念作用于可能经验"时由"力学形式"所显示出来的"现象的存在"。"在纯粹知性概念应用于可能的经验时，其使用悟性之综合或为数学的或为力学的；盖综合，一部分与普泛所谓现象之直观相关，一部分则与现象之存在相关。直观之先天的条件，乃任何可能的经验之绝对必然的条件；而'可能的经验直观之对象'之存在条件，则其自身仅为偶然的。"①

康德与笛卡尔在理解"实存"方面的差别在于，笛卡尔用"我思"给定了"我是"，至于杂多的"我在"以及一切物的实在则没有考虑到。康德承认，"我思"确实能够给出一个纯粹的"我是"，"但是我由以确定这个存在的方式，即属于这存在的杂多还没有由此被给予出来。要有自我直观，才有这样的给予，而这种直观是为一种所予的先验形式，即时间所控制的，时间是感性的，而且是属于(我里面)可确定的东西的感性的。"在这样一种背景必然意味着"我的存在依然只是在感性上才可确定的，即只是作为一个出现的存在"②。作为"出现的存在"显然直接代表着现实事物的杂多性的实存状况。显然，在康德那里，Existenz 是以一种偶性的和杂多的方式作为"现象的存在"而存在的，其意义仍然是先前的

---

① ［德］康德：《纯粹理性批判》，蓝公武译，154 页，北京，商务印书馆，1995；韦卓民先生则将"现象的存在"译为"出现的存在"(参见韦译本：《纯粹理性批判》，203 页，武汉，华中师范大学出版社，2000)。

② ［德］康德：《纯粹理性批判》，韦卓民译，173 页(康德自注)，武汉，华中师范大学出版社，2000。

"实存"。当然，揭示 Existenz 的偶性与杂多性，同时也就敞开了该词后来在海德格尔那里所阐释的"去存在"及"能存在"的意味。但对于康德本人来说，却无力进一步展开这一生存结构。在康德那里，Existenz 并不直接关涉"物自体"（Das Ding-an-sich），关涉的是自然领域而不是自由领域，康德所关注的主要问题只是 Existenz 作为"现成"意味的知性根据，但解决这一问题对康德来说只能局限于纯粹理性范围内，因而只能诉诸 Sein（Being），这种思路并没有超出先前形上思维及知性思维的老路。

　　这种状况一直延续到黑格尔，在黑格尔的哲学体系中，existenz 是其逻辑学本质论中第一阶段本质自身中的第二部分，即指本质"经过中介过程的扬弃"所达到的"直接性存在"。"本质最初是自身映现和自身中介；作为中介过程的总体，它的自身的统一便被设定为差别的自身扬弃，因而亦即是对中介过程自身扬弃，于是我们又回复到直接性，或回复到存在，不过这种直接性或存在是经过中介过程的扬弃才达到的，这样的存在便叫作实存（Existenz）。""实存是自身反映与他物反映的直接统一。实存即是无定限的许多存在着的事物，反映在自身内，同时又映现于他物中，所以它们是相对的，它们形成一个根据与后果互相依存、无限联系的世界。"①可见，在黑格尔那里，"实存"绝不是一种抽象的范畴规定性，而是有具体的指向的。"实存"也即"实存着的东西""物""东西"（Das Ding），进而言之，实存同时就是事物的存在状态与属性，"假设

---

①　［德］黑格尔：《小逻辑》，贺麟译，265～266 页，北京，商务印书馆，1987。

当前有了一个事情的一切条件，那么，这个事情便进入实存了。"①在此，"Existenz"通过"物"显现出来，看来，黑格尔无意于用 Existenz 指代人的生存活动。在他那里，Existenz 同时也是在其整个逻辑体系中被扬弃掉的逻辑环节，并不是指人的活生生的生存活动，"黑格尔力图把 Existenz 这一范畴消融于其理念的动力学体系中，而剩下的现实性则不过是为其本质的实现过程而服务的"②。在这个意义上，黑格尔同时也是通过沿用拉丁文 exsistere 的词义赋予了 Existenz 以实存性的范畴规定性。说白了，黑格尔只是把一种"逻辑形式"赋予了人的 Existenz，但他并不知道这样做恰恰是对 Existenz 作为人的生存意义的抽象，相反，倒自以为如此同一的辩证法方法可以一劳永逸地解决了 Existenz 与 sein (Being)的对立。当然，当他这样做时，Existenz 的意义并没有向他敞开，因为他所认同的统一辩证法恰恰是对呈现着人的生存悖论与现实否定性的 Existenz 的丰富内涵的遮蔽和漠视。看来，仅靠同一性辩证法是难以进入 Existenz 的，以至于有学者尖锐批评道："以矛盾同一为终归的辩证法，如果不是对生存经验强不知以为知的理性自欺，就是在终极信仰前的强不可以为可的理性困惑，因为期待同一的矛盾恰恰掩盖的是不能同一的悖论。"③

黑格尔曾通过解释 Existenz 是"自身反映和他物反映的统一"进而揭

---

① ［德］黑格尔：《逻辑学》（下），杨一之译，113 页，北京，商务印书馆，1991。（此处将其中的"存在"改译为"实存"）。

② Ernist Breisach：*Introduction to Modern Existentialism*，New York，Grove Press，1961，p. 24.

③ 张志扬：《悼词与葬礼：评德法之争》，参见《中国现象学与哲学评论》（第 1 辑），上海，上海译文出版社，1995。

示了康德的"物自体"的"症结"，说"物自体只是抽象的自身反映，它不反映他物，也不包含任何有差别的规定"①。不过，在此黑格尔倒是误解了康德的本义，黑格尔显然是要在知性领域解决"物自体"的规定（在这个意义上他也解决了在亚里士多德那里出现的第一实体与存在的尖锐矛盾），但在康德看来这恰恰是不可能的。在康德那里，作为偶性与杂多性而存在的 Existenz 只是"现象的存在"，只属于现象界，而且本身就构成自身存在的根据，本身就是事物，是实存者。在这个意义上，康德赋予 Existenz 的是一种潜在矛盾性，这一潜在矛盾性意味着 Existenz 有可能从其拉丁文词源中分裂出来而趋向于表达现代德语 Existenz 的"超出去活"的意味。但是，对于黑格尔来说，无定限的和无根据的 Existenz 只有同一于"根据"才构成所谓"事物"。相对于康德而言，黑格尔更为直接地遵从了 Existenz 的拉丁文意义，即一种意义被剥离、难以实现自我超越的"实存"，以至于有学者感叹道："对黑格尔来说，生存往往是糟糕而可怕的，它仅仅是绝对精神藉以愉快地展开自己的工具而已。"②

传统哲学把 Existenz 仅仅看作"实存"，倒是表明了人们一种普遍的"实存"观念，也显示了人们实际的生存状况。人们并没有真正从存在论上把人从自然万物中提升出来，并没有从实践的、创造的以及人化的视角去看待生存，而是从被动的、给予的、自然化的以及神化的意义上去看待生存。因而，生存的属人性一直不可能被人们明确认识到。尽管叔

---

① ［德］黑格尔：《小逻辑》，贺麟译，267 页，北京，商务印书馆，1987。
② ［美］艾温·辛格：《我们的迷惘》，郜元宝译，24 页，桂林，广西师范大学出版社，2001。

本华已明确意识到人的生存与动物生存的重大差别，但就对生存本身的词义理解而言，他并没有超过康德与黑格尔。他认为"生存"不过是所有物种都应有的"自我保全"，"每一生物根本都是以最严格的公平合理在担负着一般的生存，然后是担负着它那族类的生存和它那特有个体的生存；并且完全要看它的个性是如何的，它所在的环境是如何的，所在的世界是如何的，它就是如何的担负生存，也就是为偶然和错误所支配，是有时间性的，无常的，永远在痛苦中"。① 叔本华对生存的这种理解并没有超出"实存"及"现成存在"。

三、作为超越(Outstanding)的生存(Existence)

何谓 Existenz? 这是一个传统哲学并没有正面关注的问题。以追问"存在(Sein)"为己任的海德格尔抱怨西方哲学 2000 多年来只是把"Sein(Being)"当成了实体化的"在者"(Das seindas；Beings)，致使"存在"的意义失落既久。但是，更"冤屈"的还得算是 Existenz，这个最具有根源性的生命意义概念在存在一开始成为哲学主题词时就已经"跌落"为"非存在"，并进而在后来的存在论话语系统中毋庸置疑地置于一种次级的、被排斥的位置。然而，当中世纪以及近代的哲学家们用 essentiae 包含进 exsistere 并用后者指称具体物的存在状态时，有谁去深思如此语言

———————

① ［德］叔本华：《作为意志和表象的世界》，任立译，482 页，北京，商务印书馆，1994。

表达以及相应的生命状态中，人的生命与一般生物的生命是否有两样?!

最先在德语中用 Existenz 来替换并表达 exsistere 的人已无法考证。康德、黑格尔、克尔凯郭尔、叔本华等人对 Existenz 的使用仍然都是沿用其拉丁文实存意义。不过，尼采已开始质疑 Existenz 的"实存"意义。他说："存在(实为'Existenz'，引者注)除了'活'而外，我们没有关于存在的观念。也就是说，某些死亡的东西怎么能存在呢?"①。从尼采的质疑看，现代德语中的 Existenz 显然已不同于早先的"实存"了。在现代德语中，Existenz 与拉丁文 exsistere 是有区别的。两词的词干-ist-与-sist-都表示"站起来"，词尾-z 与-ere，也都表示名词化。但前缀却差别明显。ex-，照德语意思，表示"超越""向外""出"，但这里，"超越"并不是与"内在"相对立的"脱离"，而是意味着"依靠自身""自我挺立"；"向外"也并非就是指"到外面去"，而是指一种由内向外的意向性；"出"也不是指"出去"，而是指示"出"的持续，因而 exist 所强调的恰恰是整个"凭靠自身力量站起来"的尚未完结(也不应该完结)的"过程"，汉语译为"生存"②。但拉丁文 exsister 中的 ex-虽同样也有"外"的意思，但却表示过程的完成，因而 exsist-表示的则是"已经站起来了"，如前所述，这种 exsistere 是被给予的，不能"自立"。"事实上，exsistere 的意思起初就是为完成时的动词所要求的，直译是'已经发生的东西'(What has e-merged)。因此，exsistere 实质上是变化，它的一个基本特征是变化的

---

① ［德］尼采：《权力意志》，186 页，北京，商务印书馆，1994。
② 参见叶秀山：《思·史·诗》，348 页(注释)，北京，人民出版社，1994。

结果，也就是在完成意义上的结局，这就是具体事物。所以，它的确切含义应该是指'存在物'。"①

在尼采之前，谢林就直接关注过"Existenz"，蒂利希说"谢林是第一个使用'生存'这一术语与哲学中的本质论相抗衡的人"②。不过，谢林的这一努力在多大程度上与传统的"实存"划清了界线并导向了 Existenz 的人本学理解，本身也值得研究。谢林是在其后期哲学中提出"Existenz"的，但恰如雅斯贝尔斯所指出的那样，"谢林几乎并不清楚自己在做什么"③。在康德那里，Existenz 意味着杂多性与偶性，黑格尔则将 Existenz 包容和统一于本质 essentiae 之中。谢林肯定了康德的思想，认为背离上帝且集善恶于一身的存在状态正是 Existenz，这种 Existenz 不仅不可能像黑格尔哲学那样从属于本质，而且反过来与本质对立。就黑格尔本质论的理性主义而言，这种 Existenz 无疑具有非理性主义气质，就谢林后期哲学的神学本质而言，这种 Existenz 又带有神秘主义气质，并反过来与理性观念对立。在这个意义上也对后来过分强调生存的个体化的、非理性层面的生存意义的存在主义哲学埋下了隐患。

谢林关于生存尚未完全展开自我意识的思想深刻地影响了克尔凯郭尔。克氏曾听过谢林的讲座，非常欣赏谢林关于用生存摧毁本质的思想。从很大程度上说，克尔凯郭尔关于生存论转向的入口就是要求把生存理解从认知性的态度与方式中解放出来，赋予生存以个体主观性理

---

① 参见庞学铨：《存在概念探源》，15 页，上海，上海三联书店，1994。
② [美]蒂利希：《存在的勇气》，105 页，贵阳，贵州人民出版社，1997。
③ [德]雅斯贝尔斯：《存在与超越》，227 页，北京，生活·读书·新知三联书店，1990。

解。克尔凯郭尔提出了从事实性与可能性两方面把握生存的观点，事实性标示着人的社会历史环境，它所强调的是实存性，而可能性则标志着人的超越本性。克尔凯郭尔由此提出两个重要概念："趋向实存(til-blivelse)"与"得以实存(blive til)"。"得以实存"意味着现实之实现，是实存本身的"隐德莱希"，但是，得以实存的根据并不在本身，它不过是"趋向实存(the coming into existence)"作为过程和动变活动的效果。趋向实存的本质是"从可能性向现实性的转变"。在克尔凯郭尔看来，得以实存是事实性与必然性的简单同一，但实存者总是要超越这一同一状态，超越的结果即进入到展开可能性的"趋向实存"。"必然性独自保持不变。凡得以实存的东西都不作为必然性，必然性仅仅只是得以实存，或者仅仅只是处在趋向实存的东西才变为必然。凡存在的东西都并非因为它是必然的，而必然之所以是存在的，皆因为它是必然的或因为必然只是存在。"①

在克尔凯郭尔看来，只有"趋向实存"才能展示这种大于现实的可能性，也只有趋向实存才是自由发生的。克尔凯郭尔并没有仅仅就 existence 展开，而是把它区分为两个组合性的概念，其中，趋向实存正是德语 Existenz 的超越意义，而得以实存接近拉丁文 exsistere 的实存物的意义。不过，趋向生存与得以生存之间构成了生存个体无法逃避的悖论，作为基督徒的克尔凯郭尔，一方面感到生存作为某种隐秘的内心生活体验来源于一种"赠予"，另一方面作为实存的个体又不断地逃避着这

---

① ［丹麦］克利马科斯(克尔凯郭尔)：《论怀疑者/哲学片断》，203 页，北京，生活·读书·新知三联书店，1996。

种赠予并选择得以生存，在这个意义上，得以生存甚至与生物无异；一方面，作为趋向实存，生存个体自由自在且独来独往，另一方面，作为在世者又必须选择交往，在这个无处不需打交道的世界上，人毕竟是孤独者。这正如当代美国哲学家怀尔德·约翰·丹尼尔所说："生存来源于内部，来源于个人的欲望与抉择。但是，除非这些欲望和抉择受到反击和挫折，它们必定以明朗的、公开的表现形式迸发出来。生存就是在人的世界中进行奋斗和活动。生存并非仅仅是进行思维，而且还寻求交往；不仅独来独往，而且闲不下来。生存不是一个行动鬼祟、冷漠疏远的敬慕者，而是一个在光天化日之下公开的追随者。"也正是通过这种内在的分析，"生存这个词才获得构成一切存在主义哲学基础的那种意义"①。

像后来的存在主义者一样，克尔凯郭尔强调的是一个既与传统的超验的存在概念、又与泛神论或自然主义的实存观念相区别的生存，生存强调的是生存个体的感受性。在克尔凯郭尔看来，只有强调生存的个体性，对生存的理解才不至于落入幻想或思辨。但传统哲学的症结就在用思辨或想象排斥了超越性与事实性融合于一体的生存。"哲学和哲学家高傲地抛弃了生存，正是由于把人类实践的最高依据设定为抽象的结果。"②生存并不是思想问题，而是感性问题，属于人的激情。"除非我们不严格地理解人的生存，否则没有激情的生存是不可能的。"③克尔凯

---

① ［美］怀尔德·约翰·丹尼尔：《存在主义的挑战》，见《当代美国哲学论著选译》（第二集），121 页，北京，商务印书馆，1991。
② ［丹麦］克尔凯郭尔：《并非科学的总结性附笔》，267 页，普林斯顿大学出版社，1991。
③ 同上书，276 页。

郭尔把生存与思想区分开，并不是否定思想，而是直接针对传统哲学、特别是黑格尔式的抽象的思辨而言的。在他看来，黑格尔把思想抽象化的做法实际上是用某种玄思消除和处理掉了思想作为生存悖论的当下性。而克尔凯郭尔要凸显的正是生存的悖论性，并通过这一途径恢复思想作为生存的感性联系。而且，这一路数并不是美学意义上，而是伦理意义上的，从伦理学意义上确定生存与思想的内在性是克尔凯郭尔之不同于谢林，但却与苏格拉底的生存思想相吻合的地方。与苏格拉底一样，在克尔凯郭尔看来，生存个体的唯一现实性就是其伦理现实性，这里的伦理强调的并不只是规范，而是伦理本身的存在论基础。生存的个体性必然是对生存的存在本性的趋同，如同生存的本性必然是生存的个体性一样。

克尔凯郭尔对生存的新理解是在后来德国的生存哲学中才得到深化的。而在克尔凯郭尔时代，哲学的认识论传统仍然强盛。而且，克尔凯郭尔必须通过词组的方式而不只是单独用 Existenz 来表述与传统实存观不同的超越性生存，这一点也大体上反映出 Existenz 在当时的哲学语境中尚未获得一种现代德语 Existenz 的"超出去活"的意味。这意味着生存的实存含义仍然隶属于主流性的哲学理解。任何思想体系都是由一些实体性的要素组成的，而实存正是属于认识论传统及其话语系统中的一个无法舍弃的概念。从这个意义上，坚持认识论传统的当代西方哲学家们实际上是无法摆脱实存概念的。这方面，胡塞尔对 Existenz 的理解也值得注意。从某种意义上讲，胡塞尔仍然是沿用拉丁语"实存"的。"虽然胡塞尔有时是在宽泛的意义上使用'实存'概念（即把它等同于'存在'概念），并且谈及'数学的实存''本质的实存'等等，但这个概念原则上被胡塞尔用来指称'具有时空形式'的实在存在。"①在《经验与判断》一书中，胡塞尔这样描述其实存观："两个物就有一个距离；这个距离从属于它们，即使这个距离并不具有任何作为物的实存，但毕竟，它正是作为以物的实存为基础的实存才有了实存。"②这意味着实存与实存的东西是有区别的："一个实存东西的实存就从来没有且永远不会有别的含义，而只意味着实存于其中（inexistenz），意味着存在于宇宙中、存在于时空性的开放视域中，这种视域就是那些已知的、以及并不只是当前现实地被意识到而且也包括那些未知的、可能被经验到且在将来被知悉的实在东西的视域。"③由此看来，胡塞尔对实存的理解仍然隶属于认识论哲学传统，并没有把 Existenz 与人的生命活动特别地关联起来。这种理解与海德格尔对生存的理解是有一定差别的。但是，恰恰是胡塞尔实存观中包含的意向性思想，又深刻地影响着海德格尔的生存观。

明确主张抛弃 Existenz 的"实存"含义，并以"生存"意义取而代之的人是海德格尔。按照海德格尔的思想，把 existenz 作为"实存"即"现成存在"看待，恰恰是后世西方哲学误解"存在"（sein）意义的严重后果。为此，学神学出身的海德格尔专门把拉丁语中两个表达"实存"的词排除掉，以试图"恢复"Existenz 的"原初意义"。这两个词，一个是 existit，海德格尔认为，existit 与 ad existendum（为存在）都属于世内存在者（自然）的存在论的特征描述，是"实体性观念或实体性观念规定的"且"导向

---

① 倪梁康：《现象学概念通释》，158～159 页，上海，上海译文出版社，1999。

② ［德］胡塞尔：《经验与判断》，邓晓芒、张廷国译，220 页，北京，生活·读书·新知三联书店，1999。

③ 同上书，50 页。

晦暗"的存在概念①。在海德格尔看来，existit 与 ad existendum 之所以成为这样一种存在概念，是由笛卡尔哲学造成的，由于笛卡尔把作为"存在者的存在"的"广袤"（extensio）直接"同'世界'等量齐观"，而 existit 与 ad existendum 作为 extensio 的量的变形形式则被视为典型的存在者并被具体描述为"物体的现成状态"②。"笛卡尔……为从存在论上描述这样一种世内存在者奠定了基础——其他一切存在者都根源于这种存在者的存在，而这种存在者就是物质自然。世内现实的其他层次都是在物质自然这一基础层次上建立起来的。奠基于广袤物本质的首先是这样一些规定性——它们虽然显示为质，但'其实'是 extensio 本身的种种样式在量上的变形。"③

另一个是 existentia。与从字面上看来就是描述物质的实存状态的 existit 不一样，existentia 在习惯表达上总是与此在之在联系在一起的存在概念，是应当与此在有某种内在的勾连的。但是照海德格尔的看法，如果此在特指人的存在的话，那就不能用 existentia 来规定此在。因为"按流传下来的含义，existentia 在存在论上差不多等于说现成存在；而现成存在这种存在方式本质上和具有此在性质的存在者的存在方式了不相干"④。因此，必须用 existenz 来代替 existentia，"把生存专用于此在，用来规定此在的存在"⑤。在《路标》一书中，海德格尔更为明确地说道："在此在之在（Da-sein）中，人才具有他由之得以绽出地生存

---

① ［德］海德格尔：《存在与时间》，陈嘉映译，111 页，北京，生活·读书·新知三联书店，1999。
② 同上书，112、114 页。
③ 同上书，115 页。
④ 同上书，49 页。
⑤ 同上书，49 页。

的本质根据，而这个本质根据长期以来未曾被探究过。在这里，'生存'（Existenz）并不意味着一个存在者的出现和'定在'（Dasein）（现成存在）意义上的 existentia[实存]。"①也就是说，必须跳出"实存"，才能真正从绽出意义上理解"生存"。

被海德格尔排除掉的 existit（ad existendum）与 existentia，其实就是拉丁文"exsistere"的"实存"意义。也就是说，existit、existentia 与 exsistere 都属于意思相近的词，而海德格尔对 existentia 一词的排斥，正是对 exsistere 的实存内涵及其流弊的清除。在《关于人道主义的信》中，海德格尔几句精辟的词义辨析实际上已经表明他对自拉丁文一直到黑格尔、甚至在尼采哲学中仍然潜存着的将 existentia 看成"既定的现实性"（实存观）的不满："人的绽出本质基于绽出之生存，这种绽出之生存始终区别于形而上学所思考的 existentia[实存]。中世纪哲学把这个 existentia 理解为 actualitas[现实性]。康德在经验之客观性意义上把 existentia 表象为现实性。黑格尔把 existentia 规定为绝对主体性的自知的理念。尼采把 existentia 理解为相同者的永恒轮回。"②至于 existenz 与 existentia 的区别在海德格尔看来是再明显不过的，前者就是生存，是与人的本质关联着的并且本身就是在的澄明状态，"实存"与"生存"是有本质差别的，"绽出之生存（Ek-sistenz）无论在内容上还是在形式上都不等于 existentia[实存]。在内容上，绽出之生存意味着站出来（Hin-aus-stehen）进入存在之真理中。与之相反，existentia（existence）则意指 ac-

---

① ［德］海德格尔：《路标》，孙周兴译，218 页，北京，商务印书馆，2000。

② 同上书，382 页。

tualitas，即现实性，区别于作为理念的单纯可能性。绽出之生存所命名的，是对人在真理之天命中所是的东西的规定。而 existentia 始终是表示某个在其理念中显现而存在的东西的实现过程的名称。"①

但是，既然排除了 existit 与 existentia 对此在意义的阐释，同时又对 existenz 与 exsistere 的断裂不加理会，那么特别看重词源意义的海德格尔凭什么赋予了 existenz 以规定此在的存在性？海德格尔也许自己已经意识到这一困境，提出用"此在"（Dasein）来阐释 Existenz，并建立所谓此在存在论。"此在能够这样或那样地与之发生交涉的那个存在，……我们称之为生存（existenz）。"②"此在的'本质'在于它的生存。所以，在这个存在者身上所能清理出来的各种性质都不是'看上去'如此这般的现成存在者的现成'属性'，而是对它说来总是去存在的种种可能方式，并且仅此而已。这个存在者的一切'如此存在'首先就是存在本身。"③当然，海德格尔的意旨在于构造关于 Existenz 与 Dasein 的解释学循环，这一循环结构即他的开放性生存论建构，这一建构一方面通过"此在"呈现"生存"（Existenz），另一方面又使此在的"实在"（existentia）摆脱"本质"（essentia）的束缚，并从 existentia 提升为 Existenz。可见，在海德格尔那里，Existenz 已全然不是拉丁文中的"实存"意义，而是作为"此在"的直接显现者，它所强调的重点似乎并不在人作为唯一存在者的存在方式，而是人自身的生存境遇，或者就是人的存在本身。海德格尔认

---

① ［德］海德格尔：《路标》，孙周兴译，383 页，北京，商务印书馆，2000。

② ［德］海德格尔：《存在与时间》（中文第二版），陈嘉映译，15 页，北京，生活·读书·新知三联书店，1999。

③ 同上书，49～50 页。

为，只有人才能作为这样的存在者，也只有现代德语中的 existenz 所表达的"去存在"（Zu-sein）、"能存在"的内涵方能恰当地表达"此在的本质"①。

"实存"与"生存"的一个根本区别在于前者意味着现存性，后者意味着超越性。在克尔凯郭尔那里，生存尚为现存性所牵涉，但海德格尔则要努力摆脱这种牵涉。"海德格尔与克尔凯郭尔相反，克尔凯郭尔好多处从这种词源学里推断出存在是分散和广延。而海德格尔从同样的词源学里推断出存在就是突出自己。他断言，存在这个词最早的意思原本就是迷狂，他所断言的就是指突出自己，突出自己就是在世。"②海德格尔把人看成向死而生的本真存在，而把人生命运通称为"ek-sist"（出窍的存在）。ek-sist 系由德语 Ekstase（意为"狂喜"、为希腊词 ekqools——"站立于外""出窍""离其寓所"——之转译词）与 Existenz 合成的词。"海德格尔所思考的通常是 Ekstase 词根意义及其与 Existenz 词根意义的密切联系。"③这表明，在海德格尔那里，Existenz 乃人之本真存在的绽放状态。在海德格尔看来，生存超越本质上属于时间性的规定，海德格尔的"存在与时间"的意思就在于通过展示此在的生存论化，赋予存在以时间规定性。这种超越"并非意指主观意识的超越，而是由此在的生存论绽出的时间性所规定的超越"④。生存的时间性规定意味着赋予了生存

---

① ［德］海德格尔：《存在与时间》，陈嘉映译，49 页，生活·读书·新知三联书店，1999。

② ［美］让·华尔：《存在哲学》，翁绍军译，49 页，北京，生活·读书·新知三联书店，1987。

③ ［英］凯蒂·索珀：《人道主义与反人道主义》，廖申白、杨清荣译，59 页，北京，华夏出版社，1999。

④ ［德］海德格尔：《形而上学导论》，熊伟、王庆节译，19 页，北京，商务印书馆，1996。

以可能性，只有先行地存在着可能性，此在才能够展开生存并对于不情愿的可能性说“不”，也只有这样，才能够“超越”得起来。当然，这种超越同时意味着否定，海德格尔常常把“Existenz”写成“EK-sistenz”，为的就是要突出“EK-”这一否定性的前缀，强调生存的超越性，这一点可以说是赋予在传统哲学词汇中往往被视为非存在意义的 Existenz 以新的蕴含。①

　　值得注意的是，海德格尔当然是在“绽放”“自身站立”等超越意义上理解 Existenz 的。但这并不意味着，这样一种超越意义的生存与人的一般实存没有任何关系。如果那样的话，海德格尔就不是一个现象学家了。在《物的本质》以及《艺术作品的本源》等文中，海德格尔反复提醒人们注意，“物的物性”(die Dingheit)绝不是一眼看上去的那个样子，它是蕴含着某种形上意义的。通常人们所谓物，倒总是与有用性联系在一起的，而纯粹的物，正如康德所谓“自在之物”，是要“连用具也排除在外的”②。实际上，当海德格尔强调 Existenz 的超越性时，同时也是要求提升在通常看来的一般物的实存以一种内在的超越性，普遍地提升生命的意义与质量。在《路标》中，海德格尔写道：“绽出之生存也决不能被看作其他各种生物中间的特殊的一种——假定人已命定要思存在之本质，而不只是要报道一下关于他的状态和活动的自然故事和历史故事。所以，就连我们根据与‘动物’的比较而判定动物性的人所具有的那个东西，本身也建基于绽出之生存的本质。”③

----

① Werner Brock：Existence and Being. London，Routledge，p. 189.

② ［德］海德格尔：《林中路》，孙周兴译，6 页，上海，上海译文出版社，1997。

③ ［德］海德格尔：《路标》，孙周兴译，380 页，北京，商务印书馆，2000。

海德格尔赋予此在生存的时间性及可能性规定，其实落实于此在生存的历史性上，而这一历史性从根源上看又是与"存在"本身同一的。海德格尔说："此在的演历本质上包含有开展与解释。从这个历史性地生存着的存在者的这一存在方式中，生长出明确地开展历史和把握历史的生存可能性。"又说："此在历史性的分析想要显示的是：这一存在者并非因为'处在历史中'而是时间性的，相反，只因为它在其存在的根据处是时间性的，所以才历史性地生存着并能够历史性地生存。"①海德格尔实际上已经提出了从历史哲学上深化生存论的可能性，但由于他本人或者毋宁说当代西方文化无法摆脱的西方中心主义与相对主义价值观，致使他难以深化这一有可能进一步实现与马克思唯物史观沟通的课题。

在克尔凯郭尔之后，在所有的生存哲学家中，雅斯贝尔斯对 Existenz 作了最详尽的阐释。在《生存哲学》一书中，雅氏指出："生存（Existenz）乃是指示现实的字眼之一，它带有克尔凯郭尔所强调的重点，它意味着，一切现实的东西，其对我们所以为现实，纯然因为我是我自身。我们不仅是存在在这里，而且我们已被赠予我们的实存（Dasein），已被赠予以作为实现我们的本原的基地。"②在《哲学》与《论真理》中，他把 Existenz 看成"与自身关联并由此同超越者相关联"的"自身存在"③。在晚年的著作《面对启示的哲学信仰》一书中，雅斯贝尔斯对生存作了一

---

①　[德]海德格尔：《存在与时间》，陈嘉映译，426～427 页，北京，生活·读书·新知三联书店，1999。

②　[德]雅斯贝尔斯：《生存哲学》，王玖兴译，1 页，上海，上海译文出版社，1992。

③　转引自梦海：《存在的两极：理性与生存——论雅斯贝尔斯的理性生存哲学》，见《德国哲学论丛》(1996—1997)，107 页，北京，中国人民大学出版，1998。

个全面详尽的概括：

（1）生存不是如此存在（So sein），而是可能存在。

（2）生存乃是知道由超越者赠予自己的、没有超越者就不能存在的自由。

（3）生存是各个个体（der je Einzeline），并作为特定自我是不可代替、不可替换的。

（4）生存是历史的。

（5）生存仅仅存在于生存之间的交往之中。

（6）不能因知道我是存在着的，故我就是现实的生存。倘若我想知道我自身的生存，作为生存的我就归于消失。

（7）生存乃是知道自己是被赠予的东西，所以在其根据中受到保护。①

雅氏明确反对把 Existenz 看成对象化的"实际存在物"及实体性概念。与克尔凯郭尔一样，雅氏认为 Existenz 本质上不是一个"概念"，他直接将 Existenz 看成人的生存活动，并明确提出应用非对象性的方法，即"生存澄明"（Existenzerhellung）活动去展开"Existenz"。Existenz 是生存澄明的第三阶段展开的存在样式。在第一阶段中，哲学大全展开出"作为存在自身在其中显现的那个大全"（"世界"）以及"我们所是的那个

---

① 转引自梦海：《存在的两极：理性与生存——论雅斯贝尔斯的理性生存哲学》，见《德国哲学论丛》（1996—1997），108 页，北京，中国人民大学出版，1998。

大全"("一般意识"),在第二阶段中,从"我们所是的大全"中又分解为"实存"(Dasein)、一般意识以及精神。但是,在雅斯贝尔斯看来,"所有这些大全样式毫无疑问,都是当前现在的东西。它们包括全部的内在存在(Immanenz),一方面是作为我自己的内在存在、实际存在或实存、一般意识、精神,另一方面是作为我的对象的内在存在:世界。"①

实存、一般意识、精神既显示了存在的真理,同时又存在自身的缺陷。实存意味着生命物的自我保全和扩展本能,本身就是自足的封闭结构,实存的真理即实用主义的真理,"它靠实践的有用性来证验自己是真理"。一般意识的真理"是一种强制性的正确,它依靠自己本身的、而不是它以之为手段的别的什么东西成其为真理"。至于精神的真理则在于其独断性,"精神的真理是通过其对一个自身阐明而又自身封闭的整体的隶属性而成为真理的"。② 但是,不管是一般意识、实存还是精神,作为内在存在本身又是不可能自我满足的,它必然还指向人的自由自觉的生存并通过人的生存活动指向超越者的存在,即绝对存在本身,这就是哲学大全的第三阶段。生存就是通过这一阶段展现出来的。"人已经完成了他从内在存在出发的向上飞跃,那就是,从世界向上帝和从自觉的精神的实存向生存的飞跃。生存乃是自身存在,它跟它自己发生关系并在自身中与超越者发生关系,它知道它自己是由超越存在所给予,并且以超越存在为根据。"③生存澄明是雅斯贝尔斯生存哲学的主题。生存澄明探求生

①　[德]雅斯贝尔斯:《生存哲学》,王玖兴译,19 页,上海,上海译文出版社,1992。

②　同上书,35 页。

③　同上书,19 页。

存的命义、生存的缘起与形成以及人关于生存的体验活动，在生存澄明中，生存绝不是作为一种对象被澄明，因为澄明本身就是生存的存在方式。在这种生存澄明或者说澄明性的生存活动中，生存的内在范畴，诸如界限、真理、交往、自由、超越以及历史性得以呈现出来。

生存的界限实际上是关于存在的思维与绝对存在本身的界限，这一界限同时也提示了生存的真理性。雅斯贝尔斯如此阐述生存真理的展开过程：

> 如果说，当我们是一般意识的时候我们思维那种必然正确的东西，当我们是实存的时候我们思维那种有利有害的东西，当我们是精神的时候我们思维那种构成整体的东西，那么这种东西无论如何也不会由于我们的思维而像一个自然事物那样一定会发生。相反，我们大抵会陷入一场彻底的混乱。事实上，我们能否以坚决态度同时以对每一种真理意义的界限意识把握到真理意义，全视我们是我们自己到了何种程度。换句话说，各种来自其他起源的真理，只有从生存（Existenz）的真理那里才会取得其纯洁性。①

生存的真理是生存个体直接面对超越者的体验与信仰状况的反映。由于"突破了所有世界的内在性"，因而当超验性的体验返回到"世界"中时，我既在世界之中又在世界之外。此时，我才是一个纯洁的"我自己"并"证验自己是一种真正的现实意识"。也就是说，只有诉诸这种超验性

---

① ［德］雅斯贝尔斯：《生存哲学》，王玖兴译，35 页，上海，上海译文出版社，1992。

的体验及信仰活动，生存本身才成为非对象性的。而且，在雅氏看来，正是由于非对象突破了世界的实在性和一般意识，世界才成为开放的世界，在此基础上，人展开生存的交往活动注定是内在的和开放的。自莱布尼茨以来，欧洲哲学传统一直坚持把生存个体看成单子式的，世界的实在性、一般意识以及精神往往都是对单子式个体的规定，同时也是封闭个体与超越者的屏障。但是，个体生存作为孤独个体注定是与超越者相沟通并在此意义上也构成诸孤独个体间的内在的交往活动，雅氏则明确地把人看成"交往内存在"（In-Kommunikatation-sein），把"生存的交往"（existentielle Kommunikation）看成真正的交往，并把"交往的可能性"看成"人之渴望成为人自身的根本问题"①。

生存阐明意味着生存对"实存"（Dasein）的超越，这一超越当然包含了自由的实现。但这绝不意味着自由是生存的根据，自由既可能是善的来源，也可能是恶的来源。而且常常是恶的来源。自由的实质是意志，意志包含了必然性，但是只是实存的必然性，意志本质上是欲望问题。欲望指向于外在对象，同时又具有强烈的自我指涉性，这样一来，用意志来解释人的活动就不免带有任意性，在具体引导人的活动时还可能具有怂恿恶的负面效应。这样一种经验性的意志自由观本身就是意志哲学不可能克服的，而 20 世纪法西斯主义的盛行与意志哲学的消极传播是有某种关系的。正是在这个意义上，雅斯贝尔斯要求超越实存的意志观，把自由意志看成人生存的属性，由此克服对自由的经验主义式的误

① 转引自梦海：《存在的两极：理性与生存——论雅斯贝尔斯的理性生存哲学》，见《德国哲学论丛》（1996—1997），108 页，北京，中国人民大学出版社，1998。

用传统，达到真正的生存性自由。因此，在雅斯贝尔斯的生存阐明中，自由其实是被悬置起来的，它只用来描述生存超越，而生存根由无疑就是超越者。所谓超越就是要把只具有生存可能性的实存展开和提升为人生存的现实，而作为实存个体的潜在性与封闭性则通过诸如交往活动而拓展为生存个体的现实性与开放性。但生存个体的超越从本质上又是由绝对存在的超越者即上帝所赠予的，超越的实质是超验。

界限、真理、交往、自由、超越（验），作为生存的内在范畴，都揭示了生存对实存的超越。但生存的历史性则意味着生存与实存的富有张力意义的统一。按雅斯贝尔斯的诠释："我与作为我的现象的我之实存的统一，即我的历史性，关于它的意识就是历史意识。"①在生存的历史性看来，生存一方面要独立于历时性意识，突出实存世界的统一性并把实存中的生存可能性提升为唯一性；另一方面又要吸收历史性意识，将生存的唯一性贯彻到诸多实存中，实现生存的超越性。这样一来，生存既在实存层面上凸显自己，同时又将实存看成生存得以实现的条件。雅斯贝尔斯曾借用克尔凯郭尔说过的关于"鸟儿与空气"的比喻来揭示生存与实存的关系，鸟儿以为空气是妨碍其展翅飞翔的阻力，但也正是空气构成了鸟儿飞翔的条件。生存本身并不为人所认识，但生存恰恰又是存在于实存中的，在这个意义上，实存作为生存的现象，既有僵化的一面，又蕴含着生存的可能性，而生存可能性也就是生存的超越性。

有必要比较一下雅斯贝尔斯与海德格尔二人对 Existenz 的理解。他们都反对传统哲学的实存观并致力于把 Existenz 理解为人的生存，理解

① Karl Jaspers, *Philosophy*, p. 121, Routinge Books, 1972.

为人所特有的生存超越活动，理解为存在的可能性与开放性，并且在此意义上也赋予 Existenz 以存在论内涵。但在对于 Existenz 的重视程度以及如何展开 Existenz 的问题上，他们却是存在着明显区别的。在《存在与时间》中，海德格尔实际上只是把 Existenz 当成了一种展开此在的场景，Existenz 是自在的，但却不是自明的，它必须用 Dasein 来阐释。但是，这个在海德格尔生存论中负有重要使命的 Dasein 在雅斯贝尔斯看来仍然属于拉丁文意味的"实存"（exsistere），即实际存在物。在海德格尔的生存论理论中，作为此在的 Dasein 是优先于 Existenz 的，但问题是当海德格尔用 Dasein 来阐释 Existenz 时，前者恰恰就是有待于阐释的，而且其词源也并不比 Existenz 更久远。

在雅斯贝尔斯看来，海德格尔实际上赋予了 Dasein 一种它无法承载的意义，因为恰恰是 Dasein 包含着 Existenz 应当超越的"实存"意义。雅氏明确指出"实存"（Dasein）的三个缺陷："(1)实存总想保全自己和扩展自己；(2)实存总想获得它自己的幸福；(3)作为意识或灵魂，实存总想说明自己，表现自己。"①而这三个缺陷都可以概括为"利己的占有性"。按照雅斯贝尔斯的观点，海德格尔自以为一旦用 Dasein 来阐释 Existenz，就可以摆脱早先附着在身上的"实存"（Bestehen）意义，其实正是因为 Dasein 的频繁出场，反倒使得 Existenz 难以从"实存"意义中摆脱出来。其原因就在于海德格尔没有足够重视 Existenz，或者说，没有把生存澄明活动充分地纳入到对"生存"的理解中去。在雅斯贝尔斯那里，作为意义，Existenz 先于、也优于 Dasein，后者并没有能力表达前

---

① ［德］雅斯贝尔斯：《生存哲学》，王玖兴译，34 页，上海，上海译文出版社，1992。

者，这种等级差别在其哲学大全体系中表现得最直接。Existenz 是其整个"存在大全"的最高级的样态，即"一个自己在那里存在着的人"①，其地位仅次于不作为具体存在样态出场的超越者，而被海德格尔所重视的 Dasein 则是这一大全体系中的低级存在样态。

在《哲学》第二卷中，雅氏就 Dasein 与 Existenz 作了细致的区分：

> 不是我的此在是生存，而是人在此在中才成为可能的生存。前者(人)存在于此或不存在于此，但生存却通过选择与决断进一步迈向其存在或脱离存在，进入虚无，因为生存是可能的。我的此在与其他的此在相比具有一个狭隘世界存在和广阔世界存在之间的范围区别，生存却由于其自由的缘故同其他生存本质不同。此在作为存在存活与死亡着，生存不知道死亡，而是对其存在来说处于上升与坠落状态之中。此在经验地存在于此，而生存却仅仅作为自由而存在；此在完全是有时间的，而生存却在时间方面超出了时间。我的此在只要不成为全部此在，却自为地闭锁在自身之中，它就是有限的；而生存也不是为自己单独存在，也不是全体而存在，因为它只有在与其他生存发生联系，与超越发生联系时才存在，在这个作为全然是他者的超越存在面前它意识到，不能单单依靠自身而存在。②

照雅斯贝尔斯的看法，人的此在尽管与其他物的此在有一种范围的

---

① ［德］雅斯贝尔斯：《生存哲学》，王玖兴译，38 页，上海，上海译文出版社，1992。
② 熊伟主编：《存在主义哲学资料选辑》(上)，589 页，北京，商务印书馆，1997。

区别，但人的生存却与其他生存截然不同，这是海德格尔无法区分开来的。海德格尔的此在由于受时间性和经验性的直接钳制，因而总是处于在世的沉沦，整个生存阈限则是作为个体虚无的死亡。而在雅斯贝尔斯看来，生存由于超越了时间性并且通过交往而与超越存在发生关联，从而摆脱了个体生存的有限性。在生—死的悖论结构中引入交往，确实是雅斯贝尔斯的智慧所在，在这方面，雅斯贝尔斯的理论视阈显然要比海德格尔宽。还有一个至关重要的差别在于，当海德格尔用此在在世的绝对有限性，将根源于上帝意识的类生存的无限持存性摒弃于外时，他的生存论是倾向于无神论的，而当雅斯贝尔斯特别强调生存的根据就在于超越者的存在时，他实际上是倾向于有神论的生存理解，这样一种生存规定或许不至于陷入海德格尔此在生存论那样的无助与焦虑境遇。

雅斯贝尔斯对生存的理解应当说较海德格尔向前迈了一大步，但这一点似乎并未被人们注意到。海德格尔哲学巨大的语言诱惑力与感染力冲淡了雅斯贝尔斯生存哲学的影响。不过就基本的学术进向而言，相对于两位哲学家在推进对生存新的理解方面的共同努力而言，他们之间的学术差异是次要的。事实上，正是通过两位哲学家的卓越努力，从而把人们对 Existenz 的理解与诠释带入了与当代生存哲学的旨趣相匹配的语境之中。

上面是就生存哲学内部关于 Existenz 的当代意义的阐发而展开的研究。但就人们的日常语言而言，也许已经发生了巨大的变化。实际上，早在 19 世纪，人们就在试图用诸如"生活""体验""本真""本原"之类颇具生存论意蕴的词汇描述时代的精神追求。但是，哲学词汇的意义转变总是要滞后于生活观念的变化。当哲人们在煞费苦心地从存在论的意义上阐释 Existenz 时，在有教养的阶层以及诸多文学艺术作品中，Existenz 的含义更主要的是与共享一个共同词根"Leb-"的词汇族相通的，这一词汇族诸如"生活""生命"（均译为 Leben）、"生活世界（Lebenswelt）"、"生动性(lebendigkeit)"、"体验（Erleben）"等。另外，我们还特别注意到，生存意义与生存之间竟存在着某种分离。在现代德语及英语的日常词汇、特别是文学词汇等非哲学场合，表达生存意义的词就是 Leben(live)，而不是 Existenz(Existence)。至于 Leben(live)，不过就是人们所有生活状态的总称，其内容极其宽泛，诸如生存、生活、生命、人生、生涯等等，都可以称为"生活"[①]。这一点也表明，在人们日常的语用中，对生存的理解仍然还可能滞留于实存意义，从实存观念向生存观念的转变本身就是生存论自觉的观念转换结果，而就人们对生存观念的当下理解状态看，必定还需要走相当长的路。

----

① 参见川崎、允胤主编：《人的尊严、价值与自我实现》，29 页，北京，当代中国出版社，1993。

第二章

西方哲学的"实存论"传统

就我们习惯了的传统西方"哲学"而言，前苏格拉底时期的"哲学"被看成一种生命理论，这是一种建立在古希腊人单纯而富于灵性的生活方式与思维方式之上的生命理论。古希腊人之好奇于世界的源头及其结构，实是源自于对生命现象的惊异。前苏格拉底哲人们用来说明世界本原的概念，诸如水、气、火、灵魂之类，都是充满着生命流动意味的，由这些概念阐释的正是关于生命流动的辩证法，其成果集中体现于努斯说。前期苏格拉底的生命理论已经突出了灵魂与肉体的冲突对立，苏格拉底则通过伦理学的提升使这种对立呈现"一边倒"的情形，进而形成了否弃人的物性实存的抽象的精神意识传统。柏拉图通过认识论的努力使得善成为人生存的唯一理念，而理性则成为展开这种善的唯一形式。但是，理性的迷狂必然导致理性的自身反拨。亚里士多德通过推进并建构生命理论进而致力于寻求这一理论与超验辩证法的内在融合，与此同时也进一步强化了西方哲学在生存理解上的实存论传统。实存论传统具体表现为超验实存传统与自然主义实存传统，超验实存观契合于西方的神学文化传统，其实质是用无限性的先知先觉意识直接替代人们对生存有限性的自我意识，自然主义实存观契合于西方的无神论传统，强调把人的生存还原到一般生命物的存在，实存论传统的共同点都是实体主义生存观。

一、前苏格拉底哲学的生命理论

今人对于生命现象总是要由低到高区分出若干层次，比如区分为非生物存在物，植物、动物以及作为高级动物的人，而且在人之上往往还设定一个超生命的超验者；对于生存与存在、实存、生命(生活)等概念也要做出相应区分。但是，对于早期的古希腊人来说，生命并没有这样复杂，凡物都有生命，一切物的活动都是其生命活动。生命活动既直观、又神秘，在神秘的生命现象中已经蕴含着人的生存的全部"真理"。而且，在希腊人的潜意识里，离开了万物的生命，是谈不上人的生命的，理解了自然物的运动状态，也就自然弄清了人的生存的道理，或者说，在没有弄清自然万物的生命并对其形成敬畏意识的情景下，也没有理由确定人的生存。

希腊人总是把自然想象为有生命的。在神秘主义的层次上，一切事物，陆地和海洋，山脉和河流，树木和丛林，在他看来，都是充满神性的东西；在哲学的层次上，他们把所有的物质想象成是有生命的，甚至石头也不例外，因为它们也会显示一种力量。因此说是物活论或泛精神论，会更正确些。在这些思想家看来，不存在生命和精神的问题，因为一切事物都是有生命的，虽然程度不同，都注入了精神，一个失去了生命本原的自然，在希腊人看来，是不可想象的，只要循着他自己的思路，不受外来的影响。①

古希腊人的生存观与其生存方式和态度是分不开的，这种生存方式及态度是通过被称为古希腊人的圣经的"荷马史诗"表现出来的。在荷马笔下，事物的生成变化，尤其是个体的死亡时间，并不是由事物及个体自身控制，而是由"命运"控制的。"命运"必然含有宿命的、神秘的成分，但这并不意味着人面对命运是无为的。人的生活实践并不是由应然性支配的，人顺应自然而生活，并不需要引入外在的律令。众神的自由逍遥、及时行乐甚至放荡不羁的生活方式同时也引领着一种快活、我行我素和无拘无束的个体生活方式。充足、温暖、柔和的阳光以及湿润且并不富裕的土地，一方面让人享受生活并培植起一种悠然自得的精神品性，另一方面又给人的生活置入了一种天然的有限性，这种有限性总是在个人生命的尽头显现出来，但是对现世的个体生命而言，它并没有成

---

① ［德］E. 策勒尔：《古希腊哲学史纲》，翁绍军译，26 页，济南，山东人民出版社，1992。

为直接限制。希腊人天性开放、豁达而豪迈。这种生活方式当然包含着现世的享乐主义，但同时却展现了一种质朴、率真和自然的生命态度，这种态度连同众神恣意任性的生命样式本身就意味着对命运的抗争。奥德赛的刚强、坚韧、执着同样也可以理解为古希腊人的意志品质，抗争的结果往往是悲剧性的，生命的丰富性与结局的宿命之间其实潜存着一种尖锐的冲突。不过，这种冲突又恰当地升华为艺术性的悲剧意识，而不是颓变为现实生命的焦虑与绝望，希腊人是悲观不起来的，古希腊的神话传说、特别是古希腊那种简洁明快、和谐自然而又不失厚重雄浑的力量感的造型艺术都可以说明这一点。

而且，希腊人的智慧还在于通过这种艺术性的生命形式实现了将冷酷的命运转化并升华为理性与宁静，因而希腊人的艺术感本身就包含着对个体生活的内在反省与思考。感性的生活以及内在的人生反省体悟都蕴含着对某种超越于命运的绝对者的召唤。命运本身无疑是由宙斯宰制的，宙斯具有一种超越众神及众人的理智与意志，它担当着道德秩序，而且本身就是道德主体。"宙斯和命运暗示着两种不同类型的秩序。命运暗示着一种非个人的、非道德的秩序，独立于诸神与人类的选择。另一方面，宙斯暗示着一种道德秩序，体现着一种超越通常英雄价值的理智与意志，但仍然可以被辨认出来属于一个理智的道德主体。"①如果众神的生活喻示着人的应然生活，那么在宙斯与众神的生活之间则有一道界限，这道界限尤其对于众神来说是不言而喻的，而且在这个意义上，

① ［美］特伦斯·欧文：《古典思想》，覃方明译，21页，沈阳，辽宁教育出版社，1998。

众神的恣意放纵的生命活动与对绝对存在的自觉意识之间其实存在着一种内在的张力与平衡。因此，在荷马笔下，即使是尚武的英雄也都是心灵至上，而不是意志至上，甚至于"意志"一词在当时尚未形成①。意志尚未从人的活动中彰显出来，换句话说，人的活动尚未从一般物的存在，尤其是从众神的笼罩下展现出来。这种自在性的生存平衡感是后来人难以理解的，但却又实实在在地存在于西方文明的开端处。

荷马史诗反映的是早期希腊人的生活方式，这是一种情感与理智、力量与和谐以及政治生活与艺术生活相融合的生活方式。对此，策勒尔作了很好的描述："在希腊民族的天赋中，理智与想像，理性的力量与本能的力量富有成果地结合在一起。在希腊人的性格里不可争辩地存在着的那种热情的成分，受到一种渴望真理和明晰的情感的调节。他们那热情的气质，无论在政治领域还是在造型艺术领域，都为一种秩序感和一种对于中庸之道的爱好所抑制，并受到法律的约束。"②这既是在西方传统中久违了的、又是后世西方人一直在追忆缅怀的生活样式，这一生活样式正是伊奥尼亚唯物主义诞生的生活基础。

伊奥尼亚人是天然的唯物主义者和一元论者，他们把万物存在归结为一种物性的始基并在此基础上把握和考量存在与非存在、生成与变化、运动与静止。早期希腊人都不将运动绝对化，这并不是否定生命的恒常变化，而是为了给变化而又易逝的生命确立某种实有基础。这一基础在哲学家们看来即融本体性、自然性与本源性于一体的自然本身。亚

---

① 参见［德］E. 策勒尔：《古希腊哲学史纲》，翁绍军译，9页，济南，山东人民出版社，1992。

② 同上书，20页。

里士多德说:"大多数早期哲学家认为一切事物的唯一来源是材料(Material)。他们说,因为存在某种所有事物从中而来的(本质),这是所有事物归根结蒂从中而来的第一个事物,也是它们消亡后终将归于的最后一个事物,是贯穿始终、其性质不断变化的物质;而这就是基本的(基础)与事物的起源。而因为这一原因,他们认为没有什么事物能够产生或者消亡,因为他们假设,在每一变化中,这一自然[即:本质]恒定不变。"①

所谓"始基"其实质倒不在于唯物性,而在于它是一个原初的生存论概念。哲人们是顺应始基的本义去确定始基的,始基(αρχη')的本义就是生殖、创生。泰勒斯把"水"看成世界的始基,恰恰也反映了希腊人在理解生命时的常识见解:生命须以水濡养,水的枯竭则导致生命的终结。阿那克西曼德用无定形、无定限且自身否定的"阿派朗"(apeiron)作为世界的本原,恰恰就是对生命形成过程的揭示,生命的创造过程就是从无定形中逐渐定形并通过事物的自身否定从而实现出来的。阿那克西美尼则通过对万物生命的冷、热、干、湿以及稀散和凝聚等变化,把万物本原归结为"气",所谓"气"的本质就是呼吸、生命、灵魂以及神本身。

把世界的本原归结为水、气,乃是看到了生命与存在的自然本性,或者说哲人们试图从自然本性出发阐释世界和生命运演过程,并表达一种关于生命的直觉的、素朴的和总体性的认识。"当泰勒斯说'一切是

① [古希腊]亚里士多德:《形而上学》,吴寿彭译,7页,北京,商务印书馆,1983。

水'的时候，人类就突破了单门科学的蠕虫式的触摸和爬行，以直觉洞悉了事物的最终答案，并借助这种直觉克服了较低认识水平的一般限制。"①也就是说，当泰勒斯提到水时，已经不是仅仅以一种经验性的认识，而是基于一种生命体验，这种体验的基础是对自然的生命本质的直觉意识，而且这种直觉意识中还包含有崇高的生命信仰。伊奥尼亚的哲学家们都将其作品称为《论自然》，但是，"自然"对他们而言既是一种感性的存在，同时又是神圣性的存在。自然就是真理本身，是值得人们敬畏的对象，某一种自然物当然是自生自灭的，但自然本身却是造化而成的，自然的生命无疑是永存性的不断生发和延展过程。早期希腊哲人"用以指称自然的这个词的词源学意思，使他不把自然看作某种完善和终了的东西，却是把它看作某种仍然处于形成和生长状态的东西，看作一个过程"②。这样一种自然观无疑构成原生的生存观念。

把水与气看成世界的本原并解释生命，表现了人们对生命现象的经验的和直观的认识。这里的"水"与"气"当然不是游离于可经验的、可感的"水"与"气"之外的纯粹概念，但并非与经验的、可感的和具体的"水"与"气"无关。用水、气等流动的、富于生机的感性对象显然有益于拓展世界的生存论结构。实际上，世界上的许多传说、神话及文化传统都倾向于把水与气看成生命本体或质素，这意味着人类文化大致有一种一致或共通的生存论根源。另外，对生命的某种经验态度，本身也融入后世

---

① ［德］尼采：《希腊悲剧时代的哲学》，周国平译，34 页，北京，商务印书馆，1994。

② ［德］E. 策勒尔：《古希腊哲学史纲》，翁绍军译，25 页，济南，山东人民出版社，1992。

关于生命的经验主义传统中，实际上，我们今天关于生命的经验科学（诸如医学、生物学、生理学、环境科学等)仍然还在积极地拓展着这一传统。

在阐释生命时还有一个重要的概念，即灵魂。这是伊奥尼亚唯物主义已经提出的概念。"灵魂"(Psyche)这一概念，在原始神话中就已普遍流行，其本义就是生命、呼吸。在古希腊人的观念中，灵魂即生命的源泉，灵魂就是指生命存在的能力，是生命的内在规定性。一个人只要还在呼吸，血液还在流动，就是活着，就有灵魂，当呼吸停止、循环衰竭，灵魂也就不再存在于生命中。正是把灵魂看成生命能力与活力，泰勒斯认定万物都有灵魂，进一步说，灵魂就是世界本身。艾修斯在分析泰勒斯的万物有灵论时总结说："世界的心灵就是神灵，因此万物是被赋予灵魂的，充满精灵的；正是贯穿湿气的元素那里渗透着一种神圣的推动力量。"[①]阿那克西曼德的"阿派朗"所要确立的是不生不灭的永恒存在的本原，它是具体生命活动的起点与终点，并具体确定了冷与热、干与湿的对立，阿那克西曼德的"阿派朗"实际上蕴含着一种灵魂不朽说与生命理论。他虽没有明确说具体生命物是否具有灵魂，但"阿派朗"的存在却证明它本身必定是不朽的灵魂。通过对冷与热、干与湿的现象的分析，阿那克西曼德明确分析了生物尤其是人的生命的起源。"生物是从太阳弄干了的湿的东西中产生的。""从热的水和土中产生出鱼或非常像鱼的生物；从这些生物中长出人来，从胚芽到青春期一直还保留着原来的形式，直到最后，像鱼一样的生物破裂了，已经能够喂养自己的男人

[①]　汪子嵩等：《希腊哲学史》第 1 卷，173 页，北京，人民出版社，1997。

和女人长出来了。"①阿那克西美尼的"气"直接就是"灵魂",所谓冷、热、干、湿是气的不同属性。灵魂是气的体现形式而不是相反,不同的动物都有自身的灵魂,这些灵魂因其归属的"气"的冷热干湿的程度而有差别。但是,借用现代哲学的话说,都只是"量的差别"而无"质的不同",阿那克西美尼一方面恢复了泰勒斯的万物有灵论,但另一方面又强化了生命排序思想,其残篇五写道:"……气本身和心灵有许多不同的形式;有的热一点,有的冷一点,有的干一点,有的运动得慢一点,有的运动得快一点;还有许多内在的不同,它们的气味和颜色也是很不一样的。但是,所有动物的灵魂都是一样的,就是气,它比在我们身外的气要热一点,却比靠近太阳的气要冷得多。在动物中,这种气的热的程度是不一样的(实在,在不同的人身上的气的热的程度也不是一样的),但它们的差异并不大,而是比较接近的。"②

在伊奥尼亚哲学中,灵魂与自然总的来说是一体的,灵魂并不神秘,万物有灵。伊奥尼亚哲学所信奉的是多神教,是对奥林匹斯山上众神的崇拜,这种崇拜不是迷信,因为正是在多神教的名目之下西方文化实现了最初的个人解放。在《荷马史诗》的背后所隐藏的是诗人们的激情与豪放,对自然的赞叹咏颂代替了冷静的观察与描述,抒情诗产生了,抒情诗所表达的是主体的情感与意愿。多神教与艺术逐渐强化了个人意识,也只有在个人产生了强烈地要求超越传统习俗与大众生活方式的意愿与行动的条件下,人的生存才真正谈得上获得独立性。但个人的解放

---

① 汪子嵩等:《希腊哲学史》第 1 卷,215～216 页,北京,人民出版社,1997。
② 同上书,230 页。

从一开始就注定会伴随着解放的焦虑与惶惑。或许在"荷马史诗"中已经蕴含着一种酣畅淋漓的生命迷醉状态，或许在希腊式的个体解放意识中已经潜存着一种生命的痛楚与哀叹，或许古希腊人的那种享乐达观的生活方式注定会凸显出个体生命的有限性，进而融入某种超越意识。但最为直接的原因还在于：世事的流变使得古希腊精神中融入了一种新的宗教气质。这种气质最初是由色雷斯或吕底亚的东方宗教传进来的。

酒神狄奥尼索斯实际上是奥林匹斯山上的新神，但这一新神一旦作为山上众神中的一员，便成就了一种具有独立意义的古希腊艺术样式。据说狄奥尼索斯曾被看成一头公牛而被泰坦撕碎并啖其肢体，惟心脏被雅典娜救下来带给宙斯，宙斯用雷电摧毁泰坦，以骨灰作为其肢体并还之以心脏，狄奥尼索斯遂得以复活。这样一来，"人就有了双重性质；他们既有寓于肉体中的泰坦的成分，又有神圣的狄奥尼索斯的成分，人的灵魂来源于此。肉体是有死的，灵魂是永恒的，无始也无终。灵魂被禁锢在人的肉体凡胎之中。……肉体并非灵魂的工具，倒是它的镣铐、监狱和坟墓。灵魂必须经历数千年再生轮回，遍历地狱净化，并进入各种各样植物、动物和人体诸阶段。灵魂只有遵循符合奥尔弗斯这位大师戒律的得救之途，过一种纯洁的生活，戒除荤腥和其他禁忌食物（例如豆），避忌所有带血祭品，才能最终从生死轮回之中解脱出来，回到失去的神性极乐状态。"①狄奥尼索斯这一宰制生死的新神给西方文化带来了的实际上是生死两重世界的第一次分离，这就是灵魂与肉体的分离。与灵

---

① ［德］E. 策勒尔：《古希腊哲学史纲》，翁绍军译，15 页，济南，山东人民出版社，1992。

魂所赋予的高贵相比，肉体则被看成不洁之物。灵与肉的分离导致了人与各种动植物的等级差异，同时也设定了人的肉体与其灵魂的截然差别。这种差别使得灵魂轮回的思想得以产生，而且正是在灵魂轮回思想的基础上，神秘的奥尔弗斯团体建立起来。也正是在奥尔弗斯教义中，神的生存从人的生存中提升出来，这是西方生存超验思想的最初表现。

> 这种奥尔弗斯的神秘宗教完全颠倒了真正的希腊人生观，根据希腊人生观，肉身的人是真正的人，灵魂只是一种无力的虚幻的影像。可是，在奥尔弗斯哲学中，灵魂是永恒不灭的，而肉体则易逝，是不洁而可鄙的。对于希腊人来说，在阳光下的人世生活是真实的生活，而另一世界只是这一世界的一种黯淡的摹仿。而对于奥尔弗斯神学来说，人世生活是一种地狱，一种监禁，一种惩罚。只有在彼世，在灵魂从肉体的禁锢中解脱出来之后，迎接我们的才是真正神性的生存。①

据波菲利的记载，直接将奥尔弗斯关于灵魂不朽及灵魂转世的观念带给希腊人的是毕达哥拉斯。在毕达哥拉斯看来，灵魂是与肉体不同并可以离开肉体而独立存在的永恒实体。植物没有灵魂，这一点与伊奥尼亚唯物主义的万物有灵论相区别，这意味着对生命的讨论直接进入到动物界。事实上，在毕达哥拉斯学派看来，"一切有生命的东西都是血缘

---

① ［德］E. 策勒尔：《古希腊哲学史纲》，翁绍军译，17 页，济南，山东人民出版社，1992。

相通的"①。毕达哥拉斯学派对豆的崇拜、对动物的爱怜、禁吃活物以及许多看起来颇为神秘的禁忌，实际上都潜存着对万物生命的敬畏。

第欧根尼·拉尔修曾这样描述毕达哥拉斯关于灵魂及人的生命形成的思想：

> 一切有生命的事物都分有热，因此植物也是生物，但它们没有灵魂。灵魂是从以太分出来的部分（碎片），一部分是热的，一部分是冷的，因为它也分有了冷的以太。灵魂不同于生命；它是不朽的，因为它所从出的东西是不朽的。生命体是一个一个地萌发的，没有任何事物是从土中自动产生出来的。精液是一滴脑髓，其中包含着热气；当它进入子宫，就从脑髓生出灵液、流体和血液，这些就形成为肌肉、神经、骨头、头发和整个身体，而灵魂和感觉则是由包含于其中的热气生成的。精液经过大约四十天就有了胎儿的形成，按照'和谐'的比例，在七个月、九个月，或者至多十个月，就生出婴儿来。②

但是，肉体一旦形成，灵魂就开始摆脱肉体的纠缠。毕达哥拉斯学派常常把肉体看成冷和热、干和湿的对立，而把灵魂看成这种对立的和谐（他们也经常把肉体与灵魂看成七弦琴与七弦乐之间的关系，不过这种比喻常常会导致灵魂也会随肉体的终结而消灭的理解）。至于如何让灵魂摆脱肉体的纠缠，毕达哥拉斯学派主张通过药物或音乐教育进行身

---

① 汪子嵩等：《希腊哲学史》第1卷，256页，北京，人民出版社，1997。
② 同上书，261页。

体净化，对事物的终极存在作沉思冥想。这种灵魂与肉体相分离的观念实际上表明了一种关于生命的超验观念，这种超验的生命观念后来融入苏格拉底的生死观念进而深深地影响着西方生存哲学传统。

毕达哥拉斯灵魂观的超验性仍然是初步的，但并没有摆脱直观与经验的限制。就对肉体的、人世的生活的绝对的超越而言，灵魂的本质是超验的，但对灵魂的描述却是经验性的。亚里士多德曾指出毕达哥拉斯学派中的有些人甚至"声称灵魂与空气中的尘埃是同一的"[①]。不过这样一种经验性的描述倒是与伊奥尼亚的万物有灵论形成了一种异质性的沟通。

与伊奥尼亚的素朴的自然观不同，毕达哥拉斯把"数"看成世界的本原。所谓本原者，就应该既能够解释动植物之类具体事物之存在，也能够解释诸如善、正义、理性、友爱、和谐、智慧以及灵魂等抽象的存在。在毕达哥拉斯看来，只有"数"才具有这样的本原性。实际上，伊奥尼亚哲学家的水、阿派朗、气还只能算作是"本源"，而毕达哥拉的抽象的"数"才有理由叫作"本原"。阿那克西曼德的阿派朗至少从指名上已经蕴含着对事物的抽象，但仍然是与物的自然属性粘连着的，毕达哥拉斯的数不仅在称谓上、也在概念内涵上包含了对事物现象的抽象。数是事物的规定性，是实体，在这个意义上，"数"应当被看成西方哲学史上的第一个存在概念。作为存在概念的数虽然是对事物现象的抽象，但毕竟还只是一种经验性的提升，也离不开经验的生存体验。对于单个的自然现象而言，"数"可能是神秘的，也没有意义，但是对于整体的和系统性

---

① 苗力田主编：《亚里士多德全集》第 3 卷，8 页，北京，中国人民大学出版社，1995。

的生命世界而言，"数"则形成了一种具有较强解释力的生命图形理论。"数"对生命存在物的解释，对构成生命和谐的诸法度的解释其实显示了认识论对生存论的最初的构造，"数"所解释的就是生命，而"数"的神秘，其奥秘也就在于生命的神圣。

奥尔弗斯教义连同毕达哥拉斯学派成就了西方文化最初的二元论。二元论模式从文化意义上讲是在人与上帝之间呈现出来的，具体表现为灵与肉的对立。不过，最初的二元论结构并不像知识论意义上的二元论那样非此即彼，而是具有一种生存论意义上的内在联结。一方面，对现世的、肉体的人的否定导向确定性的上帝存在，但上帝存在的确定反过来又给有限性的人的生存确定了某种得救观念，对人的肉体的否定其实是强化了人的精神的超越性。另一方面，对上帝存在的确定同时也意味着对人所置身于其间的世界秩序的惊讶，惊讶导向对自然万物的知识论兴趣。哲学的意义在于试图在肉体的人与上帝之间寻求一种中介，或者是为上帝这一超验存在，也为人的现世的有限生存确立一种理性基点，毕达哥拉斯的"数"其实蕴含着这样一种理性内涵。

生命的本性在于动变，但生命的否定也是通过动变实现的。古希腊哲人对动变的复杂性的认识实际上显示了对生命现象复杂性的认识。对于赫拉克利特而言，生命的本质就在于生生不息的运动过程。在古希腊，水、火、土、气被看成构成事物的最基本的元素，从形式上看，赫拉克利特并没有在伊奥尼亚唯物主义的方向上走得更远。但从他对火的规定看，显然又比伊奥尼亚唯物主义哲学已经体现出来的抽象更接近于生命世界的本质，生命本身就如同熊熊燃烧、不断传承的烈火，是谓"永恒的活火"（everliving fire）。通过活火说，赫拉克利特揭示了生命运动的逻各斯，"一切都遵循着这个道"①。火之成为火，不是由任何神或任何人造成的，而是基于火的生命本性。因此，活火说不仅是对生命过程的揭示，同时也是对生命的动力与起源的揭示。火本身就是生命的起源与归宿，生命因火而成就生命，也因火而完成生命，生命本身"在一定分寸上燃烧，在一定分寸上熄灭"。但是在此，"熄灭"作为生命的完成并不是通常意义上的生命终止，而是"善"的实现，善的实现当然是生命的实现。正因为如此，生命的燃烧过程绝不是任意的、无羁的，而是存在着内在的秩序与法则的。一个人对活火所展现的内在秩序与法则的满足，在赫拉克利特看来就是最高的善，最高的善即智慧本身，只有人类的最优秀分子才具有这种智慧。灵魂的种类是由火的质性确定的，其中"最干燥的灵魂是最智慧、最优秀的灵魂"②。生存之道靠智慧展现，智慧乃神的化身，也即自然本身，因为自然的生存本身就是神圣的，神与自然在赫拉克利特看来是同一的。认识智慧同时就是认识神、认识真理，但是，就像生命是无止境的一样，神与真理同样是始终向我们敞开着又自身遮蔽着的生存之大道。

赫拉克利特强调的是一种事物不断运动变化的辩证法。但是，对于追求确定性的古希腊哲人而言，赫拉克利特的思想无疑是晦涩的，也是难以接受的。这主要是因为赫拉克利特的思想充满着难以把握的杂多性，把本原归结为火，也是古希腊人难以把握的。另外，赫拉克利特虽然通过"活火"说展示了一种生成观念，但生成毕竟是事物的自身生成，

---

① 北京大学哲学系编：《西方哲学原著选读》上卷，22 页，北京，商务印书馆，1989。

② 同上书，25 页。

河流的变化毕竟还是同一条河流。黑格尔说:"赫拉克利特的生成是一个正确的、重要的规定;但变化还缺乏那自身同一性、确定性、普遍性的规定。"①克拉底鲁极端的自否定思想已经意味着这一点:确立具有自身同一性的存在观念是极其重要的。正是沿着游吟诗人塞诺芬尼的"一"与"神"而继续前行,巴门尼德确立起了哲学的核心范畴"存在"。对于塞诺芬尼来说,生命不外是水与土,"一切都从土中生,一切最后又都归于土"。"一切生成和生长的东西都是水和土。"②这表明了一种易逝的生命观念,与此相应,灵魂则上升为神的理念。对"神"与"一"的强调是塞诺芬尼的重心。对塞诺芬尼来说,神既可能是多神,又可能是一神,这本身就展开了一与多的矛盾。但是,从巴门尼德对神的规定看,他所要确定的还是"一个神"。这一个神,是相对于人与世界的杂多而言的,因此,不能将神拟人化。在塞诺芬尼看来,神是不动的,没有生灭,没有和人一样的形体与器官。神是一个单一的整体与全体,神有心灵与思想,但却不像人那样通过认识器官才能认识,神是不动的,但却知道世上的一切。③"神"与"一"就是一个东西。这一个东西,按巴门尼德的说法,就是"存在"。

巴门尼德的存在与赫拉克利特的活火都排斥感觉,把感觉看成虚幻的。但具体的思路却迥然有别。赫拉克利特把虚幻的感觉与真实看成表里或显隐关系,在他看来,逻各斯既是从生命过程中提升出来的,同时

---

① ［德］黑格尔:《哲学史讲演录》第 2 卷,贺麟、王太庆译,289 页,北京,商务印书馆,1985。

② 汪子嵩等:《希腊哲学史》第 1 卷,554 页,北京,人民出版社,1997。

③ 同上书,560 页。

又构成一切生命过程的本质。这样一来，赫拉克利特虽然把作为生命之道的逻各斯与某物某人的具体生命过程分离开来，但是逻各斯与一切生命物的生生不息的生命延展过程仍然是同一的，逻各斯就是自然事物的本性。巴门尼德则从存在与非存在角度看待真实与感觉，真实作为存在是自身确定的，与感觉无关，至于感觉的虚幻性恰恰因为它是非存在。在赫拉克利特那里，我们看到具体物的生命因其动变本性而昭显了逻各斯的在场并敞开了生存的天道。而在巴门尼德那里，具体物生命的动变性反倒成为其归属于非存在的理由，这实际上是否定了感觉的存在性，按照这一意思，生存或生成就是非存在。巴门尼德的存在其实是确立在存在与生存的二元对立基础上的。存在成为一个哲学范畴，一开始就是起始于对生存的排斥与否定。

后来，爱利亚学派充分发挥了这种二元论，但这种二元论之所以成立的前提就在于，"绝对不动"的存在将个体生存的动变性抹去了，芝诺否定多的论证以及否定运动的四个论证都是建立在否定动变的逻辑前提上的。"假若我们用生存论观点来读芝诺这些论证，它们更深一层含义就显示出来了，这就是扬弃个体性而成全整体性，包括扬弃个体的能动性即运动而成全整体的超稳定结构（静止）。然而在这些论证（包括否定运动的论证）中却从反面揭示了个体性那种自身否定的本质：个体的存在不是不变的存在，而是永远与自身相区别，相分离的存在，个体的运动不是没有矛盾的，而恰恰是建立在自身矛盾之上的。"①芝诺实际上以一种分析的、精细的方法揭示了运动的存在。正是在这个意义上，亚里

---

① 邓晓芒：《思辨的张力》，43 页，长沙，湖南教育出版社，1998。

士多德以及后来的黑格尔都把芝诺看成"辩证法的开创者"。

赫拉克利特的活火说与巴门尼德及爱利亚学派的尖锐对立导致后来的折中主义。这种折中主义既可以看成前苏格拉底哲学向伊奥尼亚唯物主义传统的最后的回复（同时也是对某种原初的自然主义生存论的回复），也可以看成对已经成为思想传统的奥尔弗斯—毕达哥拉斯学派神秘教义的发扬与阐释，而在这种神秘主义的氛围中实际上包含了一种超验的生存意识。恩培多克勒以四根（即水、火、土、气）来揭示世界的本原，四根不能相互转化或结合为新元素，事物的产生乃是基质机械混合的结果。运动即基质的结合或分离，结合的力量被称为"爱"，分离的力量则被称为"恨"。恩培多克勒也把动植物的生命归源于土，生命本身当然有层次之分，比如生命的最高形式就是由祭司、医生和君主的身体形成。当然，在物质领域之上，还存在一个更高的领域，即神圣的精灵领域，精灵是永生的，精灵的生活是极乐的，但一旦违禁则同样会遭到驱逐贬为游魂，人世生活就属于精灵堕落到人间的结果。至于精灵如何堕落到人间以及如何影响到人的生存，我们在恩培多克勒的精细而机械的生命理论中找不到答案。事实上，生命世界与精灵世界的分离一方面继承了奥尔弗斯—毕达哥拉斯学派的灵魂转世说，另一方面也使得其中包含的万物有灵论进一步扩大为灵魂与肉体的分离。

在奥尔弗斯—毕达哥拉斯式的神秘主义与伊奥尼亚唯物主义的理性主义之间，恩培多克勒倾向于前者，而阿那克萨戈拉则倾向于后者。阿那克萨戈拉同样否定事物的内缘性的生成与消灭，而认为事物的生成与消灭在于基质的结合与分离，而且结合与分离的原因也不在于四根之类的材料性基质，而在于一种原始基质，即"种子"。种子如何促成事物的结合与分离，则在于"努斯"（Nous）。所谓努斯是这样一种力量，它绝不混杂于其他事物之中、但又高居于一切事物之上，这是一种全能的、理性的力量。这一力量令人想到一种超物质性的实在，如宙斯，但阿那克萨戈拉本人却并未明确断言其非物质性。从字面上看，努斯是精神性的（Nous，也可译为心灵、理智或精神），但阿那克萨戈拉的具体解释却表明努斯难以与物质性相区分。其实，作为"一切事物中最精致的和最纯粹的"努斯，其作用就在于解释自然的生命世界。阿那克萨戈拉的努斯说是恩培多克勒那种严重分离的精灵世界与物质世界的二元论的反拨，因而，当人们仍然通过要么精神、要么物质这种二元对立的思维模式去理解努斯说时，或许并没有理解阿那克萨戈拉。

阿那克萨戈拉二元论的意义在于，一方面他否定事物内缘性的生成变化而将这种生成变化归结为努斯，另一方面，当他试图用努斯来解释世界的生成变化时，实际上又赋予了世界生成变化以内在原因。如果否定事物内缘性的生成变化，那么努斯说就只能以一种超验的形式呈现事物的运动变化，但努斯说的展开以及事物运动变化的具体过程却是经验性的和感性的。阿那克萨戈拉确实强调努斯不应与任何具体物相混杂，但努斯对世界的支配却表明它与具体物的存在之间有着某种或内在或神秘的关联。假若我们能够把努斯直接看成事物内在的原因，那么努斯说倒是被赋予了某种目的论的意义，这样一来，阿那克萨戈拉努斯说的理论优越性也就呈现出来了。如果说，奥尔弗斯—毕达哥拉斯、恩培多克勒以及包括柏拉图在内的二元论总是设定一种纯粹的精神世界与现实的物质世界的决然对立的话，那么，"在阿那克萨戈拉这里却找不到这种轻视物质世界的迹象。他以注视人类和动物身体结构同样惊奇的眼光注视着星体的轨道。他的努斯，虽然独自存在不与任何东西相混杂，但作为运动和控制的力量，却是与整个宇宙紧密联系在一起的，而且象人体内的灵魂和理性一样积极主动"①。努斯说在理论形式上的二元论却深刻地蕴含着一元的目的论。这种一元论并没有由阿那克萨戈拉透辟地表达出来，但却由后人开掘出来了。可以说，后世哲学从阿那克萨戈拉的努斯说中展开的目的论观点远远超过阿那克萨戈拉本人在提出努斯说时的初衷。

努斯说本质上属于一种生存论的解释，或者说，只有把一切事物存在还原为一种生命现象时，努斯说才获得被解释的语境。"努斯支配一切有灵魂（即有生命）的事物"②。因而，当阿那克萨戈拉用灵魂来解释事物的生命时，实际上已意味着要将努斯与灵魂区别开来。先前的希腊观念认为万物有灵，至于人的灵魂何以与一般灵魂区别开来，这是没有考虑的。努斯显然要比灵魂更精细，范围更小。任何动物都有灵魂，但不能说它们都有努斯，努斯是"无限的、自主的，不与任何事物相混淆，而是单独的、独立的、自为的"③存在。只是在人，并且只是在少数人才有的高级灵魂。从这个意义上说，当从努斯去阐释生命世界时，实际上也意味着对人生存的理性阐释得以可能。正是在这个意义上，我们认

①　［德］E. 策勒尔：《古希腊哲学史纲》，翁绍军译，68～69页，济南，山东人民出版社，1992。

②　汪子嵩等：《希腊哲学史》第1卷，918页，北京，人民出版社，1997。

③　北京大学哲学系外国哲学史教研室编：《古希腊罗马哲学》，70页，北京，生活·读书·新知三联书店，1957。

为阿那克萨戈拉的努斯说奠定了一种关于生存论的值得重视的基本理论模型。

阿那克萨戈拉的努斯与生命确实不像恩培多克勒的精灵与生命那样决然分离，但生命得以成为生命的生成变化却是努斯说解决不了的。努斯确实是自因的，但自因的努斯如何成就生命，阿那克萨戈拉并没有给予解释。德谟克利特的原子说的意义就在于试图解决事物的运动本性问题。原子构成世界的基本单位，本身是充实的、不可分的，原子本性自动，具有努斯的自因性。世界是原子的世界，虚空则是原子自动的场所。原子在虚空中的运动构成千差万别的事物。德谟克利特不把灵魂或努斯看成独立的存在实体，在他看来，与灵魂同一的努斯本身就是一种特殊的原子，一种最精致、最光滑的原子。德谟克利特把努斯、也即灵魂看成一种特殊的原子，其实是为了建构一种原子论的生命理论，"灵魂和热的元素是同一的，都是在圆形粒子中的基本形式。当它们被周围的空气压在一起并被排除时，呼吸就来帮助它们。因为在空气中有许多这样被他称之为努斯和灵魂的粒子。所以，当我们吸进空气时，它们也一起进入，并且由于它们的活动抵消了这种压力，这样就防止了动物体内的灵魂之被逐出。……然而，一旦周围空气的压力占了上风，动物不再能呼吸，外面的空气不再能进入以抵抗这种压力时，死亡就发生了。死亡是由于周围空气的压力，灵魂原子从体内外溢出去了。"①

看起来德谟克利特解决了事物的运动问题。但问题在于，不可分

---

① ［古希腊］亚里士多德：《论呼吸》472ª3—16，转引自汪子嵩等：《希腊哲学史》第2卷，1046页，北京，人民出版社，1993。

且自身充实的原子是如何运动起来的？原子自动其实只是揭示了原子的自身同一，但事物现象的生存是多，是各种可能性与偶然性的现实化过程——它本身就应当构成事物现象运动变化的动力因，这一过程显然是德谟克利特的原子说揭示不了的。伊壁鸠鲁的贡献就在于通过提出原子自身的偏斜运动揭示了原子运动的动因与事物现象的杂多性，但是，要解释世界的和谐性以及尤其是人化世界的秩序性，显然是做不到的。

并不是说前苏格拉底哲人不关注生命问题，包括人的生存问题。也许恰恰相反，前苏格拉底的许多哲学家的旨趣就在于建立关于生命的基本理论。令哲人们最感惊奇的存在是人的生命或生存。因此，许多哲学家往往从存在论的建构落实到生命理论的构造。但是，对于具体生命理论的构造，往往就是伊奥尼亚自然主义生命理论的翻版。在阐释生命时，哲人们似乎都离不开水、火、土、气之类物质材料（质料），即使是要抽象出某种精神性的范畴，在面对具体生命现象时还是离不开这类质料。不管是自然主义的资源，还是神秘主义的资源，不管是具体物的质料性的存在，还是某种抽象的精神性存在，都是用来阐述和建构生命的结构及其过程的，对生命现象及结构的具体阐述还是离不开诸如四根及冷、热、干、湿等物理要素。在前苏格拉底哲学家看来，灵魂往往是与生命的具体属性混同一体的，即使设定了灵魂与生命的二元对立，也往往是将灵魂本身分层并用高级灵魂统辖直接支配肉体生命的低级灵魂。

前苏格拉底哲学是一种典范形式，这是一种简练与复杂、生命与意识、猜测与推断、辩证法与生命体验相互交织、融合一体的思想形式，这一形式是现当代西方生存论哲学特别强调的方面，事实上构成了西方哲学语境下特有的生存论回复的基本样式。

二、生存论的开启与异化

生命当然应当从其生物性、机械性的层面寻求支撑，但是，除了这一层面，生命是否还存在着一种更为内在的伦理学的根据？这种人性根据恰恰是苏格拉底特别关心的问题。苏格拉底年轻时也曾对事物为什么产生、消灭与存在着迷，比如冷和热是否通过发酵产生出动物组织？是用血还是用气、火来思想？是否由脑子提供听觉、视觉和嗅觉并形成记忆、意见进而产生知识？苏格拉底花了很多工夫钻研这类自然哲学问题，直到被那些研究搞得头晕眼花，"以致忘掉了我以前自己已通晓的事情，特别是对人类生长的原因"①。苏格拉底发现自己不适合这类研究，这时他注意到了阿那克萨戈拉的努斯说并使他大受启发。在苏格拉底看来："……是努斯安排并且造成万物的。我很喜欢这种关于原因的说法，觉得它是对的；我想如果这样，努斯在安排事物时就会将每件事物安排得恰到好处。如果有人要想发现某个特殊事物产生、消灭或存在的原因，就必须找出哪类存在的状态对它最好。因此关于这件事物或其他方面，人需要考察的无过于什么是最好的、善的，这样他也必然知道

---

① ［古希腊］柏拉图：《苏格拉底的最后日子》，余灵灵等译，194 页，上海，上海三联书店，1988。

什么是比较差的，因为认识好和坏、善和恶的是同一种知识。"①前面说过，阿那克萨戈拉的努斯说中本身就蕴含着善的目的性，但这一目的性并未为阿那克萨戈拉本人明确意识到，进而也不可能在努斯说中展开。阿那克萨戈拉具体展开努斯说时并没有摆脱伊奥尼亚唯物主义的传统，不仅如此还加进了更多的机械论式的生命理论。在苏格拉底看来，阿那克萨戈拉"并没有把心灵当作世界秩序的原因，而是把空气、以太、水等许多荒谬的东西当作世界秩序的原因"②。自然哲学的问题并不在于用水火土气之类物质性元素的结合与分离解释自然事物的存在、生成与消失，而在于不应该用诸如骨肉、筋腱、嗓子、声音、空气之类的因果关系解释人的种种行为活动。不能把事物的条件当成是事物的原因。"如果有人说我要是没有骨头筋腱之类就不能做我认为恰当的事情，那是对的；可是说这些东西是我行动的原因，说我凭努斯行事却不根据最佳的选择，那就完全是无稽之谈了。"③事物的因果关系当然可以用来解释自然事物的存在与生灭变化，但不能进一步用来解释人与社会。苏格拉底注定要超越阿那克萨戈拉的努斯说。

在苏格拉底看来，生存世界的和谐与秩序在于善的目的性安排，人求知的目的就是这一"善"，而且，人的求善本身就是人的知识化过程，这是人的应然生活，也是人最快乐的生活。假若努斯是善本身，那么并不是努斯构造世界而是努斯安排世界。

---

① 汪子嵩等：《希腊哲学史》第 2 卷，372 页，北京，人民出版社，1993。

② ［古希腊］柏拉图：《苏格拉底的最后日子》，余灵灵等译，197 页，上海，上海三联书店，1988。

③ 汪子嵩等：《希腊哲学史》第 2 卷，373 页，北京，人民出版社，1993。

人们常引用西塞罗的话说苏格拉底"把哲学从天上带到人间"，一般说来这是对的，可是还需要追问：把哲学带到人间的目的是什么？事实上，智者派所做的工作同样也是"把哲学从天上带到人间"。普罗泰戈拉明确提出："人是万物的尺度，是存在者存在的尺度，是不存在者不存在的尺度。"①这实际上是把认识问题从客体转换为主体，也只有在确立了认识主体的基础上，认识论才可能成立。智者派所说的人既可以是个人，也可以是社会性的人。当把普罗泰戈拉的认识论与赫拉克利特的动变学说联系起来时，是指个人，但当考虑其伦理政治以及文明史的意义时，又是指社会的人。但不管是指个人，还是指社会，当普罗泰戈拉把哲学的目标集中于人身上时，实际上又开创了文化哲学。② 智者派对人的关注基于经验。自然科学家们虽不排斥经验观察，但他们的目的是要系统地表述某种永恒不变的关于世界本源（原）的原理，以及通过这一原理解释一切事物的存在与非存在，他们更重视演绎法。智者派的立场就是经验主义的，他们既重视分析，也重视归纳，他们的目的就是从经验领域积累知识、得出结论，然后让知识与经验派上用场，使之成为实践与生活的技能。对苏格拉底来说，问题恰恰不在于将个人与社会分开，而在于个人与社会的内在的关联，这一关联从政治哲学角度看是公民意识与正义的实现问题，从伦理学角度则是善的实现问题。如果说智者派所确立的是经验的文化哲学，那么苏格拉底所确立的则是理性的文化哲学。至于智者派对待知识的态度显然

---

① 北京大学哲学系编：《西方哲学原著选读》上卷，54 页，北京，商务印书馆，1989。

② 参见［德］E. 策勒尔：《古希腊哲学史纲》，翁绍军译，82 页，济南，山东人民出版社，1996。

是苏格拉底特别反对的。知识的传授既不在于知识的技术化，也不在于商品化，而在于加深对"善即美德"的理解与深化。知识的习得只是获得美德的方式，但这是必须经历的方式，否则关于美德本身就成为某种外在的灌输而不是内在的领悟，但美德并不是规范而是内在的品格与境界。求知具体表现为对普遍定义的寻求，实质是对真善美之类普遍理念的寻求。对话或辩证法的目的并不在于获得某种雄辩法术，而在于使人的心灵自觉进入一种思考与反省状态，从而开显美德。把知识与美德等同也并不是要把知识抬高到美德——假若人们还只是在技能意义上理解知识的话，而是为刚刚兴起的认识论确定一种理性原则。从这个意义上说，经验主义是必要的，但却是需要用理性超越并确立起理性立场。与其说苏格拉底反对智者派的经验主义立场，毋宁说是反感智者派那种导向否定世界中的绝对性存在的相对主义思维方式及其思想后果。世界中的绝对性存在或许不能为人的经验与知识直接把握，但却是向人类经验与知识的反省活动敞开的。世界的秘密并不在于其自在性，而在于面向人类实践的开放性。苏格拉底是从感性的个体进入到善的目的性的，而对于善的目的性的认识，就是理性，这就为伦理学的建立提供了一个基本的反思框架。这样一种伦理学本质上就是生存论。当智者派将知识甚至辩证法本身当作谋生的技艺时，苏格拉底要强调的正是求知以及对善的追求，是对生存论的深层觉醒与领悟。个体与群体之所以能够通过政治的与非政治的交往活动沟通起来，对话或辩证法之所以能够渗透心灵并通向善的理念，知识的反省与内在超越之所以能够导向美德，就在于交往、对话、辩证法、知识活动作为人类实践活动本身所蕴含着的生存论智慧。

苏格拉底的根本关注是生存。只不过在年轻时关注的是包括人的生命在内的自然物的生命，成年以后关注的则是人自身的生存。但这并不意味着他把人的生存与自然物的生命分离开来且不再关心自然物的生命，苏格拉底关注的就是生活意义上的生存，这是过日子的哲学，在这一点上，苏格拉底与后来那些形而上学家们有着本质差别。不过，苏格拉底的过"日子"，并不只是平平常常、无所作为的日子，恰恰相反，苏格拉底反对的就是贫乏的、低级的日常生活，他要求的恰恰是严肃认真、有尊严有人格的日子。因此苏格拉底要求提升人的生活质量、反省生活态度并引导一种理性和健康的人生态度与社会政治形式，这是高级人及高级生活才能享受的日子，在苏格拉底看来，只有过这样的日子，才可能真正做到"止于至善"。对苏格拉底来说，所谓善作为世界宇宙的目的，体现的不仅是人生存的目的，同时也是宇宙本身的生命本质，整个宇宙"是一个巨大的生命有机体，它是一个有生命和有理智的实在"①。

准确地说，苏格拉底是要通过对人自身生存的反省与理解从而确定整个世界的生命存在。这种生命存在并不是指自然物以及诸生存个体的身体的生成消失，而是指灵魂的永存与不朽的生命。苏格拉底坚决反对用永生来看待灵魂的"生命"，因为在古希腊语中与努斯、生命共用一词的灵魂本身是永存性的，绝不可能用存活性去度量它，这就像不能把灵魂与身体(肉体)看成对称性的一对概念一样。灵魂是绝对地超越于肉体而存在的。灵魂先于身体而存在，"灵魂享有强大的生命力和类神的本质，它甚至在我们出生以前就存在"②。而且，在身体存活的过程中，

① [英]戴维·梅林：《理解柏拉图》，喻阳译，175 页，沈阳，辽宁教育出版社，2000。
② [古希腊]柏拉图：《苏格拉底的最后日子》，余灵灵等译，192 页，上海，上海三联书店，1988。

灵魂一直都在摆脱肉体的诱惑与束缚。肉体的目标是欲望，而灵魂的目标则是真理。"身体对营养的需要把我们卷进无穷的烦恼中。它落下毛病，而这是我们探索实在的障碍。身体使我们充满了欲望、嗜好、恐惧、各种幻想和愚念，由之造成的结果是，它有效地终止了我们关于任何事物的思索……最糟糕的是，我们会碰巧得到足够的闲暇而投身于某类探索，身体就总是要打断我们的寻求，用喧杂的分心之物扰乱我们，阻止我们获得对真理的明确见解。"①因此，要获得关于事物的明确知识，就必须让灵魂从身体中解放出来。

灵魂之所以不能附着于身体上，根本的理由在于，不朽的灵魂本身乃生命之源。苏格拉底本人曾将灵魂比喻为"有翼的马与其御者的联合体"，其中御者代表理性，而马则区分为高尚的，也即灵魂中富于生命力的马与颓废的马。然而灵魂既然不是合成的，那么它同时也就不能是分裂的。因此这种比喻只是一时之权宜，而难以揭示灵魂的本质。其实在苏格拉底那里，灵魂的本质是从灵魂的不朽性直接延展和演绎出来的。"凡是灵魂都是不朽的——因为凡是永远自动的都是不朽的。凡是能动另一物而又为另一物所动的，一旦不动时，就不复生存了。只有自动的，因为永不脱离自身，才永动不止，而对于一切被动的才是动的本源和初始。初始不是创生的，因为凡是创生的都由一个初始创生而来，而初始本身却不由另一物创生而来，否则它就不成其为初始……凡是自动的才是动物的初始，就其为初始而言，既不

① ［英］戴维·梅林：《理解柏拉图》，喻阳译，77 页，沈阳，辽宁教育出版社，2000。

能由它物创生，也不能毁灭，否则全体宇宙和万事万物就同归于尽，永不能再有一物使它们动，使它们又开始生存。自动者的不朽既然证明了，我们就可毫不迟疑地说：这种自动性就是灵魂的本质和定义。凡是由它动的物体都可以叫作无灵魂的，凡是由自动的物体可以叫作有灵魂的。"①可见，灵魂不朽本身就设定了灵魂必然是生命的本源，这种循环论证恰恰也设定了灵魂与生命的自身同一，也只有作为逻各斯的生命本身以及神才是具有不朽的生命力的灵魂。苏格拉底的关注对象当然是生存，不过关注生存的立足点却是灵魂的永生，这里已经包含了超验的生存观念。

灵魂是绝对超越于身体的，身体本是难以承担灵魂的。但是，不朽的灵魂毕竟需要由个体生存承担。不朽当然意味着与"生"已没有任何关联，但就体验而言，不朽的灵魂仍然不能摆脱永生的现象描述，问题在于短暂易逝的个体生命如何表达这种永生的灵魂。对于普通个体来说，他可能会接受身体与灵魂的分离而沉湎于欲望的满足中，但是对于承担着灵肉分离的哲学家来说，沉沦于世的生存焦虑必然导向先行于死的体验。常人的生存状况或许有理由不用承担灵与肉的分裂，因为当他意识到这种分裂时，其肉体已经终结，灵魂的永恒性对常人来说是屏蔽于外的。但是对于哲学家来说，灵魂的永生（永生）与肉体的易逝的分裂却必须成为一种自我意识，这实际上将哲学家自己逼向了某种悲剧性的死亡意识。哲学家的一生必然时时为这种死亡情结所纠缠，而其生存体验的

---

① ［古希腊］柏拉图：《文艺对话集》，朱光潜译，119 页，北京，人民文学出版社，1997。

目的也就是要不断地思考和领悟死亡从而超越对死亡的恐惧，视死如归。哲学家注定要承担对死亡的思索与领悟，哲学家存在的使命就在于"操练死亡"从而领会生存之大道。对善的追求与对死亡的体验其实是一回事。对个体生命有限性的自觉是一个人能够获得生命永恒性的前提，死亡对哲学家个人意味着一种非存在状态的终结，其结果则是融入永恒的存在。"使哲学家真正具有德行的东西，正是他使他的心灵摆脱身体上的事务的玷污而得到净化的这一能力。既然他超越了对死亡的恐惧，使自己摆脱了对有形之物的依附，他便变得能够具备真正的勇敢和真正的自制。""真正的哲学家的灵魂在死亡时完成了从身体的桎梏中解放出来的过程。它生活在幸福状态中，摆脱了错误和愚蠢，摆脱了恐惧和悲哀。它生活在看不见和神圣的存在状态中。"①反过来说，对于死亡的先行思考与领悟也使得现世的、理性的德行生活得到足够的保障，这当然具有一种典范的人格示范与教化意义。

苏格拉底的死亡理论并不只是局限于个人人生哲学层面，而是有其现实的政治关怀。苏格拉底的政治并不是"治于人"意义上的政治（他一再声称对此类需要精通韬略、工于心计的"政治术"是不感兴趣的），而是"关于人的灵魂的技艺"。政治所包括的两门学科即法律与道德，这两门学科从学理上是相通的。对苏格拉底而言，政治统治本质上应该是道德教化。在貌似公正的民主政体下，实际上是混乱无序、世风日下的社会状况，而与开明君主相匹配的专制政体相对应的则是一种和谐、富有教养的社风民情。关键并不在于改变政体，而在于开启智慧，以实现道

---

① ［英］戴维·梅林：《理解柏拉图》，喻阳译，78 页，沈阳，辽宁教育出版社，2000。

德教化，而哲人的工作就在于说服人们不要更多地考虑实际利益，要"更多关心心灵的安宁和道德的完善，更多地考虑国家利益和其他公众利益"①。按照今人的看法，苏格拉底大概会被看成一个典型的道德理想主义者，不仅为道德理想主义而活，也为道德理想主义而死。不过仔细琢磨，苏格拉底显然又不像时下某些道德理想主义者，这些人动辄义愤填膺地指责人心不古、大道俱废，而实际上在他们那里的道德律令往往是一些绝对的"金规则"，从来就没有指望这些规则约束人们的日常伦理，但由这些金规则所铺张开来的道德情绪倒一直很旺盛。苏格拉底本质上是一位理性主义者，包括他实现道德教化的方式都是运用理性方法并贯彻理性的行为方式。苏格拉底并不反对民主的信念，民主的信念在哲学上就是个人自我意识的充分觉醒与自决。苏格拉底反对的是现实的民主政体，这种民主政体表面上看很"民主"，但实际上往往是建立在缺乏教养保证前提下的群氓式的无政府主义状况，诸如情绪化、吵吵嚷嚷甚至大打出手、缺乏判断、人云亦云、公报私仇、制度体系漏洞百出、贪污腐败等等，这种局面在苏格拉底在世时已经出现了。

民主政体暴露了个人的私欲与贪婪，在这种情况下，单纯改变政体并不奏效，关键的问题仍然在于改变人心，保护道德人伦免受过多侵蚀。但苏格拉底清楚地知道道德式微、礼崩乐坏已成事实且不可逆转，在这种情况下，苏格拉底实际上是选择了殉道而死。但他显然不是有意逃避"生"或故意"找死"，毋宁说他是为了国家长久生存的信念而选择了

① ［古希腊］柏拉图：《苏格拉底的最后日子》，余灵灵等译，188页，上海，上海三联书店，1988。

死。苏格拉底之殉道，一方面是出于对道德状况的绝望，另一方面则是出于捍卫希腊法律精神。显然，一种号称给所有自由民以自由的民主政体却把一位真正追求自由的哲学家处以极刑，这既是苏格拉底的悲剧，也是民主政体本身的悲剧。哲人以其常人难以做到的实践方式表明了他对世事的态度，此所谓"江山不幸哲人幸"，此"幸"乃历史之幸、万世之幸。单纯从维持自己的生存权而言，既然民主政体以一种貌似公正的方式做出了一种不正义的判决，那就有理由设法逃避这一不正义的判决。然而，苏格拉底没有这样做，而是以其从容赴死维护了法制的严肃性与纯正性。苏格拉底是极力推崇法制并身体力行的，苏格拉底所维护的并不是一种法制的形式，而是要捍卫法的尊严，这种尊严并不是表现于某种具体法律审判过程，而是源自法的精神，是契约的精神，本质上是一种国家（城邦利益）利益高于一切的道德理念。

苏格拉底的道德立场是理性主义的而不是情感主义的。这也是被柏拉图及亚里士多德所承继了的传统。善并不是感性的快乐，而是灵魂的宁静与和谐状态。柏拉图在《国家篇》中强调灵魂由三部分组成：智慧、激情、欲望，其中激情从属于智慧，智慧是善的最直接的肯定，而非理智的欲望是不可放纵的，它必须受到智慧及激情的抑制。如何实现灵魂的善，柏拉图提出音乐与体育，认为音乐与体育是纯洁灵魂，达到激情和智慧和谐从而抑制欲望的最佳方法。其实还有一种至关重要的方法，这就是从苏格拉底那里传承下来的辩证法方法，即把道德自我的完善看成知识化过程，这种知识化绝不是像智者派那样为技艺而求知，而是为求知而求知，是缘于善的追求而求知，人的感性活动不过是人的求知本性的证明而已。这样一来，道德学也就变成了展开细密的理性分析方法的方法学，成为一种不懈探索、超越自身并范导着一种生活样式的生存论。苏格拉底的辩证法方法本质不是一种方法，而是一种生活样式。

苏格拉底的伦理学从表现形式上看，仍然是感性的生存论。在感性的生存个体与作为生存目的的善之间存在着一种内在的联系。在苏格拉底看来，阿那克萨戈拉的努斯说绝不能用来解释机械的物理运动，而必须用来解释人的生存的目的性活动。这意味着人的生存活动是与机械的物理活动有别的，是存在着自身内在目的（善）并通过自身的生命活动趋向于这一目的的生存论领悟活动。"苏格拉底最初只是从实践的特殊意义了解善，即凡是对我的行动有实质意义的东西，我就必须对它关心。"①苏格拉底把善的论域限定于"我的行动"，源于其善的内在论，在苏格拉底看来，善并不是外在于人生存的，它本身就是人生存的内在的规定性。"善是普遍的共相，它不再是那样抽象的，它是由思维产生出来的；它不是阿那克萨戈拉的努斯，而是寻求在自身中规定自身、现实自身、并且一定要现实的共相，——作为世界和个人的目的的善。"②人的生存活动就是将上述尚是一个原则的善的现实化过程。美德并不是存在于人的生存之外的，它本身就是人生存的根本规定。"一切对人有价值的东西，永恒的东西，自在自为地存在着的东西，都包含在人本身之内，都要从人本身中发展出来。"③人的生存就是反求诸己，循道而进，苏格拉底的伦理学一开始就是道德哲学和实践哲学。

---

① ［德］黑格尔：《哲学史讲演录》第2卷，贺麟、王太庆译，42页，北京，商务印书馆，1985。
② 同上书，62页。
③ 同上书，66页。

苏格拉底把伦理学直接确定为个人的道德践履，与他对当时社会公共伦理生活沦丧的断言是有直接关系的。苏格拉底视道德的内化为已任且终生不渝。他"认为在这个时代人人都应当关心他自己的伦理。因此他通过对自己的意识的反思来关心他的伦理，——普遍的精神既然在实际生活中消失了，他就在自己的意识中去寻求它；因此他帮助别人关心自己的伦理，因为他唤醒别人的伦理意识，使人意识到自己的思想中便拥有善和真，亦即拥有产生道德行为和认识真理的潜在力"①。苏格拉底其实是通过自己身体力行的道德践履去展开自己的道德哲学的。而且凝聚在他身上的美德，诸如智慧、节制、公正、勇敢、坚韧、谦逊、恬静也使他能够保证其德行的质量。苏格拉底以其高洁的道德践履示范了一种属人的生存方式。然而毕竟不能保证世人都具备苏格拉底之高洁品质，这样一来，对苏格拉底个人来说感性化的善就必然成为某种抽象的并"以压抑个性的方式成为个体生存的异化物"②。柏拉图的善的理念就是这种异化物的典型。

理性主义的生存论对感性生存的疏离化是自柏拉图开始的。由于设定了理性与感性的二元对立并且抬高理性、贬低感性，理性主义对感性的丰富内涵及其活动方式或视而不见，或大加挞伐。潜存于前苏格拉底哲学中的理性与灵魂的等同，以及感性与肉体的等同在柏拉图那里被确定下来。这样一来，人的生存的情欲的、非理性的层面则被视为不合理的东西遭到否弃。似乎只有贬斥人的肉体生命，才可能"成全"灵魂和理性，但人的肉

---

① ［德］黑格尔：《哲学史讲演录》第 2 卷，贺麟、王太庆译，65 页，北京，商务印书馆，1985。

② 邓晓芒：《思辨的张力》，50 页，长沙，湖南教育出版社，1998。

体欲求毕竟是不能忽视的生命事实，因而要成全理性，恐怕就只有通过肉体与精神的双重自虐来逃避欲望的苦海，柏拉图的"理性的迷狂"状态其实包含了一定的自虐因素。"理性不是任何人反躬内视或通过引导就能达到的，只有少数天赋最高的人通过长期苦修苦练才有可能豁然贯通。这就是神圣的迷狂境界，它是对感性生活的彻底抛弃，是全身心融入唯一涵盖一切的善的观念；简言之，是将个体生存完全化解为抽象普遍的关系，通过这种关系，人（哲学家）就沿理性、智慧而达于最高美德、正义、善。无疑这样一种正义和善是无视个体的。"①

　　从某种程度上说，小苏格拉底学派的感性主义是对苏格拉底-柏拉图式的理性主义生存论的某种反拨。小苏格拉底学派与柏拉图主义的理性主义从表现形式上看是不同的，但其本质仍然是禁欲主义。前者是通过强调并且又分离感性方法，后者则是通过排斥感性方法。柏拉图排斥感性，对理性推崇备至，而他对美德的理性的反省与构造实际上已经确立起了认识论。小苏格拉底学派最初大都是接着柏拉图的理性伦理学"往下讲"，但逐渐也融入了智者派或爱利亚派的观点，他们往往避开理性，把焦点对准感性。其中昔尼克学派的安提斯泰尼甚至激烈反对柏拉图的理念论，认为只是个别事物才有真实的存在，这看起来显示了一种感性主义，不过这只是形式。安提斯泰尼把感性区分为感性物与感知活动，其中他强调的是感性物的存在性，对于感知活动则仅仅限于其认识论意义，但感性首先是人的感性的生命活动，是人的欲望、激情与理性的混合体，然而欲望与激情层面的最能体现人的生命活动的感性却不在

---

① 邓晓芒：《思辨的张力》，53页，长沙，湖南教育出版社，1998。

其中。这倒并不是说安提斯泰尼没有意识到人的感性的生命活动，只不过他是沿着柏拉图的感性理性化的路子处理掉了这一问题。事实上，在人生哲学方面，安提斯泰尼恰恰是一个十足的禁欲主义者，他甚至宁可沦为癫狂，也不愿沉湎于欲海。柏拉图强调道德教化本质上是通过求知活动展开的，犬儒学派则认为一切科学研究除非对人生具有积极意义，否则没有任何价值，他们大都轻视技术、学问、数学与自然科学。昔勒尼学派虽对认识论有一定兴趣，但这全然是出于建构伦理学体系在论证技术上的需要。对于感性则把它机械性地理解为感觉主体与感觉客体的相互碰撞，精神的快乐与痛苦不过是这种碰撞运动的不同后果而已。和缓的运动产生快乐，激烈的运动产生痛苦，前者是善，而后者则是恶。以享乐主义为底线，个人的任何一种行动选择都会得到理论上的支持，不管是衣衫褴褛，还是身着华服。不过这种享乐主义绝不是肉体上的恣意纵情，而是顺从自然而生存。犬儒主义者主张摒弃所有背离自然本性的文明方式，回归自然，一根棍子、一只破碗、衣不蔽体，当然还有一只也许是不可少的用于夜宿的"木桶"，放弃家庭生活，放弃常人追求的自由，在苦难中磨炼意志品质，四海为家，做世界公民，这就是犬儒学派的生活方式与生命追求。然而，禁欲主义与享乐主义往往是两极相通的，因为二者都是以否定人的感性生活的合理性与人性规定性为前提的。昔尼克学派后来就从禁欲主义"演变成一种玩世不恭、放荡不羁的思想和生活方式"[①]。

小苏格拉底学派对柏拉图主义的反拨表明一种思想的历史状况，单

---

① 汪子嵩等：《希腊哲学史》第 2 卷，554 页，北京，人民出版社，1993。

靠人性化的理性是难以建立起理性对感性的超越的。柏拉图那里的"善"并不是人的规定性,而是神的规定性,是神的自性,是高踞于现实个体之上的普遍性。理性的迷狂是人趋向于神的表现,是精神必不可少的异化状态。感性不可能实现肉体与灵魂以及理念世界与现实世界的结合,理性同样也不可能。具有这种联结和统摄能力的是最高的个体与能动的主体,这一主体"不是一个抽象空洞的静止的'一'(如巴门尼德),而是能动的一,它现身在整个世界的有机的生命过程中"[①]。这一主体或"一"就是神自己。只有神自身才是目的。这样一来,生存的原则就从人直接转换到了神身上。人的生存成为神的创造物,而神则成为人的生存目的。柏拉图的理念论以一种异化的理论方式蕴含了生存论自觉。但这样一来,从人生存自身敞开目的的道路也被堵塞了。对柏拉图而言,善与神性是直接同一的,但善作为目的如何渗透于人的生存活动却没有具体分析和阐释,也不可能得到分析和阐释。柏拉图的理念论毕竟"缺乏生命的原则、主观性的原则"[②],而这恰恰是亚里士多德特别阐发的思想。

柏拉图的灵肉二元论从很大程度上是对奥尔弗斯与毕达哥拉斯主义的延续,这一传统始终潜存着一种神秘主义的冲动,常常忽略生命的经验的、直观的内涵。当柏拉图彻底否定物质世界的价值时,实际上连物性的生命存在意义也否定了(柏拉图实际上是通过赋予灵魂以永生价值否弃了肉体生命的现世价值)。柏拉图满意于冥思苦想地确定一种超生命的本性,对于活生生的生命则持否弃态度。苏格拉底显然不再关心自

---

① 邓晓芒:《思辨的张力》,53 页,长沙,湖南教育出版社,1998。

② [德]黑格尔:《哲学史讲演录》第 2 卷,贺麟、王太庆译,289 页,北京,商务印书馆,1985。

然哲学问题，柏拉图也是如此。当他把一个超感觉的、精神本性的世界看成知识与思想的关注对象时，自然物的世界全然在他的视野之外。柏拉图哲学中当然包含有自然哲学的成分，但这并不是经验观察的结果，而是由其理念论延展开来的自然哲学领域，在阐释他对自然万物的看法时，他并没有基于自身的经验观察，或者说本身就不可能纳入自身的经验观察。柏拉图的理性主义生存论本质上是超验生存论。但是，亚里士多德显然秉承了伊奥尼亚自然哲学的传统，包括部分地继承了智者的传统，喜好深思、注重经验观察与善于发现，使亚氏觉得人的自然生命，不管它是肉体的生命，还是精神的生命，都是无法绕开的研究对象。而且从本质上讲，自然哲学与精神哲学无法分开，这样一来，亚里士多德的生命理论就可以从两方面展开，一是关于生命的现象描述，一是关于生命的本质性的或目的论的分析，两方面从本质上是相互贯通的。

亚氏关于生命的现象描述是建立在宇宙论的基础上的，宇宙分为地球与天体两部分，地球由土、水、气、火四种基本元素按不同比例组成，而天体则由第五种元素——以太组成。以太是最精美最完整的，它没有生灭变化，是永恒的、神圣的。亚氏以一半观察、一半想象的方式构成的天体理论，包含着一种意图，这就是给某种超越者留下位置。事实上，亚氏明确指出，在离地球最远的恒星球层的外面存在着最高的存在"神"，把神安置在这样一种地理意义的位置上，在很大程度上比直接把神看成实存之外的存在更能取信于人，这正是后来基督教神学总是要从亚氏的宇宙说中寻求上帝存在的原因。在这样一种总体的背景下，亚氏致力于讨论地球上的生命物。与柏拉图的灵肉二分说截然不同，亚氏认为灵魂是不可能离开肉体存在的，一定的灵魂必须寄寓于一定的肉体之中。在亚氏看来，"灵魂乃是有生命躯体的原因和本原"①，无生命的东西也就不可能有灵魂。这实际上也是对生命的规定，亚氏是如此规定生命概念的，"生命这个词可以在多种意义上被述说，只要以下任何条件存在，我们就可以说一事物有生命，如理智、感觉、位置上的运动和静止，或者摄取营养的运动以及生成与灭亡等"②。这意味着生命乃一切生物的存在本性。亚里士多德区分了三种灵魂：营养的部分，或称植物的灵魂；感觉的部分，或称动物的灵魂；理智的部分，或称人类的灵魂。三种灵魂相互关联，构成生物界的三个阶梯，较高的部分没有较低的部分就不可能存在，而较低的部分也不能没有较高的部分。"生命活动的向前发展是与生物的等级相对应的，这表现为一种从最不完善到最高级的连续而逐渐地上升"③。

　　植物的灵魂、动物的灵魂与人类的灵魂构成逻辑上的上升链条。植物的灵魂所具有的营养功能被看成一切生命所具备的基本功能，营养使事物的生成与毁灭成为可能。但是，对于动物来说，重要的是感觉，包括视觉、听觉、嗅觉、味觉、触觉，即动物的灵魂的表现形式。作为自然生命的人而言，其灵魂同样通过这五种感觉表现出来。但人类的灵魂本身乃地球上最高的灵魂，人的灵魂除了需要和感觉功能外，还特别表现在心灵上。可以把人看成心灵与动物的肉体相结合的产物，但人的肉

---

　　① 苗力田主编：《亚里士多德全集》第 3 卷，39 页，北京，中国人民大学出版社，1995。

　　② ［德］黑格尔：《哲学史讲演录》第 2 卷，贺麟、王太庆译，33 页，北京，商务印书馆，1985。

　　③ ［德］策勒尔：《古希腊哲学史纲》，翁绍军译，198 页，济南，山东人民出版社，1992。

体本身也存在着与人的灵魂相匹配的动物性结构或功能，如人的纯净的血液、人的脑量、人的生命能量、人手、发音器官、人的统觉、情绪、想象力、记忆力等。这些结构或功能，单纯地看都是动物性的，但它们都是与人所特有的心灵相关联的。人的心灵，可以概括为可理解事物的能力，本质上就是理性。就此可以看出，亚里士多德实际上是力图用一种基于经验的生物人类学和科学的方法去理解人的生命，这与柏拉图的超验主义方法是有明显区别的。

亚里士多德实际上已经提出了一种整体性的和系统性的生命理论。但其生命阶梯理论还不能等同于关于生命演进的理论，毋宁说就是目的说的理论应用。亚氏关于生命的现象学描述必须要诉诸其关于生命的目的论理论。在亚氏看来，肉体与灵魂的关系就是质料与形式的关系。在生命中，生命所依存的肉体乃质料因，是被动的，而灵魂则是形式因、动力因和目的因。前者是潜能，后者是现实。肉体与灵魂相结合，即质上加形，乃生命目的的实现，这就是隐德莱希。隐德莱希不仅强调形式因、动力因及目的因的活动的积极的一面，同时也赋予质料因一种特殊的意义。这一意义就是，质料因看起来往往构成了事物变化发展的阻力，但实际上这种阻力正是使事物动变的相对稳定的因素所在。按照亚氏形式质料说与肉体灵魂说的关联，纯粹自然界是最有理由被看成质料的，因为质料的非价值性，自然界直接被赋予了不完善性。从这个意义而言，亚里士多德的生命理论带有某种未被明示的人类中心主义，只不过这一点看起来被其生命目的论所掩盖。一方面，亚氏对自然世界的丰富性的理解在很大程度上是基于一种无为观念，另一方面，生命的目的并不是经验的人，而是来源于超越于经验的感性的人之上且又在逻辑上必然成为一个支点的终极因，即"第一推动者"或神。

亚氏用在目的说统辖下的生命理论"逼出"了第一推动者，但是作为理论的结果，第一推动者并不是用来为某种自然主义倾向的生命理论提供某种逻辑根据的。第一推动者的引入，实际上使整个生命理论进入了实践哲学与伦理学的视野，这种生命理论不再是仅仅对象性地研究生命的生成及演进，而是要关注个体如何生存的问题。亚氏把个体生存的目标确定为幸福，生存本身的善构成幸福，如果个人体会到这种幸福，那么他就是快乐的，快乐是幸福的状态，但它既不是幸福的最终目的，也不是它的价值尺度。因此，人追求幸福，必然要追求理性，人在追求幸福与理性中引出一种关于上帝存在的存在论承诺来的。理性的幸福观导致实践上的善行与伦理学上的中道观念，二者的结合即柏拉图所说的美德。如何获得这种美德，亚氏强调哲学式的沉思与探索。在亚氏看来，追求自由、哲学人生与德行生活是一体的，"个别事物的'本善'"与"全宇宙的'至善'"均归因于一门"研究原理与原因的学术"，即哲学。哲人们为求知而求知，就是为了达到善的目的，哲人们"显然不为任何其他利益而找寻智慧；只因人本自由，为自己的生存而生存，不为别人的生存而生存，所以我们认取哲学为唯一的自由学术而深加探索"①。在这个意义上，哲学必然要强调治学与做人的统一。不过，按照亚氏的理论，这律令不能由外面强加于哲人，而应该是哲人们的内在选择。

有理由把亚里士多德的由目的论所统辖的生命理论看成古希腊生命

---

① ［古希腊］亚里士多德：《形而上学》，吴寿彭译，5 页，北京，商务印书馆，1983。

理论的集大成。亚里士多德的目的论在某种程度上实现了古希腊两种哲学传统，即逻各斯传统与努斯传统的融合，而由目的论所统辖的生命理论则可以看成关于生命的逻各斯式的和努斯式的两种理解传统的综合。对此，邓晓芒曾作过精辟总结："亚里士多德的目的概念中，希腊哲学的两大原则，即逻各斯原则与努斯原则终于完全汇合为一了：逻各斯成了有机生命的逻各斯，努斯的生命冲动则有了内在的尺度和规定性。""比起柏拉图的理念论来，亚里士多德的目的论在一定程度上缓和了生存论的异化倾向。由于他强调个别实体，强调经验和感性的地位，他给个体生存，给自由意志的选择，给人在道德上的自我完善都留下了较多的余地，他对善的理解也比柏拉图更带有经验色彩，认为善与幸福，与人的快乐和享受是分不开的，当他在自然的两大原理即目的论原理和质料的必然性原理（即后来的机械论原理）中将前者凌驾于后者之上时，自然在他眼里也是一个更加人化、更加感性化的自然。"①

　　问题在于，第一，亚里士多德的目的说最终仍然是导向一种超验的造物主的存在，这种超验的造物主没有肉体，是最纯粹的灵魂，这样的灵魂不可能存在于地上世界，而只可能存在于天上世界。这样一来，亚里士多德与地上世界分离的天上世界，倒成了地上世界万物存在的某种隐秘的支撑，而这恰恰是后来基督教哲学不断强化的思想。从这一意义上说，亚里士多德对柏拉图二元论的调和，结果其实是把人的感性生命的根据完全"上交"给了造物主。第二，作为目的，作为其他一切事物存在的原因，灵魂必然是以实体形式存在的。亚氏确实注意到了感性，但这里的感性只是

---

① 邓晓芒：《思辨的张力》，57 页，长沙，湖南教育出版社，1998。

认识论意义上的感觉，是对感性的实体化，并不是活生生的主体的、个体的感性，不是生存论意义上的感性。把研究对象实体化进而纳入既定的解释系统中，是亚里士多德以后哲学家们处理问题的常有思路。实际上，亚氏把一切生命的根据都归结于造物主，正是通过对生命的实体化实现的。可以说，后世对生存的实体化理解，就是确立在亚里士多德式的实体主义基础上的，而这种实存主义的生存观恰恰也是我们今天强调从超越的意义上理解生存时应当清理批判并加以克服的。

三、实存论传统批判

传统西方哲学对生存的理解是在两种传统中形成的，其一是超验传统，其二是自然主义传统，两种传统都是撇开生存的个体性与感性丰富性（在同样的意义上也撇开了生存的历史性与社会性），把生存限定为一种实体性存在，这种生存的实体性理解我们称之为实存论。前面第一章曾从词义上剖析过传统哲学的实存概念（exsistere）。但是，在更深的意义上，实存概念本身就是传统哲学实体主义思维方式的表现形式，这一思维方式从形式上借助了理性主义，在本质上则是忽视和否定生存的超越性。为使论域集中，我们不妨把传统哲学的实存观区分为超验实存观与自然主义实存观两种类型，在对二者分别加以剖析批判的基础上破解二者共同的理论症结。

1. 超验实存观及其批判

从苏格拉底特别是柏拉图之后，西方哲学开始表现出浓厚的超验气质。它否定常识生活的意义，否定人的感性经验，表现在生存观上则是灵肉二元论，人的生存被分割为肉体与灵魂，进而通过否定肉体价值的方式提升灵魂的存在意义。灵肉二元论的结果是一种超验文化观的生成，而人的生存之所以被看成一种实存物，实际上正是由这种超越文化观确定了的。

超验实存观并不是理性的自我选择，它的形成最初倒是与种种原始宗教的神秘主义有关。苏格拉底受奥尔弗斯神秘教义以及毕达哥拉斯的禁欲主义的影响是相当大的，在哲学观上他要实现的从自然哲学向人生哲学的转换，具体就表现在确证脱离肉体的灵魂的绝对存在性。在他看来，对于神(唯一的神，即"至善")的超验性的体验以及由此达到的灵魂的纯洁才是哲学的根本目的。他本人所谓哲学家的职责即练习死亡，实际上就是指获得对于永生的体验和精神的迷醉状态。"哲学家的职责恰恰在于使灵魂脱离肉体而获得自由和独立。"[1]"灵魂这个不可见的部分，离开肉体到了一个像它自己一样实在、纯粹及不可见的地方……或不可见的世界去谒见至善和至明之神。"[2]练习死亡看起来并不只是理性的纯洁，而是要实现死对生的绝对超越，或者说是通过这种无限的超越实现对生的有限性的肯定，这种超越不可能是理性的推导而就是生命的体验形式。这种体验注定是超验的，因为它要求超越个人的肉体生命，否则就不可能达到面对死亡的坦然与旷达，苏格拉底对于死亡处之泰然的态度所反映的正是这种坦然与旷达。

---

① [古希腊]柏拉图:《苏格拉底的最后日子》，余灵灵等译，161 页，上海，上海三联书店，1988。

② 同上书，130 页。

柏拉图与亚里士多德则进一步展开了苏格拉底的超验实存观。不过具体理路看起来有差异。柏拉图强调灵魂与肉体的分离以及灵魂的绝对超越性，亚里士多德则试图将目的论贯注进自然主义的生命理论中，但是对于生存根据的理解，仍然是柏拉图的超验立场。在柏拉图看来，"生存"作为一种肉体事实无疑是存在于"可见世界"或"感性"之中的，但"可见世界"与"感性"却是虚假的或不可靠的，只有"可知世界"或"理性"才是真实可靠的；人的生存不过是人的灵魂对其肉体存在的不断超越和否定的过程。生存是非存在的，是实存的现实性，它虽"生存"并存身于"可见世界"及"感性"之中，但其根据或意义却在"可知世界"与"理性"之中。亚里士多德虽然关注人的自然生命，却把人的生存的根据、把全知全能的生命价值（"至善"）赋予了绝对超越者。"生命固亦属于神。生命本为理性之实现，而为此实现者惟神；神之自性实现即至善而永恒之生命。因此，我们说神是一个至善而永生的实是，所以生命与无尽延续以至于永恒的时空悉属于神；这就是神。"①

古希腊的超验实存观在后世的基督教神学中得到了更为充分的表达。也许，在表达超验的生存观方面，宗教由于它本身的神秘性、世俗性以及悖论性，要优于追求明晰性与统一性的哲学表达方法。超验虽然是与经验相对而言的，并且从形式上看脱离经验，但是超验仍然属于某种体验性的东西，只不过这种体验常常源于日常经验的隐秘层面。这一层面是存身于世俗生活而又试图摆脱世俗生活的人们所向往的，从这个

---

① ［古希腊］亚里士多德：《形而上学》，吴寿彭译，248 页，北京，商务印书馆，1983。

意义上说，宗教的世俗性恰恰显示了超验得以日常化的途径。宗教的悖论性表现在，宗教提供的是一种关于永生的信仰，而永生注定是与个体有限的生存对立的，这种对立是哲学理性所难以忍受的，但对于宗教而言恰恰有益于表现超验生存的绝对优先性。对于宗教而言，生存必然只能是个体性的，而个体生存的有限性又确定了生存的实存本质。这种实存其根据不可能出自个体生存的有限性，甚至于相对于存在的绝对而言，这种个体生存完全可能看成非存在。但非存在作为生命的实存形式，又不能是没有根据的，这一根据就在于宗教神学所设定的永生观念，传统哲学对生存的理解必然是从属于基督教神学的永生观念。

超验实存观集中表现于基督教神学对于生命的理解中，基督教神学的超验实存观有如下几个特征。

特征 1：超验的生命价值观。

在基督教神学中，生命的意义及价值是由"原罪"和"来世"观念所确定的。基督教设定人（类）的出生是带有原罪的，原罪是人（类）的生存的宿命。无法摆脱的原罪注定了人们现世生存的苦难，因而，人生存的唯一目的就是赎罪以获救。人之所以有"生存"，是从"上帝存在"这一绝对命题中领受的结果，人的现世的受难方显得有意义。帕斯卡尔曾说："假如世界的生存就是为了把上帝教给人类，那末上帝的神圣性就会以一种无可辩驳的方式照亮着世界上的每一个部分；然而，既然世界只是因耶稣基督并且为耶稣基督而生存，并且是为了把人类的腐化与人类的赎罪教给人类，所以万物就都在闪烁着这两条真理的证明。"① 个体生存

---

① ［法］帕斯卡尔：《思想录》，何兆武译，251 页，北京，商务印书馆，1995。

的确需要通过体验与感性展开其生命意义。但个体生存的根据绝不由于体验与感性，相反，人之体验与感性乃是出于超验者的给予，是超验者绝对存在的证明。人因为上帝存在而活着，也因上帝存在而死去。正因为这样，人的生存，就其有限性而言，就是自身肉体的活动，就其无限性而言，则是肉体死亡之后升入天堂的灵魂。人们必须克制和忍受有限性即肉体的折磨，以达灵魂不朽，即永生。"对于基督徒来说，人的生活与生命并不是终极目的，对他人与现世的爱只有跟随上帝的教导与榜样才有真正的价值，才能升华为无私的爱。"①可以说，基督教神学正是通过允诺一个人人都在渴盼着的来世及永生观念从而弃绝了现世的肉体生命及其感性经验。在此，人对于无限性的关怀本身就是以超验形式而置于人的意识活动之前的，它并不取决于人的理性自觉，而是来自神谕、隐喻及启示。人们可以通过理性的方式去求证自身生存的意义，但这种方式只能标志着某种可能的中介与证验形式，而不可能成为生存的自身确证形式。

特征 2：人与自然生存关联的中介性。

基督教神学的超验实存观表达了人与自然之间特有的生存论关联的中介性意义。人不能仅仅以经验方式与自然发生关系，特别是在经验十分有限的情况下。面对难以抗拒的外部自然，一方面人陷入莫大的恐惧之中，另一方面又试图通过某种想象性的和群体性的力量实现与自然的对话。单纯的神秘主义显然是不够的，因为它不能满足人的自我理解需要。苏格拉底所提出的"告别自然"已经表明了人试图摆脱外部自然控制

---

① 赵敦华：《基督教哲学 1500 年》，70 页，北京，人民出版社，1995。

的愿望。但要摆脱外部自然的控制，凭靠人本身的力量无疑是不够的。人必须要借助一种超自然的并且又是超验的力量与自然抗衡。这一力量就是神，就是上帝。在中介人与自然之间的关系方面，超验的神性具有一种神奇的力量：首先，上帝作为整体的人，作为人的内在力量直接与自然抗衡，从而超验的神性代替了可经验的外部自然的外在性，而人对于神的敬畏则替代了早先那种人对于外部自然的恐惧。在这个意义上，基督教神学通过超验的方式确认了人对于自然的占有关系并且赋予生命以神圣性。其次，上帝作为自然的替代者而与人打交道，从而使得人寻求到一种与自然的依赖关系。上帝的人化与上帝的自然化是同时的，人依赖上帝，同样意味着人应当依赖上帝背后的自然。当然，超验的神性不仅体现在人与自然关系的中介性意义上，它本身追求至善与崇高的精神力量也同时超越人与自然的关系，并贯注于包括人与自然之间、人与人之间、人与社会之间、人与神之间以及人与自我之间。这就是说，能够被人们称为属人世界的一切，在超验实存观看来，都是以神的力量和形象发生作用并表现出来的。不过，这样一来，世界的属人化则被归结为世界的神化，文化的世界异化为神的世界，以神为中介的人与自然都是一个整体化的实体。人即是整个人类，而难以细分为包含着个体、群体、族群体、类群以及国家社会等意义上的社会性的人，而自然则往往被看成与人的活动对立的外部自然世界。人与自然的对立往往被直接归结于现代性的结果，但在文化的意义上，基督教神学所导致的人与自然的分化也不可忽视。

特征 3：世俗化外观。

像所有的宗教一样，基督教神学也要求向所有"信徒"的心理体验敞开并且内化为"信徒"的日常意识。在这个意义上，基督教神学也不断激发着人的生存觉醒。实际上，在基督教神学中，所谓经验问题已经转化成体验问题，因而超验也被还原成心理体验过程，即通过人们心理体验的自我超越从而达到面对超验世界的还原过程。由体验向超验的还原之途是值得思考的。一般而言，在缺乏自我意识的情况下，人们其实容易对某种神秘存在产生集体无意识式的体验。原始的图腾与集体仪式基本上都包含着对某种自然存在的崇拜与敬畏，这种情结甚至在现代的明星崇拜中还有所表现。在集体无意识式的崇拜体验中，人们对自己所处的这种"自我意识的缺乏状态"总是惊人的无知。几乎人人都认为自己具有怀疑能力，也时时处于怀疑状态，但很难觉察自己所处体验状态的虚妄。但恰恰是这种本质上纯然来自心理、而不是来自客观与知性意义上的怀疑使得被怀疑的对象不知不觉间变成了自己所膜拜的对象。尤其是对于生存意义一类问题的怀疑最容易陷入这种状态，在其中起作用的是一种负罪感以及不同程度的妄想症。在这个意义上，奥古斯丁等人也包括现代神学关于"否定神学"的宣扬实际上利用了人们的这一心理。

由经验向超验的提升必然依赖经验个体的情感体验，这就是所谓的精神迷狂状态。奥古斯丁曾在其《忏悔录》中通过现身说法形象地描述了这一状态："我逐步上升，从肉体到达凭借肉体而感觉的灵魂，进而是灵魂接受器官传递外来印象的内在力量，也是禽兽所具有的最高感性。更进一步，便是辨别器官所获印象的判断力；但这判断力也自认变易不定。因此即达到理性本身，理性提挈我的思想清除积习的牵缠，摆脱了彼此矛盾的种种想象，找寻到理性所以能毫不迟疑肯定不变优于可变，是受那一种光明的照耀——因为除非对于不变有一些认识，否则不会肯定不变优于可变的……这时我才懂得'你形而上的神性，如何能凭所造之物而辨认洞见'，但我无力凝眸直视，不能不退回到原来的境界，仅仅保留着向往爱恋的心情，犹如对于无法染指的佳肴，只能歆享而已。"①奥古斯丁的这一直观体验思想已被西方人看成获得神性与至善理念的典范。应当说，没有这样一种"怀疑"式的体验，超验的生存观是很难变成人们共同的生命体验的。在从经验向超验的提升过程中，怀疑起着一种重要的作用，但这种怀疑看起来并不只是感觉论上的，而是具有一种认识论的意义，并且从理论上说，只有在认识论意义上的怀疑方法被确证起来以后，怀疑才能在由经验到超验的提升过程中担当起诠释实存的意义，通过认识论所确证起来的怀疑方法，本身是以先验的逻辑图式被固定下来的。

在汉语语境下我们很少分辨超验与先验，但是，在西方哲学及基督教神学中二者的差别却是非常明显的。"先验"（Priori）属于认识论的范畴，而"超验"（transcendental）则属于存在论的范畴，超验与生存论体验有更为直接的关系。按康德自己的说法，先验"乃是指与知识之先天的所以可能及其先天的使用有关之一类知识而言"的"范畴的规定"，是"与经验共处于知识之批判范围内的"②。依海德格尔的看法，既然只是范畴的规定，就只是"非人的存在者的规定"，因而并非对人的"生存状态"的"结构性规定"③。先验虽然是独立于经验而存在的，但其存在恰恰又必然与经验相关，并且是经验得以成立的绝对条件。而超验则直接

① ［古罗马］奥古斯丁：《忏悔录》，周士良译，131 页，北京，商务印书馆，1987。
② ［德］康德：《纯粹理性批判》，蓝公武译，73 页，北京，商务印书馆，1995。
③ ［德］比梅尔：《海德格尔》，刘鑫、刘英译，36 页，北京，商务印书馆，1996。

涉及存在的规定，并且是生存论的根基意义的阐释。按照神学家拉纳的意思，并不存在所谓"纯粹形式的先验启示"。"'先验启示'，永远只能发生在这个人的范畴性的经验之中，因而，'先验启示'之纯先验性和形式性根本是无法把握到的……先验启示之为先验启示本身总是在其范畴性的具体状态中方才被把握和显现出来，这就是说，愈是参与和从事范畴性的启示史，启示的超验性就愈加明显地表露出来。"①所谓先验启示的展开过程，就是对于具有生存论意蕴的超验认识论的展开过程。就存在论与认识论的内在关系而言，超验是优先于先验的，在生存论的论域内，先验也需要还原为超验。

人总是要给自己的生存寻找一种理由。但是，在人类自身生存能力十分低下的情况下，这种理由不可能直接来自人们的生存愿望或意志。这就需要借助于超验的、抽象的或客体的力量，把人们所直接惧怕的外部存在转化为人所敬畏的超验性存在；把某种想象性的存在转化为人们普遍认可的实体性存在；把某种普遍的心理渴求抽象为理性的绝对要求；然后，在此基础上，使超验性存在渗透于人们的日常生活的体验活动，使实体性存在展开成逻辑图式，使绝对理性展开成现实的"合理性"。通过上述环节，人的生存被看成具有自身否定性的存在方式，人能够通过灵魂超越肉体以及由此表现出来的对于崇高精神的向往、对于无限性存在的敬畏就是人能够生存的理由。人之所以生存，就在于上帝的存在。

---

① ［德］拉纳：《圣言的倾听者》，朱雁冰译，134 页，北京，生活·读书·新知三联书店，1994。

通过基督教神学来肯定和阐释人生存的有限性，这显示了西方文化的某种智慧，并且，对于当代西方社会，这种文化传统仍然在阐释生存论方面占据着重要位置。应当说，基督教神学，也较为成功地表达了人的生存所包含的悖论性。人的生存之所以有限，就在于在这一有限的界线之外是无限的、未知的、同时也是神秘的世界。人们都惧怕有限性，也难以逃避有限性的限制，但人们也因此要求通过超越有限性的方式来肯定并追求尽可能多的有限性。不过，在做到这一点之前，又需要对无限性有所确认并有所"敬畏"，而宗教所包含的神秘性则具体引导着人们面对永生的超越存在的神圣体验与敬畏。对无限性的肯定因而就只有通过神话与宗教方式来完成。"神话表达了对人类生存的特定的理解。神话相信人的生命、世界的依据和局限性存在于我们不能预计和控制的一种力量之中。""神话赋予超验的现实以一种内在的、世俗的客观性。神话将彼岸赋予此岸。"①神话是通过想象的方式把世俗的生活赋予神的内容，并以此规范和调整现实生活。

　　在基督教神学的超验实存观中，人的生存通过抽象和实体化从而分裂成肉体与灵魂两部分，其中对肉体的有限性理解是通过对灵魂的无限性理解实现的。对肉体的肯定竟是通过肯定灵魂并否定肉体的方式而达到的，这的确是一切现实主义生存观所不愿意接受的，但正因为如此，它才能够成为某种对抗现世主义及享乐主义的精神资源。事实上从这种超验的生存观中表现出来的理想主义在西方思想史上一直是人们摆脱物

①　[德]布尔特曼等：《生存神学与末世论》，李哲荡、朱雁冰等译，8页，上海，上海三联书店，1995。

欲生活的精神支柱。没有这种理想主义，人们或许就不能自觉地适应自身有限的生存环境，也更难以超越自身有限的生存条件从而认识到人的生存本性。此外，否定人们现世的物性生存意义在一定程度上也起到了保护人类有限生存条件的作用，而之所以要否定现世的物性生存意义，除了肯定人的精神性生存的超越性意义外，它的言中应有之义也在于为人们改变自身的生存条件提供一定的理论解释。从这一意义而言，基督教神学的实存观蕴含着一种程度的主体性观念，强调自然存在相对于人存在的被支配地位。但对于人生存的理解并不是由人自身的生存意义引申开的，而是用对无限性的先知先觉意识直接替代了对生存有限性的自我意识的结果。基督教神学观不可能成就人生存的自我理解活动。

2. 自然主义实存观及其批判

自然主义实存观大体经历了自然生命论、自然神论、折中主义、近代自然主义及近代人本主义四个阶段，前后观点变化较大。自然生命论关注的是生命的自然生长变化，强调人的生命与自然物的自在关联，人生命的根源被自然而然地归于自然物的生生不息的生命活动过程。自然神论则通过图腾崇拜等宗教活动将人的生命拟神化。实际上，自然生命论与自然神论往往是结合在一起的，因此，并不存在从自然生命论到自然神论的过渡。折中主义生命观则倾向于在肯定自然主义实存观的前提下融合了一定的超验实存观的内容。近代自然主义实存观基本上是一种机械论式的生命观，而近代人本主义实存观的核心是以物化的实存观对抗神化的实存观。从总体上看，自然主义实存观大多强调人生存的自然本性及动物本性，强调应从人与自然的直接关联思考人的问题，主张以万物存在为根据确立人的生存。

　　自然主义实存观最初源于伊奥尼亚的自然生命理论，事实上，伊奥尼亚唯物主义的自然生命理论中已经包含了自然神论。人们对包括人的生命在内的万物生命的惊讶与敬畏本身就生成了原初的神圣意识。早期自然主义实存观就是典型的自然神论。爱利亚学派的辩证法，特别是在苏格拉底、柏拉图的存在论的伦理学化以后，这样一种自然主义实存观逐渐融入超验实存观的因素。如前所述，在亚里士多德的自然哲学及生命理论中，起根本作用的还是其超验的目的论，构成其"天上世界"所谓"以太"的根本特性就是不可经验性。在其宇宙论中，他直接提出作为"第一推动力"的"神"才是生命的根本所在。但尽管如此，自然主义实存观并没有完全混同于超验实存观，而是形成自己具有独立意义与价值的传统。随着古希腊哲学与基督教神学成为西方的主导文化传统，自然主义实存观又带上了极其明显的折中性。斯多亚学派则把这种折中性发挥到极致："我们个人的本性都是普遍本性的一部分"，甚至"除了共同本性以外不承认有任何别的本性"①。在此前提下，"顺应本性而生存"实际上就是顺应普遍本性，这里的普遍本性（自然）也就是至善，即超验的神性。就像亚里士多德是从其个别中推导出一般一样，斯多亚学派实际上是利用自然主义实存观从而释证了超验实存观，不过其立场仍然还是自然主义实存观，确立普遍本性的意义就在于肯定个体生命本性的意义。

　　中世纪时，超验实存观占主导地位，而自然主义实存观本身就是基

---

　　①　北京大学西方哲学教研室编：《西方哲学原著选读》上卷，182 页，北京，商务印书馆，1984。

督教神学所否定的观念。但文化条件的匮乏看起来并没有导致自然主义
实存观的失效。一方面，基督教超验实存观实际上也强化了自然主义实
存观，甚至由此赋予自然主义实存观一种根深蒂固的"赠予"意识，另一
方面，从形式上对自然主义实存观的否弃，从客观上是由于强化了基督
教精神与科学精神的冲突的结果，而日益兴盛的科学精神反过来又为自
然主义实存观的成立积累起支持条件。近代以后，自然主义实存观显示
出一种与超验实存观迥然有别的立场，即奠定在机械进化论基础上的唯
物主义立场：人的生存被看成一种客观存在，而科学精神日益成为与基
督教精神对峙的人文精神，自然主义直接成为近代人文主义的核心内
容。也正是这一立场逐渐成为与上述超验实存观相抗衡的生存观念，并
且取得机械主义的生命科学的直接支持。"机械进化论要求把人完全同
化于自然，同化于毫无内在的聚合原则、不具备自身自发性的自然。"①
近代自然主义实存观看到，为超验实存观所压制的那些东西，诸如知
识、理性、情感，恰恰是肯定着人的客观性生存的东西。自然主义实存
观把人的生存归结为物质力量，而自身经验也是一种通过知识化而不断
增长的东西。随着经验与知识的增长，人发现自己可以通过改造自然从
而摆脱其控制，获得自己的生活。这就克服了存在于早先自然主义实存
观而又为后来的超验实存观所利用了的宿命论。而且，自然主义实存观
对于科学知识也有了一个明确的肯定态度，持自然主义实存观的哲学家
们也大多是当时杰出的自然科学家。这些哲学家或科学家大都坚持在认

---

① ［德］鲁道夫·奥伊肯：《生活的意义与价值》，万以译，19页，上海，上海译文
出版社，1997。

识论领域解决物质与意识的关系问题。不过，在涉及人的生存理解方面，开始跳出肉体与灵魂二分的框架，首先把灵魂、精神之类的东西看成超验的范畴并舍弃掉，由此回到一种用物质统一性去统摄世界整体的基本的无神论立场，其中，灵魂与精神之类的范畴本质上都属于物质范畴。

但这并不意味着近代自然主义实存观还原到了古代的自然生命论或自然神论，其中的关键在于有关生命的自然主义精神已经成为人文主义传统的内在组成部分，而在与神本主义对抗的意义上，自然主义与人文主义是相通的。在近代自然主义实存观中，自然不仅是科学研究的对象世界，同时也构成精神学科，我们今天把自然看成与人的精神无关的外部世界的总和，但是，在近代，特别是在 17 世纪人们的思想中，作为科学研究对象的自然与作为精神依靠的自然之间并无差别。17 世纪的人们研究自然与研究神学出于同样的知识旨趣，这就是弄清世界的善，当人们从科学角度研究自然时，自然并不是指事物的存在，而就像自然一词所指称的本性（本质）一样，是一种造化的产物。"'自然'在当时并不是指事物的存在，而是指真理的起源和基础。无论其内容如何，凡属自身确定的、自明的、无需求助于启示的真理，都是属于自然的。"①但这种本性的自然观随着工业化以及科学的技术化进程被干扰了。事实上，当我们今天谈到自然时，已经不可避免地想到作为人与自然之间日益强大的中介——工业化技术。不过，这本身也是技术化时代自然主义

① ［德］卡西勒：《启蒙哲学》，顾伟铭等译，235 页，济南，山东人民出版社，1988。

实存观必然改变的原因所在。自然主义实存观强调人生存的生物本性，并不是要强调人生存的独立性，而是要强调人生存的客观性并以此否定将人生存的依据确定为超越者的神学存在观。但这一否弃却带来一个问题，就是如何重新厘定自然与精神的内在联系。因为在自然主义实存观，特别是在机械进化论意义上的自然主义实存观中，人的精神被还原为外部自然的必然逻辑，没有内在性与自主性，但这显然违背了精神的本性。"关于精神与生命的关系的各种形式——机械论观点，首先忽视了生命范畴的特性，因此也必然误解精神。"①在这一意义上，自然主义实存观一方面影响了人文主义的结构性变革，但与此同时也可能导致人文主义与传统断裂。

自然主义实存观努力将作为精神本质的灵魂还原为物质实体。但如何还原，恐怕并不只是属于科学技术的问题。在这方面，当时的科学家们所提供的若干思考都有些勉为其难，甚至十分可笑。自然主义实存观假定了与超验实存观的严格区分，这种设定反过来也成为自然主义自身的障碍。自然主义实存观彻底坚持其生存的客观态度，甚至于把世界齐一化，把人及人的生存视为与万物存在并无差别的存在物，但这样一来也就走入了一种无视人生存的独特性的极端。超验实存观把人的生存提升为神的实存，人生存的根据被确定为神。自然主义实存观针锋相对，否定神是人生存的根据，而否定的方式则是将人的生存还原为一般生命物。这样一来，人生存的神圣性也被同时否弃了。拉美特利就说：人

---

① ［德］舍勒：《人在宇宙中的地位》，李伯杰译，67 页，贵阳，贵州人民出版社，1989。

"归根结底却只是一些动物和一些在地面上直立着爬行的机器而已"①。狄德罗则干脆用机械论来解释人的生命："生命，就是一连串的作用与反作用。"②

也许，近代唯物主义对人的生命所做的这种理解，还不应简单地理解为是对人的生命意义的贬斥，而在当时的历史条件下，应看成针对封建神学否定人的自然生命本性的反叛。在某种意义上，我们甚至有理由认为，近代唯物主义对人文主义的理解方式是策略性的。在西方哲学思想史上，近代唯物主义往往是被一笔带过，甚至完全被忽略，但在思想深度以及历史意义方面还是不可忽视的。一种思想的意义有时并不在于思想体系本身是否精致或深刻，而在于它的思想后果及其影响，而这正是近代唯物主义的意义所在。在评价近代唯物主义的历史意义时，马克思曾中肯地指出："17 世纪的形而上学的衰败可以说是由 18 世纪唯物主义理论的影响造成的，这正如同这种理论运动本身是由当时法国生活的实践性质所促成的一样。这种生活趋向于直接的现实，趋向于尘世的享乐和尘世的利益，趋向于**尘世的**世界。和它那反神学、反形而上学的唯物主义实践相适应的，必然是反神学、反形而上学的唯物主义理论。形而上学**在实践上**已经威信扫地。"③

无神论传统其实一直就在致力于反叛和否弃形而上学。近代唯物主义采取的方法是通过拉平人与一般生命物的差别从而抹平可能存在于人身上的形上性，这一点仍然延续到当代哲学中。近代唯物主义在某种程

---

①　[法]拉美特利：《人是机器》，顾寿观译，67 页，北京，商务印书馆，1959。
②　[法]狄德罗：《狄德罗哲学选集》，江天骥等译，150 页，北京，商务印书馆，1981。
③　马克思、恩格斯：《神圣家族》，161 页，北京，人民出版社，1958。

度上解除了先前附着于人生存之上的自然神性，在这个意义上也与先前的自然神论区别开来，但并没有由此导向一种主体主义。其根源就在于近代唯物主义仍然强调人与自然界在生存处境上的一致性。仔细琢磨霍尔巴赫的如下洞见，我们或许感到在近代唯物主义与现代性人类中心主义之间竟然能够形成一种跨时代的批评与对话。

> 人自以为比其他动物优越，这种狂妄的自负是很不应该的，如果冷静地把人的全部狂妄想法研究清楚，这种优越感很快就会烟消云散。动物的行为多么经常地说明它们比自封为主要是理性动物的人类更加诚挚、审慎和明理得多！我们是否可以在这样经常地过着无权的奴隶生活的人们中间遇到像蚂蚁、蜜蜂或海狸那样组织得令人不胜惊羡的生物社会呢？我们是否曾经看见过同一种类的动物猝然相逢在某个辽阔的平原上会无缘无故地互相消灭和杀戮呢？谁见过它们中间进行过宗教战争呢？野兽之所以残酷地对待其他野兽是由于饥饿和求食的必要性；人之所以残酷地对待人，则仅仅是由于他的统治者的虚荣心和狂妄粗鲁的偏见。①

自然主义实存观是要通过肯定人生物性的自然天性来对抗把人的生存归结于超验的上帝存在。自然主义逐渐成为解释世界及人的内心世界秩序的强大支撑。"不仅心灵的经验的生存已被越来越清楚地表明依赖于自然的条件，而且有一种侵吞它的本质，最终把它完全纳入一个扩大

---

① ［法］霍尔巴赫：《健全的思想》，王荫庭译，94页，北京，商务印书馆，1996。

的自然主义框架的企图。"①由于强烈要求把所谓上帝的力量还原为人自己的力量，近代自然主义实存观又进一步展现为人本主义生存观，但这种人本主义生存观其"人本"立场却是可疑的。在这方面，费尔巴哈的人本主义自然观是分析的典型。首先，费尔巴哈表达了上帝人本化的旨向："宗教，至少是基督教，就是人对自身的关系，或者，说得更确切一些，就是人对自己的本质的关系。……属神的本质不是别的，正就是属人的本质，或者，说得更好一些，正就是人的本质，而这个本质，突破了个体的、现实的、肉体的人的局限，被对象化为一个另外的、不同于它的、独自的本质，并作为这样的本质而受到仰望和敬拜。因而，属神的本质之一切规定，都是属人的本质之规定。"②至于人的生存本质的内在规定性，在费尔巴哈看来，就是诸如知识、理性及情感之类东西："理性、爱、意志力，这就是完善性，这就是最高的力，这就是作为人的人的绝对本质，就是人生存的目的。人之所以生存，就是为了认识，为了爱，为了愿望。"③看起来，费尔巴哈赋予了人生存以无神论的形式，把理性、爱、意志力看成人生存的内在结构，实际上意味着把人的生存从活动过程与方式上与基督教神学区分开来了。但关键的问题是如何把这种人本主义贯彻到底（实质是将无神论贯彻到底）。

　　费尔巴哈确实看到了人的生命本性，其自然主义与人本主义生存观的双重内涵也表现了这一点。但在生命意义的归属上，他却把类与个体

---

① ［德］鲁道夫·奥伊肯：《生活的意义与价值》，万以译，19页，上海，上海译文出版社，1997。

② ［德］费尔巴哈：《基督教的本质》，荣震华译，44页，北京，商务印书馆，1997。

③ 同上书，31页。

对立起来，从而陷入了一种抽象的人类中心主义。人是一种对象性的存在物，这没有问题，但在费尔巴哈看来，人的对象只能是自己的类，也只有通过"类"，人才能实现自己的生存本性。"类的尺度，是人的绝对的尺度、规律和准则。"①"只有将自己的类、自己的本质特性当作对象来对待的生物，才能够把别的事物或实体各按其本质特性作为对象。"②在此，"类"是以"克服了孤独的个人"作为"与人共存的人、'自我'和'你'的统一"③。这种"类"，不过就是抽象化的"上帝"。这样一来，费尔巴哈式的人本生存论又直接导向了抽象的神学人类学。费尔巴哈在人类学的意义上贯彻了人本主义立场，但却没有在存在论进而在彻底的无神论意义上贯彻人本主义。费尔巴哈并没有能够跳出西方文化传统去理解人及其生存，在这个意义上，他所坚持的自然主义实存观实际上正是建立在一种隐蔽的超验实存观基础上的。

自然主义实存观反对通过外在的上帝来理解人的生存，反对超验实存观对于无限的崇拜，反对将肉体与灵魂分裂开来，反对将灵魂看成脱离肉体的永恒存在，反对把灵魂凌驾于肉体生命之上。他们所强调的是人生存的客观性、灵魂的物质本性以及在此基础上的人的生物性存在本性，他们强调通过人自身的生物物理本性去寻求人自身生存的客观依据。这种理解当然有其合理性。它贯注了一种对于人的生存应该坚持的基本的唯物主义立场。有一种观点认为旧唯物主义（特别是近代唯物主义）在看待人的生存时存在着一种贬低人的精神作用的消极性。这是需

---

① ［德］费尔巴哈：《基督教的本质》，荣震华等译，47 页，北京，商务印书馆，1984。
② 同上书，29 页。
③ 《费尔巴哈哲学著作选集》上卷，荣震华等译，185 页，北京，商务印书馆，1997。

要加以仔细甄别的。旧唯物主义所反对的只是在宗教神学中那种无限抽象人的精神，而他们所要做的工作就是通过客观的科学知识阐释人的精神的物质性并以此对抗宗教神学。在宗教神学作为绝对意识形态的时代，这一工作体现了巨大的人本学意义，特别是法国启蒙哲学所做的工作实际上正是文艺复兴思想解放运动的进一步完成。而且，还应当说，在自然主义或无神论生存观的发展中，逐渐融入了一种通过客观地认识人生存的外部条件从而理解人的现实生存状况的理性分析方法，这种理性分析方法本身就是人的生存能力不断提高的表现。

卡西勒在总结 18 世纪的理性成果时曾说："理性不再是先于一切经验、揭示了事物的绝对本质的'天赋观念'的总和。……人们把理性看作是一种后天获得物而不是遗产。它不是一座精神宝库，把真理象银币一样窖藏起来，而是一种引导我们去发现真理、建立真理和确定真理的独创性的理智力量。……整个 18 世纪就是在这种意义上理解理性的，即不是把它看作知识、原理和真理的容器，而把它视为一种能力，一种力量，这种能力和力量只有通过它的作用和效力才能充分理解。"①这一作用与效力其实就是通过应用理性所展开的科学。理性是通过科学而具体展开人的认识与改造活动从而不断拓展自身的生存能力，而理性对科学的崇拜也恰恰是在这样一种历史背景下形成的。

从某种程度上说，自然主义实存观的精致或高级的样式就是理性主义，但这种理性主义的形成，恰恰是以离弃人的感性的个人生存为前提的。"理性不是任何人反躬内视或通过引导就能达到的，只有少数天赋

---

① ［德］卡西勒：《启蒙哲学》，顾伟铭等译，11 页，济南，山东人民出版社，1988。

最高的人通过长期苦修苦练才有可能豁然贯通。这就是神圣的迷狂境界，它是对感性生活的彻底抛弃，是全身心融入唯一涵盖一切的善的观念；简言之，是将个体生存完全化解为抽象普遍的关系，通过这种关系，人（哲学家）就沿理性、智慧而达于最高美德、正义、善。无疑，这样一种正义和善是无视个体的。"①然而，也正是在这种理性主义境界中，苏格拉底那种思想与生活、理性与感性融合的生存样式不见了。这就是说，理性主义本身就蕴含着一种形上的生存观念，使得理性与人的生活相分离。然而，如果不是片面理解的话，人的个体生活必然蕴含着类生活的内容并因而反映着人的社会性关系。在这个意义上，个人的感性生活本身就以一种自觉的方式反映了人类共同生活的理性抉择。如果说情感或感性乃生存的表达方式，理性则是生存的能力形式，是对生存公共性的理解，就像承认存在着人生存的内在性一样，人同样还是理性的动物，也就是说，人的理性从本质上与人的感性是相通的。

3. 传统实存观的共同症结

超验实存观与自然主义实存观构成了传统哲学的两种主要的实存观念。超验实存观表征着有神论传统，而自然主义实存观则体现着无神论传统。二者对于人生存的根据和意义的理解各不相同，但在对于人生存的思维设定上却又是相通的。两者都是基于理性主义的形而上学，人的生存成了一种对象客体，不仅如此，当人的生存被看成对象客体时，生存的根据却被抽掉了。胡塞尔对实证主义的批判在这个意义上也适应于对传统哲学实存观的批判："如果人成了一个'形而上学的'或特殊的哲

---

① 邓晓芒：《思辨的张力》，53 页，长沙，湖南教育出版社，1998。

学问题，那么人在这个问题中是作为一个理性的生物；如果人的历史成
了一个'形而上学的'或特殊哲学的问题，那么它所涉及的就必定是历史
中的意义和理性。"①从很大程度上说，超验的实存与自然主义的实存都
是出于形而上学设计的需要，在此意义上，人作为自然的实存物，倒反
映了形而上学的一种本质性规定：人是形而上学的生物，如同海德格尔
所说，在形而上学中，人作为"一切存在者都表现为劳动的材料"②。超
验实存观与自然主义实存观都是基于对人的形而上学设计的需要，而在
这一过程中，形而上学也逐渐离弃了它的深刻的生活基础。在此，我们
可以进一步剖析两种实存观的症结。

第一，两种实存观都是基于抽象的、形上的存在论假定。超验实存
观的前提就是抽象的存在论设证，其实自然主义实存观撇开人的感性而
对自然本身的抽象、对人的生存的生物学性规定以及理性主义的致思路
向，同样也是出于抽象形而上学的路向。而且，正是在抽象的形而上学
设定中，两种实存观是相通的。一方面，超验实存观从目的论的层面上
规定着自然主义实存观，自然主义实存观反映了人对于自身生存的有限
的解释，但这种解释不可能达到整体的自足性，也就是说，它只能用来
解释世界观，而且是撇开了人自身生活的外部世界观，至于对自身生命
意义的解释与建构，自然主义实存观其实是直接或间接地诉诸超验实存
观的。换句话说，当自然主义实存观仅仅只是在知性意义上确证人生存
的生物本性时，实际上又把生命的目的性问题交给了超验的上帝。人通

---

① ［德］胡塞尔：《欧洲科学的危机和超验现象学》，张在熊译，9 页，上海，上海
译文出版社，1988。

② ［德］海德格尔：《路标》，孙周兴译，401 页，北京，商务印书馆，2000。

过知性的方式设定超验者的存在，看来并不是理性的预置，而是人的理性活动自身的悖论性结果。人的实存是为了确保上帝存在的绝对性，因而在传统存在论的意义上，正如有神论是高于无神论，超验实存观其实是优越于自然主义实存观的。但是，超验实存观表现的只不过是超出于现世生命活动的神的存在观念，神的存在占据着纯粹的精神向度和历史向度，人的生命世界把神的存在作为唯一的信仰，而这本身又是以否定生命世界的超越性为前提的。而且，活生生的人的生存活动还被还原为某种与自然万物无异的生命实存物。本来活生生的生命世界，由此成为缺乏生命表现力的灰色世界，而超验实存观与自然主义实存观的对立，在某种程度上充当了这一灰色世界的理论注脚。

第二，是"实存"与"实存论"，而不是"生存"与"生存论"。在前面有关生存的词源追溯中已经分析过，表达人生存的词 Existence（Existenz）在传统语言系统中并没有现代英（德）语中所理解的"超出去在（Out-standing）"的意义，而只是一个实体词，意指具体的、非自因的存在物。其原因在于传统哲学并没有直面生存，而只是把生存看成一个被给予的以及作为对象和客体的范畴，即把生存只是理解为一种既定的实存形式。超验实存观把"生存"理解为一种由超验存在所设定的有限的肉体存活，在基督教语境中，人的实存正是由上帝赠予的。自然主义实存观则把生存看成可认知的生物性和物质性的客体。它们都只是看到人的自在的与被动的一面，而没有看到人的自为的、主动的一面，因而都只能根源于一种外在的实体，而不能立足于人的生存这一基本事实及其实践要求，即都没有从内在的属人性出发去把握人的生存。其结果就导致了只有"实存"而无"生活"，在对于存在的实体性的形上建构中却遗忘了关于活生生的人的生命的理论阐释。

第三，把精神性生命活动与生物性生命活动割裂开来。人的生存是物性存在与精神性存在的共生关系，物性存在是人生存的基础，而精神存在则是人生存的特质。人的物性存在并不仅仅只是物性的，而是内在地蕴含着精神性，反之，人的精神性存在也不只是抽象的，而是与相应的物性存在协调一致的。但是，上述超验实存观与自然主义实存观却往往把人生存的物性与精神性对立起来，一个重要表现就是把人的生存分裂成肉体与灵魂，即分裂成物性存在与精神性存在并各执一端。把人的生存升华为形上的、崇高的价值体系，这本来也反映了一种值得敬佩的生存理念，毕竟我们都需要克服现存生活的有限性，而人们对于来世的渴求原也无可厚非。但它不应该以分裂人的生存并且否定其中的"生"及其"在世"的意义为前提和代价。肯定生存的超验性不能走入完全的禁欲主义，反之，坚持人生存的物质本性与灵魂的可认知性反映了人们最基本和最真实的生存要求，并且以科学理性的形象确立起了人类对于自身生存条件的基本理解。但这种观点却对人做了还原式的理解，并在不知不觉中把科学理性与人文精神对立起来，甚至不自觉地潜存着某种科学崇拜。

第四，没有形成一种真正超越生存境遇的生存观念。作为一种自觉的观念，生存观念应当具有一种超越单纯个体感觉的历史性，是一定时代人们对于其基本生存状态的理论自觉。但传统上人类受动的生存状态决定了哲学生存观的自在性与非反省性。无法摆脱的匮乏物质生活条件，使得人们的生存欲念片面化并且极端化，要么诉诸一个超验而完满的来世观念，并使人们从精神方面屈从于现实生活的困苦，要么通过求助于外部力量从而摆脱自身生存的种种束缚。但在生存理解上都没有能力把精神与意识看作人生存的内在结构，看成人生存的自我确证与表现方式。正因为如此，传统哲学无法意识到人作为生存主体的意义，更无法反思自身的生存状态。自然主义实存观直接就是自在生存观，从它身上是无法直接提炼出人的生存这一思想前提的。超验实存观似乎旨在给人们的生存提供某种精神慰藉，但它恰恰是以拒绝人的主体自我意识为前提的。宗教神学正是把对于匮乏的生存条件的臣服作为其立论前提，并通过神话、神示、隐喻、启示等宗教方式促使人们安于生存的受制状况，这极大地限制了人们对生存属人性的理解。实际上，超验实存观与自然主义实存观都只是表现了外在的超越性，都没有从人生存的内在结构中去展开人的超越性，之所以如此，关键原因在于没有从人自身生成的历史中提炼出人的超越本性。如何实现从外在超越到历史的超越并把历史理解为人生存的本质结构，成为当代哲学生存论的关键问题。

第五，传统实存观的实质在于本质主义与逻各斯中心主义。传统哲学在寻求人生存的缘由时总是无法跳出经验与超验的二元分立。生与死被看成感性世界无法统一的矛盾，同时也是实存观无法摆脱的矛盾，但在隐秘的意识中，死亡仍然是作为某种永恒的在场显现而赋予存在意义的，而与之相对的生倒失去了根据与本质。这样一来，人生存的理由则被归于某种纯粹客观的存在即所谓本质。本质即以实体性方式存在的本体，它是不动的一，它通过逻各斯从而展开精神与自然体系，人生存的根据就前定于这一过程之中。传统西方哲学都致力于寻求事物之所以存在的本质，而这种"本质"实际上又只是某种外在的实体。超验实存观将人生存的本质归于外在的理念与绝对的神；自然主义实存观则把人的生存归于外部的自然实体。然而，本质主义所寻求的恰恰不是"本质"，而是外在于人生存的实体规定性。外在的实体之所以成为人们必须信从的存在根据，就在于它显示了某种具有绝对客体意义的逻各斯，而本质作为根据正是通过、也只能通过逻各斯中心主义才能完成。只不过，在这一过程中，人生存的丰富性被撇开了。本质主义与逻各斯中心主义既是逻辑思维的表现形式，也是传统实存观的表征方式。传统的生存观，不管是超验实存观，还是自然主义实存观，它们所关注的都是这样一种逻各斯中心主义，要么表现为通过逻辑形式演绎出来的超验判断、道言、神谕，要么表现为强烈的对体系化的迷恋。但是，恰恰是上述本质主义与逻各斯中心主义所固有的外在性，既掩盖了人们真实的生存状态，也封堵了人们对于自身所处的生存状态的自我意识。

本质主义与逻各斯中心主义是传统认识论哲学传统的特征。这同时也意味着，所谓实存观，其实是与认识论哲学范式密不可分的。换句话说，所谓实存观，本身就是认识论哲学对于人生存的典型的理解模式。本质主义与逻各斯中心主义深刻的思维根源在于认识论哲学的主客二分中，而且由于受强大的存在论传统的支配，主客二分中的"主"的方面因为被抽象为绝对的实体，从而失去了从生存论的维度确立主体性的能力，而"客"的方面则因为知性化的力量与话语主动权而成为确证人生存的外在的条件。而认识论的兴起及其强盛，恰恰是生存论逐渐从存在论中被离弃的结果，从这个意义上，生存论的复兴部分地意味着区分存在论与认识论的界限，并使生存论获得一种健全的理解。但这并不意味着放弃认识论而回复到所谓纯粹存在论的哲学状态，在认识论哲学与当代生存论哲学之间，并不存在一种决然的断裂。这同时也意味着，在传统的实存观与当代哲学的生存观中，还存在着某种值得深入挖掘的关联。

第三章 | 当代生活处境与生存观念跃迁

生存论绝不是突兀地发生于现时代的，当代社会生活从受动的、物化的、自在的生活形式向主动的、反省性的和自身超越性的生活形式的巨大转换使生存论自觉成为必然。在这一意义上，生存论的彰显乃是社会生活形式的巨大转变在哲学存在论层面上的反映。随着当代生活处境的转换，生活世界作为一个问题引起人们日益深切的关注，当代哲学对生活世界的普遍自觉表明哲学存在论与文化的主题已经发生了重大变化。生活世界成为存在论和文化的主题，与此同时，生活世界也遭受到来自于外部生存环境的约束与控制，生活世界的自我困惑与焦虑也日益加剧。生活世界的物化与异化态势召唤着时代精神的反省与自觉。

生活形式的巨大转变同时意味着生存观念的巨大变迁，这就是从那种自在的、物性的流俗生存观念转变为超越性的、追求人的意义与价值的自为的生存观念。超越流俗的生存观念，必然意味着超越自然主义和科学主义。自近代以来，日益强盛的科学主义和自然主义也不断强化了流俗生存观，这意味着，生存观念的转变对近代科学主义与自然主义的双重超越。生存观念的转变同时也是社会结构与功能活动变革的结果，这特别明显地表现在社会发展模式与观念的时代性转变，就是从唯经济的发展模式向可持续发展模式的转变。这一转变本身就是人类生存方式的当代嬗变，并要求体现为生存观念的巨大转变，就是从占有型和受动型的生存方式及生存观念，向以和谐和自为为核心理念的可持续的生存方式与生存观念的转变。生存论应当看成生存方式与生存观念的巨大转变在理论上的自觉反映。

一、当代生活处境

1. 生活的主题化

在传统哲学以及人们的传统观念中，生活并不是一个自觉意识的领域，而只是作为获得生活目的的手段而存在的。这种情形与人的相应的生存处境是有直接关系的。在一种无法逃避的匮乏的生存境况下，对生活的理解与要求必然被限定于一种底线的生命存活状态，生活的超越性则被设定为一种纯粹的超验性而远离具体的生活活动过程，生活目的与生活过程是分离的。就获得基本的存活需要而言，生活目的与生活过程是一致的，在此，生活目的就是人的存活需要。但就获得一种生活的至高目的而言，又是与具体的生活过程分离的。不过，在这里，生活目的显然是一种现实生活无法实现的目的，它属于神而不属于人。

在传统观念中，精神生活与物质生活是分离的，具体表现为灵魂对肉体的否定。精神生活固然属于人内在的精神活动，但从形式上看却与人的物质活动相分离，这种分离既是活动过程与方式的分离，也是活动主体的分离。这意味着不同主体的精神生活层次并不是一致的，而确定着这种区别的恰恰是不同主体基于物质或经济占有关系的不同。正如马克思所说："统治阶级的思想在每一时代都是占统治地位的思想。这就是说，一个阶级是社会上占统治地位的**物质**力量，同时也是社会上占统治地位的**精神**力量。支配着物质生产资料的阶级，同时也支配着精神生产资料，因此，那些没有精神生产资料的人的思想，一般地是隶属于这个阶级的。"[1]马克思显然是把精神生活纳入意识形态范围分析的。"占统治地位的思想不过是占统治地位的物质关系在观念上的表现，不过是以思想的形式表现出来的占统治地位的物质关系。"[2]意识形态表征着精神文化活动对经济物质条件的依赖性关系，应当说，在传统时代，这种依赖性关系是十分明显的。但是，现代生活的一个基本特征就是，人们的精神生活越来越要求具有自身独特的内涵与质素，那种完全用物质与精神的主动与被动或决定与被决定的关系来看待精神生活的观点仍然是

---

① 《马克思恩格斯选集》第 1 卷，98 页，北京，人民出版社，1995。
② 同上书，98 页。

一个必要的基点。物质或经济关系对人精神生活的支配作用确实是"根本性"的，它使我们清楚地看到一切精神文化关系背后的权力关系。但是，这里的"根本性"是指根本的决定条件，一旦支配作用达到一定程度，也就是说已经形成了一个基本稳定的平台，那么相应的支配作用就很难说是"决定性"的了。此时，并不是物质或经济条件而是人对自身精神生活的自觉意识起着直接的决定作用，而物质经济方面则只是起到一种外围性的和必要的支撑作用。

物质生活当然有可能限制精神生活，不过，物质生活作为一种条件并不必然意味着相应的精神生活。高级的精神生活并不必然地意味着高级的物质生活，而低级的精神生活也不一定必然限于恶劣的生存境况。情况也许相反：优裕的物质生活往往伴随着低俗的精神生活，尽管它可能拥有华丽外表，而贫困的物质生活常常孕育出高品位的精神生活样式与成就，前者常常是现代人生活境况的写照，后者则呈现了传统时代的某种具有典范意义的精神生活样式。

物质生活与精神生活之间的这种不协调与悖反是人类生活的基本矛盾。传统时代的问题在于，精神生活并没有建立起一种沟通、解释和反省物质生活的基本形式。物质生活与精神生活之间只是一种实体的或知性意义上的对立，而不是生存论意义上的对立。因而两种生活样式之间不可能实现生存论层面的沟通与互摄，一方面是经验的、世俗的肉体生存，另一方面是超验的、灵魂的获救希望。一方面是总体上匮乏而内部迥异的物质生活处境，另一方面则是高悬于现实之上且从形式上迎合某种玄思需要的抽象形上学，物质上的存活需要与精神上的形上追求构成了传统人生活观念的两个极端。

现时代并没有消除物质生活与精神生活之间的不协调与悖反。事实上，不像传统时代那样往往要避开物质生活与精神生活之间的矛盾，现时代的思想首先就把这种不协调及悖反当作人的生存必须面对的问题，进而致力于实现精神生活对物质生活的建设性理解、沟通与反省。

现代思想致力于从不同层面破除关于精神生活与物质生活二分的教条。考察哲学史，我们发现造成精神与物质二分的关键在于精神与物质都被视为某种实体并且与生活本身疏离。作为现代思想的开端，马克思的卓异之处在于从生活出发理解人的物质活动与精神活动。马克思确实强调作为物质生活条件对精神生活的决定作用，但更为关键的还在于，马克思强调从人的生活去看待物质生活与精神生活本身。这里的"人"，即"现实存在着的、活动的人"，而"人的生活"即通过对"人们成为现在这种样子的周围生活条件"的历史直观，并通过"批判现在的爱的关系"确立起来的"个人的全部活生生的感性**活动**"①。因此，人的精神生活与物质生活的矛盾乃人生活的内在矛盾，经验与超验、灵与肉、感性与理性的矛盾则是人生活的内在矛盾的不同表现形式。因而，也只有在对生活形式的合理批判与理解上，才可能形成对物质生活与精神生活矛盾的合理理解，对生活的批判与改造活动不过是形成这种合理理解的门径。事实上，在马克思那里大量使用的生活及实践概念，已经提出了关于生活观念的变革问题，在此基础上也先行提出了生活世界问题。

---

① 《马克思恩格斯选集》第 1 卷，78 页，北京，人民出版社，1995。

对不同阶级而言，物质生活与精神生活的矛盾呈现为不同的形式。对于中上层阶级而言，对于精神生活的追求（逐）往往成为确证其身份的表达方式，在这种表达中，物质生活看起来似乎被忽视了，但实际上却对精神生活的样式起着根本的支撑作用。这种作用主要说来是形式的，为了确证身份而呈现的精神生活当然是流于形式而不是内容，但中上层阶级却恰恰赋予这种流于形式的精神生活以某种艺术与教养内涵，并指责下层阶级没有享有这种高级精神生活的素养，比如当看到一批批患瘰疬的、肺痨的贫民时，就会指责这些人"缺乏形上学的精神追求"。下层阶级物质生活的匮乏可能妨碍他们获得精神生活的创造与享受，但这都是从形式上说的。就生活的体验而言，个体的物质生活过程与精神生活过程并不是分离的，艰难的物质生活往往孕育着深刻的哲学思想与丰盈的艺术成就，关键在于个体对生活的理解与信念。事实上，从修养上指责下层阶级缺乏艺术创造与欣赏的能力，恰恰是上层阶级制造出来的意识形态，这种意识形态一方面把艺术活动当成上层阶级的专利，另一方面则把艺术直接当成艺术时尚，而忽视了艺术与现实生活的内在关联，而恰恰是这一关联真正确定着艺术的内涵与品质。某些艺术作品之所以缺乏思想内涵与感染力，并不在于缺乏文明教化，而在于缺乏对生活的关怀与深度思考。因此，如果非要在现实关怀与修养二者之间作一个排序的话，恐怕前者更为主要。

列夫·托尔斯泰曾对某种贵族主义审美倾向作过如下批评：

> 如果我有权利这样想：广大的人民群众不理解和不喜欢我所认为无疑是优秀的东西，是因为他们的修养不够，那末我也没有权利

否认：我之所以可能不理解和不喜欢新派的艺术作品，只不过因为我没有足够的修养。如果我有权利说：我和大多数跟我有同感的人之所以不理解新派的艺术作品，只是因为在这些作品里没有什么可理解的，因为这是不好的艺术，那末，不理解我所承认的优秀艺术的更大数目的人——全体劳动人民——就有同样的权利说：我所认为好的艺术其实是不好的艺术，在这种艺术的作品里没有什么可理解的。①

　　现代艺术的一个主题是瓦解艺术与某种贵族气质在形式上的关联。现代艺术挑战和反叛传统的艺术风格，从异样中寻求平实，从寻常中领略深刻，把形而上学从学院还原到日常生活世界，切入点即是对生活的直观与领悟。在海德格尔看来，艺术作品源自物性(die Dingheit)，但这一物性既不是自在性，也不是单纯的有用性，而是具有一种面对主体的意向性，这种意向性乃物性面向人生意义以及人的艺术领悟能力而生成。因此，一双看起来极其普通的农妇的鞋，其实敞开了一种艰辛、充实而丰盈的人生生活内涵。鞋具内部黑洞洞的敞口，凝聚着劳动步履的艰辛；硬邦邦、沉甸甸的破旧农鞋，聚积着寒风料峭中迈动在永远单调的田垄上步履的坚韧与滞缓；鞋具回响着大地无声的召唤，显示着大地对成熟谷物的宁静馈赠，鞋具也浸透着对面包的可靠性的无怨无艾的焦虑，包含着战胜了贫困的无言喜悦，隐含着分娩的阵痛、死亡的战栗

---

　　① ［俄]列夫·托尔斯泰：《艺术论》，丰陈宝译，99～100 页，北京，人民文学出版社，1958。

……这些都凝聚在那一眼看上去破旧、粗糙而邋遢的鞋具上。① 农妇的鞋、破旧的自行车轮胎、上不得台面的小便器、随地可见的碎纸垃圾等，也许都没有理由成为艺术表现的主题，然而，这些物样却顽强地停留于现实生活之中，并成为现代思想及艺术必须关注的主题，就如现代艺术必须以一种高度的道德感与政治意识承担起对种种不幸生活的反省与批判一样。

因此，现代艺术不仅是直观生活，同时也要求反省生活，而其共同的基础则是生存论的领悟与自觉。通过对荷尔德林诗的诠释，海德格尔强调，日常生活的艰辛劳顿并不妨碍人内心世界的恬静纯洁。人的善性绝不因沉沦的日常生活而丢弃，相反，生活的沉沦，生存的焦虑，不过激发着这种善性的开显。神所承担的善性是莫测的，而人所承担的善性则因为生存论蕴含而显现为诗性，生存的神圣性、诗性以及自然性与历史性都不过是人生存的丰富性的显现和表达形式：

> 什么是人的生命　就是神性的一幅图像。
>
> 正如天空下，尘世的芸芸众生在漫步，
>
> 它们也看到了天空。但仿佛在阅读中，
>
> 以某种文字，模仿无限性
>
> 和人类的丰富性。单纯的天空
>
> 竟是丰富的吗？其实银色的云层
>
> 就像花朵一般。从那里却落下雨露。

---

① ［德］海德格尔：《林中路》，孙周兴译，17 页，上海，上海译文出版社，1997。

　　而当那单纯的蔚蓝已熄灭，闪现出

　　一种与大理石媲美的暗色，犹如青铜，

　　那丰富性的显示。①

　　"充满劳绩，然而人却诗意地栖居在大地上。"海德格尔通过浪漫主义的方式表达了对生活的某种具有"本原"意义的理解，大地乃人生存的依托与希望，是摆脱物欲纠缠的生存体验形式。按照这种理解，精神生活的等级样式源自精神主体的生存论领悟程度，与其物质生活境况并无必然联系。在这个意义上，海德格尔或许为生存于现时代的人们提供了一种可以选择的生存样式。从很大程度上说，现代人生活的问题并不在于摆脱了物性，而恰恰在于物化的程度愈来愈深。与之相应，现代人对自身愈来愈深的物化状况的认识与应对也变得越来越复杂。现代人的生活显然是与现代人的生存处境无法分离的。海德格尔当然注意到这种处境，实际上他对此在的生存论领悟正是基于当代人生存的日常情态基础上的。但海德格尔的价值诉求却是返古式的，他把他想象中的某种悠然恬静、富于诗意的远古生活当作现代生活必须回返的目的地。他试图把一个已经祛魅的世界重新附魅，但是对于一种已经历史地生成的现代生活而言，这无疑是一种新的乌托邦幻想。海德格尔看到鞋具的厚重的生存论意蕴，然而却完全撇开了鞋具主人作为社会个体的生存境况以及由这种社会境况所伴随的生存论体验——当然不能以这份体验代替其他生

_____

　　① ［德］海德格尔：《荷尔德林诗的阐释》，孙周兴译，217～218 页，北京，商务印书馆，2000。

存论体验，但毕竟是不可或缺的。从这个意义上，当代生活的主题化必然同时要求拓展为当代生活的社会历史理性批判。

2. 总体性异化

物化本不可避免，如同对象化一样，物化是人确证自己对象性存在的方式。但是，一旦物化状况无视人甚至于直接与人对立，或者对象化直接表现为对象的丧失，那么物化就会导致人的活动与人性的疏离，即异化。现代人的异化状况已被看成一种事实性的存在。这一方面是因为现代人日益发展的自我意识能力，另一方面也与现代人面对的日益尖锐的生存悖论有关。不过，这都是从对异化的理解方面而言的。我们说异化不断加深，说的正是仍在深化着的历史性的人的异化：一方面整个社会的经济、政治与文化系统日益使人物化，另一方面物化的生活不断把人驯服为整个社会系统的工具。现代性的目标之一是要解放个性，使个性得到充分彰显，但现代性的过程却是个性整体化为一种宏大的文化工程，这一文化工程实现了物质生活与经济政治关系的协调与整合。在这一过程中，抑制个性的彰显显然被看成一件正常合理的事情，甚至于被认为能为个体所自愿接受。也就是说，个体自愿接受整体性的约束日益成为他获得和实现生存的条件。如果个体难以实现与群体的整合，就必须接受或主动进行心理与精神治疗，并不是人人都能够或愿意接受这种治疗，那些难以接受治疗的人往往会成为或主动选择成为社会的边缘人。边缘人的出现是颇有意味的，他们的出现既是基于一定的经济与政治关系，更重要的是表征着一种文化类型。用传统的异化观点来分析边缘人虽然不无根据，但多少有些偏狭。这里已经涉及当代人异化的新的类型——总体性异化。

按马克思的看法，异化乃人同自己的劳动活动及其产品的对立，以及在此基础上人同自身类本质的对立，关键是人与人的异化。马克思显然是从经济关系的异化入手来分析异化现象的。看起来，经济关系的异化是人的异化的根源，但接下来的问题在于，一旦经济关系的异化得以克服，是否就意味着异化的根除。当代人的生存状况表明，异化是人自身生存关系的总体性异化，而经济关系的异化则应当被理解为人自身生存关系的总体性异化的必然表现形式。

现时代并没有消除经济异化，因为经济异化并不只是经济关系的异化，尤其不只是由于经济关系的异化显现出来的人的物质生活境况的严重分化。事实上，即使就经济关系的异化状况而言也是十分严重的，现时代并没有克服经济关系的异化，而是将经济异化转移到了人的总体性异化中。这特别明显地表现在当代人已难以形成一种健全的个性形式，以理解并接受由经济条件的改善所带来的福祉，精神生活样式并没有摆脱对经济条件的绝对依赖。如果说传统的异化强调人成为人的物质生存条件，那么当代的异化观强调的则是人的生存条件是否转化为一种积极的生存方式与生存活动，并进而与生存意义融为一体。对于当代人而言，对生存意义的寻求往往是一种精神上的奢求。在传统社会，为了获得基本的生存，即使不得不驯服于某种物质制度与体系，但人还是能够意识到这种生存条件与要求的外在性，而且一旦可能还能够对这种非人的生存境况做出恰当的识别与批判。在这个意义上，对现实文化或政治的批判或反抗实际上存在着一种浪漫的精神气质，并且这种浪漫精神是有意义的并且是值得培植的，它是传统人文主义的核心。但是，在现时代，日益加深的物化已逐渐吞没了早先那种古典的浪漫精神，甚至于精神的反抗本身就变成无聊和荒诞的表现。相比做一个清高的批判者，人们更愿意把自身同化于工业化与资本主义流程中，马尔库塞曾形容为"机械时代的舒舒服服的不自由的奴隶"。在这种情况下，人们获得优裕的生活条件的不言自明的前提就是"生活的刻板化，以及对人类生存的基本问题的认识加以抑制"①。生存条件的改善无疑是导致这种变化的重要原因，但其中暗含着另一个原因，这就是当代人对于人的生存方式与生存意义的关联已不再深究。物化程度越来越大，以至于"生存的整个过程被人们体验成有利可图的资本投资活动，我的生命，我这个人便是投资的资本"②。

传统时代人们为摆脱匮乏的生存境况而把获得必要的物化生活看成克服异化的前提，当代人则因为拥有了一种从总体上看并不匮乏，甚至可以说是富裕的生活却反而成为物化生活的"奴隶"，当代人难以超越物化的生活方式。物化生活以其前所未有的力量同化并且塑造着现代人，随着物化程度的加深，现代人的异化态势也在加深。这种异化态势还表现在，对物化生活的反叛与超越同样也有足够的理由被看成精神不健康者。"现代人卷入愈来愈唯理化的生活形态愈深（我们只消举许多控制人的日常生活的科技为例），他的反应就愈加的不合理；现代人愈是从物质的困境解脱，他愈不明白自己该做什么；现代人自由愈多，愈不知道

---

① ［美］弗洛姆：《健全的社会》，孙恺祥译，113～114 页，贵阳，贵州人民出版社，1994。

② 同上书，117 页。

该如何享用自由……"①

对当代人的总体性异化的反思意味着进入对现代文明的总体性反省。从很大程度上说，现代文明在取得辉煌成就的同时，也造就了现代人的日益加剧的物化。从市场经济的内在要求看，现代文明应当造就出独立的、凭靠自身能力从而实现自为性生存的个体人。然而，由于市场经济本身必须受制于整个物化的制度体系与工业或后工业文明体系，因而个体仍然不过是在经济独立的外表支撑下的、缺乏创造性与自由个性的生物性和机械性的人。刘易斯·芒福德曾分析道："这样的文明最终只能造出群体的人：不会选择，不会临机应变，不能自主地活动；这类人至多只能可悲地对单调的工作表现出耐心，显得温驯、守纪律；而当选择愈来愈少之时，他们也就变得愈来愈不负责任；在广告及现代商业销售的影响下，或者在极权或半极权政府宣传和计划机构的支配之下，纵使不是完全那样，他们最终也会成为条件反射支配的生物——这是最理想的类型。"②

为了生存，现时代的人似乎已不大可能去关心所谓个人的自由而全面的发展，事实上，个人已被现代经济条件改造成"没有自由、缺乏镇定、没有独立的人"③。现时代的人缺乏意志品质，而现代生活似乎也不鼓励培植这种意志品质。

当然，从现代文化的主导精神看，现时代人并不满意这种缺乏个性

---

① 孙志文：《现代人的焦虑与希望》，7 页，北京，生活·读书·新知三联书店，1994。
② ［美］弗洛姆：《健全的社会》，孙恺洋译，180 页，贵阳，贵州人民出版社，1994。
③ 同上书，187 页。

的"单面人"，这意味着现时代人并没有从精神深处认同物化，然而由此伴随的精神焦虑症却是挥之不去的。焦虑是现代人的精神宿命。弗洛姆说："异化的人……不可能健全。因为他将自己体现为受到自己和他人所支配的一件东西，一项投资，所以他缺少自我感。自我感的缺乏，便产生了极度焦虑。这种面临虚无的深渊所产生的焦虑比地狱的煎熬更为可怕。在地狱的情景里，是我受到惩罚与熬煎——在虚无的情景里，我却被逼得快要发疯，因为我自己已经不再能说'我'了。"①

个性的培育与健全，总是与个人对社会系统及其规范的理解与承诺联系在一起的。社会并不是一个空洞的概念，它指的是社会基本的公共性规范。单面人以及它所产生的技术理性与物化制度，都没有意识到这种公共性规范对于个体生存的重要意义，社会作为一种公共性规范不仅不与个性的健全发展相矛盾，而且本身就是个性自由现实化的条件。理解公共性实际上是完善个性的必要途径，同时也应当成为治疗精神焦虑症的有效方法。然而，现时代的个体却难以承担这种功能。在很大程度上，现时代人好像并不缺乏个性，然而却是受某种尚不健全的市场经济误导的个性，这种个性仅仅把人的个性局限于经济生活领域，而在精神文化领域则排斥人的个性。当然，在后现代商业文化中，精神文化意义上的个性也得到一定程度的张扬，但这样做的目的显然不是为了反省和引导当代人的生存活动，而只是出于大众文化或商业文化自身的需要。抬举个性是为了从被抬举的个人那里获得某种回报和收益。看起来主体拥有无限选择的机会，事实上他也能得到很多机会，然而，假若他必须

---

① ［美］弗洛姆：《健全的社会》，孙恺祥译，163 页，贵阳，贵州人民出版社，1994。

置身于已经确定的游戏规则，他对机会的选择从根本上说来就不可能是自主的。就在他作为主体选择机会的同时，也不得不接受大量硬塞进来的机会。假定他还有一定的自我意识，他可能意识到这一点并可能表达出反抗——反抗当然也是后现代文化预置给个体的权利。但事实上，越来越多的人愿意持实用主义和相对主义态度，人们已越来越习惯于并驯服于某种打着张扬个性旗号（这种旗号特别是它所表征的大众文化恰恰是以抹去人的个性为目标的）的现代生活样式。

后现代文化从形式上看解放了人的个性意识，但问题是这种解放了的个性意识恰恰被置于一种相对主义甚或虚无主义的平台上，这样一来，解放了的个性意识反倒成为反讽的对象。"人们面对心灵的变化多端和相互冲突倾向，不再相信原有的自然秩序，而用来充作自然秩序的传统已经崩溃了。灵魂成了一个供定期换演节目的剧团使用的舞台——有时上演悲剧，有时上演喜剧；今天是爱情，明天是政治，后天是宗教；一会儿是世界主义的一视同仁，一会儿是寻根的诚笃专情；一会儿是城市，个人主义，充满伤感，一会儿歌颂农村，团体主义，残忍无情。对于所有这一切，人们既没有原则也没有意愿去赋予它们以等级秩序。所有的时代和区域，所有的种族与文化都可以在这个舞台上演出。"①各种思潮与时尚你方唱罢我登场，如过眼烟云，瞬间即逝，所谓流行就是用掉就扔，而过去了的东西如果缺乏时尚价值也照样没有任何意义。"当下"置换了过去，也预支了未来。

---

① ［美］艾伦·布洛姆：《走向封闭的美国精神》，缪青等译，162页，北京，中国社会科学出版社，1994。

从很大程度上说，人们甘于接受相对主义甚或虚无主义的价值观念，反映了这一时代的精神状况正处于一种病久日深、积重难返的病理状态。"自我实现的某些虚浮之辞给这种生活一个有魅力的神态，但是他们自己能够明白，这种生活毫无任何特别崇高的东西可言。活命哲学已经取代了英雄主义，成为受人赞赏的品格。"①后现代商业文化所许诺的个性化也许满足了个人的时尚化需要并因此美化了现实生活，但是却回避了对现实生活合法性的质疑与批判，遮蔽了通过个性的健全发展寻求一种积极健康的生活方式这一时代主题。

当代人的问题就在于尚没有寻求到一种积极健全的生活方式，正是在这一意义上，我们说当代人的生存处于总体性异化状况。

总体性异化是这一技术化时代、晚期资本主义时代以及经济全球化时代的人的生存处境。把现时代确定为技术化时代仍然是从器物层面而言的，这一时代也许并不适于用某一种技术来称谓，因为它本身就是技术全面推进且高歌猛进的时代，技术化不仅是人获得生存的手段，而且本身就是人的生存方式。技术弥漫于当代人生存的每一个领域，人生存于技术化中且通过技术而生存。一方面当代技术把人归并到各个不同的技术流程与领域，另一方面又通过一些可交流的技术将所有人凝聚于技术化的氛围中，并使得生活的每一个细节都技术化。把这一时代称为技术时代，在很大程度上是因为，不管在职业选择上还是在文化认同上，这一时代已有越来越多的人愿意把自己看成技艺人。但是，"人就其是

---

① ［加拿大］查尔斯·泰勒：《现代性之隐忧》，程炼译，19 页，北京，中央编译出版社，2001。

一个技艺者而言已经被工具化了，这一工具化意味着所有事物都堕落成为手段，意味着这些事物丧失了其内在的和独立的价值，以致于最终不仅制作的对象，而且'整个地球和自然的所有力量'（它们明显地不依赖人类的帮助而得以形成，其存在不受人类世界的约束）都丧失了其'价值'……"①人依赖于技术而生存，但技术是否成为人生存的天命，或者更为直接地说，人是否为技术所奴役，显然是当代哲学操心的问题。技术在很大程度上帮助人类树立了克服生存困境的信心，也可能在同样程度上摧毁人类的信心。"人类从来也没有像今天这般知识丰富、神通广大过。但是在这科技的时代，人的困惑和迷失也是前所未有的。"②技术的进步改善了人的生存条件，提高了生活质量，但同时也导致了诸多负面效应，诸如劳动力过剩、贫富悬殊的进一步扩大、生态环境的不断恶化、社会控制系统的脆弱、核恐惧以及战争威胁的加剧，精神心理上的压力与焦虑、生活结构的片断化与碎片化等。

这一时代有理由被称为晚期资本主义时代，从总体的政治内涵上看，现时代仍然属于资本主义，而且是晚期资本主义。晚期资本主义也可称之为盛期资本主义，这表明资本主义的内在矛盾与困境达到了发展的高峰期，由于资本主义的自我改良机制与矛盾转移策略，晚期资本主义还将持续相当长的历史时期，但晚期资本主义矛盾必然会不断地累积和加剧，并酿成危机。晚期资本主义危机是其异化状况的集中表现。晚

---

① ［德］汉娜·阿伦特：《人的条件》，竺乾威等译，91 页，上海，上海人民出版社，1999。

② 孙志文：《现代人的焦虑和希望》，84 页，北京，生活·读书·新知三联书店，1994。

期资本主义作为政治上的规定性显然获得了技术化的直接支持，反过来说，这一时代的技术异化状况恐怕应该从晚期资本主义的结构性矛盾中寻求解答。哈贝马斯曾把晚期资本主义的危机区分为四类：发源于经济系统的经济危机，发源于政治系统并主要表现为"产出危机"（"行政系统不能成功地协调和履行从经济系统那里获得的控制命令"）的合理性危机，同样发源于政治系统的"投入危机"（"合法性系统无法在贯彻来自经济系统的控制命运时把大众忠诚维持在必要的水平上"）的合法化危机，以及发源于社会文化系统的动因危机。① 在哈贝马斯看来，社会文化系统的动因危机是总体性危机，一方面这一危机体现着社会及其精神生活的全方位危相，另一方面没有投入危机的社会文化系统一旦出现产出危机，则意味着整个晚期资本主义的混乱及崩溃状况。"国家和社会劳动系统在自由资本主义条件下所依靠的传统被逐渐吞噬，传统主义的基础被剥夺了，而资产阶级意识形态的核心因素则遭到了质疑，公民和家庭—职业的私人性受到了威胁。另一方面，资产阶级意识形态的保留部分（对科学的崇拜、现代机械复制艺术以及普遍主义的价值系统）构成了一种功能紊乱的规范结构。"②

从很大程度上说，哈贝马斯看到晚期资本主义的特点所在，这就是随着人的自我意识活动的加强，经济因素、政治因素、技术因素，以及环境因素日益呈现为意识形态性，公共性的丧失意味着社会失去了凝聚人们生活的意识形态能力。但是哈贝马斯把整个社会系统的动因归结为

---

① ［德］哈贝马斯：《合法化危机》，刘北成、曹卫东译，65 页，上海，上海人民出版社，2000。

② 同上书，67 页。

意识形态危机却是有失偏颇的。因为经济系统的混乱与无序仍然是解释晚期资本主义总体性危机的根源所在。断言晚期资本主义已克服了经济危机是没有理由的。周期性危机显示了资本主义机制的自我消化机能，而结构性危机则属于资本主义机制的功能性障碍，资本主义体系实际上一直潜存着经济危机，只不过这种危机在目前态势下往往是由一些后发国家承受和消化的，当然也表现在资本主义体系自身的滞胀型的经济危机上，其结果是中间型的阶级越来越少，贫富悬殊越来越大。贫富分化不仅发生于发达资本主义与非西方，而且同样也发生于西方国家之间以及同一个发达国家内部，这意味着马克思所描述的西方资本主义国家内部的阶级对立与冲突现象已扩展为一种普遍症候。事实上，这一时代，人类系统内部陷入了更为严峻的纷争、冲突与对立，而整个文明系统也显得十分脆弱，缺乏张力与应变能力。

技术化以及晚期资本主义对人生活方式的改变是前所未有的。一个明显的变化是，个人生活的境遇状况已被改变，传统的生活空间已在很大程度上被居无定所的生存方式取代，个人生活的多地域性与跨国性已大大弱化了传统的民族国家概念，面对面的交往被电子交往方式所代替，越来越多的人甚至把虚拟现实当成真实的生活并乐此不疲。个体生活已越来越少地受到地域限制，这种生存方式正在改变那种传统的社区、家庭、朋友等共同体领域。社会关系日益技术化和网络化，个人成为社会网络中的有机成员，一方面依赖一定的经济境况，另一方面依赖必要的技术能力。交往关系呈现网络化趋势，任何主体间都可能形成一种关系，也有必要形成一种关系。个体依赖网络而生存，但是，网络时代个体的生存又不会依赖其他个体，因为个体的生存方式完全是游离式的，并不受区域限制。这样一种生存方式是前所未有的。传统的生存方式可能互不依赖，如老子所谓"邻国相望，鸡犬之声相闻，民至老死，不相往来"，也可能是集体式的，如群体本位状态。但无论哪种生存状态，都存在两个必要条件：一是地域限制，一是制度约束（包括与制度相关的伦理道德的约束）。但是，网络时代已不可能有地域限制，相应的制度约束也尚待建立和规范。当然，问题本身也是复杂的。没有地域限制本身就是网络化生存的特点，但这是就获得了网络化生存的物质与政治条件而言的，对于那些缺乏这一条件的地域而言，没有地域限制本身就是限制。技术化与网络化生存从客观上可能导致民族霸权分崩离析，但是，作为一种利益与主权主体的民族国家的生存却是需要获得一定的保障的。在此，技术与网络并不只是知识与技术层面的，也是经济、政治与意识形态层面的，关涉民族国家的生存权。另外，技术化的挤压，显然加重了后发国家的现代性焦虑。网络化生存的制度约束是一个更为复杂的问题，在有形的社会交往活动中，个体间的行动受到一种可以相互制约的道德规范的制约，超出底线标准的违规违法行动则受到法律的惩处，道德规范与法治控制之间已逐渐形成一种富有弹性的社会控制形式。但是，在无形的网络交往中，道德自律这一需要在一定的社会领域实现的践履行动基本上取决于主体的自律，但这种自律往往是难以获得保证的，这就必然指望着制定并实施有关网络共存的法规限制。相比之下，网络化控制仍是缺乏弹性的。另外，网络技术的飞速发展也迫使网络法规的日益完备，但问题在于法规的制定总是不可能跟上技术的发展。从长远意义讲，网络化时代的生存问题同样也应该是伦理问题，理解网络化时代人的生存方式有益于确立一种网络时代生存的底线伦理规范。

文明系统在结构上的混乱是一方面，另一方面则在于技术时代给人们精神心理上造成的混乱与焦虑。当代人类生存活动的最明显特点是生存境况的变化多端，面对这种境况，当代文化一方面致力于寻求一种理解这种动荡不安的生存境况的精神样式，另一方面又因难以完成这一精神使命而焦虑不安。与现代人的生存相疏离的存在，自然与自我原本构成人生存的天命和支点，凭靠它们，技术被安顿在一种工具的位置上，成为人获得福祉的依靠。但一旦作为工具的技术直接取代理性之位，自然与自我就会从人生存的论域中抽身而去。然而废黜了自然意识的精神空间毕竟是由感性自我承担起来的，自我需要承担如此巨大的负荷，精神的焦虑与迷失便是不可避免的。

3. 生活世界概念的兴起

生活世界概念的兴起可以看成当代人总体性异化的一种理论回应。不过，作为一种理论自觉，这一回应并非始于当代，而是已经酝酿于近代思想中。

对近代人而言，宗教的解答与内在论唯心主义都已渐渐失去解释效应。与之相应，自然变得越来越重要，甚至直接构成世界及其存在。但是，近代意义上的自然绝非自在的自然界，而是基于某种机械进化论呈现出来的自然，是科学化的自然。然而，由于"机械进化论要求把人完全同化于自然，同化于毫无内在的聚合原则、不具备自身自发性的自然"①，

---

① ［德］鲁道夫·奥伊肯：《生活的意义与价值》，万以译，19页，上海，上海译文出版社，1997。

这种自然又不属于人化世界中的自然，而仅仅只是某种外在的、可以通过科学去发现和认识的客观规定性。而它之所以被赋予客观性，一方面是因为自然本身作为认知对象具有客体性，另一方面又是因为自然作为事实性存在是优先于作为主体的人的，并且在此意义上也否定了人作为主体的意义优先性。事实上，表征着人生存的特殊性的心灵、经验、感性等都被锁定在自然条件之内，自然客体性以其铁的规律性侵入人生存的感性领域，一切都被纳入一种自然主义的解释框架之中。自然通过一种认识论上的客体性从而承担着一种存在论意义上的本体功能，但认识论模式中的自然恰恰又是一个介于感性与超验性之间的知性范畴，这样一种范畴当然是难以承担起本体论功能的。

从思想史上看，近代意义上的自然并没有起到替代宗教或唯灵论从而成为人的精神支柱的作用。当康德在强调人为自然立法这一认识论转向主题时，一方面确定了自然人化观念，另一方面也因为强化了人在世界中的主体地位进而潜存着一种片面的自然观念。康德在现象界中讨论自然问题并不关涉生存论，在这个意义上自然的生存论意义并没有得到深入思考，而且当康德把存在论与生存论问题集中于实践领域时，自然被直接剥夺了存在论与生存论意蕴。在康德之后的自然观一方面缺乏基本的生存论指向性，对存在论也同样不予深究，另一方面则把对世界的科学化解释看成对世界意义的全部解释。这种倾向本身就是整个 19 世纪思想的主导倾向，而且在 20 世纪的科学主义思潮中得到了更为全面的体现。

所谓自然的态度应当是某种自然而然的态度，这源于自在的日常生活经验，并且应当受到一种人与自然之间的尽可能少的中介性干预。然而，自然世界科学化，尤其是技术化以后，自然的态度已不可能免除这一干预，甚至人与自然的根据已经主动或被动地交给科学技术。从这个意义上说，近代以后的自然主义已经不再是"自然而然"的态度，而是科学主义的表现形式，在认识论上表现为客体主义，在文化诉求上则表达为人文主义。对上帝创世说的理性的否弃以及对自然的祛魅使得近代的自然主义、人文主义与科学主义合而为一。然而，当自然主义、科学主义与人文主义在造就一种新的、可称之为现代性的思想平台时，却忽视了人们习以为常的日常生活世界。对超验性的弃绝、对科学的盲从、对人文的热衷往往遮蔽了对日常生活世界的理解与关注。

按照胡塞尔的理解，自然科学的使命与意义源于某种纯主观的经验，而自然科学的成果则在于从这种主观经验出发达到某种尽可能具有普遍意义的客观性，但这种理论追求本身也可能导致自然科学遗忘其经验生活的源头。在胡塞尔看来，生活世界不过就是哲学理性自明的基础，这一基础隐含于哲学理性之中，但却为近代自然科学所遗忘。"生活世界是自然科学的被遗忘了的基础"①。"最为重要的值得重视的世界，是早在伽利略那里就以数学的方式构成的理念存有的世界开始偷偷摸摸地取代了作为唯一实在的，通过知觉实际地被给予的、被经验到并能被经验到的世界，即我们的日常生活世界（unsere alltägliche leb-

---

① ［德］埃德蒙德·胡塞尔：《欧洲科学危机和超验现象学》，张庆熊译，58 页，上海，上海译文出版社，1988。

enswelt)。伽利略的后继者，近几个世纪以来的物理学家，也都很快继承这种代替。"①胡塞尔看到，近代科学的危机并不是科学学科自身的危机，而是文化危机。是人对人自身生存意义理解的危机。"这里涉及的不是各门科学的科学性，而是各门科学或一般的科学对于人生已经意味着什么，并能意味着什么。"②

在胡塞尔看来，19 世纪下半叶后，现代人已经把自己的世界观全部让位于实证科学，并且"漫不经心地抹去了那些对于真正的人来说至关重要的问题"，这一问题就是："探问事件对于人生有无意义"。但是，胡塞尔更为不满的是海德格尔及萨特的生存主义哲学那种随意散漫的、非理性的感性诉求方式。哲学家胡塞尔更愿意把由近代自然科学导致的文化危机与人自身的危机归结为理性的危机，生活世界本身乃是哲学理性的自明的基础，然而，由于受到科学技术的牵制，哲学理性却逐渐疏离了生活基础，某种思想时尚中的非理性浪潮，则有可能从根本上动摇人们对哲学理性的信念。胡塞尔的目标很明确，这就是要达到对人的理性的、全面的同时也是历史性的认识。"如果人成了一个'形而上学的'或特殊的哲学问题，那么人在这个问题中是作为一个理性的生物；如果人的历史成了一个'形而上学'式的特殊哲学的问题，那么它所涉及的就必定是历史中的意义和理性。"③在胡塞尔看来，如果说实证主义丢掉了人的理性规定性的一半的话，那么生存哲学则从根本上丢掉了人的理性

---

① ［德］埃德蒙德·胡塞尔：《欧洲科学危机和超验现象学》，张庆熊译，58 页，上海，上海译文出版社，1988。

② 同上书，5 页。

③ 同上书，9 页。

规定性。

正是在这个意义上，胡塞尔强调其生活世界存在的意义。首先，生活世界是一个根植于原初的经验的、自明性的领域，是可以直观到的并构成一切思想的基本地平。"生活世界是一个具有原初的自明性的领域……一切可设想的证实必须追溯到这种自明性的模式中去，因为事物本身(在这种特殊的模式中)处于直观之中，是可主体间地被我们实际经验和检验的东西。它们不是思想的下层结构，而思想的下层结构只有追溯到这样的自明性中去才有权说自己是真理，才能具有实际的真理性。"①生活世界从根源上看就是前科学的，同时也是前哲学的日常生活世界，科学与哲学的演进本身也存在着一种回返生活世界的可能性与道路。

其次，生活世界与科学世界不同。从宽泛的意义上说，科学世界也属于生活世界，因为科学在很大程度上正逐渐成为人类生活的常识结构。科学世界也正在构成经验的生活世界，现时代的经验总是包含着以往时代的科学的因素，生活世界对各种特殊的世界的整合必然包含着对科学世界的整合。但是，生活世界与科学世界之间毕竟是有差别的。"科学世界的概念框架是一个'目标构成物'的体系，以系统化和形式表现出来。生活世界的概念框架是经过人们的交流活动自然而然形成的，它不是一完备的体系，它永远处于变动的过程中，对科学世界来说它永

---

① 转引自张庆熊：《生活世界是科学和哲学的出发点和归宿》，见《中国现象学与哲学评论》第二辑，85页，上海，上海译文出版社，1998。

远是预先给予的。"①科学世界是通过人的高度抽象化和概念化的理智活动进而以理论和文化的方式体现出来的世界，而生活世界则是前概念的和非概念性的、通过活生生的经验生活形成的世界。生活世界既是科学世界的根源，也是科学世界寻求的目的。

再次，生活世界乃自然而然的世界，也是经验的日常生活世界，但并不是仅仅基于经验就能理解的世界。原因在于，当下的日常生活世界及其日常经验在很大程度上正是由科学知识所构成的，包括"自然态度"本身也是近代自然科学影响了的态度。"生活世界本身绝不是处于'自然态度'中的普通人能够直接理解的，特别是当普通人迷恋于对世界的科学解释时。"②胡塞尔把科学及与之相关的经验一并悬置，一方面是力图追溯到生活世界的某种超验性的源头——在这个意义上，生活世界是一种过渡性的范畴，另一方面是要引出生活世界作为主体间经验性的世界存在的意义。生活世界的主体间性很容易趋向于先验的主体间性，但先验的主体间性却容易导向神秘主义，因而主体间经验的生活世界乃是生活世界应有的内涵。不过，这种生活世界不仅是经验个体的生活世界，也是诸经验个体可交往的生活世界，这本质上是一种个体的生存论体验与领悟能够融入其间的生活世界。"先验的主体间性唯有回到生活世界的经验个体间的交流对话才是真正现实的和有意义的主体间性，同时生

①　转引自张庆熊：《生活世界是科学和哲学的出发点和归宿》，见《中国现象学与哲学评论》第二辑，88 页，上海，上海译文出版社，1998。

②　［美］赫伯特·施皮格伯格：《现象学运动》，王炳文、张金言译，216 页，北京，商务印书馆，1995。

活世界也唯有在主体间的生存体验交流意义上才是真正的生活世界。"①
科学及其经验总是把人与世界的关系凝固为单子式的自我与世界的关
系，然而在自我与世界之前还存在着一种向所有主体开放着的主体间性
世界。生活世界是我们的世界，它预先存在于科学活动，同时也应当是
科学活动能够"返回到的纯粹主体相关的"世界。生活世界既是主体间交
流活动的世界，同时也是作为共在的"我们"在"世界"的场域与关联中形
成的世界，生活的主体间性在这种世界的关联中得以呈现。在我们对世
界的连续性的知觉之流中。我们并不是独立的，因为我们彼此间的关联
就存在于这种知觉之流中，我们每个人都有自身的知觉、当下性、统一
性，但同时，对每一位生存个体而言，这些属性同时又被视为单一的属
性进而成为问题领域。正因为如此，每一个生存个体都需要参与到他人
的生活中并形成共同的生活世界。

　　胡塞尔在晚年明确提出的生活世界及日常生活世界概念意味着当代
西方思想的一次重大转型，这就是从抽象的形而上学世界与知性化的外
在对象世界向属人的日常生活世界的转换，胡塞尔的生活世界概念以及
与此相关的其他生活概念逐渐成为当代哲学的共享资源。但是，反过来
讲，与其说是胡塞尔给整个当代哲学带来了生活世界概念，倒不如说当
代人及其思想界对生活世界存在的不断加深的意识及反省，促使胡塞尔
关注生活世界的问题并将生活世界从一个经验性概念提升为一种具有课
题性及理论性的研究领域。事实上，在胡塞尔明确提出其生活世界理论
的前后，许多西方哲人都在致力于思考和建构与胡塞尔生活世界相关联

---

① 　高秉江：《胡塞尔与西方主体主义哲学》，182 页，武汉，武汉大学出版社，2000。

的生活世界理论。

维特根斯坦的哲学生涯存在着一种巨大的，甚至可以说是根本性的转换，这就是从前期的"逻辑图式说"转变到后期的"语言游戏说"，而"语言游戏说"的关键思想即"生活形式"（Leben Form）。从某种程度上说，哲学家的问题并不是出在他们对世界及其人生社会的关注上，而在于他们关注的方法，这就是把对世界的想象看成世界本身。在维特根斯坦看来，哲学家们无法克服的困境就在把对世界的妄想与妄言当成世界本身，而维特根斯坦本人的思想使命就在于治疗哲学家的这种顽疾——这决定着维特根斯坦前后期的努力从根本上说是一致的。不同之处在于"世界"观。前期维特根斯坦相信世界是逻辑地构造起来的，人所建立起来的符号语言就是世界的结构。维特根斯坦自认为，发现这一点意味着所有的哲学问题都被清除了。但是，过了十多年以后，他发现自己的思维方式本身就是有问题的：哲学病的根除并不是通过正确地使用逻辑语言从而正确地反映世界就能解决的，因为由逻辑语言支配的并且反过来配置着逻辑语言的"世界"观本身就存在着问题。通过对逻辑语言的清理，维特根斯坦发现了一种更为基础性的语言，即日常语言。而日常语言则是生活形式的呈现。哲学分析与治疗的重心应当从对语言和世界的逻辑建构，转变为对人们生活中习以为常的日常语言的关注与分析。逻辑分析并不能真正解决人们使用日常语言时出现的混乱，更不能真实准确地观察和理解日常语言中的各种用法，以及与人的生命活动关联着的整个周围世界。重要的不是解释，而在于描述。因而后期维特根斯坦的工作，就是通过日常语言分析描述生活形式本身，即"通过观察各种语言游戏，向我们显示它们得以存在的坚实基础，即生活形式。但是，对生活形式本身，我们却是无法解释和说明的，我们只能用不同的语言游戏显示它的存在"①。维特根斯坦对其前期逻辑语言说的放弃，实际上蕴含着对科学主义的清理，而转向生活形式，则意味着与当代人文主义的总体背景下回复生活世界的努力相契合。在维特根斯坦的看似神秘的生活形式思想中，蕴含着试图回复到哲学的生活基础这一致思取向与努力。这与胡塞尔晚年的思想倾向是一致的。

当胡塞尔与维特根斯坦将生活世界或生活形式看成当代哲学及其人类文化的生活基础时，他们对生活世界或生活形式的合理性及合法性并没有提出质疑（维特根斯坦从根本上就反对这样做）。在他们那里，生活世界是一种自在的、具有根源性价值与意义的世界。然而，对于海德格尔而言，生活世界本身就应该是当代人类异化状况的反映，他用"日常共在的世界"来称谓生活世界概念，人是在世性的存在，但人的在世注定是"烦"，与物打交道，是谓麻烦，与他人打交道，是谓烦心或烦神。除了与物、与工具打交道外，还必须与他人打交道，与他人打交道，迫使人处于日常共在的世界，与人打交道的具体方式，如闲谈、好奇与两可则构成了日常共在的世界的基本生存体验形式，这种体验形式总体上称为沉沦和被抛。沉沦和被抛即从本真的生存状态向非本真的生存状态的转换，其本质不外乎此在的异化。"此在总已从它自身脱落，即从本真的能自己存在脱落而沉沦于'世

---

① 江怡：《维特根斯坦：一种后哲学的文化》，95 页，北京，社会科学文献出版社，1996。

界'。共处是靠闲谈、好奇与两可来引导的，而沉沦于'世界'就意指消散于这种共处之中。"①

　　海德格尔日常共在的世界理论并不是某种对象式的分析批判理论，也不包含认识论的结构。沉沦当然是异化的表现形式，但异化并不是人们可以直接做出价值判断的生存状况，问题并不在于人应当对异化做出某种价值判断，而在于人必然已经处于异化境况，从而不可能跳出自身的异化境况去观察和审视自身的生存境况。"沉沦是存在论上的运动概念"②。在生存论存在论的阐释框架内，日常共在的世界同样"也不是关于'人性之堕落'的任何存在者层次上的命题"③。但这并不意味着海德格尔日常共在的世界理论不包含价值论蕴含，毋宁说其中蕴含的是存在论意义上的价值论，是对价值的存在基础的追问与反省。海德格尔关注的是现时代人的生存样态，现时代的本质即技术，技术化带来的后果即精神的物化。

　　海德格尔从四个方面剖析了精神的物化：1. 精神被曲解为智能，表现为单纯的算计和观察，它"驯服于组织化的可能性之下"，由于忽视了精神所具有的自由本性，这种智能化的精神必然呈现为一种内在的匮乏。2. 精神工具化。"被曲解为智能因而就沦为其他事情服务的工具的角色"，即成为一项技能。3. 精神通过文化化进而工程化。精神的工具化导致精神事物、文学艺术、国家的创立以及宗教等都"进入被有意识

---

　　①　［德］海德格尔：《存在与时间》（第二版），陈嘉映译，204 页，北京，生活·读书·新知三联书店，1999。

　　②　同上书，208 页。

　　③　同上书，208 页。

的培植和规划的范围内"，成为社会文化工程的一部分。"精神的世界变成了文化。而个体的人就企求在这种文化的创造和保持中达到自身的完成。那些领域就变成了自由作为的区域，这种自由作为按照它自身恰好还达到了的旨意来设置标准。这种适用于制作与使用的标准被称为价值。"①效用性的文化价值其实正是对存在论意义上的价值的背离。4. 精神文化化的后果是使文化本身成为奢侈品与摆设。"作为为目的而设的智能的精神与作为文化的精神最终就变成了人们摆在许多其他东西旁边用来装饰的奢侈品与摆设。"②实际上，这种情形不仅表现在海德格尔明确提到的政治极权主义中，也体现于商业性的和后现代式的大众文化中。后一方面虽然已经蕴含于海德格尔的技术哲学中，但海德格尔显然是在存在论的视野内讨论技术异化问题的，而没有将这一问题纳入或转换到社会哲学视野。

正是在社会哲学视野中，当代西方越来越多的哲学家，特别是西方马克思主义哲学家拓展了生活世界理论。可以说，所有关注异化问题的哲学家们，基本上都是通过对日常生活世界的不同程度的剖析而展开的。列斐伏尔、科西克以及赫勒等西方马克思哲学家则结合马克思的异化理论，将海德格尔在存在论及技术哲学视阈展开的日常共在的世界及其异化理论，进一步扩展为晚期资本主义以及后工业文明背景下的日常生活世界批判及异化理论。在列斐伏尔看来，异化既是科学概念，又是社会学概念，现代世界的异化是全方位的，经济异化只

---

① ［德］海德格尔：《形而上学导论》，熊伟、王庆节译，48 页，北京，商务印书馆，1996。

② 同上书，49 页。

是异化的一个组成部分，政治异化才是最严重的。异化表现于人类生活的各个领域中，人的思想、需求、交往关系都呈现出全面的异化状态，一种异化状况的消除往往导致新的异化形式，因此，想摆脱异化是不可能的。"异化就这样扩展到全部生活，任何个人都无法摆脱这种异化。当他力图摆脱这种异化的时候，他就把自我独立起来，这正是异化的尖锐形式。"①但是，这并不意味着不需要对日常生活世界进行严肃的理论批判。列斐伏尔认为传统哲学与日常生活是各自分立的，前者是"无现实的真理"，后者是"无真理的现实"，要实现二者的结合，就必须建立起一种从事日常生活批判的哲学理论。按照生活的本质样式，揭示当代日常生活的内涵，剖析人的复杂性，探讨人性冲突与分裂的原因，培养起自我批判的意识，在对日常生活的批判活动中异化，促进"总体人"的生成。

科西克则把世界区分为两个世界。一个是"具体性的世界"，它是以人的革命性和批判性的实践活动为基础的"总体的世界"。另一个即"伪具体性的世界"，"充塞着人类生活日常环境和惯常氛围的现象集合，构成伪具体的世界。这些现象以其规划性、直接性和自发性渗透到行动着的个人的意识中，并获得了自主性和自然性的外表。"②伪具体性的世界有多种样式，如纷呈于真实本质过程表面的外部现象；人的拜物教化实践的世界；日常观念投射到人的意识中作为拜物教化实践的产物的外部

①　转引自复旦大学哲学系编：《西方学者论〈1844年经济学—哲学手稿〉》，196页，上海，复旦大学出版社，1983。
②　陈学明、张志孚主编：《当代国外马克思主义名著提要》上卷，624页，重庆，重庆出版社，1996。

现象；看似自然环境但本质上却遮蔽着人的社会化活动的，整个伪具体性的世界的基础则是日常生活。

科西克对日常生活做了如下剖析：

> 人类的每一种生存方式都有它的平日。在平日中，活动与生活方式都变为本能的、下意识的、无意识的和不加思索的机械过程。物、人、运动、工作、环境、世界等等的创造性和可靠性是不曾被人感知的。它们未经考查，未被发现，但是都简捷地存在着，并被看作囊中之物，看作已知世界的组成部分，平日表现为平淡冷淡的黑夜，表现为熟知的世界。同时，个人可用它的能力和智谋控制并计算平日世界的各个维度和潜在可能性。平日与历史的冲突引起了一个剧变。历史打断平日生活，但平日也能制服历史，因为任何事物都有其平日。可以把平日规定为一个有规则的节律世界。人听从机械的本能，带着一种熟识感在这种节律中游荡。平日表现为非个人力量的无名和专制。这种力量指导着个体的行动、思想趣味，乃至于他对平庸的抗争。①

很难用自在性或未分化性来概括科西克的日常生活观。因为科西克在强调日常生活的自在性的同时，又是将它置身于当代生存背景下的，在这个意义上甚至与海德格尔的日常共在的世界具有某种关联。科西克

---

① 陈学明、张志孚主编：《当代国外马克思主义名著提要》上卷，627 页，重庆，重庆出版社，1996。

同样也强调：科学世界对日常生活的改变从实质上导致当代人生存的物化，包括当代关于人的科学的自然科学化。他说："从日常生活的直观到科学的理智的转变，表面上看来只是视角变了，实际上人被转变成了一个客体，并被当作与其他事物或物体同一层次的东西来研究。人类世界变成了一个物理世界，人的科学变成了人—客体的科学，即变成了社会物理学。"①但是，科西克的日常生活观又具有明显的政治哲学与社会哲学内涵，这就是对现代资本主义社会以及无理性状况的批判。科西克的日常生活观仍然包含着对日常生活的批判观，而批判的目标则是实践本性以及通过社会实在性表现出来的人的具体性，是从伪具体的世界向具体的世界的历史性转换。

二、生存观念跃迁

1. 超越流俗的生存观念

"生存"看起来似乎是一个再熟悉不过的字眼："生存"与"死亡"相对应，其意义不外乎就是"活着"。但为什么是或只能是"活着"？人"活着"与动物"活着"有什么区别？人应该怎样"活着"？我们虽然经常在思考这类问题，但大都是在人生哲学及价值哲学意义上进行的，很少与"生存"联系在一起。尽管西方生存哲学一再强调"生存"（existenz）是"超出去

---

① 陈学明、张志孚主编：《当代国外马克思主义名著提要》上卷，627页，重庆，重庆出版社，1996。

活"、"走出去活"(standing out)。但是，"事实本身"好像很清楚：所有的有生命的动物都在"活着"，人即使有截然不同的"活法"，但那都是属于人的生存意义并且一般都是由一些听起来很"文化"(诸如历史、价值、意义、自由、平等、神圣、真、善、美等)的词去描述的。至于"生存"，似乎已经在被悬置了生存意义并被"固定"于一般生命物的"存活"的论域内使用的。

词的意义显示着某种观念的在场，人们心目中根深蒂固的"生存"观源于人们的日常观念并具有广泛的社会认同性。但是，这并不意味着生存观念是一成不变的。第一，从观念的自身演进而言，在人的意义及价值成为哲学的当然主题的前提下，对人的意义与价值的领会本身竟不能融汇为或难以融汇为生存理解，本身就表征着这一所谓人学时代的缺憾。因为在笔者看来，作为一种自我意识的生存观念必然蕴含从一般物的生存向人的生存的超越和提升过程，而且随着人的自我认识能力的提高，人对生存意义的理解与领会也在不断深化。

生存观念的当代提升可以看成从日常的、流俗的生存观念向属人的、反省性的生存观念的提升。日常的、流俗的生存观念不仅存在于传统的日常理解中，也广泛地存在于一般知识学科(如经济学、社会学、生物学、传统医学，包括某些已经技术化的人文学科等)的生存观念中。但当代哲学视野中的"生存"本身就是一个属人的意义范畴而非实体范畴，它不是一个已知的前提，而是有待于索解的"疑难问题"，是一个哲学的反思及反省活动可以介入的问题领域。因此，我们不能满意于生存的实存性，而是要追问和判定这一实存性之所以成立的依据和条件并进而敞开生存结构，从而丰富生存内涵、提升生存境界。

　　流俗生存观根源于对生存的常识理解，常识理解本是人们长期以来对生存形成的一般观念，但其合理性与不合理性却是需要加以甄别的。其合理性在于其常识性尤其是传统意义，而其不合理性的一面则在于它本身缺乏自我超越的能力并且总是构成自我超越的障碍。

　　常识中的生存理解本身并没有把人的生存与一般生命物的存在区分开：凡物都有生存。这里的"物"在通常的情形下并没有再作细分，但揣摩起来，还是指有生命的存在物，即有机物。这种理解是有一定根据的，《易经》孔颖达疏中谓"以长万物，物得生存，而为元也"①。其中的"长"即"生长"，而"生长"着的"万物"也就是我们现在所说的有机物，故其中的"生存"亦可直接解为"生命"；"元"其实就是指一种本原或本体，只不过它不是实体性的，而是生命性的本原（源）或本体，是通过生生不息的生命活动所化生的本源或本体，化生这种生命本体（源）的"物"当然就是生命存在物。也许有理由认为，在古代人的意识里，有生命的东西就有生存，人的生存并没有与一般生命存在物的存在区分开。是否存在并确立起一个超出一般生命物生命活动范围的"人的生存"，其实是古代人并不关心的。这倒不是说古代人没有能力去思考这个问题（思考这个问题并非需要很高深的思维方式），但"人的生存"确实是古代人没有能力去实际地确立起来的。东西方古代文化中的生存观念大都是立足于一种万物有灵论，试图从万物的存在去验证人的有限存在，但不可能确立起生存的理性观。确立人的生存，实际上就是要从人自身的生存状态说明其生存的根据，但在古代人们所处的受动的、顺应型的生存方式之

---

　　①　《易·乾》孔颖达疏，这是古代典籍中关于"生存"的最早记载。

下，人只能把自身生存的根据设定为种种比人自身更为强大的自然或精神的力量，所谓"天地之大德曰生"(《易经·系辞下》)，人的生存被归结为天地神灵的造化。在各种古代文化及宗教传统中，描述整个世界形成的诸多序列(诸如神→天→地→人、天→地→神→人、天→地→圣→人、无→万物→人、道→言→人，等等)中，人都是排在最后的。这样一种生存思想具体到百姓的日常观念中，则是把人的生存看成既定的和给定的存在状态。本是人自己的生命，人却不能自由地确定，而是听由种种外部力量去支配，所谓"听天由命""命不由己"。之所以会如此，确实是人类自身低下的实践与生存能力使然。

一旦将人的生存与一般生命物的存在直接同一起来，那么人的生存就很难提升到生活意蕴中来理解。人的生存与生活本是相互阐释的，而生命则是这种同一性的具体表现形式。但是，如果将人的生命完全还原为一般存在物的生命，那么人的生存就失去了与生活的关联，生命也就失去了其属人的表现形式，而作为一般存在物的生命很可能反过来凌驾于人的活动之上。其结果就是马克思所说的生命形式的异化(同时也是生存样式的异化)："动物的东西成为人的东西，而人的东西成为动物的东西"①。一旦抽掉了人的独特性和丰富性，人的生存也就自然而然地还原为最低层次的生命存在状态，也即与一般生命物的"实存"无异的存在状态。于是，生存的超越性就被抽掉了，所有的生存活动都被简化成为获取维持生命所需的物质资料的物性活动。这样一种生存观念即所谓流俗生存观。

---

① 马克思：《1844年经济学哲学手稿》，55页，北京，人民出版社，2000。

按照流俗生存观，"生存"即最基本的生命存在与维持状态，实际上就是指生命的"存活状态"（Surviving—condition）①。只要基本的物质生活资料有了保障，"生存"就不成问题了，至于"生命价值""生活意义""生活理想"之类的东西，显然是被排斥于"生存"范围之外的。对于有限生存来说，这些东西都只是某种可望而不可即的"美好愿望"——其实就是"奢望"。事实上，人们对"生存"一语的日常使用，本身就意味着对超出于基本生命存在状态之上的种种要求的排斥，比如，"生存"总是出现在这样的日常用语中："你总得生存嘛！""首先还得维持生存嘛！"等，这类语境下的"生存"，显然只能是最低层次的生命存在状态。

生存就是存活，我们不妨把这看成一种底线的生存观，或者也可以看成一种经济学或社会发展哲学视野中的"生存"。但是，即使是这一视野中的生存也未必仅仅满足于这样一种底线的生存观，而是思考如何才能有效而持久地摆脱这一存活状态。按说，在物质生活条件日益改善的当今社会，最底线的生存应该不成其为问题（至少总体上是如此）。然而，恰恰是在当下社会人们越来越关注"生存"以至于"生存"成为一个使用频率极高且最有"卖点"的话语，不仅众多人为"生存"所困，就是一些"生活"得颇为滋润的人也照样感叹"生存艰难"。不仅是发展中国家在致

---

① 一些基督教传统的学者基于基督教特有的救赎与赠予思想，主张就应当将exist-ence译为"存活"，并且认为译为"生存"反倒带上了浓厚的生物学色彩（参见张灿辉：《诠释与此在》，载《中国现象学与哲学评论》（第二辑），222页，上海，上海译文出版社，1998）。但问题是，在一个非基督教传统，而且主要是无神论的语境中，将existence译为"存活"恐怕就难以表达出existence一词的超越性内涵了，相比之下，译为"生存"更妥当些。

力解决生存问题，发达国家同样也没有摆脱生存困境，而且，生存问题变得日益复杂而严峻。问题总是最真实的，一个原以为很容易解决的事体却日益变得困境重重，表明"生存"并不像我们乍一看那么简单，值得思考。

生存当然是指"活着"，只有先"活着"，然后才有"活着的意义"。但问题在于，"活着"与"活着的意义"恐怕并不是截然分开的两个东西，也不是发生学意义上的先后关系。当人活着的时候，就必须对活着的意义有一个明确的答复，人是奔着某种意义而活着的，活着就是要活出意义来而不只是为了获得存活的基本条件，陀思妥耶夫斯基说得好："人类生存的秘密不在于只是活着，而在于为什么活着。人如果没有一个为谁而活着的牢固的信念，他就不配活着。"①实际上，人是否能够对自身活着的意义做出明确答复本身就是判定人之成为人的一个重要标志。"人被宣称为应当是不断探究他自身的存在物——一个在他生存的每时每刻都必须查问和审视他的生存状况的存在物。人类生活的真正价值，恰恰就存在于这种审视中，存在于这种对人类生活的批判态度中。……正是依靠这种基本的能力——对自己和他人作出回答（response）的能力，人成为一个有责任的（responsible）存在物，成为一个道德主体。"②芸芸众生或许无须追问，也无暇追问"活着的意义"，他们辛苦地、平凡地、踏实地"活着"，正因如此我们没有丝毫理由说他们活得"无意义"，因为"活着的意义"本身就是自在地与其"活着状态"融为一体的。就在他们

---

①　［俄］弗罗洛夫：《人的前景》，王思斌、潘信之译，297 页，北京，中国社会科学出版社，1989。

②　［德］卡西尔：《人论》，甘阳译，8～9 页，上海，上海译文出版社，1992。

"活着"的每一个当下，日常生活中的一些朴素的、率性的信念是无须通过反思活动加以确证的，即自在的生活就是存在的自身显现。在某种意义上，反思活动对于自在的日常生活世界而言仍然是一种外在的东西。但是，必要的反思活动可以帮助我们弄清这样的信念是何以形成并发挥作用的。我们总说"活就得活出个人样"，可见，"活着"对人对动物其内涵绝不一样。动物就如其自身所是的那样"活着"，它无须从"活着"中提升出一种生存意义来，它也没有能力这样做，但是，对人来说，"活着"绝不是一件轻松的事，本身就包含着一种意义追求。当然，人们也可以苟且地"活着"，但这样活着的人却不符合人的常态，甚至因此没有了"人样"。显然，"苟且"之类的话语并不是人人都情愿领受的。由此可见，常识关于生存的理解本身是非常复杂的，可以说，所有的生存智慧都是包含在内涵极其丰富的日常理解中的。是否能够领受到这些丰富的内涵完全取决于我们对日常行为与日常语言是否有足够的分析和理解，人的逻辑能力、直观能力、经验积累以及历史感等在其中起着至关重要的作用。在这个意义上，既要超越流俗的生存观，又要确认常识关于生存理解的价值，还须我们认真思考。

流俗生存观根源于常识，但随着知性传统及知性思维方式的推进，这种观念也得到了诸多知识学科的支持，其中，来自于生物学的支持应该是最大的。如果说流俗生存观在某种意义上仅仅只是一种本源论的理解的话，那么，生物学则给这种本源论提供了最有力的认识论根据。生物学只研究有机体的生命现象，因而山石、河流、矿山等，就谈不上生存；这种把生存主体归结于有机体的理解正是流俗生存观所需要的。当然，生物学也研究人的生存，其分支学科——人种学就专门研究人的生存，但人种学所研究的人的生存，其实仍然只是一种生命形式，即使当它注意到人生存与一般生命物存在的不同之处，也只是把这种不同看作一种生命的特殊现象，而不是看成人的超越其他生命存在物的生存状态，更不可能自觉地思考人生存的"意义"。比如人的上下肢功能的分离，在生物学层面上就很可能意味着人由此失去了早先那种自由攀援功能，人种学就可能由此断定这是人种功能的退化，但却恰恰忽视了这一进化在人类文化演进史上的巨大意义。之所以出现这种情形，确实是与人种学所前定的生物学观念密切相关的，这种生存观只能立足于一般生命物的生存来判定人的生存活动，看不到人的生存与动物生存的本质差别。

从很大程度上说，现代科学若要获得进一步的发展，除了需要在智力与技术上进一步深化外，还需要在人性理解上更深一个层次。而且，智力与技术上的进步本身就是建立在对人性的深入理解基础上的。但是，在科学技术发展的进程中，后一个方面却显得停滞不前，甚至被抹杀。这种状况反过来也导致科技发展的困境，这就是科技发展究竟在多大程度上与人类的福祉与价值关联。智力、技术包括已经成为人文社会学科的实证研究都不能代替人性理解，反过来说，人性理解却可能给知识性学科带来种种富有启迪意义的思想资源。卡西尔曾说过一席对当代知识与技术学科的发展状况富有启发意义的话："心理学、人种学、人类学和历史已经积累了丰富得令人惊异并且仍在不断增长的大量事实。我们用于观察和实验的技术工具已经得到了极大的改善，我们的分析力变得更加敏锐、更加深刻。然而，我们似乎还没有找到一种方法来掌握和组织这种材料。与我们自己现在掌握材料的丰富性相比，从前的材料显得非常贫乏。但是，事实的财富并不必然就是思想的财富。除非我们成功地找到了引导我们走出迷宫的指路明灯，我们就不可能对人类文化的一般特性具有真知灼见，我们就仍然会在一大堆似乎缺少一切概念的统一性的、互不相干的材料中迷失方向。"①如果当代科学应该是，也必然应该是人的科学，那么对于人性的内涵尤其是其复杂性的深刻理解显然应当在诸多知识与技术学科中起到一种总体性的作用。

科学追求客观性，由于它本身范式的限制，科学所理解的人总是带有一种难以摆脱其束缚的外在性，这就不可避免地造成了对人生存的知性理解。但是，要理解人的生存，就必须自觉地超越知性思维方式的限制。这一点恐怕不仅是哲学活动的要求，也是整个科学发展的内在要求。科学家和科学工作者必须清楚地知道自己所从事的事业对于人的意义，如果以为只要保持一种客观的、公允的理论态度就可以完全实现科学的目的，这本身就没有理解科学活动的意义。科学研究当然需要保持一种客观态度，但实现科学的社会意义却是绝对有立场的，这一立场一般地说就是科学本身的人文学基础。正因为如此，整个当代科学研究特别强调科学与文化的内在关联。马克思曾满怀信心地憧憬："自然科学往后将包括关于人的科学，正像关于人的科学包括自然科学一样。"②马克思特别强调自然科学与人的科学就是"一门科学"，充分展现了科学发展的人文（本）化方向。这一点作为生物学运用科学之一的医学的发展最能说明问题。在传统西方医学看来，所谓病人就是一架"生病的

---

① ［德］卡西尔：《人论》，甘阳译，29～30 页，上海，上海译文出版社，1992。

② 马克思：《1844 年经济学哲学手稿》，90 页，北京，人民出版社，2000。

机器"，而治病就是"修理机器"，相应的健康标准即"肌体内脏功能良好"，这显然只是在生物学乃至机械物理学的意义上去看待人的生存（命），这样一种观念即使在今天的许多医务工作者那里恐怕仍然是根深蒂固的。这种理解显然不利于医学事业的发展。因此当代医学强调整个医学模式必须从生物医学模式转变为生物—心理—社会医学模式，即把病人及其病体看成有着生物的、心理的、精神的、文化的、社会的种种需求的活生生的生命。世界卫生组织早在1958年就对健康做出了新的定义：身体精神良好并具有社会幸福感。这一定义准确地规定了医生的职责与工作范围。医生的工作不仅仅只是治疗病人身体上的疾患，而且还要帮助病人获得健康的精神状态、树立正确的生存态度、建立良好的心理素质、确立健全的人格，等等。在这个意义上，整个当代医学模式的转换与其说是医学上的要求，倒不如说是哲学和人性意义上的要求。

对人性的深刻理解根本上说来就是生存理解，是对生存的属人性的深入把握。对生存的属人的理解正是通过反叛和超越流俗生存观确立起来的。生存的实质在于生存意义，而生存意义又只有与人相关联才是可能的。"生存"就是指人的生存，一般生命物其实没有能力承担生存。既然承担不了生存，也就不应该"有""生存"，用海德格尔的话说是"范畴的存在"，也即"非人的存在者"。这种"非人的存在者存在，但不生存，因为没有与自身发生关系的可能性"①。但是，"人"却是生存的主动承

———————

① 参见［德］比梅尔：《海德格尔》，刘鑫、刘英译，36页，北京，商务印书馆，1996。

担者，而且也是当然的承担者。因此，问题又回到一个永远具有鲜活意义的"老问题"上，理解"生存"，实际上还是在理解人，或者说是深化对人的问题的理解。如果没有人的问题，生存不过是一个纯粹的外部自然现象，这样的生存本身也就不存在所谓理解问题，而只需像生物学那样当作一种对象客体予以研究、描述、解释和规范就够了。但是一旦纳入人的问题考虑，生存就变得复杂难解起来，说其复杂难解，绝不是因为人的生物学的生命现象，而是因为人的问题本身复杂难解。人的问题，既是学理问题，又是思想问题；既是对生活的体验问题，又是社会的变革与改造问题，既是当下现实的问题，又是一个亘古而常新的历史问题。人的问题似乎并不能作为一项专门的"课题"研究，然而，整个哲学可以说始终又在做着这个"大课题"，只不过没有哪一位哲学家敢宣称完成了这一"大课题"。

当然，人作为生物学意义上的生命现象也是复杂且深奥的，其中存在的许多难解之谜，仍然有待生命科学的艰辛探索。而且，应当说，哲学上对人生存理解的深化，在一定程度上也有待于生命科学成就的支持，生命科学的突破必然会带动哲学生存论的发展。如果不是近代解剖学及生理学的突破，哲学中的生存理解恐怕始终难以走出神灵论的解释模式，生物学生存观把人的生存直接等同于一般生命物的生存这一思想，本身就标志着近代哲学对人生存的理解水平。生命科学不仅只是探索人的生命现象，而且也致力于提高人的生存质量，发达的现代医学使现代人的生育成活率、抗病能力、疑难病的诊疗能力、自我保健能力以及平均寿命空前提高，这为人们能够拥有更好的生存提供了条件。但是，尽管如此，发达的生命科学及医学最多也只是为人们更好地理解生存提供了一种可能性与外部条件，至于这一可能性或外部条件是否能够转化或内化为人生存的自觉的前提，还取决于它本身是否得到了必要的反思与评价，取决于生存条件与生存意义之间的关联程度，尤其取决于人们对生存意义的自我理解。在这个意义上，哲学之所以要理解生存，不外乎就是帮助人们更好地理解人。

反过来说，理解人，也就是理解其生存。追究起来，哲学所研究的"存在"，不过就是"人的生存"：所谓"存在"其实取决于"如何存在"（how to be），而要追问"如何存在"，就必须关注人具体的生存活动。我们有关"人"及其"存在"的困惑，其实都是源于对人的生存的困惑。"当我们说到人的存在时，我们试图理解的正是活着的人，是作为人而生存着的人的存在。"而且，"正是生存而不是纯粹的存在，更接近于人的真实性。……作为纯粹的存在，人消融于无个性（anonymity）之中。然而，人不仅存在，他更生存。"①"人最重要的不是存在而是生存"②。

2. 可持续发展与生存观念的转变

生存观念必然是与发展观念相关联的，发展主题的变化必然带来生存观念的变化。从很大程度上说，生存观念不过是对人自身生存方式的认识与自觉，也必然随着社会发展观以及相应的人类生存方式的重大变化而变化。

无疑，当代社会日益深入人心的可持续发展观标志着发展观念的根本转变，这就是从单一的经济增长转变为人口、经济、社会、环境与资

---

① ［美］赫舍尔：《人是谁》，隗仁莲译，85 页，贵阳，贵州人民出版社，1994。
② 同上书，62 页。

源的协调与永续发展；从不顾后代人的生存需要的发展模式转变为既满足当代人的需要，又不对后代人的长久需要构成威胁和危害的发展模式；从以征服和改造外部自然对象为中心的片面的、外源性的发展转变为以开掘和培育人的内在资源与潜力为重心，从而推进人与社会的全面发展的内源性的发展。之所以是发展观的根本转变，又是源于人类生存方式已经和正在发生的重大转变，这就是从那种冲突占有型的生存方式转变为共生和谐型的生存方式。而且，作为人类生活中的一项具有实质内容与深远意义的变革，可持续发展观不仅是人类社会运作模式的自主性的和整体性的变革，而且必然还包含着并要求具体体现为人类社会诸主体的生存观念的重大变革。这就是从那种根深蒂固的动物性的、重占有的、片面的生存观念提升到注重生存意义与生命质量，强调人、社会、自然全面协调发展因而具有自我反思、约束及调节机制与效应的属人的生存观念。

为便于讨论，我们不妨对"生存"作如下两种界定。一是通常意义上的"生存"（Surviving），这是指人在一般动物意义上的生命存活状态，是能够维持人自身最低生命需要的生命与物质条件，这一意义上的生存我们不妨称之为"生存 1"。二是在特定的属人意义上的"生存"，其内涵是指：人的生存当然包含动物性的一面，但即使是动物的一面，也是通过人所特有的文化存在方式表现出来的。人的生存就是人的生活，因而它并不只是局限于底线的生命存活需要，而必然表达为属人的生活内容、意义以及方式，这一意义上的生存我们不妨称之为"生存 2（Existence）"。在笔者看来，与传统的唯经济发展观相对应的生存论域是"生存 1"，而与可持续发展观相对应的生存论域应是"生存 2"，从传统的唯经济发展观向可持续发展观的转变，则意味着生存观或生存论域从"生存 1"向内蕴含着"生存 1"的"生存 2"的跃迁与提升。

任何发展观都包含一定的人的假设，相应的生存观及其转变正是与人的假设及其转变关联着的。而且，从很大程度上说，人的假设与生存观之间存在一种因果关系，一定的人的假设必然匹配并蕴含相应的生存观。传统的唯经济发展观之所以与"生存 1"相对应，就在于它所包含的人的假设是"经济人"及"动物人"。"经济人"把人设定为在自然环境及社会环境中趋利避害、追求利益最大化的生命个体，"经济人"假设实际上又是基于"动物人"假设。在"动物人"假设中，包括文化世界在内的整个人生存于其中的外部世界完全被看成达尔文式的物竞天择、弱肉强食的自然世界，而人则被看成整个自然世界的最强者。我们注意到，支配着整个近现代文化的片面而不成熟的人类中心观正是在"经济人"与"动物人"假设上确立起来的。由于过分强调人与自然的对立冲突，因而一种共生和谐的人地观念以及健全的生存主体性观念始终没有建立起来。不论是从动物性的个体生命活动，还是从仅仅满足于经济价值的生命活动方式而言，"经济人"与"动物人"仍然处于受动性的生存方式。这本身也是主体推行片面的实践活动的结果，人以无节制的方式奴役大自然，大自然同样也以野蛮的方式钳制人类。

可持续发展观既意味着充分承认自然世界的丰富性与复杂性，也意味着人类文化的自我反思、治疗与调节。正像人并不只是"经济人"与"动物人"，而是具有多方面的需求并表现为文化世界的丰富性与多样性，自然世界的一切生命物也具有复杂而丰富的生命关联从而呈现为生态环境的丰富性与多样性。也正是由于融入文化世界的丰富性与多样性，生态环境显示了人化意义。由此可见，文化世界的丰富性与多样性与生态环境的丰富性与多样性是相互关联的。生态上的丰富性与多样性一方面构成了人类文化的周围世界，另一方面也规定着人类文化拓展及深化的基础、深度及边界并且构成文化世界的内在要素。从总体上看，生态环境的丰富性与复杂性远远没有为人所认识。人类文化的扩张与建构过程既存在着对自然生态环境的不断扩大的祛魅与疏离，也存在着对自然生态世界的简单化理解，以至于越是表现为对自然的祛魅与疏离，就越是成其为"文化"。其实，文化不过是人的自然化与自然的人化的统一，这种统一首先是自然性的统一，用我们经常挂在嘴边的说法，即"造化"。文化必须首先是"造化"，具有自然性，才可能构成人的生活世界。然而，现代工业文化及文明的重大缺陷就在于它是由唯经济发展模式、现代性及其片面的人类中心主义所造就的远离自然、与"造化"相对立的"文化"。

可持续发展观之对应于"生存2"，在于它所包含的人的假设是"全面发展的人"。"全面发展的人"蕴含着人的多重规定性：个体人、社会人、生态人、历史性的人、总体人（类）、当代人、后代人。"全面发展的人"即人的多重规定性的统一，意味着人本身就是不断完成的存在。"人不是在某一种规定性上再生产自己，而是生产出他的全面性；不是力求停留在某种已经变成的东西上，而是处在变易的运动之中。"[1]在人的身上蕴含着丰富的可能性，与自然资源的既定性与有限性相比，人类在创造力、想象力、理解能力、学习能力以及道德能力等内在资源方面

---

① 《马克思恩格斯全集》第30卷，480页，北京，人民出版社，1995。

具有无限开发的潜能。这些无限的潜能通过并且依靠人的社会性的生存实践活动从而不断现实化为人的自由自觉的类生命活动，即人的全面发展。从仅仅指向外部自然的生存实践活动转变为以开发人的内在潜能为重点从而实现人类社会的健康成熟的发展，是可持续发展的题中应有之义。人的自由自觉的类生命活动意味着"完成了的自然主义"与"完成了的人本主义"的同一，意味着人通过社会性的历史实践活动去实现人与自然之间以及人与人之间（不仅包括同一时代的不同社会主体之间，而且尤其还包括当代人与尚不在场但却必然享有生存权的后代人之间）的生存论统一。在这种生存论统一关系中，人的生存绝不只是"生存 1"的问题，而是必然蕴含着并要求实现人的生存意义，是"生存 2"的问题。

仅仅把生存理解为"生存 1"是成问题的。人的生存既包含着动物性的层面，也包含着实践性及文化的层面，而且尤其表现在后一层面。"生存 1"显然只是把握到了其中的动物性层面。但是，人的生存绝不只是局限于底线的生命存活需要，而是要求把人的生命从一般动物的生命活动提升到属人的生活活动。超越性的生命活动是人生存的固有内涵。其实，撇开现实的属人性与实践本性，将人的生存还原为一般生命物的"存活"，本身就是对人的生存的抽象。然而，即使是人的"存活"也不能还原到动物式的生命本能活动，而是本身就承担着超越动物性存活的属人的生命意义。"意识在任何时候都只能是被意识到了的存在，而人们的存在（Existenz，应译为'生存'，引者注）就是他们的实际生活过程。"[1]有意

---

① 《马克思恩格斯选集》第 1 卷，30 页，北京，人民出版社，1972。

义的人的生存必然是对人的生物性生命活动的积极肯定，而任何常人的艰辛劳作的日常生命活动也都不只是动物式的生存活动，它本身就蕴含着形上的生命意蕴与关怀的生命活动——这是由"生存2"所承蕴的。但这种生命活动却是"经济人"或"动物人"难以承担的，也是唯经济发展模式忽视了的。因此，从唯经济发展观向可持续发展观的转变，必然要求生存理解实现从"生存1"向"生存2"的提升与跃迁。

或许有人会说，可持续发展观并没有改变生存观，它有关人的假设同样还是"经济人"及"动物人"。理由在于，唯经济发展观之所以陷入困境，就在于由这种发展观所支配的片面的发展模式使得包括人的自然的生物性生命在内的整个地球生命支持系统越来越脆弱。这种状况不仅没有抹掉"生存1"，反而凸显了它作为问题的尖锐性，而从唯经济发展观向可持续发展观的转变同样也是要解决"生存1"的问题。"生存1"的含义并没有改变。

应当说，从"生存1"到"生存2"，并不意味着否定"生存1"，实际上是为了更好地表达"生存1"。作为基本的生命存在状态，"生存1"其实是持续性地存在着的事情与问题，人类任何一种发展筹划都必然包含着解决这一问题的基本承诺与设想。唯经济发展观的难题在于，它把人的发展完全局限和等同于经济增长，把社会发展的基本手段当成了全部目标，而当它在全力以赴地实现这一目标时，显然又由于严重破坏了人类生存系统的平衡、协调与整体性从而导致"经济人"或"动物人"与自然世界紧张对立并使得"生存1"的问题更为严峻。因此，从唯经济发展模式向可持续发展模式的转换，必然要求改变"经济人"及"动物人"的假设，进而转变生存观念。

如果仅仅只是"经济人"与"动物人"，那么通过唯经济发展就可以解决，根本没有必要提可持续发展。但也正是唯经济发展模式暴露出了"经济人"与"动物人"的弊端：这是一种片面的人，它不仅造成了与自然世界的对立冲突，也扼杀了人性的丰富性与特质，包括人依赖于自然生态的生命本性。并不是"经济人"与"动物人"决定着人的自然生命本性，而是人的自然生命本性决定着"经济人"与"动物人"，人的自然生命本性不过是人的内涵丰富性的直观的表现形式。但唯经济发展观却以"经济人"与"动物人"的片面的活动直接代替了人的自然生命本性，进而遮蔽了人的生存活动的内涵丰富性。实际上，建立在"经济人"与"动物人"之上的唯经济发展观并不能解决人的自然生存，如果说在"生存1"与人的自然生存之间存在着某种内在联系的话，那么，把人归结为"经济人"与"动物人"实际上也难以表达"生存1"。"经济人"与"动物人"排除了人生存的文化规定性与丰富性，凸显出了人生存的动物本性，同时也强化了人类在"自然世界"中的排他性，忽视了人的生存活动与自然生态环境的基本张力与协调性。但是，作为承担人的自然生命本性的"生存1"，不仅是指人在整个自然生态世界中与其他物种之间存在的生存利益的冲突对立，同样还必须体现为人与自然世界的基本的生态和谐与共生关系。可见，要合理地确定和表达"生存1"，也必须要超越"经济人"与"动物人"的假设，立足于人的活动的特性与丰富性，构建一种更有深度、包括并更为真实地表达出"生存1"的内涵的生存观，这就是与可持续发展观相匹配的"生存2"。

与唯经济发展观不同，可持续发展观特别强调人与自然世界的基本的共生和谐关系。可持续发展观并没有抹掉"生存1"，而是通过升华对生存的理解从而超越"生存 1"，或者说是以一种积极的方式蕴含了"生存 1"。在可持续发展理论中，处于基本的自然生命状态中的人即"生态人"，这是较唯经济发展观的"经济人"与"动物人"而言更为基础的规定。首先是"生态人"，然后才是"经济人"与"动物人"，"生存 1"应当更有理由由"生态人"而不是"经济人"与"动物人"承担。但是唯经济发展观却由于忽视了"生态人"而将人的生存"逼"到一种仅仅处于与其他生命物尖锐对立的紧张的"存活"状态。这样一来，生命的最基本的和谐感反倒没有了。然而这种状态绝不是人生存的基本状态。

　　当然，可持续发展理论所强调的"生态人"，也不是孤零零的规定性，它本身就是"全面发展的人"的内在规定性，因而与人的其他多重规定性是相互涵摄并贯通一体的。自然的人化与人的自然化的统一绝不只是涉及人与自然两个方面，它在本质上是通过并且必然表达为人的社会化活动。"生态人"绝不是指人的主体性尚未从自然世界凸显出来的自然生命状态，不是指"野蛮人"，而必然是"社会化的人"。可持续发展观对唯经济发展观的超越从观念上讲并不只是在人类中心观与自然中心观之间做出非此即彼的选择，而是要求通过社会积极地理解了人与自然关系的前提下对人类主体意识的厘定与重构，意味着成熟的人类主体意识的生成。可持续发展观所强调的还是人以及人类社会的主体性，而不是向所谓人与自然的自在同一状态的简单回归。如果说"生存 1"是人的生命与自然世界的自在同一状态，那么"生存 2"则是通过社会化所实现的人的生命与自然世界的自为的统一状态，这也正是可持续发展所追求的。

　　应当说，生存观念的提升本身就蕴含于发展观念的当代转变。

发展观转变的主题即从经济增长转变为一种注重生活质量的综合性的社会发展。早在 19 世纪时，亚当·斯密在《国富论》中即认为由分工引起的劳动生产率的提高以及生产劳动在全部劳动中所占的比重，乃国民财富增长的主要原因，至于生产劳动的数量则取决于以工资基金形成的资本的力量，由此形成了古典经济增长理论。大卫·李嘉图则揭示了人口与生活资料及其土地资源的关系，进一步丰富了古典的经济增长理论。古典的经济增长理论只从劳动过程以及既定的劳动资本去考察经济活动，但却撇开了人在劳动过程中的感觉以及劳动资本背后的资本占有关系。而马克思批判古典经济增长理论的立足点就是必须要考察作为主体的劳动者是否通过劳动过程实现了自身生命的感觉与价值。在马克思看来，国民经济学家"把劳动者的需要归结为维持最起码的、最可怜的物质生活，而把劳动者的活动归结为最抽象的机械运动"，致使人无论在活动方面还是在需要方面都再没有任何其他需要，而且国民经济学家**"甚至都把这样的生活宣布为人的生活和人的存在"**[①]。由于"把工人变成没有感觉和没有需要的存在物"[②]，人的生存当然就被还原成了一般生命物的存在，甚至不如非人的和动物的生存。国民经济学家或古典经济增长理论中的"生存"正是"生存 1"，马克思的批判超前性地指出了古典经济增长理论的症结，他所说的是人的生存，即"生存 2"。后来，马歇尔的积累与管理理论、熊彼特的企业家创新理论、凯恩斯的静态经济结构理论以及哈罗德的动态经济结构理论都试图修正古典经济增长理

---

① 马克思：《1844 年经济学哲学手稿》，122 页，北京，人民出版社，2000。
② 同上书，123 页。

论，但基本的发展理论与框架还是一种唯经济发展观，生存仍然被限定于"生存1"。事实上，这种理论状况在二战以后随着发展中国家的经济增长问题而不断强化，直到今日，世界银行组织在一年一度的《世界发展报告》中仍按人均国民生产总值来衡量一个国家或地区的社会发展程度。困扰着发展中国家的主要问题是贫困、人口问题以及资源短缺，这些问题看起来似乎都属于"生存1"，而这又反过来强化了将发展等同于增长的倾向。

突破传统发展理论的是弗朗索瓦·佩鲁。佩鲁明确区分了增长与发展概念。他认为传统意义上的增长不能够自动提高全体人民的生产水平，不能够保证一个国家或地区的发展是可持续的，这种发展同时也忽略了全面的经济发展所应当包含的丰富内容。最关键的一点是，传统的增长概念忽略了增长本身的目的。不过，增长的目的是仅仅作为一种经济衡量形式的增长难以包括的，增长的目的是，也应当被替换为发展的目的。发展的目的落实到人本身，人把发展看成自身的价值取向是因为人要实现自己的目的。"发展的目的决不是要强迫人们不情愿地像牛一样被喂养，或者永远作为小孩来抚养；也不是要通过把今天的人们压抑在受国家政策强制的计划机构中来寻找后代人的最终解放，而是要通过共同的努力，使人们能够自己养活自己，有意识地自己教育自己，并且不用暴力来实现自己的解放。"[1]这种目的，即人的自由而全面的发展，而相应的生存观，则应当是"生存2"。

---

① ［法］弗朗索瓦·佩鲁：《新发展观》，张宁、丰子义译，117 页，北京，华夏出版社，1987。

仅仅停留于发展概念，恐怕问题仍然没有得到满意的解答。因为发展概念同样可能是一个缺乏规范的概念，作为一种手段或过程，发展也可能忽视与人内涵的丰富性的关联，并遮蔽发展本身的目的。现代性意义上的"发展"事实上已经实现了一种人的提升，这就是从自在的人向具有自我意识的人的提升，从近代意义上的或者已经成为传统的群体依赖性的人向个性化的人的提升，在这种提升中，生存主体性的问题已经提出来了。但是，这种主体性还只是生存个体的单子性与原子性，缺乏生存主体的社会性与主体间性，或者说缺乏健全的主体性。就发展的结果而言，发展之所以是发展，就在于它应当在人们生活的所有方面而不只是局部的领域都能得到改善，局部领域的发展有时往往是以牺牲掉其余的甚至是整体的利益为代价的。这种片面的发展是不可取的。如何评价和规范发展，最直接的就是看它是否有益于提高生活品质与生活质量，是否带来了社会群体对生活获得了整体性的理解与认同，而不是使某些人群边缘化并被迫处于"生存1"的境况。因此，如果说发展观的当代转换必然蕴含着生存方式以及生存意义的转换或提升的话，那就必须要深入到可持续发展观的思想深处，深刻把握这一新的发展观念中的生存论蕴含。

迄今为止，可持续发展观仍是一个学界争论的概念，争论集中在两个方面：一是对可持续性的看法，二是关于发展的看法。关于可持续性，大体存在着经济学和生态学两种视角。皮尔斯与特纳把可持续性界定为："在维持动态服务和自然质量的约束条件下的经济发展净收益的最大化"，这属于经济学视角。但更多的是生态学的视角。生物物理学界的学者则把可持续性定义为："维持或提高地球生命支持系统的完整性"。国际自然保护同盟（ZUCN）则把可持续发展界定为"使用一种有机生态系统或其他可再生资源在其可再生能力（速度）的范围内"。1996年，穆纳辛格和杰弗利·麦克尼利在《可持续发展的关键概念与术语》一文中对可持续性下了这样一个定义："动态的、人类的经济体系同更大的、动态的、但通常变化较慢的生态系统之间的一种关系。在此关系之下，①人类生命可以无限延续；②人类个体充分发展；③人类文化可以发展。但是，为了不破坏生命支持系统的多样性、复杂性及其功能，人类活动的影响应该保持在一定的范围之内。"①这一定义可以说包容了经济学与生态学两方面内涵。实际上，除了经济学与生态学视野之外，还存在着一种社会视野，即从人的社会化的规定性看待可持续性，而这正是马克思在 150 年前就明确提出过的："社会化的人、联合起来的生产者，将合理地调节他们和自然之间的物质交换，把它置于他们的共同控制之下，而不让它作为盲目的力量来统治自己；靠消耗最小的力量，在最无愧于和最适合于他们的人类本性的条件下来进行这种物质交换。"②

　　关于发展的看法实际上是与可持续性关联在一起的。从唯经济发展观向人的全面发展的转换其实只是一个总的转变，这一转变还有一个平台，即可持续发展。但要深入理解可持续发展，又需要依据人的全面发展理论。可持续发展显然是当代社会发展观的新的自觉，是社会系统的自我调整。"可持续的人类发展是这样一种发展：它不仅创造经济增长，

---

　　①　转引自张坤民等：《可持续发展导论》，21～22 页，北京，中国环境科学出版社，1998。

　　②　《马克思恩格斯全集》第 25 卷，926～927 页，北京，人民出版社，1974。

而且关注经济增长是否导致公平分配；它需要再造环境，但不破坏环境；它帮助人，而不是使人边缘化，这种发展关注穷人，增加其选择与机会，使其能够更多地参与生活及其决策活动，这种发展关心人、关心自然，关心就业与妇女的发展。"①可持续发展的基点看起来是环境，但实际上是人性关怀，是通过对环境的生存价值的深刻认识所达到的人性理解，这在《人类环境宣言》(简称《宣言》)中得到了很好体现。《宣言》强调人类生存环境不仅是人类维持生存的条件，同时"也给人提供了智力、道德、社会和精神等方面获得发展的机会"，《宣言》认为人类应当有能力将对环境的改造能力转换为人类系统的自我改善与反思能力，宣言的总信念仍然是："人类有权在一种能够过尊严和福利的生活的环境中，享有自由、平等和充足的生活条件的基本权利，并且负有保护和改善这一代和将来的世世代代的环境的庄严责任。"②

就可持续发展的现实目标而言，就是在能够保护好生态资源及环境的同时提高人的生活质量。用穆纳辛格与杰弗利·麦克尼利的话说就是："在连续的基础上保持或提高生活质量。"③其中最关键的就是要改善人的生活品质。提高生活质量，改善生活品质显然不再只是通过经济学就可以达到的，它属于佩鲁所说的文化环境，米尔森所说的文化战略和拉兹洛所说的文化继承。从某种意义上说，人与环境关系的恶化是这一时代的最明显的症候，而导致这一症候的原因则在于人类社会文化系

---

① 联合国发展规划署：《人类发展报告(1994)》，36 页，牛津，牛津大学出版社，1994。

② 张坤民等：《可持续发展导论》，471～473 页，北京，中国环境科学出版社，1998。

③ 同上书，25 页。

统以及人的自我认识。维特根斯坦曾说过，时代的疾病要通过改变人们的思维方式与生活方式去实现。对于自己的行为总是确立在自觉认识的现代人而言，要进入一种以追求生活质量与生活品质为主题的新的生活方式，首先必须提升对自身生存的理解。

生存与发展的关系常常被表述为："一要生存，二要发展。"这一流传很广的说法本身包含了一种价值排序并蕴含着人类生命活动的基本道理：生存是第一位的，发展是第二位的。所谓"生存"只是指"生存1"，而发展则是指人类社会在满足并超越了"生存1"之上的不断扩张和拓展活动。它虽然属于人的生命活动的相对次要的需要，但同时却是人类社会的"更高层次"的需要。只有解决了"生存"，才可能谈到发展，而一旦把主题确定为发展，那就意味着生存已经得到了解决或者已经不再成为问题。相对于发展而言，生存似乎是一个极易解决的问题，也无须专门考虑。但问题恰恰就在于忽视了生存的发展反过来暴露和凸显生存问题的严峻与尖锐：这已经被证明是可行的解决人类生存问题的"硬道理"。但是若撇开生存，那么发展本身很可能是盲目的，而这又反过来导致发展本身无意义，这正是传统的唯经济发展值得反省的。传统发展观的问题就在于仅仅把生存局限于"生存1"从而导向了一种撇开甚至舍弃人的生存意义的片面的发展观。事实上，在发展中，生存不仅没有消失，反而是人的发展过程中持存着的问题，是生存意义不断升华并随着发展问题的累积愈益彰显出来的人的活动的合目的性。舍弃或无视这一合目的性，发展必然陷入盲目与无序。因此，与可持续发展观相匹配的说法则是：以发展求生存，用发展更好地解决生存。这里的生存，绝不只是"生存1"，而必然是"生存2"。但恰恰是这种无视生存的唯经济发展暴露出了生存问题本身的尖锐性。发展当然是硬道理，这已经被证明是可行的解决人类生存问题的"硬道理"。但它必然落实到解决人类生存问题，包括随着发展而不断凸显出来的生存问题。因此，"一要生存，二要发展"中的"生存"有理由从"生存1"去诠释，但又不能局限于"生存1"。

从某种意义上说，从"生存1"向"生存2"的提升，也就是由个体生存向整体生存的提升。对于个体来说，"生存1"总是占有一种特别突出的位置，而唯经济发展以及与之相关的市场经济方式恰恰是要突出个体生存，但是人的全面发展以及建立在必要的资源保障前提下的新市场经济则要求整体性地关注和解决人的生存问题。"生存2"的问题是这一时代人的生存主题。按照彼得·罗素的说法："在个人生存发生问题时，……我们必须集中注意我们的物质幸福。但是对于发达世界的大多数人，这不是一个问题。与前工业时代比较，世界已经变得无法辨认，我们生存的大多数需要现在已经解决。可是，由于我们的思想没有变化，我们继续消耗和糟蹋这个行星，幻想我们如果拥有足够多的东西，我们将得到满足。今天是我们的集体生存有危险。"①

发展当然是人的发展，发展是人生存的本性，人的发展显示着由"生存1"向"生存2"的跃迁与升华，唯经济发展观把生存限定于"生存1"，实际上也没有理解发展的本质。发展确实是"一个具有目的取向的概念，而且在这个意义上，始终是规范性的"②。但发展毕竟还只是手

---

① ［美］拉兹洛等：《第三个1000年：挑战与前景》，王宏昌等译，199页，北京，社会科学文献出版社，2001。

② 参见［美］塞缪尔·亨廷顿等：《现代化：理论与历史经验的再探讨》，张景明译，268页，上海，上海译文出版社，1993。

段，只是道路，手段与道路是达到目的的途径与方式，但本身还不是目的。一个人走路，他或者为了散步，或者是要找寻某种东西，或者是要奔赴一个目的地，等等，但在无论哪一种情况下，走路本身都只是他达到目的的方式。发展也是一样，它总是为着一个"什么"而发展，而且这一"什么"对于发展主体来说也应该是明确的，如果并不知道那个"什么"，恐怕只能意味着发展本身是盲目的和无序的。把发展目标仅仅确定为经济增长，实际上就是把发展直接当成了目的。发展当然是硬道理，这已经被证明是解决人类生存问题的可行的"硬道理"，但这里的发展是指人与社会的全面发展，特别表现在对人的生命质量与生存意义的自觉提升。发展毕竟是人的发展，是人与自然、经济与社会、当代人与后代人的综合性、协调性的发展与进步。发展的目的仍然是为了摆脱动物式的存活状态，获得更好的、合人类性的生存，这一目的正是可持续发展观所蕴含的"生存 2"。"生存 2"作为可持续发展观所蕴含的生存观，强调的是人的健全而成熟的主体性，强调的是人与自然界的生存论统一关系。"生存 2"，既构成发展的前提条件，也构成了发展的目的，这样一种"生存"具有对发展的优先性，也只有确立起了这一优先性，发展才不至于陷入盲目和无序，并实现可持续性。由此可见，可持续发展实际上更为合理地表达着"一要生存，二要发展"的基本道理。

我们经常在涉及中华民族的复兴这一话题上谈论"一要生存，二要发展"，但其中的生存同样也应该从"生存 2"去理解。一个有着古老文明，但自近代以来积贫积弱的国家要存活下去，必须要解决"生存 1"的问题，也即贫困问题。这既是中华民族的"球籍"问题，又是中华民族的基本的人权问题，是最底线的保障，一百年以来中华民族一直就在努力解决这一基本问题。但是，仅仅理解为"生存 1"还不够，因为中华民族不仅要存活下去，还存在着一个活得更好的问题，是"生存 2"的问题，包括"生存 1"的问题其实也都是通过"生存 2"的解决从而获得解决的。本质上说，中华民族的生存绝不只是"生存 1"，它本身就是发展问题，不通过发展就无法解决中华民族的生存问题。当然，就中国的资源状况以及中国现代化进程而言，中国的发展必然也要走可持续发展之路，也只有走可持续发展道路，才能解决中华民族的永续生存问题。但是，缺乏生存质量的民族是谈不上永续生存的。中华民族的生存从来都不是，也不应该是勉强地、苟且地活着。要活，就要堂堂正正地活，活得有分量有品质，活得有个"人样"，有民族的气节与尊严。如果仅仅把目标确定为解决存活，那么在一个人类生态条件日趋严峻、国际政治环境波谲云诡的背景下，将始终处于被动，甚至在严重的情况下干脆会被取消生存权。但是，当代中国的伟大复兴之路必然是通过可持续发展从而解决中华民族的生存问题，转变中国人的生存观念，提升中华民族的生存质量，真正使中国崛起于世界民族之林，为共创 21 世纪新的人类文明做出应有的贡献。

第四章 ┃ 　　　生存论哲学的现当代路向

　　　　　　　雅斯贝尔斯曾将古代哲学、近代哲学以及当代哲
学的起点归结为三种情感状态：惊讶、怀疑、震惊。
这三种情感状态在某种程度上反映了三个不同时代哲
学的典范形态：存在论的、认识论的和生存论的。古
代哲学源于惊讶，如同儿童般的天真。古代人对于变
化多端的外部世界总是充满着惊异与好奇，并痴迷于
对外部世界的探索与求解。对他们而言，弄清了自然
世界的奥秘，也就打开了生命的奥秘。而且，世界本
身必然是有其内在秩序的，弄清其内在秩序，也给人
自身提供了一个可以沉浸于生活现实的理由。因此，
古代哲学总是力图追究这一世界的源初构成，并将由
这种追究产生的对世界内在秩序的追求转换为对某种
纯存在的确证，这就是存在论。近代哲学不再停留于

惊异与痴迷状态，而且由于存在论的构建从理论上已经形成了一种与人自身的生存逐渐疏离的超验传统，因而人开始追问存在论建构与存在者的认识活动的关系。近代哲学并不怀疑超验者的绝对存在，但却怀疑自身与世界沟通的可能性，并且怀疑自身何以具有关于存在的知识。怀疑的起点则是笛卡尔的"我思"，确立在"我思"之上，哲学逐渐完成了由存在论哲学形态向表达了存在论内容与功能的认识论哲学形态的转换。可见，怀疑确立的是自我意识及其知性确定性，而自我意识及其知性确定性正是人之所以能够面对整个对象世界的基点。然而，一旦意识到人首先不是以自我意识，而是以生存着的个体面对整个对象世界，因而对象世界对人说来就是人生存于其间的周围世界时，人必然会伴随着生存的迷茫与求解。这种迷茫与求解源于生存的震惊：人竟然活着?！生存的震惊可能意味着感性的复苏，但这种复苏注定难以还原到哲学认识论之前的某种混沌状态——尽管它必定只是人实现生存自觉的一个维度——生存的震惊更多地反映了当代人自身生存境遇的迷茫，是对自己建立起来的理性的怀疑与困惑：面对当下的生存境遇，已经建立起来并且从理论上看似十分完满的理性形式仍然是不可信的，甚至于是十分孱弱的。但是，震惊毕竟不是绝望，它还隐含着一种对生存主体、对历史以及对人的理性能力的深切关注与期待，从这个意义上，它应当蕴含着并指向对人自身生存历史性的自觉。

一、我在的设定与直觉辩证法

从很大程度上说，对认识论哲学的反叛以及由此产生的生存自觉，在德国古典哲学中就已经开始了。康德哲学实现了认识论转向并提供了意识分析的典范形式。意识分析的一个特点在于它克服了忽视人的感性活动的形式逻辑，进而发展出了一种能够贯注直觉内容的先验逻辑形式，所谓直觉内容实际上正是一种生存理解。康德把作为知性活动的纯粹理性活动分为两类：一类是对已有的知识进行分析、论证和解释，另一类则是探讨知识的来源及其创生活动。在康德看来，由于形式逻辑"抽掉知性的一切内容，即抽掉知识对于对象的一切关系，而只考虑任何知识对其他知识的关系中的逻辑形式"①，因此它只属于第一类理性活动。但以往逻辑学的弊端就在于用这一类活动代替了整个知识活动，虽然知识的来源问题属于近代经验论与唯理论争论的中心问题，但仅仅立足于形式逻辑是无法解决问题的。这是康德提出先验逻辑的目的所在。

但是，这里存在着两个问题：第一，把纯粹理性活动区分为两类活动，意味着形式逻辑与先验逻辑的分离，而这实际上否定了形式逻辑在论证关于知识来源问题上的作用。也就是说，由于舍弃了形式逻辑，先验逻辑才在关于知识来源的探讨上得到运用并成为认识论哲学的中心问题。但先验逻辑是否能够与形式逻辑分开，显然是一个问题。第二，用先验逻辑探讨知识的来源与知识的创生活动，这一活动包含着构成知识内容及其形式的直觉因素。但直觉的根据是什么，仍是需要进一步追究的问题。康德考虑问题的着眼点仍然是知性，他用想象力来沟通先验逻辑与直觉，但想象力本身被看成盲目的，其规律需要由知性提供。

----

① ［德］康德：《纯粹理性批判》，韦卓民译，94～95 页，武汉，华中师范大学出版社，2000。

而知性本身又是需要解释的范畴，而且最后又是诉诸先验逻辑。这样一来，想象力从形式上看充当着先验逻辑与直觉之间的中介，但其实又是偏向于先验逻辑的。促使康德将逻辑与直觉分离开来的仍然是知性思维。

知性思维的根本特点就在于思想从对对象以及自我的规定性中剥离开来形成一种抽象的思维形式，并且反过来又与人自身的生存相分离。在《精神现象学》中，知性是在意识发展经历了感性确定性和知觉两个阶段之后达到的最高阶段，即"形成概念的意识或用概念来把握对象的意识"，是"自在地存在着的真理"，是"无条件的共相"①。而知性思维的弊端则在于坚持知性关于知识与意识的先验的和绝对的逻辑规定性，把"每一有限的抽象概念当作本身自存和存在的东西"②。通过概念的普遍性来构造世界的普遍性，是知性思维设定的一个教条，但概念的普遍性恰恰忽视了人对自身生存的直观。要敞开生存直观，必须从理路上超越知性思维。与康德把人的认识基础归结为先验逻辑不同，费希特直接把人的知识基础归结为"创造的想象力"，想象力则被规定为在主客体的互动过程中"自我在综合中的活动能力"。这就是说，所谓自我与非我的统一，就是通过想象力实现的。"通过想象力，它是统一矛盾双方的东西，自我与非我现在可以被完全统一起来。"③在费希特看来，概念本身就来

---

① [德]黑格尔：《精神现象学》，贺麟、王玖兴译，88～89页，北京，商务印书馆，1981。

② [德]黑格尔：《小逻辑》，贺麟译，172页，北京，商务印书馆，1980。

③ [德]费希特：《全部知识学的基础》，王玖兴译，137页，北京，商务印书馆，1997。

自于想象力，概念不仅表达想象力活动的内在机制，而且也要求通过想象力反映出来。对于费希特而言，逻辑就是想象力的内在表现形式，而在康德那里，逻辑是优先于想象力的。

按照当代的阐释，费希特的自我并不是一个知识论的基点，而是一个生存论的基点。"自我决定"是对自我、非我以及自我与非我的统一的决定。这种决定单纯从认识论的角度是很难理解的，而从传统的那种将存在客体化和绝对化的存在论的角度也很难理解。这种决定关系实际上标志着一种新型的（或古老的）存在论关系，这种关系标志着哲学领域的"新事物"。"费希特通过什么来标志新事物的开端呢？因为他从自我的理智直观出发，但这个自我不被看成一种实体、一种存在、一种所与，而是通过这种直观，即自我的这种深入自身的努力而被看成生命、活动或能力，从而指明有像对立这样的能动概念实现于自我之中"①。显然，作为"新事物"的自我观念只能通过生命直观并在一种强调生命活动的辩证法思想中才能领会得到。

费希特关于知识基础的想象力理论进一步在谢林那里发展为直觉辩证法。谢林的直觉辩证法是建立在对认识论传统的总体性批判活动之上的，而他对传统认识论哲学批判的重心就在于认为这一传统从来就不是关于生存的认识。在谢林看来，人们现在之所以对生存依然只能停留于实存式的认识而不能实现超越性直观，与认识论传统是有直接关系的。认识论传统首先确立起某种先验的范畴体系与方法论，而当把这种先验

---

① ［德］伽达默尔：《真理与方法》上卷，洪汉鼎译，312 页，上海，上海译文出版社，1999。

的范畴体系与方法论确定为知识论的唯一合法的根据时，"哲学"显然忽视了生存这一形成知识的根源性的存在。"迄今人们认为是哲学的，只有作为知识科学才有可能存在，并且不是把存在作为对象，而是把知识作为对象；因此，这种知识科学的原理也不可能是存在的原理，而只能是知识的原理。"①就是说，关于生存的理解直接被替换为关于实存的知识。"到现在为止，一切现实存在只是一种知识的变形，这和一切知识只是一种现实存在的变形一样，都是可能的。然而我们完全不管、完全不问必然的东西是否一般地就是现实存在，知识是否仅仅是现实存在的偶性，对我们这门科学来说，知识之所以成了独立的，正是因为我们是仅仅就知识在它自身之内所确立的那样来考察它的，就是说，只就它是单纯主观的东西来考察它的。"②因此，要实现对人生存的内在理解，就必须撇开知识论的方法。

谢林的理论努力在于通过对认识论传统的批判将认识论从存在论中剥离出来、将认识主观化进而寻求形成知识之客观内容的真实的存在，确定某种先验的存在样式仍然是谢林哲学的主要使命。"能否找到从知识本身（就知识之为活动来说）到知识内的客观东西（它不是活动，而是一种存在，一种实存）的一种过渡。"③至于如何确立关于生存的存在论系统，首先是要确立起存在概念。在谢林看来，相对于笛卡尔的"我思"而言，"我在"无疑是一个更高的范畴，而且恰恰是"我在"本身显示了人

---

① ［德］谢林：《先验唯心论体系》，梁志学、石泉译，24 页，北京，商务印书馆，1976。

② 同上书，23 页。

③ 同上书，24 页。

生存的无限可能性与开放性。"人们如果摆脱一切表象活动，以便从根本上意识到自己，那么出现的命题就不是我思，而是'我在'，而这个命题无疑是更高的命题。在'我思'这个命题里，就已经有自我的一种特性或作用的表现；反之，我在这个命题是一个无限的命题，这是一个没有现实宾词的命题，但正因为如此，就肯定了自己有无限可能多的宾词。"①

　　谢林的存在论系统是通过直觉辩证法展开的。直觉辩证法是谢林在批判传统的认识论方法的基础上形成的，并且深刻影响着后来人本主义哲学家关于生命理解的基本的方法论前提。在谢林那里，直觉辩证法经历了四个阶段或层次。第一个阶段是绝对同一体第一次分离出自我意识活动。第二个阶段是自我通过其感觉活动所设置的具有客观规定性的自我直观。第三个阶段是作为感觉的自我直接变成自己的客体。第四种直观即创造性的直观。谢林通过这几个阶段说明创造性直观并不是理智活动的结果，而是直观的自我展现过程。不是理智决定直观，而是直观决定理智。"只有创造性直观才把原初的界限移到观念活动里来，而且只有创造性直观才是自我通向理智的第一步。"②因此，从生成活动去考察理智而不是像科学那样把理智当作现成的前提看待，就成为创造性直观的当然结果。这种创造性直观绝不是从科学及理智中推演出来的，它本身就基于对人自身生命活动的直观。后来胡塞尔通过现象学还原把这种直观把握为本质直观，并且把本质直观看成"意识活动的纯粹给予过程

---

① ［德］谢林：《先验唯心论体系》，梁志学、石泉译，32 页，北京，商务印书馆，1976。
② 同上书，91 页。

的东西"。但在谢林那里，这种直观就是生存直观，这是在后来的生命哲学中特别发挥了的。对于谢林而言，创造性直观是形成自我意识的前提，在创造性直观中，感性超越了自身的直接性与日常性，成为与人的意识融为一体的具有"内在智能"的感性活动，"自我经过创造性直观正在变成有意识地进行感觉的"①。但创造性直观毕竟还只是进入自我意识的一个入口，它本身还不等同于自我意识，因为相对于自我意识，创造性直观还只是属于一种"完全盲目的、无意识的创造"②。而正是通过确立在自我意识活动之上的理智及其对象化活动中，谢林实现了对生命的理解。"理智只能在一种对象里直观它自己，这种对象自身就具有一种内在的运动本原。而这样一种对象世界也就是有生命的。因此，理智不只必须把它自身直观成一般的机体，而且必须把它自身直观成有生命的机体。"③理智直观本质上就是生命直观，理智直观的目的就是要达到对生命的透视与理解。

先验理念论立场决定了谢林的理智直观态度，而且由于撇开了知性方法及思维方式，这样一种理智直观态度也就进一步将对生命的直观与人的自我意识活动沟通起来，这样就形成了谢林关于生命的基本理解。"生命是一种向其自身回归的、稳定的和由内在本原维持的前后相续的系列；并且如同理智的生命（生命是它的图像）或自我意识的同一性只是由表象的连续性来维持一样，生命也只是由内在运动的连续性来维持的；如同理智在其表象的连续序列中不断为得到意识而斗争一样，生命

---

① ［德］谢林：《先验唯心论体系》，梁志学、石泉译，123 页，北京，商务印书馆，1976。
② 同上书，116 页。
③ 同上书，152～153 页。

也必须被看作是同自然进程不断进行斗争的，或者说，是力求对自然进程坚持自己的同一性的。"①

　　在此，生命的内在性、连续性与自身超越性已经被表达出来了。但是，这种生命仍然还没有从生命有机体论中分化出来，或者说，自我意识所特别关联的人的生命活动并没有敞开出来，而要敞开人的生命活动，就需要实现由自我意识到意志活动的提升。从自我意识到意志活动的提升也正是要更好地解决直观问题。"意志活动就是对于我们所提出的理智如何认出自己是进行直观的这个问题的完善解决。"②

　　自我意识设定了一个对象，但这一对象毕竟只是一个概念实体，尽管通过"理智的行动"，实体概念可以进一步表达为"共存概念"③，但这仍然还是被意识所构造出来的概念，是一个在范畴的运演过程中已经实现的概念，它并不关涉现实的对象化活动。而现实的对象化活动必然是通过意志活动展开的。自我在进行直观时，"总是指向某种异己的东西"，而自我本身却不可能客观化，这样一来，创造者与直观者本身就不可能变成自己的对象。但是，在意志活动中，自我即是"它所是的整体，即同时作为主体和客体，或作为创造者，变成了自己的对象"④。

　　谢林的直觉辩证法实质上就是人学辩证法，要解决的主要问题则是生存直观与理解。作为辩证法最高阶段的意志，本质上指的就是人的生

---

　　①　［德］谢林：《先验唯心论体系》，梁志学、石泉译，155 页，北京，商务印书馆，1976。

　　②　同上书，189 页。

　　③　同上书，137 页。

　　④　同上书，190 页。

存活动所蕴含的可能性，"意志活动必定是关于一种可能的对象的概念，即关于现在不存在，但在以后的发展阶段会存在的某种东西的概念。"①谢林把意志活动的阐释直接看作实践哲学的核心，这实际上已经表明了他对生命的属人性抑或人的生存的关注。谢林对人的生命的直观与领悟并不只是出于一种知识旨趣，而是关于人的生命的创生与领悟活动。因此其直觉辩证法的落脚点是实践哲学，是关于人作为此在的自我解放的实践哲学："人的此在把自己作为一种解放来理解和完成，这种解放是以自身为基础对存在的掌握控制，在这一历史时刻，作为与这样一种定在相应的最高和最初的目标，必然形成一种意志，把整体中的存在在一种可支配的结构中提到主导知识。"人的解放的目的正是整体性地提升人的生存，体现人的生存的由己性、超越性与创造性。"人之解放为人的此在的一切领域对存在的东西作创造性征服和控制，和对存在的东西重新赋形。"②

谢林哲学中无疑蕴含着丰富的生存论思想。在当代生存哲学建构及其探索中做出突出贡献的生存哲学、意志哲学、生命哲学……都在不同程度上从谢林的直觉辩证法中汲取了营养，有的思想甚至直接就是谢林思想的发挥和延伸。迄今为止，如何理清谢林哲学对生存论哲学的巨大作用，仍然还需要花很大工夫，这绝非几笔简单勾画就能说清楚的。从很大程度上说，谢林哲学的影响往往被淹没在黑格尔哲学的巨大影响之下，事实上，当人们在重视黑格尔哲学时，往往忽视了它与谢林哲学的

---

① ［德］谢林：《先验唯心论体系》，梁志学、石泉译，197 页，北京，商务印书馆，1976。

② ［德］海德格尔：《谢林论人类自由的本质》，薛华译，51～52 页，沈阳，辽宁教育出版社，1999。

内在关联。黑格尔的辩证逻辑正是在谢林的直觉辩证法的基础上发展出来的，甚至于"黑格尔辩证法无非是谢林直觉学说的逻辑化"①。如果说谢林的直觉辩证法的核心是关于生存的直观与觉解，那么，这种生存直观与觉解活动同样也应当包蕴于黑格尔的哲学体系中②。但是，黑格尔那种极端的理性主义立场以及表现出的僵死的体系，却限制了对生存的切己而深入的把握与探求。这正是当代生存哲学把对传统哲学的反叛目标确定为黑格尔哲学的原因。然而，对黑格尔哲学的反叛往往也会放大为对整个德国古典哲学的反叛，但如果结合德国古典哲学演进的内在逻辑，我们发现，生存论的思想旨向事实上已经蕴含于德国古典哲学，特别是谢林的直觉辩证法中。

二、现代人本主义哲学与生存论自觉

现代哲学的起点即 19 世纪下半叶人本主义的兴起，而贯穿从唯意志主义，中经弗洛伊德主义、生命哲学、哲学人类学一直到生存主义以及生活世界现象学的整个现代人本主义运动的主线，就是对生存及生命问题的前所未有的关注。如果不局限于生存主义哲学，那么整个现代人本主义都有理由称之为生存哲学。生存论作为哲学基础的凸显，本身就是潜存于现代人的哲学运动之中的，以下我们结合克尔凯郭尔的意志哲

---

① 王天成：《直觉与逻辑》，78 页，长春，长春出版社，2000。
② 关于黑格尔哲学在生存论方面的意义，邓晓芒先生的《思辨的张力》已经作了深刻的分析，整部书都在表明黑格尔的辩证法本质上就是生存论辩证法。

学、叔本华与尼采的意志哲学、柏格森与狄尔泰的生命哲学、生活世界现象学以及生存主义哲学有关思想演进，阐述现代人本主义哲学对生存论问题的自觉。

1. 孤独个体及其生存皈依

从思想史的角度看，当我们关注生存论这一问题时，我们的目光必然投向现代生存哲学的开端处，生存哲学的开端处正是现当代哲学生存论彰显的源点所在。

克尔凯郭尔往往被看成现代哲学史上的第一位生存哲学家，而且也被看作使欧洲哲学的发展方向发生转折性变化的重要思想家，具体就表现在他提出了个体生存观并开始了对欧洲"理性"主义传统的反叛，这就是明确提出所谓"生存论转向"（Existencial turn）。克尔凯郭尔肇端的生存论转向具体可以概括为如下四个方面：①强调生存与思想的内在关联，认为现代哲学的中心任务是摆脱黑格尔的抽象理性主义，回复到以苏格拉底哲学为典范形式的古老哲学传统。②把个体生存看成人类生存的核心，看成人类诸多价值的当然承担者。③通过对传统认识论哲学与理性主义的反叛展开了一种生存论的主观主义。④把生存个体的唯一现实看成他自己的伦理现实，而把基督徒的生活看成生存的典范样式，使生存个体的超越性提升为基督徒与上帝存在相沟通的内在性。以下我们就这四个方面展开综合分析。

在克氏看来，思想与生存本来就是不分轩轾、其道一体的。在古希腊的多义的存在概念及存在论中已经贯注了丰富的生存理解思想，而且是直接面向感性个体开放的，思想通过感性个体及其实践活动实现其生存。这在苏格拉底的哲学践履中得到了很好的表现。因此，克氏特别推崇苏格拉底，认为苏格拉底实际上已经提供了生存思想家的典范。在苏格拉底那里，思想直接意味着生存澄明，人们追求知识、善、美德、正义、美，绝不是为了获得一种"知识"，而是为了达到自我理解，即达到对自身生存意义的觉解。因而，"思想"直接意味着寻求"生存智慧"。相应地，"生存"直接意味着"思想事实"，它是人对自身存在意义的体验与思考，本身就是"存在"的直接在场。但是，按照克尔凯郭尔的思想，这种思想与生存直接同一的境界在柏拉图的哲学中失落了。"苏格拉底本质上是强调生存的，而柏拉图忘记了这一点，使自己失落于思辨中。"①克尔凯郭尔的初旨是要恢复古老的欧洲哲学传统，这种传统一方面通过个体的生存感性活动呈现人的思想与理性，另一方面又用一种理性及其内在秩序引导人的生存感性活动。苏格拉底、柏拉图与亚里士多德无疑代表着一种古老的哲学传统，克尔凯郭尔的努力也在于试图恢复这一古老传统。因此，有研究者认为，克尔凯郭尔实际上是将这种生存与思想同一于感性活动的思想延伸到对柏拉图与亚里士多德的理解中，例如美国生存主义哲学家怀尔德·约翰·丹尼尔就认为："柏拉图和亚里士多德……与其说致力于构造一些庞大的思辨体系，不如说力图获得一些能够展示我们的经验世界中某些秩序的基本见识。"②克尔凯郭尔的批判对象主要是黑格尔，在这个意义上也是要强化黑格尔与克氏自己所认定的那一欧洲哲学传统的巨大差别，但是平心而论，反思理性主义的和认识

---

① 转引自杨大春：《沉沦与拯救——克尔凯郭尔的精神哲学研究》，5 页，北京，人民出版社，1995。

② 参见涂纪亮编：《当代美国哲学论著选译》（第二集），121 页，北京，商务印书馆，1991。

论的哲学传统，必然要注意苏格拉底与柏拉图之间的差别。因为正是从
柏拉图哲学以后，哲学开始与生活疏离开来，本来平实的"思想"退化为
艰深晦涩的"思辨"，活生生的"生存"贬低为僵死的"实存"。哲学陷入了
某种夸夸其谈、不着边际的抽象思辨，思想与感性悄悄从"哲学"中溜
走了。

克氏对认识论化的理性主义传统中没有人，特别是没有"个人"的历
史深恶痛绝。在克氏看来，个人是人类生存的核心，是包括理性、认识
及其自由等人类活动的最高价值的承担者，不能用客观精神来代替个
人。"我"首先不是认识的主体，而是生存的主体，反过来说，认识如果
不能与生存相关联，也不可能是本质性的认识。"一切本质的认识都与
生存相关，或者说，只有与生存发生着本质关系的认识才是本质的认
识。任何认识，如果不是在内在性的反思中内在地与生存相关联，从本
质上看就是偶然的认识；它的程度和范围都根本不值一提。"①而且，这
种对于生存的本质认识绝不是某种自近代以来逐渐占据哲学中心并具有
一种经典认识论基础的思维与存在的抽象同一性。在这个意义上，克氏
提出关于生存的主观主义恰恰是要挑战经典认识论，将存在论从认识论
的粘连中分离出来并还原为个人的生存体验。"我仅仅是一个与任何其
他人不二的可怜的生存着的精神"②。而且标志着认识论范畴的"真理"概
念本身也必然是与个人的生存体验分不开的。"主体是一个生存着的个人，
生存是一个生存的过程，因而，作为思维与存在的同一真理概念是一种对

---

① 熊伟：《存在主义哲学资料选辑》上卷，22 页，北京，商务印书馆，1997。
② 同上书，14 页。

抽象的幻想，就其真理性而言，它只是对造物的一种期待；这并不是因为真理不是这样一种同一性，而是因为认知者是一个生存着的个人，对他来说，只要他生活在时间中，真理就不可能是这样一种同一。"①

克尔凯郭尔的主观主义在阐释其生存理解方面占有重要地位。在克氏看来，主体及主观性并不是认识论概念，而是关于生存的态度。主体及主观性并不必然预示着客体及客观性的在场，生存的主观主义就是要摒弃所谓客体及客观性。"客观地，我们只考虑争论中的问题，主观地，我们得考虑主体及其主观性。正是主观性才是争论中的问题，这些必须时刻牢记在心里，主观性问题不是某种关于客观论题的东西，而是主观性自身。既然问题中的困难要求决断，既然如上表明的一切决断都包含在主观性之中，从根本上说，任何一点客观性的痕迹都应抹去。"②克尔凯郭尔从主观性中废黜掉客观性的突破口就是把真理从客观性中剥离出来，使真理成为生存者的体现形式。在传统认识论哲学中，真理虽然与认识者相关，但它"本身"却是以一种客观形式存在的。其中，关键的原因在于形成认识论哲学的反思活动强调认识者的认识必须指向一种客体对象，反思确定着真理必然是客体。但是，认识者首先必然是一位生存者，认识者认识真理不过就是使真理敞开，而且是生存者作为生存个体以及生存沟通活动中的意义展现过程。认识的反思并不只是指向客体，而首先体现的是一种生存关系。如果反思活动立足于一种关系，那么真

---

① 熊伟：《存在主义哲学资料选辑》上卷，21 页，北京，商务印书馆，1997。
② 转引自杨大春：《沉沦与拯救——克尔凯郭尔的精神哲学研究》，73 页，北京，人民出版社，1995。

理问题就会"被主观地提出来……而反思便主观地指向于个人关系的本质"①。克尔凯郭尔的主观主义与传统认识论的主观主义具有重要区别。传统认识论的主观主义立足于主观经验,但这种经验并不是体验意义上的经验,而是与诸如印象、知觉以及感觉材料相关联,并且趋向于实证科学。如果传统认识论的经验主义强调其科学性,那么,克氏的主观主义则是"非科学"的。从另一角度看,认识论的主观主义总是与怀疑论和不可知论分不开,但怀疑论与不可知论的理论前提仍然是认识论论域所设定的人与对象世界的分离,而克氏的主观主义则强调人与世界的生存论关联性,人首先是有生气的并且与周围环境密不可分的相关作用的存在物,人通过自身的生存活动与其他存在物的实存状况区别开来,同时也通过自己的努力改变世界的实存状况,使其意义化。

对克尔凯郭尔来说,生存理解与认识论哲学无涉,生存本身不能被定义。对于一种过去了的存在(如黑格尔式的本质),我们可以谈论它,也可以定义它,进而可以客观地认识它。但是,生存本身是一个不断流变的存在,不能被客观化,也不能被定义。一旦定义它,或使它客观化,也就使它本质化了,但这已经不再是生存本身。

生存不能被定义,不能被客观地认识,但是,生存者本身却能够认识他自己进而获得自我意识。只不过,这一自我意识既不是如同笛卡尔的作为认识活动的起点的、实体性的"我思",也不是从黑格尔式的绝对精神逻辑性地延展开来的自我意识,这一自我意识的直接理论论域是伦理学。克尔凯郭尔把生存理解及自我意识纳入伦理学是有深意的,这表

---

① 熊伟:《存在主义哲学资料选辑》上卷,23页,北京,商务印书馆,1997。

明克尔凯郭尔注意到了生存与实践意志的内在关联，以及生存通过伦理学实现的与存在论的共通。这项努力本身也是对近代以来不断被认识论化的伦理学的解脱。克尔凯郭尔明确地意识到，伦理学不是一门像社会学、心理学那样能够被限定在有限范围之内的特殊学科，伦理学本质上是存在论的学科。在这一学科中，"我们"能够与存在论相遇，或者适应存在，或者反抗存在，并通过与存在的相遇，形成我们的道德决断。所谓自我意识就是人本身，克氏称之为"孤独者"（single one）或"主观思想家"。

孤独者或主观思想家有三重规定性：他是一个有自我意志和激情的个人。在克尔凯郭尔看来，如果按照生存的本义理解，那么显然，激情是生存的标志，"生存没有激情是不可能的"。这里，"生存的本义"就是指超越对生存的"得过且过的态度"①。因此，必须使人成为生存的主体，而不是客体。一位车夫充满激情地驾驭马车前行，我们说车夫的态度是积极的生存，相反，如果那位车夫躺在车上睡觉，让马自己走，恐怕就不能叫作积极的生存。完整的生存必须是积极的、主动的，这使我们联想到费尔巴哈的热情以及马克思的感性，其共同之处都在于肯定一种充满活力的积极的生存。在这个意义上，生存本身就意味着一种自我创造、选择、摆脱既定性的生成性，是摆脱事实性的可能性。只不过，与马克思的感性思想最终诉诸人的历史性生存不同，克尔凯郭尔与费尔巴哈式的充满自我意志与热情的感性个体是自觉地通向上帝之绝对存在的。

①　[丹麦]克尔凯郭尔：《基督徒的激情》，鲁路译，72页，北京，中央编译出版社，2001。

克尔凯郭尔特别强调感性个体的生存意义。但这里也应当注意到，克氏对于感性个体的强调本身也有一个限度，就是个体的生存必须顺从于上帝的存在。克尔凯郭尔的思想资源有两个，一个是苏格拉底，另一个(但同时也是更重要的)则是基督教传统(后一资源部分中潜存着谢林的印迹)。可以说，他对苏格拉底的认同，对思辨哲学的厌恶与其宗教的高度诉求构成了直接的因果关系，这一关系的现实平台是个人的伦理现实，这是苏格拉底与基督教特别关注的，但同时也是为思辨哲学所忽视的，而撇开思辨哲学的美学的和伦理学层面的最后归宿正是基督教。正因为如此，克尔凯郭尔把神学阶段看成人生道路诸阶段的最后一个阶段。对于生存个体而言，他当然能够通过对生的领悟与实践而实现积极的生存。人也许能够部分地理解自己的生存，在此，人的经验起着决定性作用。但是，同样存在于我们的生存中，但却总是被我们遗忘的死亡却是我们无法经验的。撇开死亡，生存或许变成了某种确定性，但这并没有表达出生存的命义。因为死亡恰恰是作为一种不确定性渗透和嵌入生存之中从而获得生存意义的。"当我成为主体时，死亡的不确定性就渗透到了我的主观性之中，因此，我把它与我生命中的每一因素，每一阶段联系起来考虑就变得越来越重要了，因为不确定性每时每刻都在此，因而只有在每时每刻都进行克服才能克服之。"①死亡是构成我们生存的内在要素，是扬弃于我们生存中的内在要素。在克尔凯郭尔看来，没有充分地容纳死亡的生存是不完整的生存，甚至不能叫作生存。这与

---

① 转引自杨大春：《沉沦与拯救——克尔凯郭尔的精神哲学研究》，80 页，北京，人民出版社，1995。

苏格拉底的死亡观是一致的，在苏格拉底那里，哲学家的最高目标就是理解死亡。在此死亡意味着某种不朽的意义，是通过生生不息的奋斗传递给后代的责任意识。也正是由于深深地领悟到现实个体难以摆脱其有限性，克尔凯郭尔把基督徒看成能够追求不朽生存的佼佼者。因为，在他看来，只有基督徒才具有这种激情与意志将人的生存与不朽联系起来。如果说一般人至多只是通过超越的形式来理解他与上帝存在的关系，那么对于基督徒而言，他与上帝存在就是一种内在的沟通关系，这种内在的主观性，正是克尔凯郭尔强调的生存内涵。"这种自以为在反对任何狭隘的和无限深邃的哲学中表现出来的内在性，这种在言语之外作为每个人在他人和上帝面前进行的个人冒险而被重新发现的主观性，就是克尔凯郭尔所说的存在。"①

其实，整个人生道路诸阶段正是其感性个体逐渐被消解的历史。克氏虽然强烈反对黑格尔的思辨，但却把后者形成思辨的辩证法方式融入自己的哲学之中。然而，克尔郭凯尔由此却陷入了一个新的困境，即他试图克服思想与生存的分离，但却陷入个体生存与上帝存在的对立中：上帝存在但不生存，个体生存却不存在；前者是本体，后者是派生物，对生存的自我理解最后又必须归结到宗教信仰上。这种"生存"观多少冲淡了前面那种个体性的"生存"（Existenz）在当代语境中的"自我超越"的含义。

2. 生命意志及其超越

在现代哲学史上，克尔凯郭尔与叔本华一起反叛黑格尔理性主义并

---

① ［法］萨特：《辩证理性批判》上，林骧华、徐和瑾、陈伟丰译，13 页，合肥，安徽文艺出版社，1998。

开创了非理性主义时代，生存论显然是与这种非理性主义的背景密切相关的。不过当我们把生存论直接与克尔凯郭尔这一名字相连时，叔本华的影响显然容易受到忽略。这一方面是因为叔本华从形式上反叛黑格尔哲学，但其意志理论的体系性表述方式往往又是黑格尔体系的某种翻版。从某种意义上我们甚至可以把叔本华的意志替换为理性，这种替换的结果似乎并不影响对叔本华意志哲学思想的把握，这表明叔本华并没有完成对黑格尔理性主义的反叛。从这个意义上说，他的意志哲学尚缺乏克尔凯郭尔哲学那样"彻底"的理论抱负。另一方面也是因为叔本华并没有赋予生存一种新的理解，在他那里，最重要的概念是意志，在强调意志的前提下他也提到了人的生存，并且以一种特别忧郁的感受关注人的生存。对叔本华而言，他的意志概念其实应当起到一种替代黑格尔的绝对精神的存在论概念的作用，这就是物自体本身。但同时，意志概念又是一种总体性的和综合性的指认，它显示了世界的同构性，因此，包括生物世界及其物理世界在内的整个世界都源出于意志。对此，文德尔班曾做过很好的剖析："'意志'这词必须从广义上理解。在人和动物身上，意志表现为被观念或表象所决定的动机因素。在有机体的本能和植物物性的生活中表现为刺激敏感性，在经验世界的其他形体中表现为机械的变化过程。这些不同的内在的或外在的种种因果关系所共有的总的含义，根据它用以直接为我们所认识的唯一形式，应该先天地命名为意志。"①

---

① ［德］文德尔班：《哲学史教程》下卷，罗达仁译，811 页，北京，商务印书馆，1997。

如果说克尔凯郭尔最终通过伦理学以及宗教的诉求化解了个体生存的痛苦体验，那么，这种体验在叔本华的哲学中显得格外突出。在叔本华看来，生存即意志的实现，但这里的生存与意志并不是人的"专名"，人和所有生物一样都共享着"生存"，生存是一切物种都有的自我保全的本能活动。"每一生物根本都是以最严格的公平合理在担负着一般的生存，然后是担负着它那族类的生存和它那特有个体的生存。"①但是，人与生物所承担的痛苦的"感受"程度却是完全不同的：动物的"感受"只是服从于这种"痛苦"，而人的痛苦则在于他无法超越这份痛苦，人的生存由于人的复杂的个性，多变的环境与世界背景，因而远远超过了动物的生存。因此，与人的生存痛苦相比，"动物界的一切痛苦……是微不足道的"②。人的生存正因为是时间性的、无常的，因而必然处于无限的痛苦之中。人的悲哀在于他以远远超过一般生物的感受力却承担着与一般生物同等的生存；人清楚地知道生存的悲剧结局，但却注定无法逃脱对这一悲剧结局的痛苦体验。

叔本华并不是没有意识到人的生存与动物生存的重大差别，相反，正是对这种差别的深深体认，加重了他对人的生存的悲观体验。"动物既已妥当地找到进入生存之路，正如它还将妥当地找到走出生存之路一样。在生存时，动物是无忧无虑地生活着，没有毁灭的恐惧；意识着它就是自然，和自然一样是不灭的，它是被这种意识所支持的。唯有人在

---

① ［德］叔本华：《作为意志和表象的世界》，石冲白译，482 页，北京，商务印书馆，1994。

② 同上书，410 页。

他抽象的概念中常怀着自己必然会死的忧虑。"①在叔本华看来，人的生存本来是受制于意志的，仅仅受制于意志的生存或许还属于一种生理上的表现。但意志所代表的人的生存免不了受到理性的宰制，具体表现为抽象的思虑。"人禽各自为动机所推动的方式不同，这种差别对于人禽双方的本质所发生的影响都很深远；而且双方的生存所以彻底而又显著的不同也大半是这一差别所促成的。当动物总是只从直观表象而显示其本能的动机时，人却努力要完全摆脱这种动机的作用而只以抽象的表象决定自己。人由此得到利用他理性上的特权以取得最大可能的优势；他摆脱了现在，他不是趋避眼前随即消逝的苦乐，而是考虑苦乐双方的后果。除开一些根本无多大意义的行动外，我们在绝大多数场合都是抽象的，从思想中产生的动机所决定而不是被眼前印象所决定的。"②在叔本华看来，人的生存的痛苦在于抽象的思虑，而不是如同一般动物的生理上的痛苦。

叔本华对生存的理解是矛盾的。一方面，他并没有从超越性的角度理解人的生存。他虽然强调了人的感性，并将它看成人的痛苦生存的体现，但是，对感性的规定却是总体性的，而不是像克尔凯郭尔那样深入到个体生存。这样一来，人的意志与理性这些本来是确证人的超越性生存的要素，反倒成为人的痛苦生存的条件。叔本华是在一种封闭的论域内谈论人的生存的，这种生存甚至缺乏一种文化背景。正因为如此，对他而言，人的生存与动物生存从生存样态上看并没有什么本质区别，甚

---

① 〔德〕叔本华：《作为意志和表象的世界》，石中白译，385～386 页，北京，商务印书馆，1994。

② 同上书，382 页。

至于得出动物的生存优越于人的生存的结论。另一方面，叔本华似乎也不像克尔凯郭尔那样试图把生存引向一种宗教体验。当克尔凯郭尔把死亡本身当作生存的内在维度时，叔本华却将生与死对立起来。叔本华仍然是在动物般的生命终结的意义上看待死亡的，这使得生的焦虑更为突出。克尔凯郭尔的孤独个体最终获得了与上帝存在的内在沟通，而叔本华的孤独者却只能用于表达人生遭遇之类的痛苦体验。

从很大意义上讲，克尔凯郭尔与叔本华都是在努力回复到康德哲学。对黑格尔的逻辑学的消极的或主动的反抗，其结果是达到对康德的"自在之物"的消极驯服。事实上，对于克氏来说，生存意志不外乎就是以自身为目标，潜存着晦暗的本能冲动的"物自体"本身。这种意志一方面力图无穷无尽地创造自己，另一方面又总是得不到自我满足，整个生命活动必然为欲望及其满足之间的无尽循环所纠缠。叔本华的生存意志论必然导致一种悲观主义生存观。但这种悲观主义生存观是尼采所不满的。在尼采看来，人们所驯服的所谓"自在之物"本身就不存在，也不可能以逻辑方式去把握它，进而人们也全然没有必要通过肯定"自在之物"的方式去确认上帝的存在。所谓"自在之物"不过是一种纯粹观念，它所根源的"客观"不过是"主观东西内部的一种错误的方式和矛盾"。因此，"'自在之物'是荒谬的。如果我撇开一物的全部关系，全部'特征'、全部'活动'，就不再剩有该物了；因为物性是由根据逻辑上的需要由我们虚构进去的"。尼采进而断言："'具有一种自在的性质的物'这是一个我们必须与之决裂的教条。"[1]

---

[1]　[德]尼采：《偶像的黄昏》，周国平译，152～153 页，北京，光明日报出版社，1996。

尼采对传统哲学及其文化的反叛主要是从如下两个有着内在联系的方面展开的。一是通过对认识论传统的反叛从而废黜整个传统哲学的理性主义。二是通过对基督教传统的反叛从而解构整个西方文化传统中日益退化的人性结构。在尼采看来，哲学的迷误就在于，把本来只具有手段作用的逻辑与理性规范当成了目的，进而构造一种关于真理的标准模式。一般而言，现代哲学对传统哲学的反叛的目标都是黑格尔，而反叛的基点，同时也是回复的目标则是苏格拉底。尼采则将矛头直指苏格拉底，他认为，正是苏格拉底所确定的美德就是知识这一原则把伦理实践转化成了认识论活动，进而造成了一种理性万能的思想传统。对于尼采而言，前苏格拉底哲学是哲学作为实践智慧与直觉作为生命体验融为一体的典范形式。尼采认为，前苏格拉底哲学家们"对于生命和存在所作的判断，其内涵要比任何一个现代所作的判断多得多，因为他们面对着一种完满的生命，他们不像我们这样，思想家的情感被追求生命的自由、美、伟大的愿望与求索真理（它只问：生命究竟有何价值?）的冲动二者之间的分裂弄得迷离失措。"①但是，传统认识论及其理性主义却限制和扼杀了生存个体的独特的生命意志，在此意义上，表现生命个体的生命意义，就必须努力还原生命的完满性。如何还原，尼采选择了狄奥尼索斯精神即酒神精神。在尼采看来，日神阿波罗代表的是理性、道德与秩序，而酒神则代表了一种无穷无尽的生命力，意味着人的原创性的和不受约束的生命活动及其个性解放，是人的内心世界得到充分表达的精神，因而更适合于表达生命意志。

---

① ［德］尼采：《希腊悲剧时代的哲学》，周国平译，12页，北京，商务印书馆，1994。

　　但是，这种生命意志绝不是叔本华式的悲观的生命意志，而是强力意志。强力意志绝不是来自于物自体，而是来自于超人。在尼采看来，左右传统欧洲人的道德的是基督教及其教义，基督教所说的永恒的道德观念与理性主义所表明的绝对的理性原则其实是互释的，同情弱者的道德观念同时也造成了扼杀个性创造性与自由的生命意志的"文明"状况，而整个欧洲人的精神上的颓废与麻木都是与此有关的。在这个意义上，必须废除基督教及其教义，树立一种新的道德观，即"主人道德"。如何形成主人道德，尼采诉诸超人的出世。尼采是从人的生命活动的创造性与自我实现的本质性活动去理解人的生存的。在这个意义上，人的生存不再是像叔本华那种与一般物的生命尚未分离开的存活，而是超越一般生命物的自我实现与创造着的生命活动。

　　尼采虽然并未把强力意志看成属人的生命活动，相反，强力意志是整个生命世界的根源，但因为强力意志不是如同康德或叔本华的自在之物，因而包括人的生命在内的整个生命世界，也就成了一个属人的世界。意志与人绝不是一种外在的关系，相反，意志就是人的活动本身。当叔本华把意志交由上帝主宰因而反过来导向了某种悲观的生存观时，尼采则剥夺了上帝对意志的宰制，并把意志直接交由超人。超人的特征是生命意志得到充分展现的人，是冲破了一切传统思维方式及其善恶观念束缚的人，超人具有鲜明的个性与创造性，具有超群的意志、激情与领悟能力。尼采的超人哲学确实包含着很多理解，并且在很大程度上说，这种超人哲学在 20世纪已经带来了相当严重的历史后果。但是，平心而论，对于颓废消极的现时代精神而言，它所包含的巨大的精神震撼力量，恐怕迄今为止仍然值得我们认真反省。哲学家难以提供一种现成的方案，他们思想的价值往往在于警醒，是当时代精神面临某种威胁时的警醒，然而这种警醒经常受到误解，甚至本身就可能作为思想资源误导历史进程。

3. 生命的直观与理解

正是由于尼采对超验实存观及神学生存观的彻底反叛，也由于他对前期生存哲学的消极的生存观念的批判，生存哲学进入一个新的时期，生存论问题开始成为现代人本主义哲学家们的普遍的文化自觉。生存从传统的那种为认识论模式所确定的客体式的认知对象转换为一个以生命意义与价值为核心、以生活世界为基本概念的哲学概念。哲学家们不再把生存看成一个仅靠理性与逻辑就可以证明的领域（甚至放弃了理性与逻辑证明方法），而是看作需要充分运用诸如"直观""体验""理解"等方法才能深入其间的领域。其中，生命哲学的兴起具有一种重要的承接意义。

生命哲学（philosophy of life）是 19 世纪末形成并在 20 世纪上半叶在德法等国兴起的一种非理性主义思潮。在生命哲学看来，全部哲学研究的出发点就在于揭示人生命的本质进而揭示人的存在、认识与实践，在阐释人的生命活动中，生命哲学特别强调人的情感、意志以及与此相关的人的生命、意志以及历史文化问题。生命哲学的兴起有三个背景。第一个背景是叔本华与尼采的意志哲学，生命哲学基本上是叔本华、尼采的意志哲学的延伸，二者具有很大的共性与相通之处，即都强调生命与意志在哲学活动中的基础性地位，高扬人的生命意义与价值。但是，在一定程度上说，生命哲学往往显得更为宽泛，事实上，在当代西方思想视野内，人们往往把意志哲学直接归于生命哲学。第二个背景是与西方近代理性主义相对峙的非理性主义，这一思潮的影响更主要的是在文学艺术领域，属于自卢梭以来一直在西方思想的流变方面发挥着重要作

用与影响的浪漫主义运动。第三个背景即以达尔文的《物种起源》的出版
为代表，生物学取得了在科学中的领先地位，这一状况使得许多哲学
家追踪生物学的前沿发展，出现了力图在生命现象的解释上调和新旧
活力论的各种理论努力。基于上述不同的背景，生命哲学往往区分为
两种主要的倾向，一种是受上述第三个背景影响并主要分布于法国的
带有生物学倾向的生命哲学，代表人物如柏格森；另一种倾向则是流
行于德国并具有浓厚的人文主义氛围的生命哲学运动，其代表人物诸
如狄尔泰、西美尔、奥伊肯等人的强调精神意识与历史—存在的生命
哲学。

　　以柏格森为代表的生命哲学是从生物有机体理论出发理解生命。柏
格森的生命理论秉承了某种属于前苏格拉底时代并在生命理论的演进中
发挥重要作用的自然主义，从其内容上看也充分地包含了近代人类学及
生命科学成就。在柏格森看来，知识理论与生命理论不可分割。一方
面，生命理论必须通过一定的知识加以解释，而且其理论结构也须通过
一定的知识论批判加以厘定，否则便会成为某种随意性的思想框架，于
观察和解释现实的生命现象无益。另一方面，知识理论也必须充分地体
现"智力在总体进化中应有的地位"，因为，知识理论的自我超越与创
新，往往是通过对生命现象的不断扩展和深化的认识得以实现的。因
此，"知识理论和生命理论这两种探索必须互相结合，必须通过循环往
复的过程，不断地互相推动"[1]。但是，柏格森指出，近代以来的生命
理论却完全被机械论所代替，反过来说，代替了生命理论的机械论也不

---

① ［法］柏格森：《创造进化论》，肖聿译，5页，北京，华夏出版社，2000。

可能完整地表现生命的内在运动。生命是一种表现生命个体的存活与中断，并以诸物种生命现象的过渡为特征的连续性过程。但生命的连续绝不是机械学所把握到的那种连续。生命是在时间中连续着的，但关键就在于如何把握时间。柏格森区分了两种不同的时间概念，一种时间是内在的时间观念，这种时间是生命物的内在感觉可以直觉到的，并且也是人的"意识所直接达到的"；另一种时间是作为数量并"被空间化的物质化了的时间"①。而近代科学的症结就在于用第二种时间替代了整个时间，这样一来，生命的时间连续性被替换成了空间连续性，生命理论变成了机械理论。在柏格森看来，生命的时间连续性是通过绵延实现的。作为"真正的实在"，绵延不是固定不变的本体，而是不可分割的质的变化之流，即生命之流。绵延并不直接关涉于空间。"纯绵延是完全性质式的。除非被象征地表示于空间，它是不可测量的。"②对于绵延，像对外在世界的那种认识方法是不可能把握到的，只有在自我意识中凭直觉才能把握它，只有通过内在意识之流的方法，才能切入作为意识之流的绵延。就是说，绵延与主体自我的即自生活形式是一体的。

柏格森的绵延说展开了一种直觉认识论。在此意义上也是对传统认识论的反叛，而且这一反叛不仅只是认识论形式的反叛，还蕴含着一种存在论意义上的转换。首先，作为与绵延内在关联着的自我，本身就是存在论意义上的主体概念，而自我成为主体，就需要识别并舍弃掉作为传统认识论的自我概念。柏格森曾区分了两种自我概念，一是"基本的

---

① ［法］柏格森：《时间与自由意志》，吴士栋译，85 页，北京，商务印书馆，1997。
② 同上书，70 页。

自我"，另一种自我是基本自我在空间和社会的表现。"其中第二种是第一种在外界的投影，是第一种在空间的以及在社会的表现"，而第一种则是通过深刻的内省达到的，是与人的活生生的生命状态融合在一起的，因而是真正自由的生命状态。① 绵延作为人的自由意志的展开形式，本身标志着人的生命所特有的实现形式，"人类的形式所标志的，正是这种自由。除了在人身上，意识在其他一切地方都不得不停止下来；而只有在人身上，意识才能够继续发展。因此，人就无限地延续了生命运动……"②持续是任何一种生命都存在的形式，但人的生命的持续则以创造的方式表现出来，"所谓生命冲动，就是一种对创造的需要"③。创造的主体显然不仅只是认识的主体，而是生存的主体。只不过，作为存在概念的主体不再是静态的和可认知的，而是流动性的和可直觉的。

其次，绵延的提出也意味着柏格森力图转换近代认识论哲学形态④。近代认识论哲学所关注的设定的主体对外部世界的认知关系，作为体现着自由意志及其直觉的绵延则在这种关系之外。但是，绵延成为哲学的中心也就意味着弱化甚至舍弃认识论式的哲学形式。"科学既从

---

① 参见[法]柏格森：《时间与自由意志》，吴士栋译，158 页，北京，商务印书馆，1997。

② [法]柏格森：《创造进化论》，肖聿译，226 页，北京，华夏出版社，2000。

③ 同上书，214 页。

④ 关于生命哲学对传统的认识论哲学的反叛，也有论者看成对认识论的扩展。但这种理解至少在柏格森的生命哲学中是难以成立的。从形式上看，生命哲学也与传统的唯理论与经验论一样，把意识置于存在之前，但是，在柏格森的生命哲学中，意识本身就是一种生命状态(参见费迪南·费尔曼著：《生命哲学》，李健鸣译，16 页，北京，华夏出版社，2000)。这就是说，蕴含着内在的绵延冲动的生命本身就取代了直观意识概念，这样一种直观意识显然是难以为传统的认识论哲学表达出来的。

外物界去掉绵延，则哲学必得从内心界去掉空间。"①传统的空间概念是在牛顿力学即机械力学的基础上发展起来的，因而，对传统的空间概念的摒弃，也就意味着对以牛顿力学为理论典范形式的近代认识论哲学的反思与反叛，这一活动直指人的内心世界。针对近代哲学，柏格森指出："有关精神的种种学说的一个重大错误，就在于它们认为：将精神生命与其他一切生命隔离起来，将精神生命悬在尽可能远离地球的空间里。"②而在把人的精神与其他生物的生命活动隔离开来，并将机械理论运用于对生命现象的研究过程中，人的精神生命的内在的观察与直觉却被简化甚至忽略了。事实上，在传统的认识论哲学中，或者是以自然物质观代替生命观，或者仍然是以超验的宗教形式作为生命理论。而柏格森提供的则是一种强调直觉与创造的生命理论。

再次，柏格森的绵延说力图实现对于古典的本质主义形而上学理论的重新解释。本质主义形而上学理论认为必须对虚无做出解释，但在柏格森看来，存在总是在虚无之前，因而我们不能在没有确立起存在的前提下解释虚无，存在与虚无并不是对立着的两类秩序。

至于秩序本身应当这样分类：一类是时间意识中的生命，另一类秩序即存在，它是从变化中引申出来的形式，这意味着存在本身就是存在于时间意识中并存在于生命内部，它本身就是体验。作为形而上学的主体，存在因而被看成了一个经验概念，而形而上学也转换成了一种内在于生命活动中的体验。这样一来，形而上学也就与内蕴于柏格森绵延说

---

① ［法］柏格森：《时间与自由意志》，吴士栋译，156 页，北京，商务印书馆，1997。

② ［法］柏格森：《创造进化论》，肖聿译，226 页，北京，华夏出版社，2000。

中的生命理论融合为一体了。

结合柏格森的哲学抱负，我们可以看出他试图建立一个实现现代哲学形态的转换并能够包容其他现代哲学样态的生命哲学理论。这一思想不仅在存在—历史倾向的生命理论中得到了巨大回响，而且也在英美实用主义以及后来的分析哲学中产生了强烈反响。

德国的生命哲学属于施莱尔马赫的浪漫解释学的继续。施莱尔马赫把解释学引入实践哲学之中，把解释的重点确定为在伦理及实践领域内的人类语言及交往活动。在施莱尔马赫看来，解释的重点并不在于解释的文本，而在于解释本身，这就是创造性地重建解释活动。狄尔泰则把解释活动进一步确定为对生命的理解，对生命的理解是人的精神科学，也即社会历史科学及人文科学的核心问题。关于人文科学与自然科学的区分，弗莱堡学派哲学家文德尔班及李凯尔特等人已经明确提出过，但他们重视的主要是研究方法上的区别，狄尔泰注重的则是研究内容的区别。自然科学以外在的物理世界为对象，关于自然世界的认识、感觉与思维等都具有外在性，但人文科学则直接关涉于人的生命，属于精神活动的自我阐释，因而难以通过认识的方式去把握，而只能通过人的内在的精神活动去领会、体悟，人的内在的精神活动本质上是理解活动。狄尔泰关注的是作为整体的人的生命，并不是局限于纯粹个体的生命，生命不仅存在于体验与理解中，而且必然在历史中被体验和理解。所谓心理学、解释学与历史学是融汇一体的，如果这一思想得以贯彻，那就显然是对于三类涉及人类精神活动的学科的整体性的改造。对狄尔泰来说，理解本身具有一种存在论的意义，而生命倒可以看成理解活动的在场表现与实现方式。从一开始，狄尔泰就力图摆脱自然主义，进入对人的生命的内在理解。"理解的最本质在于不是同自然认识一样靠的是清楚的、非常确定的东西……是一个确定的—不确定的东西,是对确定东西作的试验,一种永远不会结束的东西,是部分和全部的更替。在这种解释学的交替中,生命范畴能起传导内心经验和外部的图像的作用。"①

狄尔泰的生命解释学理论表明,与形而上学一样,近代自然科学也建构了一个独立于生命体验的生命世界之外的抽象的理智世界,这一抽象的理智世界代替了人的整个精神世界。狄尔泰的研究表明,过去的精神科学总是唯科学是从,并且从整个方法上看,近代的精神科学都带有明显的机械论成分。对生命的解释都是沿用近代科学的解释模式,生命的奥秘、生命现象的丰富性与复杂性一直是用机械主义心理学、自然物理现象的规律以及生命的自我保存等生物学规律来描述的,这样一来,对人的生命的解释就只能停留于一种机械主义生命理论水平。因此,要实现对于人的生命的理解,就必须深入到人的生命的核心,这一核心就是人的生命体验。当然,狄尔泰并不反对认识论,因为他的整个哲学努力,就是要建立一种关于人的生命体验的认识论。但在狄尔泰看来,这一认识论不仅需要与近代的认识论及其世界观区分开来,而且还应当成为科学的认识论与世界观的前提性基础。不过,当狄尔泰在致力这一研究时,他的关于体验的生命解释学理论的超越性的人学意蕴不得不打一些折扣,因为当他在努力建构一种关于生命体验的解释学理论时,如何

---

① [德]费迪南·费尔曼:《生命哲学》,李健鸣译,99 页,北京,华夏出版社,2000。

把由科学的认识论所获得的生命理论，转化为其生命解释学的内在的资源或理论环节总还是一个问题。

　　狄尔泰把时间性看成生命的第一个范畴。这种时间是体验性的时间而不是客观—物理时间，这与柏格森的时间概念是相通的，区别在于柏格森强调的是时间性存在意义上的绵延属性，而狄尔泰则是通过时间性引出历史性。对他而言，时间是对作为存在概念理解的进一步规定，至于时间性的追问则引出历史，这是生命置于其中的总体性领域，相互影响并在时间上持续着的生命，本质上就是历史生活。因此，狄尔泰的真正问题是关于历史的意义，狄尔泰是基于生命本身去理解生命，不是基于其他实在，而生命的基本特征即实在性就在于"历史—存在"（Ge-schichtlich-Sein）[①]。这种历史—存在是内在于生命活动之中的，而对它的揭示即对于生命本质与真理的揭示。无疑，历史理解本质上应是对于人生命的理解与重构。狄尔泰区分了三种层次的历史理解方法。第一种是编年史学家的历史理解，编年学家注重历史的"史诗般的兴趣"。第二种是历史学家的历史理解，历史学家感兴趣的是国家事件和背后的政治动机。第三种即普遍历史学家的理解，其意义就在于解释和重构内在生命，对内在生命的解释与重构"不仅仅是一种心理学活动，而且还包含了建立在所使用语言和风格基础之上的解释的文法和技术方面，以及源于普遍历史观点的所有情境性特征"[②]。

----

　　① 转引自［英］安东尼·弗卢等著：《西方哲学讲演录》，李超杰译，104 页，北京，商务印书馆，2000。

　　② ［英］安东尼·弗卢等著：《西方哲学讲演录》，李超杰译，96 页，北京，商务印书馆，2000。

狄尔泰强调从历史—存在来理解人的生命，但这并不意味着忽视人的个体经验。狄尔泰是在精神科学的总名目下展开其生命理解思想的，其中个体与历史得以交融的情境状况，诸如语言、习俗、风尚、家庭、社会、国家法律、宗教、艺术及哲学等等，构成所谓客观精神，狄尔泰称之为"生命的客观化"历史的本质是通过生命的客观化呈现出来的，但是，只有具有个体体验的自我才是客观精神的承担者，因而在个人的自我生活经验与整体的历史性经验之间构成了一种相互阐释的循环。

从很大程度上说，狄尔泰实际上赋予了自我以一种生存论的意义，并由此转变哲学作为精神科学的方向，狄尔泰称之为"形而上学的安乐死"①。狄尔泰把形而上学的发展史看成自我衰亡的历史，在形而上学的演进中存在着向前与向后两种力量，向前的力量使形而上学从宇宙学的客观立场过渡到"自我意识的立场"，而向后的力量则迫使这种自我意识的立场逐渐转换为思想体系，两种力量的合力即表现在对绝对性的知识性的追求，恰恰是这种追求反过来使形而上学走向衰落。狄尔泰把形而上学的衰落分为三个阶段，这三个阶段的代表分别是：苏格拉底、奥古斯丁与康德。苏格拉底将形而上学从宇宙学转变为自我，这一转变看起来是走入伦理与实践领域，但实际上是引入了一个抽象思辨的领域。但苏格拉底同时也忽视了经验自我与某种超越性存在的关联与沟通，这一超验的神学领域虽然存在于古希腊的神秘主义传统中，但却是由中世纪奥古斯丁真正引进西方哲学传统中的。在这个意义上，形而上学体系

---

① ［德］费迪南·费尔曼：《生命哲学》，李健鸣译，102 页，北京，华夏出版社，2000。

化为超验的宗教神学。康德则借助笛卡尔的思想努力把先验意识看成人的自我意识能够独立面对的领域，但是，在康德那里，形而上学仍然是作为一种先验结构而被固定下来的。这样一来，自我意识并没有，也很难取得真正的独立性，而且，与此同时，形而上学中所包含的有价值的蕴含并没有获得某种建设性的传承与表达。在这个意义上，狄尔泰赞同叔本华的观点，认为应当把意志当作意识的核心，因为自我并不是作为知性意义上的自我，而首先是一种经验的和生命的自我。在狄尔泰看来，对这种经验性的和生命性的自我的直观与理解就成为生命哲学的主题——同时也是康德之后的现代哲学的中心任务。

柏格森与狄尔泰的生命哲学确实存在着很大的差别，前者的背景主要是生物学的，人的生命确实是一种特例，但它必须通过对整个生命存在物的揭示显示出来。后者的背景是人文主义传统，不言而喻的是，狄尔泰的精神科学就是人文科学，生命的理解就是关于人的生命的理解，正是在这个意义上，历史—存在的意义才得以凸显。然而，即使是从背景上看，近代以来的生物学发展与人文主义传统也是存在着十分密切的联系的，因此从背景上来截然区分以狄尔泰为代表的德国生命哲学与以柏格森为代表的法国生命哲学是很难的。事实上，柏格森的生命哲学的一个重要表现就在于在精神领域摆脱机械进化论而进入对人的精神生命现象的内在直观，这一点本身就是狄尔泰精神—历史科学的自明的前提。柏格森所希望实现的"存在的转化"与狄尔泰所希望实现的"形而上学的安乐死"，都表现了生命哲学作为一种新的哲学形态的宏大抱负。只不过，前者要求实现认识论哲学样态向生命哲学的结构性转换，而后者则是通过对形而上学的内在分析从而引入生命哲学，二者都强调对生命的内在直观与理解。在此，柏格森的从方法论推进到世界观的生命理论与狄尔泰的从世界观推进到方法论的生命理论融为一体，而这种融合在后来的生命哲学家如西美尔、奥伊肯那里得到了更好的表达。

如果说柏格森与狄尔泰分别从生物学及人文科学两个侧面表达生命哲学，那么，对于西美尔来说，这两个侧面都是呈现生命本质与内涵的方面，生物学与人文科学实际上反映了对人的两种态度：客观的态度与主观的态度，但生命的意义恰恰在于使这两种态度达到某种辩证融合。西美尔在生命中区分了两样东西：动力和先验。前者用公式表示："更多的生命"；后者用公式表示："比生命更多"。"更多的生命"是指生物学意义上的生长。西美尔认为，有机物的生命形式是与因果性相区别的以生命有机体的相互渗透和影响为特征的模式，相互渗透同时标志着生命的独特的体验结构，生命过程的无法预料与不可逆转性以及生命的创造性就是以此为基础的。生命是一种生生不息的创造过程，创造构成了生命的内在性，同时也造成了生命活动的矛盾与不安，并使生命过程呈现出持续不断的斗争与冲突，生物有机体的生命总是如此。"比生命更多"，意味着比生物有机体的持续的和内在的生命要更多，可能是一种超生命性，可能是非生命性，也可能是要赋予生命以文化与历史属性等等。总之，是使生命更多地与精神的内在要求相一致，这意味着超越生命的单纯的存在状态，使生命显现出精神的生气，这一点恰恰是德国狂飙运动充满活力的精神运动的体现。而且，从历史哲学的角度看，又是指"从生命哲学的角度对黑格尔的精神的自我运动进行重新解释"①，或者说是努力

---

① ［德］费迪南·费尔曼：《生命哲学》，李健鸣译，109 页，北京，华夏出版社，2000。

在黑格尔式的辩证法精神中发掘或者干脆注入了一种生命的活力。

生命哲学的中心问题是生活经验问题。正是通过生活经验，生命哲学实现了对传统哲学样态的转换，在生命哲学中，生活经验作为生命的内在事实，要比外部世界的思维形式灵活得多，而生活之内在的生存论体验活动，恰恰是传统哲学的存在论、认识论等论域所建立起来的知识形式难以把握的内容。这意味着，一旦生活经验成为哲学的核心领域，把握世界及自我的概念基础及方式都必然会发生变化，这种变化同时也意味着人的自我认识提升到了一个新的高度，这是主客体在一种尚未明确的生存论基础上的沟通与融合。"生命组成了自己的逻辑空间。在这个空间中起作用的规律同客观认识中起作用的规律不同。就是生活经验也有自己的普遍性和必要性，但都是从属于生命这个事实的内部，因此要比外部世界的思维形式灵活得多。因此生活经验可以作为自我经验的模式。如果说生活经验不应该是封闭的内心活动，那就需要自己的范畴，以提出自己同世界的联系。'生活在继续'和'这就是生活'是本体学的两个既适用于体验也适用于世界的无区别的范畴。所以也可以把这些范畴看做是海德格尔提出的'生存论上的东西'。相反那些纯粹的理解概念，如本体或因果性就太外部了并太清楚地显示了只是同客观事物有关，而不是表示生命和体验的特点。这里显示了生活经验是意义形成的独立形式，这种形式能建立起外部和内部、主观性和客观性之间的联系。"①也正是通过生活经验，生命哲学上承直觉主义生命辩证法与意志

---

① ［德］费迪南·费尔曼：《生命哲学》，李健鸣译，13～14 页，北京，华夏出版社，2000。

哲学，往下在一个十分宽广的领域内得以与实用主义关注现实生命的思维方式、与现象学运动中的生活世界观念、与分析哲学中的生活形式概念进而直接与海德格尔的生存哲学沟通，从而成为整个生存论哲学努力中一个十分重要的环节。

4. 现象学方法及其生命直观

当代哲学的生存观，与胡塞尔开创的现象学方法是存在着内在关联的。梅洛-庞蒂曾说："现象学是这样一门哲学，它将所有本质都回置到生存中去，并且要求在'事实性'中理解人和世界。"①正是现象学方式促使人们悬置"存在"，面向生存本身。而现象学方法也开辟了一种超验的生存理解模式，通过这一模式，生存的"最低限度的主体间性"（奥尔特语）被先验地建构起来。而且，现象学运动本身从超验现象学到生活世界现象学的转变，也同时伴随着现象学关于生存的理解从超验的单纯的个体到社会性的交互主体之生存理解的提升过程。当代哲学对生存及生存论的内在的剖析、阐释与建构，都是通过现象学方法实现的。

生命直观一直是欧洲现象学传统的隐蔽的主题，这表现在：生命一方面被赋予了某种内在的形式从而成为意识活动的直接对象和成果，而且由先验现象学方法拓展开来的整个哲学体系本身就应当看成生生不息的生命过程。但是，从形式上看，由于生命本身受制于现象界并直接成为知性的对象，因而生命的活的内涵又直接限定于既定的哲学体系。这

---

① 参见倪梁康：《现象学及其效应》，119 页，北京，生活·读书·新知三联书店，1995。

意味着，生命的内在的直观与哲学体系的自足往往是矛盾的，这种状况在黑格尔的精神现象学中表现得最为突出。因而，现代欧洲现象学对以黑格尔为代表的传统现象学的超越，必然包含着生命哲学与生存哲学的内容。

黑格尔的精神现象学也可以看成关于生命的现象学，且是以纯粹先验方法展开的关于生命现象的逻辑。这种逻辑不是人为的，但却与自我意识构成某种结构性的对应关系，精神现象学本身就包含着从生命向自我意识的过渡。在黑格尔那里，生命被看成一种与异化相对应的作为自身同化的、限定性的存在。"生命乃是自身发展着的、消解其发展过程的，并且在这种运动中简单地保持着自身的整体。"①"那被自我意识当作异于自己而存在着的东西，就它之被设定为存在着的而言，也不仅仅具有感性确定性和知觉的形态在它里面，而它也是返回到自身的存在，并且那当下欲望的对象即是生命。"②但作为欲望的对象，同时也是需要克服的感性，恰恰是被一种认识论意义上的经验范畴所统摄的。因而，生命的本质就被设定为"扬弃一切差别的无限性，是纯粹的自己轴心旋转运动，是作为绝对安息的无限性之自身的静止，是运动的各个环节在其中消融其差别的独立性本身，是时间的单纯本质，这本质在这种自身等同性中拥有空间的坚实形态"③。但精神现象学不可能仅仅局限于生命这一环节。在黑格尔看来，生命必然通过一种外在的逻辑扬弃自身，

---

① ［德］黑格尔：《精神现象学》上卷，贺麟、王玖兴译，120页，北京，商务印书馆，1983。

② 同上书，117页。

③ 同上书，117～118页。

而这外在的逻辑恰恰是作为绝对精神之外化的自我意识。黑格尔实际上是以辩证的方式从生命中推出了自我意识。

黑格尔已经提出了生命的理解问题，同化是生命的基本事实，生命物的自我保存本性必然是通过将自身与它物区分开来并控制这种区分实现的，"一切有生命的东西都是靠与己相异的东西来滋养自身"①。在与他物的区分过程中，生命过程表现为异化，而且只有通过异化，生命才表现出自身同一性。与此同时，按照黑格尔现象学的一贯思路，从生命到自我意识的提升实际上已经蕴含于生命活动中，这意味着存在着一种生命的内在意识，对生命的理解正是这种内在意识的展现。但是，这样一种思想却被从生命到自我意识的提升过程取代。

黑格尔精神现象学及其生命理解的问题在于，精神现象学实质上设定了一种存在本质与作为生命的现象的二元对立，自我意识对于生命的超越本来属于生命的内在的超越，但是，在这种本质主义的模式中不得不蜕变为外在的超越。一方面，超验的现象学方法代替了对生命的本质直观，另一方面，对生命现象的认识完全受制于认识论模式。因而虽然在生命与精神意识之间建立起了一种关联，但人的生命与一般动物的生命却没有能够区分开来。当然，这两方面都有一个共同的基点，即受根深蒂固的唯灵论的影响，哲学家总是把灵魂—肉体的对立设定为精神—生命的对立，生命既是一个被解释的现象，同时也是在价值意义上被排斥的对象，充满着感性丰富性的生命直观与理解，同时也承负着某种世

---

① ［德］伽达默尔：《真理与方法》上卷，洪汉鼎译，325 页，上海，上海译文出版社，1999。

俗快乐主义的道德责任。这样一来，生命直观被安置于整全的哲学体系中，而不可能包含着充分的生命直观与体验活动。

胡塞尔的现象学致力于建构一门严格意义上的本质科学，这门本质科学从形式上看并不关涉生命直观，因为它只探究意识活动的内在规律，而不是如心理主义那样研究意识活动的形成。而且沿着这一思路，胡塞尔逐渐形成了他关于现象学的规定性："关于意识一般、关于纯粹意识本身的科学。"按照这一思想，不仅黑格尔那种从生命推导出自我意识的精神现象学，而且那种建立在自然主义基础上的生命哲学都属于心理主义。至少在完成《逻辑研究》第一部著作，也即完成从心理主义现象学向先验现象学转变之前，胡塞尔并不认为现象学应当把生命看成探究的重点。而且，在胡塞尔那里，生命及其理解作为个别存在及其信念形式本身就是需要悬置的。不过，胡塞尔现象学的重要意义似乎并不在于某种仍然存在的认识论的或本质主义的立场，而在于他所提出的现象学方法的运用价值。假若把其中的先验论立场也加以悬置，那么胡塞尔的现象学便可能成为分析人的现象，包括生命现象及生存问题的典范方法。这一点事实上随着胡塞尔现象学的发展而不断凸显并融汇到其后继者的生存哲学思想中。这里，全面剖析胡塞尔现象学对生命的理解非篇幅及本人研究能力所及，我们不妨以胡塞尔关于内在时间意识现象学以及晚期生活世界概念的提出及其影响为例说明。

内在时间意识是生命哲学的中心问题，实际上也构成胡塞尔先验现象学的中心课题。胡塞尔在 1928 年发表的一部著述即《内在时间意识现象学》。这一著作表明现象学方法的优势与卓越之处就在于阐释生命的本质及其意义，倪梁康对此书有这样的评价："胡塞尔的现象学思维方

式和操作方式以及现象学'工作哲学'的特征在这里得到了充分的体
现。"①在此书中，胡塞尔认为，对时间有两种把握方式，一是客观时
间，客观时间建立在经验知识积累基础上，通过对诸如天体以及物体在
空间中运行的观测所形成；二是内在时间，这是根据主体自身的体验去
把握的时间。客观时间大体相当于生命哲学批判和摒弃的机械进化论的
和空间化的时间，客观时间并不是原初的时间，而是后起的时间。在胡
塞尔看来，康德所谓先天的时间范畴并不真正是先天的，而是构成性
的，胡塞尔内在时间意识现象学的工作就是要说明原初的时间观念是如
何产生的，进而分析原初的时间与主观时间及客观时间的关系。

至于内在时间基本上属于被生命哲学看成体验生命活动的唯一时
间。但是，胡塞尔并不承认存在着两种时间，而且认为时间本身并不能
被主体体验直接感知，我们所感知到的只是在时间之中发生的事件，即
"时间客体"。这一时间客体已经包括了生命哲学中的物理性的时间材
料，"'时间客体'，不仅是指那种时间上统一的客体，而且包括时间的
广延性本身"②。但时间客体毕竟是通过内在时间客体呈现出来的，现
象学的任务就在于通过"描述内在时间客体'呈现'在某种连续的流动之
中的那种方式"从而揭示出它是如何被给予的，并通过这种意识分析找
寻消失了，但却又具有某种新奇性的绵延内容，进而以之为素材构成原
初的时间观念。因此，描述同时也意味着回忆、连接以及对内在时间意

---

① 倪梁康：《现象学及其效应》，21 页，北京，生活·读书·新知三联书店，1994。

② ［德］胡塞尔：《内在时间意识现象学》，杨富斌译，25 页，北京，华夏出版社，1999。

识的展开。"描述这一方式不是指描述时间绵延本身，因为正是具有其绵延性的同一种声音属于它，尽管它没有得到描述，无疑在描述中它是被预先假定的。这同一种绵延是存在的、现实的、自我产生的，因而是过去的、'消失了的'绵延，在回忆中仍然是已知的，或者是显现的，'仿佛'它是新的。现在所听到的这同一种声音，根据随后产生的意识流的观点来看，已经成为过去，它的绵延性消失了。对于我的意识来说，时间的绵延点向后移动了，正如空间中的静止客体在我'离开该客体而去'时向后退一样。该客体保持着它的位置；即使如此，这种声音仍然保持着它的时间。"①

胡塞尔强调通过对时间的内在分析揭示作为生命本质的绵延，他的立场仍然是意识哲学，对时间的分析同样是在意识哲学视阈内进行的。海德格尔则把时间与意识都还原或转换到存在论中，这样一来，时间与意识则被看成此在在此的场域，它们更多地表征着个人的自我经验，因而自我不再是意识哲学中的"我思"，而是融入具体生命过程的"我在"（I Exist）。生存这一看起来被胡塞尔有意悬置了的存在直接被提到前台。"在自我经验中，人遇到他的生存的'赤裸裸的自己'。"②也就是说，此在在此的那些生动真实的状态（诸如烦、忧虑、恐惧、死亡、罪责、良心）得到了存在论意义上的阐释，海德格尔同样致力于思考意识与主体性，这看起来是一切意识哲学的出发点，然而在所有的意识哲学家中并

---

① ［德］胡塞尔：《内在时间意识现象学》，杨富斌译，27～28页，北京，华夏出版社，2000。

② ［德］费迪南·费尔曼：《生命哲学》，李健鸣译，169页，北京，华夏出版社，2000。

没有人做到像海德格尔那样成功地从生存角度解释了意识及主体性，因为那些人的生动真实的生存情态在传统思想看来只能属于心理学、人类学及文学艺术关注的对象。在潜意识里，胡塞尔实际上也为这些情态所困扰，而且其现象学的一个目的就是要摆脱这些令人烦恼的心理主义的残余，确立一种纯思的态度并努力建构一个更为纯粹的世界观念。但海德格尔恰恰是停留于并深究这些令人困扰的方面，从而揭示其中蕴含的丰富的生存论内涵。

胡塞尔的内在时间意识现象学是在强势的生命哲学背景下形成的。他一方面努力调和柏格森与狄尔泰两大生命哲学传统，另一方面又在贯彻其现象学原则。但是，内在时间意识本身并不是纯粹的意识哲学的概念，而是具有了生命体验的内涵，它绝不是某种纯粹的先验形式，而是生命个体体验的实现形式。这样一来，胡塞尔的内在时间意识与狄尔泰生命解释学中的历史—存在就有了某种沟通汇合的可能性。

其实，即使是胡塞尔先验现象学也不可能完成生命直观。现象学作为纯粹意识的科学，关注的是经验对象与所与方式之间的先天关联，但是具体阐释这一关联的意向性理论必然会与主体的体验相关。尽管"意向性体验"与实际的体验意识、与体验活动的内在知觉有区别，但意向性体验毕竟还作为一种关系和意义统一体，它毕竟要涉及人类的主体性，而人类的主体性绝不是一个纯粹的先验概念。这一点对于 20 世纪30 年代前后的胡塞尔而言，应当是有深切感受的。胡塞尔事实上逐渐意识到这一点并且提出了一个新的概念："意识生命"（Bewusstseinsleben)以修补纯粹的意识概念。"胡塞尔处处关心先验主体性的'作为'（Leistung），这与研究构成性的现象学任务是完全一致的。然而对于他真正目的来说最有特征性的是，他不再讲意识，甚而不再讲主体性，而是讲'生命'。"①与此相关的概念即生活世界概念的提出。生活世界概念是前科学的，日常性的和先验性的，但生活世界同时又是一个历史性的概念。经验面对的客观世界并不是历史性的，尽管可以像康德那样通过自然科学在客观世界构造一个完美的存在论结构，但这毕竟只是一种"存在着的世界"，而生活世界的意义则在于先验地成就"世界的存在"。在这一世界的存在中发挥作用的是作为历史存在物的人生存着的整体，生活世界先验地和历史性地标示着主体间性。传统的意识哲学把一个独断的"我思"看成认识的起点，把自我看成不言自明的认识主体，我只能被我自己所理解，而别人的知觉经验都没有直接的认识意义。这就把他人问题和世界的问题抛弃一旁，他人的身体、自我、经验、地位是意识哲学无法关注到的，而胡塞尔的本质直观则通过历史性的境遇把先验的主体性引入了主体间性。"我思应该在处境中发现我，只有在这种条件下，先验的主体性才可能是主体间性。"②实际上，由此获得的生活世界本身也涵容了主体性。

当然，在胡塞尔看来，生活世界并不是构造起来的，而是通过先验反思从而自我给予的世界。"先验反思虽然要消除世界的一切正当性和任何其他东西的预先给予性，但另外它也必须把自己设想为被生活世界所包围。反思的自我知道自身是生存于有目的的规定性中。"③

---

① ［德］伽达默尔：《真理与方法》上卷，洪汉鼎译，317 页，上海，上海译文出版社，1999。

② ［法］梅洛-庞蒂：《知觉现象学》，姜志辉译，8 页，北京，商务印书馆，2001。

③ ［德］伽达默尔：《真理与方法》上卷，洪汉鼎译，319 页，上海，上海译文出版社，1999。

胡塞尔提出生命及生活世界概念的意义就在于真正实现对认识论意义下的先验主体性的改造，认识论意义下的先验主体性本质上是客观主义，它并不关涉生存着的主体因而也不具备历史性。这一认识使得胡塞尔一方面强化了其先验唯心论立场，另一方面赋予了生命概念一种新的规定，这就是作为其先验现象学内在规定性的"有作为的生命"，在胡塞尔看来，"'生命'不只是自然态度的'正—去那里—生存'（Gerade—Dahin—Leben）。生命也是而且正是作为一切客观化物源泉的被先验还原的主体性"①。通过融入生命理解，胡塞尔"揭示了唯心论和实在论之间通常认识论争执的虚假性，而以主体性和客体性的内在协调代替这种争执作为主题"②，从而在意识哲学的论域内实现了对客体主义的传统认识论模式的超越和改造。

胡塞尔现象学方法的问题在于其先验的立场，这一立场一直延伸到其生活世界概念中。与生活世界概念相对应的还有一个概念：先验交互主体性，而后一个概念较生活世界而言具有根源性意义。生活世界只不过是将人们引入先验交互主体性的一个通道和过渡，它本身甚至只具有教育和引导意义。"'生活世界'在胡塞尔先验现象学中是经验的实在，因而是应当受到排除的东西，它与先验还原所要还原的东西有关；'交互主体性'在先验现象学中则是先验的东西，因而是应当受到严密论证的东西，它与先验还原所要保留的东西有关。"③胡塞尔关于生活世界的立场表明，他尚未

---

① ［德］伽达默尔：《真理与方法》上卷，洪汉鼎译，320 页，上海，上海译文出版社，1999。

② 同上书，320 页。

③ 倪梁康：《现象学及其效应》，127～128 页，北京，生活·读书·新知三联书店，1994。

完成对意识哲学及认识论哲学的超越，胡塞尔把关于意识的形成的研究转变成关于纯粹意识的描述，其实应该看成意识哲学及认识论哲学内部的主题转换。或者说，胡塞尔是以一种在他看来更为恰当的办法完成意识哲学及认识论哲学的任务，但恰恰是他用以实现这一转换的中介性思想成为后来海德格尔等人生存哲学的基点，并带来当代生存论哲学的新气象。

现象学的基本方法即本质直观方法，而本质直观方法的基本要求是"面向事物本身"，但"事物本身"绝非一个可经验的事物现象，而是在悬置了关于认识对象的存在的信念之后达到的"纯粹现象"。纯粹现象是隐蔽着的，但又是面向我们的纯粹意识而"开显"的。胡塞尔现象学的开端始终是复杂而神秘的，而且这一所谓开端同时也有理由成为整个现象学方法的目的。不过，作为胡塞尔现象学直接继承人的舍勒的现象学方法却没有这么诡谲，舍勒现象学的开端处就是现实的实践世界、价值世界，这实际上是经验的和感性的起点。相应地，本质直观方法在舍勒这里也获得了前所未有的运用。与胡塞尔一样，舍勒同样也是要通过本质直观方法来把握纯粹的本质、范畴与观念，但是，一旦深入具体的领域，那么相应的结果与方法就出现了差别。简言之，胡塞尔的本质直观方法要求达到先验意识本质，而舍勒的本质直观方法则是达到认识的"非感性化"及"非肉体化"，即排斥诸如生命的冲动、欲望以及刺激等世界的现实特征进而获得与上帝有关的永恒观念与价值。

对生存的直观，海德格尔特别推崇"形式显明"（formale Anazeige）的现象学方法。形式显明在某种程度上是给出或还原前哲学或使哲学批判得以可能的"开端方向"。而对于生存的理解，这种方法特别重要。"在形式显明中，要讨论的真正对象被确定为生存（Existenz）。在这样一种形式上显明出来的意义中，这个概念指示着'我在'现象，即包含在'我在'中的存在意义；而后者乃是一种原则性的现象联系及其所包含的问题的开端。""通过形式显明，如此这般被理解的自身（Selbst）之存在就意味着实存。"①海德格尔由此批判了克尔凯郭尔及尼采等生存哲学家沉迷于感性的生存而不能超拔的情形。对海德格尔来说，"生存"（Existenz）就是"我在"或"我是"（ich bin）呈现自身的"存在方式"，是用来表征"我在"或"我是"之为"在"或"是"的意义的。而且，海德格尔明确地阐明了这种通过"我在"或"我是"展开的生存理解的非对象性和非课题性意义。"作为'是'（ist）之意义的存在意义，产生于以客体对象为指向的、在'理论的'认识中被阐明的经验；在这种关于某物的经验中，这个某物的'是什么'（ist-was）始终以某种方式被言说了。这个对象性的东西无需作为在某个确定的、通过一门科学的实事领域之逻辑而构成的领域中的东西而明确地得到分类排列。毋宁说，它多半是在周围世界、共同世界和自身世界的经验中可获得的那种意蕴（*Bedeutsamen*）的非理论的'客观性'（Objektivität）……就其本源和其真正的基本经验来追踪，实存意义（Existenzsinn）恰恰就是这种存在意义（*der* Seinssinn），后者并非从那个特殊地在认识之际要阐明的、并且同时要以某种方式客观化的'是'（ist）的'是'（ist）中可赢获的，相反地是从对它本身的有所关心的拥有的基本经验中才可赢获的，而这种拥有乃是在一种可能接踵而来的、但对实行来说无关紧要的按照'是'（ist）之方式客观化的认识之前已经得到实行了的。"②在

①　[德]海德格尔：《路标》，孙周兴译，34页，北京，商务印书馆，2000。
②　同上书，35页。

此，海德格尔强调的是生存的具体性的本己经验，以及通过这一经验可通达的生存事实本身。

在所有现象学哲学家中，舍勒更接近生命哲学。反过来说，舍勒也一直为生命哲学所困惑并寻求一种超越生命哲学的方法，这一方法其实质就是现象学方法。不过，为区别于胡塞尔的先验现象学方法，他称之为"精神论"。舍勒的这种称呼自有其理由。构成舍勒现象学的核心概念就是精神，舍勒实际上是用"精神"取代了胡塞尔现象学的核心概念"意识"。在舍勒看来，"胡塞尔意识概念的狭窄性首先在于，胡塞尔将它限制在认知性的意识行为上，例如感知、思维、判断等等，从而忽略了对类似同情、悔恨等等情感性的意识行为的关注"①。尽管这并不是对胡塞尔意识概念的准确理解，但至少是抓住了认识论哲学中意识概念的症结所在，在这个意义上也指出了胡塞尔现象学仍然没有跳出认识论哲学的理论论域。另外，舍勒的意思并不是否弃胡塞尔现象学方法的价值。关于胡塞尔现象学还原方法，舍勒曾说过："尽管我对胡塞尔的还原理论在具体问题上不敢完全苟同，但可以承认，这个还原实际上就是指正确定义人的精神的行动。要想知道还原的这个行为是如何发生的，就必须知道我们的现实体验存在于什么之中。"②可以看出，舍勒其实是在广泛的文化领域内运用其现象学方法的，对人的生命与价值的关注因而就成为这一方法的必然落脚点。将现象学方法运用于对生命的直观，本身也是舍勒的理论动机所在。在舍勒那里，所谓现象

---

①　倪梁康：《现象学及其效应》，334 页，北京，生活・读书・新知三联书店，1994。

②　［德］舍勒：《人在宇宙中的位置》，李柏杰译，40 页，贵阳，贵州人民出版社，2000。

学哲学就是"最生动地、最强烈地、最直接地体验接触世界本身……怀着对体验中的存在的渴望,现象学的哲学家到处都在寻找那些从中涌现出世界之内涵的'泉源'本身,以图畅饮一番"①。舍勒的现象学方法更主要的是一种现象学的态度,"舍勒不是从先验的惟一论的角度理解本质直观,而更多的是从现实的角度把本质直观看做是直觉的接受'预给的'结构关系。把本质直观扩展到感情体验的领域是符合这点的,以至于舍勒提到了'感情的—现象学'的观点"②。

舍勒通过其对生命及价值的直观确立起了哲学人类学,不过,这种哲学人类学绝不能理解为与神学对立着的人类学,而应该看成力图超越关于人的理解的生物学立场的哲学人类学。舍勒哲学人类学的起点是对人的本质的规定。关于人与动物的区别,自近代以来一直存在着两种对立的观点,一种是来自于理智论者的观点,即把理智与选择能力看成人与动物的根本区别进而把人的本质确定为理智与选择能力,另一种属于达尔文进化论派的观点,即拒绝承认人与动物之间存在着理智与选择能力上的根本区别因而把人的本质直接还原为动物的本质。在舍勒看来,这两种观点其实同属一种,即都是仅仅基于理智与选择能力来看待人的生命。但是,"人的本质及人可以称做他的特殊地位的东西,远远高于人们称之为理智和选择能力的东西"③。如果爱迪生仅仅是一位有技能

---

① 转引自倪梁康:《现象学及其效应》,318 页,北京,生活·读书·新知三联书店,1994。

② [德]费迪南·费尔曼:《生命哲学》,李健鸣译,155 页,北京,华夏出版社,2000。

③ [德]舍勒:《人在宇宙中的位置》,李伯杰译,25 页,贵阳,贵州人民出版社,1989。

的人，那么他与一只聪明的黑猩猩之间只存在一种程度上的差别而没有质的不同。因此对人的认识不能仅仅停留于"感觉欲求、本能、联想记忆、理智以及选择等心理阶段"，还要关注"那个新的、使人之所以为人的东西"。如果仅仅局限于进化论意义上的生命概念来理解的话，那使人成为人的新原则，就只能"存在于所有我们可以在最广的意义上称之为生命的东西之外"，甚至"是一个与所有生命相对立的原则"。因此，要真正进入人的本质，就"绝不可能用'自然的生命进化'来解释这个使人之为人的原则"，而应该归之于"事物本身的最高原则"，这一原则就是理性。① 人是理性的动物。但这还不够，因为理性常常也被片面化且不无道理地被理解为理智与选择能力。理性本身还需要还原为一个更高的范畴，这就是精神（Geist）。"那个精神在其中，在有限的存在范围内显现的行为中心，我们要名之以人本身（Person），以严格区别于一切功能性的'生命'中心。"②舍勒力图表明，对于一般生命物而言，其生命与我们名之为精神的存在是迥然对立的，这主要是因为精神的人本性与生命的自在性的矛盾所致，然而对于人而言，其精神与生命则是互为依托的，"精神把生命观念化；而只有生命才有能力把精神投入到行动中，并把精神变成现实"③。精神对生命的超越就是人的生存的自身超越，而精神同时就是人的生命的特征。

舍勒要求超越对生命的传统观念去确定人的本质，这不应当理解为他忽视人的生命。舍勒的哲学人类学一方面是要超越传统的进化论意义上的生

---

① ［德］舍勒：《人在宇宙中的位置》，李伯杰译，25 页，贵阳，贵州人民出版社，1989。
② 同上书，26 页。
③ 同上书，67 页。

命观，另一方面正是要体现人的生命的超越性意义，生命的超越性本身就是
人生存的本质特征。从这个意义上说，舍勒其实是通过某种神学意旨的现象
学方法以及人类学态度实现了从生命哲学向生存哲学的提升。不过，对于人
生存而言，人的生命并不是目的，恰恰相反，是达到真正目的的充满苦行的
受难过程。"生命是艰难的，令人毛骨悚然的；而人就是以苦行的方式来对
待这个生命在原则上能表现得犹如在履行苦行一样的那种生物——压制、
排挤自己的本能冲动，通过知觉图像和想象断绝本能冲动的营养。"①可见，
对舍勒来说，人生存的超越性所表现的其实是"生命的苦行者"，是摆脱动
物的单纯的、唯唯诺诺的实存状态从而面向绝对存在的生存意志。

　　舍勒的哲学人类学的问题在于，生命向精神的提升以及二者之间的
互动关联缺乏一个重要的环节或关联体，即语言。不管舍勒怎样强调由
苦行的生命向绝对存在者的跃迁是生命的自我完成，但是，生命的直观
与上帝的体验二者之间仍然是对立的，后者显然优越于前者。这样一
来，当舍勒在强调对超越者存在的体验时，也就忽视了对生命的自我理
解。舍勒并不是没有注意到语言，但仔细分辨，发现他所重视的只是并
不属于符号的词，词内在地蕴含着生命直观与体验，"正是独特的从音
至义的体验过渡(声音和意义分别只是一种有目的的精神动作的起点和
终点)铸就了词的核心和本质"②。舍勒把词与语言的意义区分开来了，
这表明他仍然是持一种工具主义的语言观念，他显然忽视了恰恰是语言
的用法与意义中蕴含着丰富的生命直观内容。然而，如果充分考虑到语

　　① ［德]舍勒：《人在宇宙中的位置》，李伯杰译，41 页，贵阳，贵州人民出版社，1989。
　　② ［德]舍勒：《舍勒选集》下卷，1290～1291 页，上海，上海三联书店，1999。

言的生存论意义，那么在生命直观到生命理解之间将打通一条内在的通道，而这一点并不必然以牺牲关于上帝的体验为代价。人的生存是通过语言承载起来的，因而对语言的用法与意义的深入分析，就能够揭示出语言中的生存论内蕴，这是当代哲学解释学的努力方向。

5. **此在存在论与个体感性**

胡塞尔现象学与欧洲认识哲学的关联性使得他建立起了一种与欧洲古典的理性传统的内在关联，这一关联部分地使得现象学运动中的生存哲学对传统哲学的认识论保持了一种审慎的批判态度：生存哲学并不仅仅只是凭借某种最易导向主观主义的心理体验，而是考虑如何自如地运用现象学的直观方法。事实上，无论生存哲学家对胡塞尔现象学持什么态度，但有一点是共同的，即都认为胡塞尔所开创的现象学方法在关于人的生存活动及其精神生活方面具有特别优越的方法论意义。就这一意义而言，生存哲学完全可以看成现象学方法在生存领域内的运用，而首先兴起的生存哲学理论即海德格尔的此在存在论。

生命哲学的兴起也为生存论的凸显提供了某种转机。在生命与生存之间，作为实指概念的生命的解释优先于生存。也就是说，在对生命本身缺乏一种自我阐释的情况下，对生存的理解就不会提升到某种自我超越的意义中。在此，生命直观是通向生存理解的入口并为此在的生存论领悟开辟了方向。"把自我同生命联系在一起为自我经验的理论开辟了新的远景。我们不应该仅仅死抱着传统意义上的分析的主体哲学不放，而是要关注那个充满对主观体验直观看法的运动：生命哲学。"[①]其实，

——————

① ［德］弗迪南·费尔曼：《生命哲学》，李健鸣译，15 页，北京，华夏出版社，2000。

狄尔泰的生命哲学被称之为历史—存在的生命哲学，这只是强调人的生命的精神本质。狄尔泰用历史规定人的生命，仍然是依沿黑格尔精神—历史哲学的基本理念，即把人的历史归结于人的精神，并由此批判用科学归纳与证实方法研究人的生命的做法。但是，"支配他的认识论的笛卡尔主义却表现得如此强烈，……在狄尔泰这里，历史经验的历史性并不起真正决定性的作用"①。既然不可能摆脱认识论思维模式，那么狄尔泰生命哲学试图实现的从认识论模式向生命哲学转换的思想就打了一个大大的折扣。因此，要真正实现对生命活动的存在论的和历史性的理解，又必须超越生命哲学。这就是既承继了生命哲学的直观体验方法，又具有某种世界观及存在论意义的生存哲学，特别是从胡塞尔现象学中推展开来的海德格尔所重视的此在生存的生存哲学的努力方向。

狄尔泰对生命体验的强调、舍勒的哲学人类学努力已经提出了一个阐释生命哲学与生存哲学的关键性概念——人格。但究竟如何理解人格，海德格尔则有不同看法。海德格尔认为，狄尔泰与舍勒都合理地将实体性质的存在与生命体验之类的心理的东西区分开来，并且反对将人格归结为实体性质的存在（物、实体、对象）。但是，当将人格仅仅归结于生命体验的心理性的东西时，实际上又忽视了一个关键性的环节，这就是人格存在问题。海德格尔写道："所有由狄尔泰和柏格森规定下来的'人格主义'流派，所有哲学人类学倾向，也都同狄尔泰和柏格森一道受制于这些限度。即使原则上更为透彻的现象学人格阐释也不曾进入此

---

① ［德］伽达默尔：《真理与方法》上卷，洪汉鼎译，311 页，上海，上海译文出版社，1999。

在的存在问题这一维度。尽管胡塞尔与舍勒在问题的提法和处理方面、在世界观的倾向上大相径庭，但他们的人格阐释在规定方面却是一致的。它们都不再提'人格存在'本身的问题。"①至于人格是什么，在海德格尔看来，它不是实体，不是对象，也不是心理性的存在。问题的关键在于破除实体化的传统存在论，并通过引入此在生存论，将人格问题真正提升到存在的高度，将人格与此在生存直接关联起来，"人格的本质就在于它只生存于意向性行为的施行过程之中"②。因此，人格只能从人的超越性的生存本质上加以阐释。

狄尔泰与海德格尔都致力从历史—存在阐释人的生命与生存，二者的差别在于，前者将人的生命提升到历史—存在的高度，而后者则是将人的此在与历史—存在融为一体。对于前者来说，生命的奥秘总是与关于生命的生物学研究成果结合在一起的，但在海德格尔看来，生命的奥秘恰恰存在于某种前科学的现象学结构中。"海德格尔不是把历史世界观视为对于科学尚未解决的生命之谜的反思性回答（这是狄尔泰世界观的意义），而是视为我们生存基础的基本存在论态度。"③这同时意味着，海德格尔要追问的是历史—存在的生存论意义，这种生存论意义本身就蕴含于时间之中，然而这一点在海德格尔看来恰恰是狄尔泰等生命哲学家做不到的。因为狄尔泰的历史世界观虽然是生命的历史观，且仍然是

---

① ［德］海德格尔：《存在与时间》（修订本），陈嘉映、王庆节译，55～56 页，北京，商务印书馆，1999。

② 同上书，56 页。

③ ［英］安东尼·弗卢：《哲学史讲演录》，李超杰译，105 页，北京，商务印书馆，2000。

隶属于作为一切历史客观化的解释科学的。生命哲学家们都注意到了时间与生命的内在关系并由此反叛传统的机械进化论和空间化意义上的时间观，但却没有从存在论的意义上把握时间的本质。海德格尔不仅要修正流俗的时间概念，改变人们习以为常的时间概念，而且还要揭示时间与存在的内在关联，把时间看成一种本质上的存在概念。时间既是他进入存在论的入口，也是进行存在论还原的凭借。"我们须得源源始始地解说时间性之为领会着存在的此在的存在，并从这一时间性出发解说时间之为存在之领会的视野。"①

生命哲学缺乏深度，但生存哲学却因与存在的关联从而显示了理论的深刻性。海德格尔的努力也构成了生存哲学"内部"的一个关键性环节。尽管克尔凯郭尔已经明确提出赋予或还原"生存"以理性地位，但是这种生存在后神学时代究竟如何与存在关联，这是克尔凯郭尔无法实现的。尼采同样也明确地要求把"生存"从生命中凸显，但尼采却放任于生命的散漫的、无序的和非理性的状况。因而当他造成超验的自我意识传统与超越性的自我意志的断裂时，他并没有考虑生存超越的内在矛盾，至少没有赋予自我意识一种谨慎的反思功能。相反，在尼采哲学中，自我意识是一个被嘲弄、被颠覆的对象，理性完全为实践意志取代，甚至于人的任何一种盲目的活动都被赋予了一种文化合法性。但尼采并没有进入对生命的内在理解，并没有理解生命的复杂性、连续性、整体性以及经常所处的脆弱处境。当生命哲学关注生命的直观与理解时，则缺乏

---

① ［德］海德格尔：《存在与时间》(修订本)，陈嘉映、王庆节译，21页，北京，商务印书馆，1999。

对生命的提升，缺乏对生命的存在论领悟。就是说，没有在生存意义上理解生命，从而将人的生命与一般物的生命活动区别开来，凸显人的生存与生命的超越性、历史性与责任性。这些工作同样构成了海德格尔生存哲学的课题。

当然，海德格尔的反叛并不单纯是对某位哲学家或哲学流派的反叛，而是对西方自古希腊以来哲学传统的全面反叛。海氏把反叛的矛头从近代哲学扩展到整个传统西方哲学，把在尼采那里尚作为一种现象的思想性反叛深化到对哲学基础即存在论的系统清理与批判中。海德格尔指出西方哲学整个两千多年形而上学的历史恰恰是"真正的在的被遗忘的历史"，表面上看是确立"在"（Sein）的历史，其实只是在抛开了现实的、活生生的人的生存，即"此在"（Dasein）之后对于实体化的"在者"（das seiende）的确证。因此，海氏提出应以"此在"为中心重建基本存在论，以烘托和澄明在的意义。在海氏看来，此在非人莫属，因为只有人而且是个人，才可能成为"在"的提出者与追问者。此在的本质就是人的生存，人的生存（existenz）不同于"现成存在"（existentia）。现成存在就是"实存"，乃既成性的、作为宾词的存在，但生存的本质却是可能性的存在。虽然此在本身在很大程度上仍然被纠缠于实存中，但它还是标志着"去存在的种种可能方式，并且仅此而已"①。"按照海德格尔，存在不是任何现成的存在者或实体，不管它是物质的还是精神的实体。存在总意味着一种根本性的发生（'生成''开启'）和维持着的状态。它与有时

---

①　［德］海德格尔：《存在与时间》（修订本），陈嘉映、王庆节译，50 页，北京，商务印书馆，1999。

态、语态的系词现象相关，但绝不能限于判断的形成，而是与更原本意义上的(生存论化了的)时间、空间和语言不可分。"①存在必然是通过此在表现出来的，此在总是作为可能性而存在。这种可能性一方面属于此在的自身规定性，因而总有其先验的源头，另一方面可能性存在作为一种趋向也选择并创造出新的可能性，这里显示了人的感性与实践本性。此在趋向于超越，既可能获得自身，也可能失去自身。此在的分析实质上就是生存的领悟，反过来说，生存不过就是此在所关涉到的存在。"此在能够这样或那样地与之发生交涉的那个存在，此在无论如何总要以某种方式与之发生交涉的那个存在，我们称之为生存。"②而且，此在同时就是存在在世的方式，对在者的各种领悟都是原始性地关涉于此在在世的方式的。因此此在在世的结构也就赋予了一种基础性的意义，这一基础，海德格尔称之为"基础存在论"。"其他一切存在论所源出的基础存在论必须在对此在的生存论分析中来寻找。"③海德格尔赋予此在以三个层次上的优先性：①存在者层次上的优先地位；②存在论上的优先地位；③使一切存在论在存在者层次上及存在论上都得以可能的前提条件，但真正满足上述三个条件的前提性条件则是生存在生存论上的可能性与建构性。而且，在海德格尔看来，这种前提性条件甚至直接就是哲学存在论之可能的条件，"只有把哲学研究的追问本身就从生存上理解为生存着的此在的一种存在可能性，才有可能开展出生存的生存论结

---

① 张祥龙：《从现象学到孔夫子》，101页，北京，商务印书馆，2001。

② ［德］海德格尔：《存在与时间》(修订本)，陈嘉映、王庆节译，15页，北京，商务印书馆，1999。

③ 同上书，16页。

构，从而也才有可能着手进行有充分根据的一般性的存在论问题的讨论"①。

在海德格尔的基础存在论中，此在、存在与生存之间存在着一种互释关系，存在通过此在展开，此在通过生存而在世，而此在之在世，又是出于对存在的领悟与回返。在这种互释性的关联中，存在论的生存论底蕴得以彰显。在《形而上学导论》中，海德格尔更为清楚地指出，对在的追问本质就是对人的本质的探问，这种探问既不是人类学的事情，更不是生物学的问题，而是存在论本身的问题，是此在作为人的存在的开显，这开显不过是思的在场。

海德格尔对在的追思是有其深切的人学旨向的。在《形而上学导论》中，海德格尔用了一连串八九个诘问追问为什么会出现此种抽象化的"在"对"生"的遮蔽或替代？海德格尔的诘问看起来有些故作姿态，其实最要紧的是这样几个方面：抽象化的"在"为什么会成为哲学主题？对"生"的遮蔽为什么同样成为哲学认可的事实？这样一来，问题本身也由海德格尔导向了对"这个在"即"此在"的合法性的追问。追问看似属于词源学的考辨，实际上是对人的本质的追问，就是说，对此在的追问是要引出关于人的本质的生存论的诠释与建构：

　　追问在的本质的问题就和人是谁的问题深切地结合了。从这个地方引出来的必需对人的本质作出规定，却不是一门自由飘荡的人

---

① ［德］海德格尔：《存在与时间》（修订本），陈嘉映、王庆节译，16 页，北京，商务印书馆，1999。

类学的事情，这种人类学根本就把人以同样的方式想得和动物学想动物一样。而今追问人的在的问题在其方向与深广度上都唯有从追问在的问题来规定。人的本质在在的问题范围之内按照开端之隐而未露的指示，就须得理解并讲清楚为这个在需用以敞开自身的此处。人就是在这个敞开中的此。在者就站到这个此在中来并进行活动。因此我们说：人的这个在，就字的严格意义说来，就是"此在"。要察见在之敞开的视线，必须原始地植根于作为在敞开的此处的此在之本质中。①

海德格尔所做的实际上是通过此在存在论重建哲学基础的工作。这一工作在随后的存在主义者，特别是雅斯贝尔斯及萨特等人那里得到进一步阐扬。

雅斯贝尔斯的思想看起来与海德格尔有一定差别。雅氏特别重视康德哲学，认为康德哲学不仅带来了哲学的认识论转向，而且还已经带来了存在论形式的转换。而这一转换从思想内容以及哲学的呈现方式上看正是生存论，而且雅氏也明确指出了新的哲学存在论的工作方式。"哲学的基本活动使我的存在意识发生变化，我的存在意识变化以后，整个的存在就不再能以存在论从概念和作为一切存在在其中向我们呈现的那些空间而加以照亮了。如果说存在论曾把存在理解为一全套客观事物或意义单位，那么现在，从康德起，任何这样的存在论都被抛弃了。保留下来的只是我们必

① ［德］海德格尔：《形而上学导论》，熊伟、王庆节译，204 页，北京，商务印书馆，1996。

须在它们那里才能找到存在的空间。对从前的存在论来说，万物都只是那些被思维的东西；对哲学来说，万物同时又都被大全所渗透，或者说，万物有就像没有了一样。存在论之说明存在，是把它论述存在时所没有想的存在还原到一个最初的存在；哲学活动则先对大全作一种说明，凡以后在论述存在时可能谈到的都以这个大全为根据和本原。存在论试图作一种客观的说明，即是说，存在论指出一种在内向性思维（immanenten Denken）中直接可以看得见的东西，哲学活动则是间接地在超越性思维中触及存在。存在论好比是静止的范畴排列起来的一张表格，对大全的阐明则好比是由指示线交织而成的一面飘忽不定的示意图。"①

按照雅氏的生存阐明思想，新的哲学存在论本质上就是生存论，而且是一种阐明自身意义的生存论结构。雅斯贝尔斯明确反对用此在和语言承担当代哲学的存在论结构，只有大全（das Umgreifende）方能承担并透露出生存论存在论意蕴。所谓大全就是存在的整体，"大全是那样一种东西，它永远仅仅透露一些关于它自身的消息——通过客观存在着的东西和视野的边际透露出来——，但它从来不成为对象。它是那样一种东西，它自身并不显现，而一切别的东西都在它的里面对我们显现出来。它同时又是那样一种东西，由于它，一切事物不仅成为它们各自直接显现的那个样子，而且还都继续是透明的"②。从雅斯贝尔斯的这种既含有现象学旨向又近乎神秘主义的表述中，我们发现作为大全的存在论结构仍然还缺乏一种来自于历史理性的支撑。

---

① ［德］雅斯贝斯：《生存哲学》，王玖兴译，19～20页，上海，上海译文出版社，1994。

② 同上书，16页。

在萨特那里，"此在"就是"自我"，即"自为的存在"，这种自为的存在也就是存在本身。如果说在海德格尔那里，此在还作为一种通过展开其活动从而显现"在"的"在者"，因而"在"无疑较"此在"具有更根源的意义的话，那么在萨特这里，作为"自为的存在"的"自我"本身就是"在"。这样一来，"自我"也就直接代替"在"成为哲学本体。对海德格尔来说，人必然是以此在的方式在世的，而此在在世的生存论体验则构成整个生存论的结构或环节。其中，此在的终极生存体悟也即对"死"的体悟则是这一结构或环节的起点，并支配着此在在世的生存论领会。海德格尔对生存论的这种隐晦的揭示在萨特看来不过是揭示了人生存的一个事实：人是以自我的方式处世的。自我的处世划分开了"世界"的界线，在这之"前"是一个自在的世界，而自我的处世则带来一个自为的世界，这个世界也就是生存的世界。因此，从自我处世之时起，人生存的所有意义都**感性地**向自我开放着，而人也就必然要自由地选择并承担生存。个体之所以能够自由地选择并承担生存，不是别的，就是因为人本质上是一种虚无的存在，人的存在的虚无性使之趋向于生存，而生存反过来又承担着虚无性的存在。"唯有存在才能自我虚无化。因为，无论如何，为了自我虚无化，就必须存在。然而，虚无不存在。我们之所以能谈论虚无，是因为它仅仅有一种存在的显象，有一种借来的存在。"①

萨特把虚无看成人生存的本质，而且把二者同时从与存在的整体性

---

① ［法］萨特：《存在与虚无》，陈宣良译，53 页，北京，生活·读书·新知三联书店，1987。

的关联中剥离出来，实际上已经排除了理性对人生存的本质规定，生存则被确定为非理性的个体感性。这一点把海德格尔的个体此在思想拉到了极点，如果说海德格尔在《存在与时间》中通过对此在在世结构的分析揭示了一种"共同此在"①的思想，那么，萨特则通过把个体虚无化以及与存在的对立，从而否弃了个体生存与整体生存的健全性的关联。实际上，个体生存与整体生存的无法克服的尖锐悖论与冲突本身就构成了萨特虚无思想的前提。

与海德格尔的纯粹存在论旨趣相比，萨特更为关注"个体存在论"的社会政治效应（也可以说萨特将潜存于海德格尔哲学中的政治哲学用他自己的方式挑明了）。萨特在存在论的意义上确立起了自我是自为地生存着的，但他所关心的则是自我是否能够自为地生存的问题，具体地说就是人的自我解放问题。尽管人的自我解放如同人的自由一样，已经预置于人的生存之中，但由于实践总是先行于自我意识，因而自我解放意识对于生存着的个体而言未必是自明的。而且，个体自我解放意识的形成往往纠缠于一种有着必然目的的解放行动，因而忽视了精神个体之生存性。在萨特看来，马克思已经提出了人的自我解放问题，但在当时却只是局限于经济人的自我解放问题，而没有把人的自我解放当作一个纯粹的和精神的问题提出来。而在当代社会，人的自我解放必然是一种精神的解放，尤其表现为情欲的、非理性的解放，为马克思所强调的经济人的自我解放也必须要通过情欲解放去实现。众所周知，这种情欲解放

---

① ［德］海德格尔：《存在与时间》（修订本），陈嘉映、王庆节译，138 页，北京，商务印书馆，1999。

论，事实上贯穿当代西方人本主义的整个过程，通过萨特及其影响，这一思想无疑产生了更多的社会政治效应，在后来的存在主义以及西方马克思主义中产生了广泛的效应。当然，存在主义哲学的个体生存观的理论局限也由此暴露无遗。

上述由生存哲学直到早期海德格尔以及萨特的生存哲学所开启的此在个体生存论集中于一个问题，即对感性个体的张扬。在生存哲学看来，传统哲学之所以不能理解人的生存，就是因为它仅仅立足于一个抽象的存在概念确定生存，而不是用生存去彰显存在。存在与生存的疏离导致了理性状况的空洞和抽象，俄国生存主义哲学家别尔嘉耶夫在批评传统存在论时说过："存在仅是思想的产物，它本身匮乏任何内在的生存，纯属乌有。……存在如果是真实的，那么它就仅是内在的特征，仅是具体的生存的质；那么它就在具体的生存之中，而不是具体的生存在它之中。具体的生存的价值和人的个体人格的价值，不取决于其中的理念的共相，而取决于具体的个别人格的价值，不取决于其中的理念的共相，而取决于具体的个别的个体性的生存，取决于以个别的个体性的形式启迪内在的共相。"①就此而言，传统哲学的存在论建构、认识形式、伦理假设以及思维方式显然是设定具有共相性的理念模式进而替代人的感性生存。通过一种强大的超验的宗教神学以及奠基于客体主义的认识论模式，从而形成了一个与人的感性相敌对的文化传统。然而，这个传统越是强大，对它的叛逆程度越深。当然，从思想渊源上看，生存哲学

---

① ［俄］别尔嘉耶夫：《人的奴役与自由》，徐黎明译，60 页，贵阳，贵州人民出版社，1994。

与思想史中的很多异端思想以及无神论思想都有一定关联，尤其是与文艺复兴运动以后形成的强大的欧洲人文主义传统更是密切相关。但生存哲学与传统的人文主义思想又存在着某种巨大的差异。在传统的人文主义中，对个人的强调虽也表现在对神学的反叛上，但这种反叛往往旨在揭露世俗化的神学对人的生存价值的奴役，并不必然涉及对神的存在的否定。事实上，传统人文主义对个人的强调，往往是通过颂扬神存在方式所实现的，因而在超验与浪漫之间寻求到了某种古典意味的平衡。而且，在理论旨向上也不涉及对哲学存在论及其理性确证方法的反叛，相反，理性与科学恰恰是人文主义得以弘扬的直接凭借。但是，生存哲学所张扬的个人，则直接意味着对神存在的怀疑乃至废弃，在生存哲学看来，世俗化的神学当然压制个体存在，但世俗神学的基础就在于人们对神存在竟然深信不疑。而且，神的存在是由理性所确立起来的，而理性又不断得到了知性的巩固，是神学、理性与知性一起构筑起了整个无视个体存在的文化传统。因此，要真正张扬个体存在，就必须同时将反叛的矛头对准整个文化传统，既要从根本上否定神的存在，彻底地摧毁人们对神的依赖，打破超验与浪漫之间的古典平衡，又要彻底地反叛哲学理性主义传统，试图实现哲学基础的新的转换。在这个意义上，生存哲学对理性主义传统的反叛是传统的人文主义无法比拟的。

当然，在具体的批判程度及其角度上，生存哲学家往往又是因人而异的。现代西方人文主义视野内的生存论哲学大致可以划分为两个大的阶段：第一阶段以克尔凯郭尔、叔本华为代表，带有浓厚的悲观意识，大体上属于有神论的个体生存观。这一阶段，生存哲学还面对着强大的神学传统，因而怀疑主义的气质就十分浓厚。这种怀疑主义往往意味着两种结局：走向彻底的悲观主义，叔本华就是典型。叔本华的个体最终实际上陷入了某种本无能力承担却又必须承担的"生命之轻"的痛苦体验之中。彻底地回到宗教传统中，其典型即克尔凯郭尔。事实上在克尔凯郭尔那里，个体已被消解于其"人生道路的诸阶段"之中，并最终以宗教为归宿。应当说，在整个第一阶段，生存哲学只是提出了感性个体这一问题，并没有真正实现一场整体性的哲学变革运动。这场运动是生存哲学的第二阶段带来的。第二阶段则以尼采、海德格尔为代表，他们的个体生存观表现出强烈的英雄主义气质，属于典型的无神论的个体生存观。对文化传统、哲学存在论基础以及知性思维模式的彻底反叛正是通过他们的哲学努力表现出来的。

其中，尼采的哲学在这三个方面表现得最充分，而且，正是通过他的努力才开启了整个当代西方文化传统的整体性转型（当然，这一转型在今天人们仍然有理由拒绝接受）。海德格尔则绕开了尼采对神学的反叛，而是把对传统哲学的反叛直接贯彻到哲学基础的"正本清源"工作。个体作为绝对生存主体正是由尼采的超人哲学和海德格尔的此在存在论确立起来的。至于萨特，则更多的是以文字、言谈以及行为方式直接表达着对个体生存的体验，他充分地发挥了海德格尔在《存在与时间》中的思想，并试图通过赋予虚无一种存在论的意义进而阐释人的生存。但他在这方面并没有取得更大的成就，主要是没有突破海德格尔在《存在与时间》中的感性个体生存观。萨特把存在与虚无关联起来，通过虚无把自我理解为一种存在的缺陷，进而把欠缺规定为自为的本质，"在所有的内在否定中，最深入于存在的否定，在其存在中合成它用以作出这个否认的那个存在与它所否认的那个存在的否定，就是欠缺"①。萨特看到，在物的世界，即自在的世界里，无所谓欠缺，"只有在人的世界里才可能有欠缺"②。但是，在关于欠缺的证明中，萨特却是一种心理主义或自然主义的方法，至于为什么只有人的世界才有欠缺，萨特则是通过诉诸一种绝对的实在论。对此，马尔库塞曾提出过尖锐批评："在萨特的哲学中，创造着他自身本质的人的生存，是被人的永恒不变的本体结构决定的；而人的生存的不同的具体形式，仅仅被看作是这个结构的诸种例示。"③

生存哲学感性个体生存观的主要症结在于，它对于感性个体的强调是通过反叛传统理性乃至拒绝任何一种理性方法所达到的，这就使得其哲学意旨带有明显的非理性乃至于反理性的外观。这样一来，感性个体的生存也就很难说明和确立起来。事实上，生存哲学对感性个体的自我阐释，不外乎总是唯美主义的、心理主义的、神秘主义的阐释方法。生存哲学确实注重强调感性个体的生存体验，但这种体验并不关涉个体世俗的社会活动。相反，它只是对于单纯个体存在的张扬，而且往往是对于个体异常的情感状态的宣泄，仿佛只有暴露出非正常的情感状态，尤其是情感的阴暗面，才显示出人的真正的生存状态，而生存哲学所张扬的正是种种充满怪诞、病态、自恋情结、精神焦虑等的生存情态。

---

① ［法］萨特：《存在与虚无》，陈宣良译，129 页，北京，生活·读书·新知三联书店，1987。

② 同上书，130 页。

③ ［美］马尔库塞：《现代文明与人的困境》，李小兵等译，5 页，上海，上海三联书店，1989。

　　生存哲学也许并不觉得自己是在张扬一种异常的生存体验状态。事实上，生存哲学认定这种在人们看来异常的个体体验状态恰恰是被传统理性，同时也是被世俗社会所压抑的真实的个体生存体验。这里的问题首先还不在于这种个体生存体验是不是真实，而在于如果过于局限于这种体验状态会不会直接影响到人自身生存的正常状态。人不仅仅只是一个情感存在物，他还是一个理性的存在物，传统理性确实存在着无视和压制人的情欲的一面，但理性本身无论如何还是作为生存的内在规定性而存在的。人生存总是感性与理性的某种平衡，而且总体上说来理性还起着规范和自律作用，它引导着人生存的方向。理性之所以能够在世俗生活中具有其积极意义，并不在于它在逻辑上多么自洽和有效，而在于它指代着一种公共性的规范要求，人们通过它能够维系起一种健康如常的生存状态。也正是通过世俗社会这一途径，理性才能够实现它对人生存的内在规定。因而，即使是传统理性也还有对人的生存起着规范作用的积极的一面，无视这一点其实是对人类文明进步的无视。严格说来，也并不存在理性压抑感性，用"压抑"一词来说明理性与感性的关系，恰恰是把理性还原成了一般感性，因而也就取消了理性作为人生存的内在规定性。

　　这里，一个更深层次的问题还在于对人及其生存的哲学理解。人作为理性的存在物，同时必然是一种社会性和历史性的存在物。尽管所有的生存哲学家展开和构建出了十分精致的生存论分析结构，但是，社会历史性作为人生存的内在的规定性却没有得到高度重视。单子式的个人主义传统对生存哲学的影响是不言而喻的，也正是由于忽视了社会历史性，强化了人学理解的非理性主义倾向，进而强化和加剧了重占有的生存方式与思维方式，使人与自然、人与社会、人与自我以及人与上帝之间的冲突逐渐加剧。从生存理解角度看，导致这种状况的原因在于对人生存的社会历史本性缺乏理解。尽管生存哲学特别强调人与动物的生命活动的重要区别，但这种强调仍然是在感性意义上展开的，问题还在于对人的本质的理解。其实假若没有把社会历史性理解为人生存的内在规定性，那么人生存的肉体的、物质的层面与灵魂的、精神的层面就必然是相互冲突的。在这个意义上，我们甚至有理由认为生存哲学所强调的非理性层面的个体感性活动的真实性恰恰是因过分夸大了人生存的动物本能。它不理解人生存的实践本性与社会历史规定性，更不理解理性作为人生存的内在规定性其依据就在于人生存的实践本性与社会历史规定性。人的个体性生存同时就是社会性的和历史性的生存，而且人作为社会性的和历史性的生存具体地阐释着人的个体性生存，为人的个体性生存提供必要的整体性依据——理性不过就是这种整体性的具体表达形式。若要进一步追问海德格尔的"此在"或萨特的"自为存在"，其实都应从人生存的社会性与历史性本质中寻求答案。因此，强调人生存的社会性与历史性，并不是要取消人作为个体生存的意义，恰恰相反，是为了更好地体现个体生存的意义，并最终实现个人的全面而自由的发展，实现人的自我解放。

海德格尔强调，《存在与时间》中的重点即在于"体会此在的历史性"，并认为此在的历史性构成了"存在的天命"①。但历史在海德格尔那里的意味却不是我们通常所说的那样，在西方哲学传统中，历史往往

---

① 熊伟主编：《存在主义哲学资料选辑》上卷，377 页，北京，商务印书馆，1997。

是精神的同义语，但与此相对立的还有一种强势的倾向把历史仅仅理解为人的生物性的进化史。在海德格尔看来，尼采与马克思的倒转第一次赋予了历史以存在论意义，历史成为人的生存的场域与内在规定性，"历史之发生是作为出自在的真理的天命而成其为本质的"①。从词的历史发生以及与此在的生存关联中去领悟到的真理即历史，"西方哲学一开始时就这样来规定人的在之本质，这却不是靠随便捡几条有别于其他生物的'人'这种生物身上的特性来这样办的。人的这个本质在此显示为关涉，这个关涉才把在向人敞开出来。人的在是必需讯问与采集的，于是一定要进入接受的自由中，进入在之有知的开动起来的自由中。这就是历史"②。然而，这并不是一种赋予发展意味，并以未来为起点的历史，而是一种强调回返体验的"心灵史"，即仍然不是实践的历史，而是精神的历史。从这一意义而言，海德格尔试图展开的与马克思历史—实践哲学的对话，远远没有实现。

生存哲学特别是萨特以后的生存主义哲学也看到了人自身解放的意义，但却把人的自我解放局限于情欲的解放，甚至用情欲的解放代替人的经济政治解放。这里，萨特对马克思解放理论的误解是明显的，他把马克思的解放局限于经济人的解放并认为马克思无视人的情感活动。事实上，在马克思那里，经济人的假设是确立在其整个关于人的类本质、社会本质以及历史本质的前提上的。经济人的解放当然是人的解放的必要前提，这种解放是一切解放真正可能的根本前提。

① 熊伟主编：《存在主义哲学资料选辑》上卷，376 页，北京，商务印书馆，1997。
② ［德］海德格尔：《形而上学导论》，熊伟、王庆节译，170 页，北京，商务印书馆，1996。

而且，就人生存的当下状态看，这一解放仍然是当代人类解放的急务，在这个意义上，所谓情欲的解放不过就是遮蔽人类解放的当前使命的"蔽"。马克思也并不否定人的情感活动在人生存活动中的重要地位，甚至认为它是"对本质（自然界）的真正存在论的肯定"。但是，在马克思看来，"只有通过发达的工业、也就是以私有财产为中介，人的激情的本体论本质才在其总体上、在其人性中存在。"①。可见，情欲的解放并不就是人的自我解放，它包容不了经济人的解放，更代替不了人的全面解放。也只有借助马克思的实践生存观，才能走出生存哲学的感性个体困境。

三、生存论哲学的当代趋向

生存主义哲学开启了生存论，但它对感性个体的过分膨胀也弱化并且中止了生存论的历史性使命。事实上，在生存主义哲学的盛期，即海德格尔完成其《存在与时间》第一卷之后，从学理上说，个体生存观就已经走到了尽头，而整个生存论哲学也开始超越个体生存观的努力，这主要表现在以下三方面。

A. 融入语言学哲学中，并形成语言生存观。

B. 通过后现代哲学，由个体生存观进一步拓展为对生活世界及个人真实性的认同与强调。

---

① 马克思：《1844 年经济学哲学手稿》，90 页，北京，人民出版社，2000。

C. 通过环境哲学的复兴以及人与自然关系的新的反省，建构一种强调人地和谐相处的新的生存论关系样式。

上述三个方面的转换从很大程度上克服了个体生存观的理论局限，并大大地丰富和拓展了生存论的理论，使生存论哲学作为一种历史性的哲学课题推进到一个新的阶段，但是，这些努力也都存在新的困境。

1. 语言生存论及其限度

20 世纪兴起的语言分析哲学运动对生存论哲学及生存理解起到了直接的引导作用，对个体生存观也起到了一定的治疗和校正作用，但依靠语言哲学并不能完全代替生存论哲学的努力。

应当说，在生存主义哲学之后，生存论哲学更主要的是融汇于语言学哲学的背景之中。当哲学家们在思考生存时，总是要求在语言所限定的范围内展开。语言不仅标示着生存，而且语言本身就蕴含着生存的深度和意义，对语言的词源学及用法的分析同时也就是对于生存论的结构分析。因此，在此意义上，语言分析哲学实际上是展开了一种可称之为语言生存论的领域。

语言分析哲学大体有两个主要背景，一个背景是欧洲大陆哲学，在这一背景中，生存的内涵与语言的历史性相汇合；另一个背景是英美分析哲学，在这一背景中，生存通过与语用的结合表达为对生活形式的内在承诺。这里不妨分别以海德格尔和维特根斯坦为代表阐发语言哲学对生存论的承转意义。

在《存在与时间》中，海德格尔就已经明确认识到："语言这一现象在此在的开展这一生存论建构中有其根源。语言的生存论存在论基础就是话语。"①所谓话语既是关于某物的谈论内容与方式，又是"解释和描述的根据"②。生存与语言的源始关系在话语中呈现出来，"话语是此在的展开状态的生存论建构，它对此在的生存具有组建作用。"③从这一意义而言，话语构成"生存之道"，但在《存在与时间》中，海德格尔并未特别明确地指出这一点。在那里，话语倒是作为凸显诸如倾听与沉默等富于生存论意蕴的方式而被提出来的，而在所谓从此在存在论向语言存在论的转向(kehre)之后，海德格尔实际上是要求穿过承载着生存之道的话语，而直接向历史性的语言还原，并从这种还原性的追溯中寻求存在之道与生存之道。此在存在论也由此转换为语言存在论。语言不仅是"存在之家"，也是"存在之在场之庇护"④。在海德格尔那里，语言无疑具有存在论意义，只有它才能"给出事物的本质"，我们不妨剖析海氏关于存在与语言关系的如下断定。

（1）"词语破碎处，无物存在。"这里的"物"，按海德格尔的理解，并不是精神与物质二分意义上的"物质"，而是一切物的总称，物"指任何无论以何种方式存在的东西，任何一个当下存在者"⑤。神本身就它与自然相通的意义上也是一种"物"，相比之下把技术化的物件称之为"物"却不免让人踌躇，理由就在于我们称之为物，并且赋予其名的存在总是意味着与人

---

① ［德］海德格尔：《存在与时间》(修订本)，陈嘉映、王庆节译，188 页，北京，商务印书馆，1999。

② 同上书，188 页。

③ 同上书，189 页。

④ ［德］海德格尔：《在通向语言的途中》，孙周兴译，229 页，北京，商务印书馆，1997。

⑤ 同上书，155 页。

的生存具有源初的和内在的相关性。而"名"即最初的语言的存在，或者说语言乃存在的承载者，正如老子所谓"无名天地之始，有名万物之母"。

（2）"哪里没有语言，哪里就没有存在者的敞开……语言第一次为存在者命名，于是名称首次把存在者携入语词，携入现象。名称根据其存在并指向存在为存在者命名。"①在《存在与时间》中，存在者曾被看成存在的假象，但它实际上就是指那些缺乏自身超越性的实存物，实存物常常由语言携带，并且反过来使得语言滞着于某种实存状态，但语言本身的流动性意味着它必然要超越这种状态。语言的短暂的停留表现为名称，语言通过名称与存在者发生关联，但又不应该将名称等同于语言本身。在这个意义上，我们为万物所命的名仍然只是形式，其内容则寓于流动性的且又总是归之于其源头的语言本身。

（3）词语"把作为存在着的存在者的当下的物带入这个"存在"（ist）之中，把物保持这个"存在"之中，与物发生关系，可以说供养着物而使物成其为一物"②。命名的结果即是词语，词语中不仅包含着存在的信息，而且还直接蕴存着存在因而使物成其为物。词语并不只是表达存在或生存的工具，那样的话，存在或生存的信息永远不会向我们敞开，因此应当把词语看成某种沟通存在与生存的关联。"词语不光处于一种与物的关系之中，而且词语本身就'可以是'那个保持物之为物并且与物之为物发生关系的东西；作为这样一个发生关系的东西，词语就可以是关系本身。"③

---

① ［德］海德格尔：《在通向语言的途中》（英译本），286 页，Harper & Row Publishers，1971。

② ［德］海德格尔：《在通向语言的途中》，孙周兴译，155 页，北京，商务印书馆，1997。

③ 同上书，155 页。

说存在与生存通过语言而显现出来，这实际上意味着语言本身并不是一种实体，语言的根本结构是生存论结构而不是概念结构。因此，真正哲学意义上的思考并不是固定于语言之中，而是沿着语言的方向。语言是有生命的，它蕴含着存在与生存的深层结构。

关于语言生存论的思想，在伽达默尔那里得到进一步的确证。不过，伽达默尔将海德格尔的语言生存论拓展为诠释学生存论。在伽达默尔看来，人的本质即语言性的，语言不仅只是工具或表意符号，而且是我们生存的基本方式，"语言并非只是一种生活在世界上的人类所适于使用的装备，相反，以语言为基础，并在语言中得以表现的是，人拥有世界"①。因此，它蕴示着我们与世界的基本关联，人永远是以语言的方式拥有世界的，"语言是我们在世存在的基本活动模式，也是包罗万象的世界构造方式"②。所谓世界就是对于人而存在的世界，其他生物尽管也存活于世界之中，但世界对于人而存在的特有方式就是语言。语言表达了人之在世的真理，也表征着人对于世界的基本态度。进而言之，语言与世界本身就是同一的，"世界本身是在语言中得到表现。语言的世界经验是'绝对的'。它超越了一切存在状态的相对性，因为它包容了一切自在存在，而不管自在存在在何种关系（相对性）中出现。我们世界经验的语言性相对于被作为存在物所认识和看待的一切都是先行的。因此，语言和世界的基本关系并不意味着世界变成了语言的对象。

---

① ［德］伽达默尔：《真理与方法》下卷，洪汉鼎译，566 页，上海，上海译文出版社，1999。

② ［德］伽达默尔：《哲学解释学》，夏镇平、宋建平译，3 页，上海，上海译文出版社，1994。

一切认识和陈述的对象都总是已被语言的世界视域所包围"①。伽达默尔虽然继承了海德格尔有关人必定是在世的生存思想，但他并没有把语言直接看成存在，而是看成存在向我们显现的唯一通道，这一显现过程即生存论的理解活动。很明显，对伽达默尔而言，"存在论"不再是实体性的，而就是生存论理解活动，因而在海氏那里语言前定并包含生存论理解的思想就进一步表达为："能被理解的存在就是语言"。按照这一表达，生存论理解无疑具有相对于语言的更本源的地位。语言的本质即理解了的存在，在此，我们可以把"理解了的存在"把握为生存。但是，语言与生存的沟通则取决于理解活动本身，语言只有在谈话中，也就是基于某种共同的生命共同体的"生活过程"中的"相互理解"活动才可能使语言真正与生存沟通。因此，理解这一交互性的实践活动就具有了一种生存论存在论的意义，理解使得语言与生存沟通。

海德格尔代表的是人本主义的语言哲学观，其语言观很明确，就是要超越把语言当作一种认知对象与方法的工具主义的观念，挖掘语言本身的源初的和生成性的生存论存在论意蕴。从此在存在论向语言存在论的转变并不单纯是从所谓此在向语言的转变，在此在的分析中已经贯彻着语言分析方法，中后期的语言生存论方法也没有完全排除此在。此在也好、语言也好，都是海德格尔致力于探寻在的真理的通道，此在生存论的分析方法并不在于使用了此在这一词，而在于它所切中的个体陷入某种主体主义困境并为萨特过于散漫的"人学"提供了缝隙。语言分析的

---

① ［德］伽达默尔：《真理与方法》下卷，洪汉鼎译，575 页，上海，上海译文出版社，1999。

本质在于彰显"在"的历史性，并使得这一历史性与人的生存相遇从而展开了前所未有的诠释学视野与前景。

海德格尔语言生存论的迷误在于：回返到一个词的古希腊或者别的什么原（源）头，不过只是揭示了这一语词在当时的生存喻义。海德格尔确实揭示了一个事实：随着词语数量及其内涵的繁复多样和歧义丛生，一些原生的生存喻象特别耐人寻味的词（诸如自然、真理、逻各斯、在，等等），其本源性的意义反倒被该词在后来使用中所带进的含混多样的词义所遮蔽。比如古希腊本义为"无蔽"的"真理"概念，在当代的语境下，常常意味着人的主观认识的"退避"。但这里的问题恐怕还在于，如果说语言是存在的家，追溯语言也即寻求返家之途，那么我们反问：这种生存意义的回返对于理解当代人的生存意义究竟何益？生存作为问题意识是在当代出现的，也只有在当代，人的生存才展开出如此丰富的内涵和矛盾，既然如此，也就不能指望从古希腊语言中寻求人生存的当代意义。可见，生存论的前提并不是语言，而是肯定我们物质与精神文明成果的实践活动。在这个意义上，海德格尔那种打着历史解释学旗号的生存理解其历史意义本身就是可疑的。

按照英美分析哲学，语言的用法已经包含了我们对于生存的基本理解。生存问题要么是所指明确、可以分析的实存意义；要么是指涉含混、难以分析因而需要加以治疗的"形上"问题；要么是语言无法说"清"而又具有宗教或诗性意味的非语言问题。按照上述见解，分析哲学对人的生存采取了某种具体问题具体分析的态度：在第一种情况下，人的生存如果是给定的，并且是可以量化的事实，因而就是可分析的，这种生存我们可以谈论，也不会发生不必要的争议，这为人们能够从"客观性"

的角度理解人的生存活动提供了一定的依据。在第二种情况下，人的生存无疑被转化成了一个形上问题，它说的其实是存在问题而并不是人的生存问题，这种言说无疑是应该予以拒绝和治疗的。在治疗了关于生存问题的形上病症之后，分析哲学可能发现生存虽"大"却并非"不当"，因为人们平常对存在的思考在本质上就是对于人的生存的思考。可以不思考存在，但人的生存却不能不思考，并且，在这一思考活动中，语言确实是无能的。这时，与其让无能的语言去无力地承载这一"大"意义，不若干脆以"沉默"的态度面对人的生存。人的生存就是不可说的。而哲学作为语言分析的意义就在于通过语言为思想本身划界，"语言的界限意味着我的世界的界限"①。

后期维特根斯坦发现，有些在人工语言分析方法看来无意义的问题在日常语言中却有其特定的意义。一个孤零零的词当然没有任何意义，语词的意义总有其经验性，但单个的词语却缺乏经验性，语言的经验性存在于语言的具体用法上。词的意义全部在于其具体用法，因此语言与世界的关系应当转换为语言与世界的语境关系。"如果我们必须把某种东西指定为符号的生命，那么我们只能归之于其具体的用法。"②语言本身不能被定义，也不存在语言的共同本质，语言的运用是生活形式的一部分。维特根斯坦同时也清楚地意识到自己在写作《逻辑哲学论》时的逻辑主义，在他看来，逻辑分析确实有助于使人们思路清晰，但并不能完全解决人们在使用日常语言中出现的混乱，更无益于使人们真实地观察

---

① [奥]维特根斯坦：《逻辑哲学论》，张申府译，79 页，北京，北京大学出版社，1988。
② [奥]维特根斯坦：《蓝皮书》，4 页，牛津，牛津大学出版社，1982。

和理解日常语言的各种用法以及生活形式。语言分析的重点在于回复到日常语言的正确使用上，让人们分析和把握日常语言的用法进而理解生活形式与生活的意义。照此看来，所谓"大"而"有"当的问题并不是形而上学，而是生活形式本身。维氏明确宣称："哲学不应以任何方式干涉语言的实际使用；它最终只能是对语言的实际使用进行描述。"①在此，维氏强调向日常语言以及生活形式的还原，其实就是向生存的日常状态的复原。在这种情况下，语言分析也就直接变成了日常生存活动的澄明工作，这和海德格尔的语言学溯源以及伽达默尔的生存论解释学活动具有殊途同归的效价。

维特根斯坦基本上属于科学主义的语言哲学观。维特根斯坦语言哲学前后期有别。以前期维特根斯坦为代表的分析哲学对生存的关注主要是通过对存在及本体问题的消解间接表现出来的。在分析哲学视野里的"生存"是指可说的"生存"，即"给定的事实"，诸如生存条件、生存结构与生存的知识背景等可以通过逻辑与能指的方式确定下来的东西。而诸如须通过必要的直观方法才能把握的"意义性生存"，分析哲学干脆就将它划归到无法分析的形而上学范畴（甚至于当维特根斯坦本人涉及理解问题时，也不触及人的生存意义）。但是，分析哲学所陷入的矛盾也是非常明显的：在分析哲学看来可分析的"生存"，即给定的事实，实际上恰恰是作为人的生存所要超越的传统哲学的"实存"观，而被分析哲学拒绝给予分析的形而上学中倒潜存着人生存的内涵并需要作出语言意义的澄明。人生存的丰富内涵并非一句"沉默"就可了结的；何况这种沉默在

---

① ［奥］维特根斯坦：《哲学研究》，李步楼译，75 页，北京，商务印书馆，2000。

大多数情况下直接导向了神秘主义。不可说的还得要说，这是人类文化不断实现自身超越且超越活动永无终结的表现，也是理性化的人类行动及其思想的特征。从这个意义上，分析哲学在生存理解方面所发挥的作用并没有超过以前的超验实存观。另外，分析哲学存在过分迷信逻辑，却不追问逻辑本身的意义的倾向。在我们看来，追问逻辑，说白了还是追求道理，因此我们倒是应该把逻辑从其过分外在化的自我约束中解放出来，还原其生活理解；任何形式的逻辑，包括传统逻辑和现代语法逻辑，都来自于生活逻辑，而生活逻辑又根源于生存事实。就这个意义而言，前期维特根斯坦的人工语言哲学到后期日常语言哲学的转换就不只是一种思维视角的转换，而是思维方式、研究主题、工作方式以及哲学功能的全方位转换：从思维方式上看是从语言本质主义转变为非本质主义，从研究主题上看是从语言与世界的逻辑关系转变为语言与行动的关系，从理论重心上看是从逻辑图式转变为生活形式，从哲学功能上看是从对世界的解释功能转变为对世界的描述功能。"当他抛弃了逻辑分析而转变为现实的语言活动时，这就意味着他不再关心对语言和世界进行逻辑上的建构，而是关注我们作用的日常语言，关注我们所生活的现实世界。"①

当然，关于维特根斯坦语言哲学前后期的变化，也有另外一种视角，这就是肯定其前期哲学的生存论关怀。前期维特根斯坦的人工语言观致力于为世界画界，从形式上看，人们过于集中于维氏断言的"可说

---

① 江怡：《维特根斯坦：一种后哲学的文化》，94 页，北京，社会科学文献出版社，1996。

的"领域，并由此抱怨维氏在拒斥形而上学语言的同时将生存论话语也同时排斥在外了。而对于需要沉默的不可说的领域，人们往往持一种简单的甚至是轻率的态度，好像维氏并不关注这一领域，但这一点恐怕也是维氏本人所不同意的。维特根斯坦曾说过："我的著作是由两个部分构成的，一部分就是在此书中发表出来的东西，另一部分则是我没有写出来的东西。而重要的却正是这第二部分。"①但不管怎么说，由于人们把维特根斯坦前后期哲学的变化看成维氏本人哲学思想发展的根本断裂——这一断裂也由维氏本人所强化，维特根斯坦前期哲学包含的生存论思想仍然没有得到充分的理解和挖掘。维特根斯坦前后期哲学的变化是显而易见的，但这并不能否定前期维特根斯坦哲学中的生存论思想。或许，从某种意义上说，维氏后期日常语言哲学挖掘的正是维氏自己所说的"第二部分"。

不管是肯定维氏思想前后期的断裂，还是肯定其前后期思想的连续性，有一点是肯定的，这就是维特根斯坦提出的游戏说。特别是其中的生活形式说，在分析哲学中产生了至关重要的影响。在人们的理解中已经形成了一种深刻印象，即把分析哲学看成与生命哲学或生存哲学对立的哲学运动，从上述的学理分析看，这一印象实在是一种误解。人们常常把生存哲学及生命哲学划归在现代德法哲学的范围内，而把英美分析哲学排除在外，这看来同样也属于一种偏见。就维特根斯坦的哲学风格而言，慎思明辨的思想者不应该徜徉于诸如人的价值以及生存意义之类

---

① 参见陈启伟：《〈逻辑哲学论〉中的形而上学》，载《德国哲学》（第 1 辑），136 页，北京，北京大学出版社，1986。

问题，但这并不意味着维特根斯坦不关注这类问题。在他看来，要弄清这类问题的人，往往处于生存的茫然状态，这种茫然状态促使人们弄清生存问题，然而，即使那些弄清了这类问题的人，往往讲不清生命意义的源头，这类问题是说不清的。因此，关键在于行动，对于这类问题的解决办法，不是说，而是做。维特根斯坦在某一个地方讲过："生命问题的解决，是在于这个问题的消失。"①维特根斯坦的这种"生命观"事实上也渗透到了后来英美分析哲学的内部，分析哲学明智地把关于生命意义的思考当成实践问题，而不是语言问题。分析哲学确实不可能絮絮叨叨地阐发诸如人的价值以及生存意义之类问题，但这并不意味着他们不关注人的生存与生存问题。实际上，在英美分析哲学中同样洋溢着生命哲学的精神。德国生命哲学家费迪南·费尔曼就说："当我们阅读美国分析学者的文章时，常常会吃惊地发现，他们的文章里包含许多生命哲学的思想，起码要比近代的精通语言分析的哲学家们所猜测的多得多。"②

英美分析哲学与生命哲学及生存哲学的关联可以体现在很多方面。首先是理论资源上的关联，事实上，英国的经验主义和美国詹姆士的实用主义本身就对欧洲的生命哲学的流变产生了重大影响。其次是英美分析哲学主流与生存哲学及生命哲学在理论内容上的互动，作为同时代的两股有重大影响的哲学运动，英美分析哲学与德法语言哲学的联系是不

---

① 参见［美］艾温·辛格：《我们的迷惘》，郜元宝译，16页，桂林，广西师范大学出版社，2001。

② ［德］费迪南·费尔曼：《生命哲学》，李建鸣译，2～3页，北京，华夏出版社，2000。

言而喻的，联系的纽结正是在生活世界的地平线上展开的生存论的沟通。当然，基于对自身语言的特点及其理解的差异，因而形成了不同的语言观，英美分析哲学与德法生存哲学都影响着不同的语言哲学风格，但这不会影响两种运动在生存论问题上的沟通与融汇。我们注意到，在胡塞尔晚期的生活世界、海德格尔的日常共在的世界、伽达默尔的世界经验与维特根斯坦的生活形式之间存在着某种内在的相通性，这种相通性不仅意味着当代两大哲学传统的对话与交流，并且正日益成为引导时代精神走向的哲学主题。

2. 后现代哲学与生存地平线

后现代哲学在生存论哲学努力中的意义需要引起足够重视。后现代哲学致力于为生存论存在论取代实体存在论扫除最后一道障碍，这道障碍就是自近代以来通过知性思维方式确立起来的意识哲学。超越意识哲学，本身就是当代哲学的一项主要思想使命，它直接表现于生存哲学、生命哲学以及整个现象学运动中，并且在英美分析哲学中得到了某种回应。与上述努力相比，后现代哲学表现出了更大的思想彻底性，这就是欲把连同意识哲学在内并且以种种变化了的形式延伸到现代哲学中的基础主义、本质主义、逻各斯中心主义以及实体主义统统摧毁。在后现代哲学看来，人们对实体存在论本身的异在性其实已经深有体会，通过近代哲学的主体性启蒙之后，关于人的思想意识中出现了越来越多的面向常识的还原。因此，哲学也就不应该还在这一类已经成为常识的问题上做文章、唱高调。而且，恰恰是这种高扬人的思想本身同时就存在着一种思想的自欺。表面上自以为清除了实体存在论，实际上仍然以另一种方式承继了实体存在论，只不过其中的实体直接换成了"人"。"人学"在某种意义上实现了对意识哲学及认识论哲学的超越，这就是把一种纯粹的"我思"转换为"我在"，把"知性"转换为"感性"。但是，如果说，意识哲学及认识论哲学中的人只是一种知性意义上的实体人，那么"人学"中的人未必就不是实体性的"人"。而且，这种排斥了他者的人恰恰是一种自我中心主义的人，是主体主义的人——就实体不仅是指一种认知模式而且必然还是某种存在样式而言，主体主义的人实际上强化了实体存在论。另外，相对于传统实体存在论蕴含着的那种伟大的超验传统而言，关于人的实体存在论也许标示着某种轻狂与浮躁的时代氛围，反映着现时代在精神底蕴上的无根性与随意性。人学或许是现代的形而上学，但作为形上学的人学本身就喻示着形上精神的衰落，特别是当人学冒领着形而上学之名之时，它本身必然受到批判和嘲弄——这正是后现代哲学从形式上"反对"人学的原因所在。在后现代哲学看来，对传统的意识哲学的超越是合理的，但人学的问题在于它试图构建一种新的结构与形态。

人之所以成为一个实体，是与下述事实相关的，那就是，自近代以后，实体存在论实际上已经与认识论直接粘连在一起。在近代哲学以前，认识论是依赖于存在论的。而在近代以后的意识哲学中，认识论实际上反过来成为存在论之所以得以确立的前提，所谓存在论的思维方式从而也是直接服务于认识论的思维方式的。实体存在论之所以在近代以后空前发达起来，就在于它满足了认识论的基础主义要求。在这个意义上，要彻底废除实体存在论与存在论的思维方式，从实体存在论走向所谓的人学，实际上从一开始就偏离了目标。

事实上，后现代哲学并没把"人学"当成一回事，他们关注的是一种当代哲学演进的事实状况，这就是从意识哲学到语言哲学的转换，并通过这一转换关注人的问题或作为问题的人的生存。从意识哲学走向语言哲学，是现代哲学范式的一场深刻革命。"语言符号先前一直被认为是精神表现的工具和附件，然而符号意义的中间领域现在展现了其特有的尊严。语言与世界以及命题与事态之间的关系取代了主客体关系。建构世界的重任从先验主体性头上转移到语法结构身上。"①与语言学哲学的旨向相关，哲学的根本概念不再是存在和意识，而是语言及其用法。"语言学转向尽管使理性和同一性思想发生了转型，但并没有把它们从哲学讨论中驱逐出去。"②同缺乏所指性的存在、理性、意识、形而上学等传统哲学主题相比，语言学哲学似乎为哲学寻找到了一个较为可靠的地平。但语言的存在论化实际上也赋予了语言过多的期望，对语言的溯源，对语言用法的澄清都是为了更好地揭示和反映语言与世界的关系。而这一关系本质上是属人的关系，是人的生存意义的投射，语言必然是关于某个事物的语言，这种语言本质上是人的生存。从更为真实的意义上说，语言的存在意味着人特有的交往实践方式，对语言的分析，实际上应当包含着一种对语言内在的生存论意蕴的领会与学习过程。因而，如何超越语言哲学，或者通过解构哲学破解传统哲学的思维方式与语言方式，也就构成了后现代哲学的思想使命。

　　后现代哲学的入口仍然是生存哲学。在对感性个体的强调上，后现代哲学其实是生存哲学的进一步延伸，而在对传统哲学的理解和反叛态度上，也直接秉承了生存哲学，甚至于有过之而无不及。但在具体的入

---

　　①　[德]哈贝马斯：《后形而上学思想》，曹卫东、付德根译，7页，南京，译林出版社，2001。

　　②　同上书，162页。

思态度上又与生存哲学有很大差别。海德格尔等生存哲学家们所思考的
个体体验仍然无法摆脱一种总体性，就是说，这些哲学家所强调的个体
仍然只是无差别的个体，或者说他们只是强调作为个体的生存体验所具
有的存在论地位。但正是这一点为后现代哲学所不满，认为这根本就没
有深入到人作为个体的内部。后现代哲学认为，生存哲学对感性个体的
追求事实上不断带出了新的形而上学"幽灵"，这些哲学家不看人生存的
现实，仍然在假想着一种人的抽象的本质规定：在克尔凯郭尔那里是
"孤独个体"；在尼采那里是"超人"；在海德格尔那里是"此在"或"语
言"；在萨特那里是"自为的存在"，等等。而这些东西尤其是在潜存于
这些概念背后的追求本质的抽象思维方式，在后现代哲学看来，是应该
彻底废除的。人的本质之类问题本身就不存在，也不需要人性假设。要
研究人的问题，要么直接面对人的现状，要么直接对人的历史进行实证
式的考察。关于形而上学，海德格尔曾对尼采所谓超人观点提出尼采是
"最后的形而上学家"，然而，德里达在《人的终结》中则把矛头直接指向
海德格尔，称他仍然没有摆脱形上逻辑，仍然在寻求一种"人的共同尊
严"，因此宣称海德格尔才是"最后的形而上学家"①。福柯干脆宣布，
那种在思维方式上由整体性所支持的，而在知识形式上由主客逻辑所建
构起来的"人"已经"死了"："人不过是一项晚近不到两个世纪的发明，
它只是我们知识中的一个新的折皱，一旦知识发现一种新的形式，人就
将重归于消失。"②

---

① Jacques Derrida, *Positions*, Chicago, The University of Chicago Press, 1981, p. 87.

② Michel Foucault: *The Order of Things: An Archaeology of Human Sciences*, Newyork, Vintage Books, 1973, XXIV.

显然，德里达与福柯并不是要否定人生存的价值。对人的关怀作为法国大革命的一项精神遗产，已注入后世每一位法国哲人乃至当代西方后现代思想家的骨髓之中，对于德法思想家尤其如此。后现代哲人也不例外。在德里达那里，"人之终结"是指任何一种通过形而上学方法构筑人的生存的"人学方法"的终结，至于人生存的理解方法并没有为人寻求到。对福柯来说，"人之死"，则是指自近代就已形成的与"人"这一话语凝固在一起的知识形式的结束，要寻求真实的个人，就必须避开这些知识形式的约束，弄清人的真实的历史。说到底后现代哲人所追求的仍然是他们自认为真实存在的个体。后现代哲人看到，迄今为止，哲学理性所达到的所谓整体性，都是一种抽象的整体性，都是以抽掉个人的真实性为代价所换来的。启蒙哲学(不仅是指法国 18 世纪启蒙哲学，在广泛的语境下也指所有传统理性主义哲学)确实以某种浪漫式的深刻满足了人们精神生活对于未来的渴望，但却放任并助长了种种日益逼抑个人生存的意识形态：诸如打着整体利益旗号的极权主义政治、唯我独尊的技术理性、物欲化的消费时尚、假冒着"大众"的大众文化等。而且，正是上述意识形态在启蒙理性的基础上进一步强化了个体的同一性，遮蔽着个人真实性。

很明显，后现代哲学并不怀疑个体生存观在理论上是否能够成为存在的中心——事实上这已经成为他们思考问题的基本信念。但他们更为关心的是个体生存中心化的实现程度，特别是那些限制个体成为生存中心的具体条件。

要评价后现代哲学的得失还为时尚早，它是否能够融入当代人与文化的内在理解，并生成一种直接有益于新世纪哲学与思想重建的思想资源，仍然有待时日。比如，后现代哲人对传统哲学的认识论模式的清理，以及由此表现出来的对个人真实性的不懈追求，对生活世界的重视与关注，实际上已经向人们显示出了生存论的基础意义，但也许是出于对基础主义的深深厌倦，他们并没有将生存论明确地提出来。事实上，后现代哲学的有限性恰恰就是为他们自己一直强调的，但他们只希望在推动人们形成一种赋予思想个性的运动中有所助益，而无意于把某种看起来还算精明的解构策略推广开来，更无意于在哲学基础的重建方面有所建树；后现代哲学始终强调自己的边缘性。因此，也只有在看到后现代的有限性的前提下，才能理解后现代哲学对生存论的态度：后现代哲学强调的是真实个人的生存状态，以及生存个体性对生存总体性的解构与挑战。但是，就像一切后工业时代的哲学及文化样态都少不了被模式化和时尚化一样，后现代哲学更是在劫难逃：在一个人们的日常生活日渐被大众文化所支配的时代，后现代哲学对个人真实性的不懈追求本身就已成为一种意识形态，这种意识形态既在鼓励和张扬人们的个性意识，与此同时也确证和助长着大众文化对人的自我意识的麻痹。也许，人的创造性及自我意识能力并不像人自己所期望得那样高，对大多数现实的个人来说，平庸总是最真实的一面。但是，在一个特定的鼓励创造和个性的氛围中，我们每个人都可能装出一副富于创造与个性的形象来，但实际上，我们只是迎合了某种时尚需求。在这种情况下，后现代哲学既可以帮助人们识别某种虚假意识形态，也可以为我们不得已的弄虚作假提供一个听起来还不错的辩护。但在这两种情况下，后现代哲学都没有能够超越具体的生活样式。其原因在于，后现代哲学并没有带入一种真正的批判意识，尤其是不能给我们提供一种关于生活形式的历史理性批判。

后现代哲学强调个体生存的真实性与差异性，这较生存哲学仅仅看到个体生存的无差别的意义似乎要"高明"些。生存哲学用个体生存独断地替代了整体生存(尤其是萨特)，后现代哲学干脆放弃了这种整体主义思维方式。但是，放弃整体主义的思维方式并不一定要放弃对人类整体的关怀。以知性方式所建构起来的"人"的"死亡"，绝不等于人类学及生存论意义上的人的死亡，要真正挺立起个人真实性，就不能离开对人类整体生存的理解。不仅如此，个人真实性的挺立本身就是以对人类生存的整体的和历史性的自觉为前提的。正像卢卡奇所说的那样："个人应该理解到自己的生活乃是整个人类发展的一个局部的过程，从而不仅体验到自己的生活方式和由此产生的自我义务乃是从属于这种充满活力的关联的，而且还要努力去实现这种生活方式和这些自我义务，只有这样，他才获得了自己同人类的合类性的现实的、不再无声的联系。个人至少应该严肃认真地追求这种自身生活的合类性的意向。只有这样，他才能学会使自己超越他的仅仅是局部性的人的存在。"①正是在这个意义上，我们也不能否认整体性与知性仍然是我们合理理解生活世界的必要途径。一味地反对整体性思维方式和知性思维方式是不够的，更重要的是需要真实地、积极地理解人生存于其中的社会现实生活。后现代哲学反整体主义，其实是要反抗带来这种整体主义的意识形态观念。但是，当它故意以某种"边缘"姿态提出个人真实性时，其实又带来了新的意识形态，它并没有认真地批判和考虑实现个体生存价值的社会现实前提。

---

① ［匈牙利］卢卡奇：《社会存在的本体论导论》下卷，张西平等译，639页，重庆，重庆出版社，1995。

因此也就不可能真正将个人生存具体化。后现代哲学本身就存在着自我超越或被超越的问题。

在后现代哲学"之后",哲学剩下的是那一由现象学运动遗留并且同时也是遗弃的观念——生活世界。生活世界成为后现代哲学唯一的思想地平线。后现代哲学并不反省生活世界作为理论的自洽性,而且,生活世界在理论上的随意与非建构性正是后现代哲学需要的。正因为如此,后现代哲学才如此津津乐道于运用这一话语。生活世界只是一套话语,然而,在这种随叫随到且具有广泛的运用价值的话语操作中,我们发现了当代思想的相对主义症候。

在胡塞尔现象学与强调个体感性的生存哲学之间存在着一种批判性的互动关系,这一关系实际上既构成后现代哲学关于个人真实性的思想背景,也使生活世界概念在后现代哲学中获得了广泛的运用。生存哲学对感性个体的强调显然受到了胡塞尔现象学的批判,胡塞尔抱怨海德格尔在《存在与时间》中并没有能够贯彻其超验的现象学方法。这种情绪反过来也多少影响了海德格尔本人对"此在存在论"的信念,并迫使他转向一条寻求更为根源的存在即语言性存在的历史解释学道路。当然,反过来说,海德格尔以及舍勒的哲学人类学对胡塞尔也产生了很大的影响,这种影响的一个直接后果就是晚年胡塞尔所提出,并受到整个当代哲学普遍推崇的生活世界概念。在当代哲学的语境中,生活世界本身就构成哲学生存论的入口。但人们为什么会将整个哲学的基础设定于生活世界之上倒是一个值得反省的问题。实际上,尽管生活世界在当代思想及生活方面具有极强的解释学价值,但生活世界概念本身却已经成为一个既关联于生活现实、其语义又显得支离破碎的概念术语。

　　在胡塞尔那里，"生活世界"(Lebenswelt)这一概念本身就是一个颇具神秘意味的概念，人们对它的争议也特别大，主要是其经验或超验属性不易辨别。大体说来，胡塞尔是在两个不同的意义上使用这一概念的。一是表象层面上的，也即经验层面上的"生活世界"，胡塞尔具体把它称之为"日常生活世界"(unsere alltägliche lebenswelt)。胡塞尔曾经给"生活世界"下过一个定义："生活世界是自然而然的世界，在自然而然、平平淡淡的过日子的态度中，我们成为与别的作用主体的开放领域相统一的、有着生动作用的主体。生活世界的一切客体都是由主体给予的，都是我们的拥有物。"①这看来正是对"日常生活世界"的定义。而且，在这一定义中，胡塞尔显然赋予了生活世界以主体间性内涵。在《欧洲科学危机和超验现象学》第一卷中，胡塞尔明确地说："作为唯一实在的，通过知觉实际地被给予的、被经验到的世界，即我们的日常生活世界。"②但是，胡塞尔更多是通过"生活世界"概念表明其先验现象学立场，如前所述，生活世界只是胡塞尔本人用以达到其先验交互性的一个通道和中介。在他逝世以后才整理出版的《危机》第三卷的名称就是："从生活世界向超验现象学的还原"，在这里，"生活世界"不过只是通向其超验还原的一个通道。就是说，生活世界本身仍然只是一个课题性的概念，如同倪梁康先生所言："在胡塞尔那里，与人有关的'生活世界'只是作为先验分析的出发点才成为先验分析的出发点，一旦进入到先验

---

　　① 转引自[德]奥尔特：《胡塞尔的"生活世界"概念及其文化政治困境》，邓晓芒译，载《哲学译丛》，1994(5)。
　　② [德]胡塞尔：《欧洲科学危机和超验现象学》，倪梁康译，58页，上海，上海译文出版社，1988。

哲学的领域中，作为具体生物的人及其生活世界立即便遭到排斥。"①能够面向超验还原的生活世界在胡塞尔看来才是一个作为现象学术语能够被操作的概念，无疑较"日常生活世界"概念更为重要。在这个意义上，甚至有理由直接把生活世界看成一个超验概念。而人们对生活世界之所以感到神秘，主要就是源于将生活世界直接看成了日常生活世界，从而对经验性的日常生活世界与现象学方法的超验本性之间的冲突产生了深深的困惑。至于阐释其生活世界的核心概念，即"主体间性"其本性就是超验性。在这个意义上，胡塞尔的"生活世界"还是应该看成其超验现象学方法的合理延伸，它不是一个经验与科学可以随便介入的领域。后来，其后继者海德格尔、舍勒都舍弃了其超验基础，转而在"日常生活世界"的经验性上大做文章，并且在很大程度上放弃了理性追问精神，这在胡塞尔看来，恰恰就是整个欧洲现代文明危机的表征，也直接意味着根植于欧洲文化传统中的超验精神的失落。

胡塞尔立足于超验思想对生活世界的过分经验性提出了批判，这种批判的角度我们也许并不认同。但是，现在看来，我们确实有必要对后现代哲学氛围中的生活世界观念，同时在很大程度上也是我们颇为认同的生活世界观念(而我们对这一概念的理解和接受是直接与整个后现代哲学的氛围联系在一起的)作一种清理和反省。生活世界观的积极意义已引起了我们相当程度的重视，我们也都愿意在经验层面上接受生活世

---

① 倪梁康：《现象学及其效应》，38 页，北京，生活·读书·新知三联书店，1994。

界概念，但是，这一观念所包含的消极性却并未引起我们足够重视。

　　首先，日常生活世界就其生存样态而言具有很明显的散漫性与个体性，它拒斥形而上学，而又难以摆脱非理性的限定。胡塞尔一开始提出其生活世界只是为了表达一种鲜明的态度，是为了强调其主观性和个体性意义。但是，这种"自我给予的"的世界，本质上只能是一个自在的日常生活世界，其中的"自我"不可能是自为的，因此其日常生活世界并不具备自觉的理论建构功能。事实上，胡塞尔的后继者，包括赫勒在内的许多发挥和运用生活世界概念的哲学家们，他们对生活世界的态度都不可能是中性的。比如赫勒就曾将自己的日常生活概念与舒茨的生活世界概念区分开来，并声言自己的"日常生活"概念不是"一种态度"，而是"各种态度"①，日常生活就是"作为主体的个人在其中对象化，同时人的客观化的潜能在其中开始脱离属人的根源的生活的过程"，作为"历史潮流的基础"，生活世界是一个人人都生活于其中但并非人人都能够自觉得到的自在世界②。后现代哲学把生活世界作为一基本平台，并且限制对其进行反省批判，一方面表现了对于某种已经抽象化的生存意义的拒斥与反抗，另一方面又是对于一个物化不断加剧的生存状况的认同。从总体上看，生活世界观念正是对于一个不断技术化和商业化的生存境况的描述。

　　其次，日常生活世界具有明显的直观性和自我封闭性，难以达到对日常生活世界的历史哲学批判，因而也就无法给予生活世界所应该包含

---

　　①　［匈牙利］阿格妮丝·赫勒：《日常生活》，衣俊卿译，4 页，重庆，重庆出版社，1992（英译本前言）。

　　②　同上书，51 页。

的生活理想提供一种必要的历史理性前提。胡塞尔确实准确地看到了欧洲近代以来的科学技术对日常生活世界的遮蔽，并提出要摒弃物理主义，重新思考实践活动的意义，但他提出的解决办法却是超验现象学方法，即是向日常生活世界的无批判的还原。超验的方法本身就不是历史的方法，正是在这个意义上，海德格尔确实在试图超越胡塞尔，走向一种面对生活世界的历史阐释学之路，但这一意向多少被他本人所反复强调的"回返"思想所牵制。"回返"的历史仍然是某种精神外化的抽象的历史，而不是从信念上承诺了人类进步与文明的实践历史。在我们看来，一旦抽掉了关于进步的信念，所谓"历史"就从根本上失去了历史性。在这个意义上，海德格尔的所谓"历史"恰恰是非历史的。而且，在海德格尔那里，此在不得不沉沦于斯的"日常共在世界"可以说从根本上丧失了自我超越与自我批判的能力。

一般而言，生活世界需要通过前反思活动才能揭示出来。对于某种自觉的生活理论而言，生活世界总是潜在的，但是，这并不意味着生活世界具有反思性。哈贝马斯曾把"绝对的明确性"看成生活世界的第一个特征，说它"赋予我们共同生活、共同经历、共同言说和共同行动所依赖的知识以一种悖论的特征"，并说生活世界作为一种"背景的在场既让人觉得历历在目，又叫人感到不可捉摸，具体表现为一种既成熟而又有不足的知识形式"①。作为一种经验的绝对形式，生活世界决定着我们的生活并且提供了一种日常生活与非日常生活的内在的平衡力量。比

① ［德］哈贝马斯：《后形而上学思想》，曹卫东、付德根译，79页，南京，译林出版社，2001。

如，从形式上看，生活世界的散在性与直观性和文化以及知识型生活方式的层次性与理性化是对立的，但一旦对文化及知识型的生活方式进行还原，那么生活世界便获得了某种前定性。然而，恰恰是这种还原意味着生活世界构成了一种抵御层次性的文化特权以及理性化的知识生活的天然屏障。

再次，生活世界难以具备自觉的理论建构功能。生活世界概念的提出具有一定的历史哲学意义。从很大程度上说，它本身就是从精神的历史哲学转换为实践的历史哲学的一个现实地平，在生活世界之上，实践的历史哲学得以建构出来。当代哲学解释学运动已经展示了这一思想。但是，在后现代哲学中，生活世界概念的主题化恰恰是消解和摧毁历史及历史性的必然结果。从这个意义上讲，生活世界观念成为后现代哲学的主题性术语自有其依据，对历史及历史性的彻底消解，必然导致生活世界观念成为哲学的核心观念。可以说，后现代哲学对本质主义、实体主义、逻各斯中心主义以及认识论的消解，从根源上说是对成为近代话语主题的历史的消解。在后现代哲人看来，"历史是逻各斯中心的，是神话、意识形态和偏见的源泉，是一种封闭的方法。历史特许这一个或那一个主体为最高的中心，为真理和意义的终极起源和记录者，而所有其他的事物必须借助于那些术语才得以被理解和被解释"①。后现代哲人显然看到了历史对意义的承接关系，而一旦消解或摧毁了历史，世界存在的意义也就随之被消解。整个后现代世界是一个虚无的世界，不存

---

①　［美］波林·罗斯诺：《后现代主义与社会科学》，93 页，上海，上海译文出版社，1998。

在意义，"一切都是'赤裸裸的'、可见的、外显的、透明的，并且总是处于变动之中。从这一点上讲，后现代场景展现的是意义已死的符号和冻结了的形式"①。历史的消解与意义深度的夷平必然导致人们对当下生活的不自觉的崇拜。"既然深度被夷平了，历史和经验也就因此被碾平了。人们迷失于后现代的当下时刻，疏远了那些哺育了我们的历史意识并提供了一个丰富多彩的、层次分明的、多向度的现在的积淀传统、连续性以及历史记忆。"②实际上，这正是散漫的生活世界观念大行其道的原因所在。

最后，重要的或许还不在于哲人们提出这一概念时所置入的个体性、散漫性、非理性、直观性及自我封闭性，而在于这一概念的传播正好暗合了人们的某种庸常而浮泛的心态，是这一时代的相对主义症候的思想表现。事实上，我们认为，生活世界本身正在形成一种拒绝理论介入的话语霸权，这一概念的高频率而又歧见丛生地被使用，已然包含着对于"当前生活"的不自觉的崇拜。关于"生活"的话语正在遮蔽着生活的真相。本来，关怀生活世界反映了一种良好的"直观现实、拒绝抽象"的旨趣，但是，在一个商业文化与大众文化时代，这种旨向却最容易成为人们滑入顺从主义及享乐主义涡流，成为人们拒绝、避开和消解必要的理论关怀的"合法性"借口。生活世界概念的流传本身，就直接意味着对深度理论关怀的拒斥，这或许是当初哲人们在提出这一概念时所始料不及的。

---

① ［美］凯尔纳·贝斯特：《后现代理论》，164 页，北京，中央编译出版社，2001。
② 同上书，351 页。

生存论的自觉绝不是以转向生活世界为最终结果，生存论也不能过分依附于"生活世界"。生活世界确实是阐释生存论的一个基本概念，但仅仅依赖于生活世界是难以全面而深入地进入生存论的理解与建构的。生活世界是一个真实的世界，但未必是一个"好的"和"健康的"世界，而且，这一世界又因其巨大的世俗性力量而缺乏开放性，因而堵住了生存论的建构。胡塞尔之所以要把生活世界看作一个被超越的起点，也就是要敦请人们识别并克服这一不够健康且灾患多多的生活世界，走向一个健全而理智的文化世界。但他的先验还原方法却是不可取的。在我们看来，应当自觉意识到生活世界的局限性并穿过生活世界确立起一种更为基础性的理论，这一理论就是蕴含于马克思哲学中的富于历史底蕴和存在论精神的实践—生存论。

3. 环境哲学的生存论关怀

自工业革命以来，随着生态环境问题的逐渐突出，在现代西方文化中一直存在着一种拒斥工业文明的浪漫主义运动。这一运动在 20 世纪 60 年代以后，随着后工业浪潮的来临，进而演进为一场颇具民众和政治影响力的生态人文思潮，这一思潮在哲学上的反映即环境哲学的兴起。环境哲学所提出的核心问题是技术时代人与自然的关系问题，主题是要求转变现代性的人类中心主义，走向一种强调人与自然和谐相处的新的自然观。生存论作为一种哲学理论的自觉转变，必然也包含着人与自然关系的转换，当代生存论哲学的生存论自觉与环境哲学有着一种值得注意的关联。

环境哲学分成诸多流派，观点不尽一致，具有很强的思想杂糅性，但都有一个生态人文思潮的总体思想背景。这一思想背景认为从近代工业革命以来形成的人类中心主义是近现代社会发展观的深层理念，依靠这种理念，人类假定了一个与"主体"对立起来的"外部无限自然"，也假定了"主体"自身无限的"实践"能力，由此形成了贯穿于整个西方近现代，并且以不可阻挡之势蔓延全球的唯经济的、"现代性"的社会发展模式与价值取向。但现代工业文明的后果却表明：自然是极其脆弱的，对实践的过分崇拜只会反过来动摇甚至摧毁人类自身的生存根基。当代人类社会所面临的全球性的资源枯竭、生态危机、环境恶化以及由此伴随的挥之不去的精神焦虑，差不多都是这种以"现代性"为唯一追求尺度的恶果，唯经济的增长模式使得人与自然关系（在这个意义上也包括人的社会性生活以及内在的精神生活）日益失去基本的平衡与协调能力。基于上述思想背景，当代环境哲学主张深刻检讨近现代社会发展观念，反省现代性、重审科学技术的人性意义，克服人类实践行为的负面效应，提升对生活意义的理解，重视生存环境，深刻理解人与自然的共生性的关联，转变自身的实践方式和生存方式，建立一种保持人类生存的可持续的后代意识。

环境哲学主要是围绕人与自然关系而展开的，焦点问题就是人类中心主义与非人类中心主义之争。环境哲学并不直接认同传统的人类中心主义，他们把传统的人类中心主义区分为宇宙论的人类中心主义与价值论的人类中心主义。宇宙论的人类中心主义被默迪称之为"前达尔文类型的人类中心主义"（Pre-Darwinian anthropocentrism），因为这一类型的人类中心主义总是与某种神创论有关，以至林恩·怀特"把基督教称为世界上所见最符合人类中心主义的宗教"，并且"是我们生态危机的历史根源"①。自达尔文之后，作为价值论的人类中心主义开始盛行，而为环境哲学所反对的主要是这一类型的人类中心主义。但反对并不意味着放弃，事实上，诺顿及默迪打出的旗号就是"弱的人类中心主义"。诺顿主张，只有人才具有内在价值，保护环境并不意味着出让人的内在价值。但是，人的内在价值可能显化为外在价值及工具价值，而且一旦显化为外在价值与工具，就会与人的内在价值疏离开来。实际上，当人只是考虑到当下时代及个人利益的时候，是谈不上所谓内在价值的。因此，要实现内在的价值，就必须抵制个人利益对内在价值的侵蚀，确立一种后代人意识。个体应当充分地意识到，"个体的生命与意识活动还承担着种系繁衍与人类意识发展的责任"②。默迪则称自己为"现代的人类中心主义"，这其实也是弱的人类中心主义的一种表现，默迪的基本立场似乎是一种进化论意义上的人类中心主义，"人类影响自身之外的环境的能力与其他生物影响它们身外环境的极其有限的能力相比，是在进化中呈现出来的和持续不断的。它使人能够改变环境以适应其需要"③。但与诺顿否定环境具有内在价值不同，默迪承认自然中的所有事物都有价值，但事物的内在价值是从属于人的价值的。因此，默迪的人类中心主义又包含着一种主体性，只不过这种主体性并不单纯是占有性的，而是生存性的。"尽管自然生态系统具有内在价值，但这种价值

---

① 参见徐嵩龄主编：《环境伦理学进展：评论与阐释》，126 页，北京，社会科学文献出版社，1999。

② 同上书，128 页。

③ ［美］默迪：《一种现代的人类中心主义》，载《哲学译丛》，1999(2)。

在人类进化过程中服从人的恰当目的的实现，有赖于它被人工系统所替换。"①默迪强调的是人的实践与文化，其实质是通过人的实践与文化活动强调人必然具有承担和保护自然价值的责任。

非人类中心主义在环境哲学中居于主流地位。它具体分为如下几种代表性理论：动物解放/权利论、生物中心论、生态中心论（具体又可分为大地伦理学、深生态学、自然价值论三种理论）。

动物解放论秉承边沁的功利主义，以快乐与痛苦确定善恶，凡带来快乐的就是道德的，凡导致痛苦者即是不道德的。一切动物都有体验快乐与痛苦的利益需要，因此，动物也享有道德，免除一切痛苦，反过来说，一切导致动物痛苦的实践行为都是不道德的。在动物解放论者看来，如果因为动物不是人就从道德上否认动物享有的生存利益，是典型的"物种主义"。动物解放论主张"双要素平等主义"（two factor egalitarianism），这种观点认为，在充分考虑到动物物种之间的利益重要程度及其心理复杂程度的情况下，动物生存权利的选择与取舍是合道德的。这意味着动物解放论不仅秉承了边沁的功利主义，而且也自觉或不自觉地承继了达尔文式的生命进化论思想。动物权利论者利用的是康德的道义论，即把人的权利不是归结于人的理性而是归结于某种"天赋的价值"（inherent value）。这种价值就是生命的目的，而不应该当作工具来对待，所有有生命的主体都拥有这种天赋的价值。动物作为生命的主体同样拥有这种价值。不过，与动物解放论者相似，动物权利论者也主张从

---

① 徐嵩龄主编：《环境伦理学进展：评论与阐释》，132 页，北京，社会科学文献出版社，1999。

功利主义的角度具体对待动物个体之间的权利冲突，这就是说，如果对某个体权利的侵犯在现实的可能性及唯一性方面都将阻止对其他无辜个体的更大伤害，那么个体的权利便是可以侵犯的。但是，如果对少数者的伤害足以导致它们的处境比多数个体更糟，那就必须保护少数个体的利益。

动物解放/权利论提出了一种基于动物个体的动物保护理论，其中包含着某种深切的博爱精神，并为伦理学研究提供了一种新的视角，对人的自我完善与道德修持都具有重要的现实意义。但其理论上的局限性也是十分明显的。首先，它的理论基础是确立在一种动物平等主义基础上的，这就抹去了人的生存与一般动物生存的本质差别。不仅如此，这样一种抹去人与动物差别的理论常常包含着消极的实践后果，因为这一理论本身就包含着一种普遍的素食主义要求。其次，动物解放/权利论只关心动物个体，却并不关心植物及整个生态环境，不关心动物个体与整个环境的协调与整体性，而包括动植物在内的整个大自然与人的实践活动的相互关系以及整个生态环境的协调与整体性恰恰是环境哲学的当然前提，从这一意义而言，甚至有理由否认动物解放/权利论是环境主义。

生物中心论则把道德关怀从动物的生命扩大到所有的生命物。沿着现代人道主义者史怀泽的思想，当代生物中心论者泰勒通过借鉴当代生物学及生命科学理论，进一步发展了生物中心论。生物中心论中具有存在论意义的概念即大自然，大自然本身就是一种道德态度，大自然绝对不只是一种外在的实体，当我们说"大自然（Great Nature）"时，先在地就确定着一种好的价值判断，这种好的价值判断对于高等动物而言，属于主观的价值判断，而对于低等动物及一般生命物而言，则意味着一种客观判断。从这个意义而言，内在的生命价值是一切生命物都有的天赋价值，因而一切生物都应当得到保护。生命中心论的基点是强调以地球为核心的自然生态系统的自身稳定性。人确实是地球生物共同体中的一员，人的生命构成地球生物圈的有机部分。在地球系统中，人只是一个晚来者，在人到来之前，整个地球系统就已经构成一个相互联系、相互适应的生态系统。人的生存对于生态环境的依赖远远超过生态环境对人的依赖。人的生存要依赖于其他生物，但其他生物的生存却不依赖于人类。从这个意义上说，人只有靠自己才能珍惜和保存自己的生命。但这并不是容易做到的，由于人本身已经具备了破坏整个自然生态环境平衡的实践能力，人才必须要确保这一系统的生态平衡与稳定性。因此，要控制人对自然的日益增大的干预与破坏，就必须改变人类中心观，破除人的种种先天的优越感与生物等级观念，建立一种新的生命观念，这一观念就是有机个体生命观。有机个体生命观的核心是要求按照生命的有机性来协调和控制人的实践活动。

生物中心论提出的是一种生物平等主义，这种理论是对现实的规范抑或干脆就是一种乌托邦，相对于严峻的现实而言，似乎后一种判断占上风。一方面，生物中心论所提出的道德要求与人们实际的道德行为之间其实存在着一道难以逾越的屏障，难以改变的恰恰是人们的道德信念；另一方面，即使要建设性地解决环境保护问题，生物中心论恐怕也是有问题的。生物中心论存在着一个教条，那就是认定在人类形成以前的自然界是最具有生态平衡功能的，但事实上，恰恰是在人形成之前的自然界在自然界的进化史中显得最脆弱，脆弱到不能保证高等生命物的正常形成。另外，从理论上看，生物中心论的主要关注对象是野生动植物，但是，对各种野生动植物的差别却没有做出区别。这是生物中心论的一个缺陷，因为事实很清楚，濒危的野生动植物的价值与普通物种的生命价值是不可同日而语的。

生态中心论是从生物共同体的实在性出发强调人对包括自身生命在内的整个生态系统的道德责任。生态中心论在某种意义上是把伦理学的关怀对象从生命扩大到包括各种非生命物的存在在内的整个自然世界，生态共同体存在的价值从发生学的意义上优先于生命体的生命价值，生态中心论属于一种整体主义的伦理学而非个体主义的伦理学。生态中心论一般包括三种具体的理论学说：一是列奥波尔德早在 20 世纪 40 年代就已经提出来的大地伦理学（Land Ethics），二是深生态学，三是以罗尔斯顿为代表的自然价值论（theory of nature value）。大地伦理学的核心思想是强调应当把关于人的道德伦理学还原到对整个大地的伦理学，把对大地的财产关系转换为对大地的道德情感关系。大地喻示着整体性的生物共同体，为了这一共同体的完整、稳定和美丽，个体有必要牺牲自己的利益。大地伦理学特别强调对野生动物的保护。

深层生态学是大地伦理学理论的进一步拓展，其理论资源还有怀特海的有机体理论和现代生态学关于生命多样性与共生理论。怀特海把自然界看成一个恒久的、流动的生命整体，其中的任何一个要素只有首先考虑到其生命活动与整体性生命过程的结构性关联时，才能成就自身的生命活动。怀特海说："恒久的东西以其自身的各个方面限制、阻碍、不容忍和感染着它的环境。但是它不是自足的。完整事物的方方面面也成为自然界的一部分。当一个实体在它的界限，即在其中才能发现自己的更大整体之内整合起来时，它才是它自身；反之，也只有在它的所有界面都能与它的环境，即在其中发现自己的同一个整体相适应的时候，它才是其自身。"①深层生态学由两个理论组成，一是生物圈平等主义，另一个理论即自我实现论。所谓生物圈平等主义的理论内容就是大地伦理学，而深层生态学的理论特色则在于自我实现论。深层生态学中的"自我"，不是狭隘的"自我"（self）或"本我"（ego），而是"大我"（Self）。快乐主义及功利主义伦理实际上是对"大我"的肢解，这种伦理学属于一种浅层伦理学，浅层伦理学人为地将人与自然的关系看成主体与客体的占有性关系。但是，"在存在的领域中没有严格的本体论划分。换言之，世界根本不是分为各自独立存在的主体与客体，人类世界与非人类世界之间实际上也不存在任何分界线，而所有的整体是由它们的关系组成的"②。与浅层伦理学相反，深层生态学立足于整体论立场，把整个生物圈看成一个生态系统，人类只是这一相互联系、相互作用的生态系统中的一部分。人既不在自然之外，也不在自然之上，而在自然之中。生态系统的完整性决定着人的生存，因此，只有从狭隘的自我扩展到人类并进而融汇于整个大自然的生成及流变系统中，人的生命才能真正实现出来，而人的生命之实现本身就意味着所有生命物生命的实现。因此，生物多样性是自我得以实现的前提。

---

① 转引自［美］默迪：《一种现代的人类中心主义》，载《哲学译丛》，1999(2)。

② 沃威克·弗斯：《深层生态学：我们时代的新哲学》，载《经济学家》，1984(14)，转引自徐嵩龄主编：《环境伦理学进展》，119 页，北京，社会科学文献出版社，1999。

自然价值论的重点在于强调生态系统客观的内在价值。罗尔斯顿认为，所谓价值这一概念自形成起就属于主观主义的工具价值论，它把效应性与人的需求及欲望看成价值的内在规定性，这种主观主义价值观直接把价值评价活动当成了价值本身，忽视了价值客体的存在。在罗尔斯顿看来，所谓价值只是事物的某种属性，事物的价值属性确实是通过人的体验生成评价活动进而为人所把握，但这并不意味着价值就是体验。"对大自然的所有评价也是建立在体验之上的，但这并不意味着它的描述、它所揭示的'价值'仅仅是这些体验。……如果没有对自然界的感受，我们人类就不可能知道自然界的价值，但这并不意味着，价值就是我们如何去感受自然界。"①大自然本身包含着丰富的价值属性，包括生命支撑价值、经济价值、消遣价值、科学价值、审美价值、基因多样性价值、历史价值、文化象征价值、性格塑造价值、治疗价值、辩证的价值、稳定性和开放性价值、生命价值、哲学和宗教价值，等等，工具价值不过是其中经济价值的某种性能表现形式。② 一些极端的自然价值论者甚至将道德权利直接看成非生命物自身的属性，比如赋予岩石以内在的价值。值得注意的是，自然价值论者把价值看成事物的客体属性，并不意味着认为价值是无所作为的，比如，在罗尔斯顿看来，价值的最重要的特征就是其创造性，而创造性就来自于自然生态系统的生成流动性，价值使自然世界丰富、美丽、和谐而多样化。总体来看，自然价值论颇有些物活论的味道。

---

① ［美］霍尔姆斯·罗尔斯顿：《环境伦理学》，杨通进译，37～38 页，北京，中国社会科学出版社，2000。

② 参见同上书，3～5 页。

环境哲学存在着一些基本的共识。首先，不管是弱的人类中心主义，还是非人类中心主义，都是对人类中心主义的反省，这种反省是人作为道德主体能力的反省。只有人才是自觉的道德主体，自然环境是不可能对人产生道德行为的，但这不意味着自然环境不享有道德上的关怀，因为环境哲学对人作为道德主体存在的意义就在于强化人对于他所置身于其中的环境具有不可推卸的责任与保护功能。其次，环境哲学把环境问题更主要地看成文化问题，而经济、技术与工商业只是这种问题的表面症候。正是在这个意义上，环境哲学大多主张尊重生命，追求幸福的生活、提升生活质量，并实现生活方式的当代转换。环境哲学特别强调培植环境意识的重要性，认识自然的目的并不完全是控制自然，而是意味着理解、参与自然，并学会与自然交往。因此，环境哲学家们大都重视教育，把环境意识的形成主要看成教育问题。与此同时，要求人的精神意识及文化意识摆脱现代文化的约束，从种种古老的文化传统复归，通过"自觉地向古老的宗教与哲学学习"①改善现代人的精神心灵状况。作为一种文化上的努力，环境哲学同时也包含着一种值得重视的共生意识，这种共生意识强调人与生命及整个生态环境（当然也包含着由人与自然环境的协调和谐延伸出的人的社会性共处关系）。"相互生存不仅意味着并肩生活和成长，而且意味着彼此合作，互相通过对方得以生存。它意味着克服基于无知并被教条主义合法化的敌意的不宽容，而且

---

① 参见汤因比、池田大作：《展望二十一世纪》，386 页，北京，国际文化出版公司，1985。

超越仅仅植根于被动共存思想的宽容。"①再次，环境哲学包含着一种强烈的后代人意识，罗尔斯顿明确指出："认为生存年代越在我们之后的人其价值越小；而其生存年代离我们最远的后代则毫无价值——这种观点只能是某种道德幻想的产物。"②环境哲学家认为，人类的后代生存价值远远高于当下的生活价值，而人与自然的和谐也要远远超过人对自然的占有与掠夺。因而主张把环境与资源的珍惜、保护和永续性利用看作衡量社会发展质量的内在的甚至是根本性的尺度，建立人与自然的新的和谐关系。环境哲学的这一思想本身就是 20 世纪后半期形成的可持续发展观的理论资源。最后，环境哲学家基本上都反对传统伦理学的个人主义及功利主义的价值观，主张某种整体论的和非功利的生命观，环境哲学的整体论不仅是对传统伦理学反省的结果，同时也是自觉吸收当代科学的结果。环境哲学认为，确保自然环境的完整和谐是包含人在内的生命物保持可持续的基础。人对自然的知识、研究与控制都必须服务于具体的生存处境，整个自然生态系统是一个动态的、流动性的体系，不存在单一的存在物，整体大于各部分之和，任何存在物都是作为一种要素、一种过程而存在于这一动态的生态整体系统中的，动态的生态整体系统确保了系统的平衡发展。因此，不管是强调人的生存，还是强调自然环境的和谐稳定，都要求达到人与自然的和谐共处，实现人与自然的可持续的发展。

　　环境哲学的根本点在于通过伦理学努力大大促进了对人与自然关系

---

①　[美]欧文·拉兹洛：《第三个 1000 年：挑战和前景》，王宏昌、王裕榤译，97～100 页，北京，社会科学文献出版社，2001。

②　[美]霍尔姆斯·罗尔斯顿：《环境伦理学》，杨通进译，446 页，北京，中国社会科学出版社，2000。

的新认识与调整，这一活动无疑强化了当代生存论哲学的生存论自觉。因为当代生存论哲学的基点就在于重新认识并调整人与自然的关系，形成一种新型的人地观念。在环境哲学中具有存在论意义的人与自然的共生性关联特别值得当代哲学的存在论建构考虑并利用。当代人类生存方式正在发生一场历史性的转换，其中最基本的转换无疑在于人与自然关系的新认识与理解。在这个意义下，纳什的如下见解是有道理的："人与自然的关系理应被看成为通过伦理学加以调节和约束的道德问题，这种观念的诞生乃当代理智史上的最卓越的见地之一。"①实际上，自然观的伦理学转换不仅只是学术界的一种趋向，同时也成为人类性、国际性的政治理念。早在联合国于 1980 年发布的《世界自然资源保护大纲》里就明确写道："如果要保证达到资源保护的目的，就必须根本改变整个社会对生物圈的态度。人类社会若要和它们得以共存和得以与自然界幸福地共存，就需要有新的合乎道德规范的、相互接受的动植物和人。"正是基于对当代人类生存状况的深刻反省，环境哲学主张深刻认识自然，并转换传统的自然观，这种转变的实质就在于"克服那种仅仅把自然当作人为生产而利用支配的对象、素材的片面自然观，重新强调人与自然关系的多样性"②。自然不是作为认知世界领域的无限的对象，而是作为生存领域的有限的环境，而作为我们置身于其间并依靠于斯的环境，具体说来就是指地球以及通过地球生态成为我们生存空间的外部星空。

---

① ［美］纳什：《自然的权利：环境伦理学的历史》，4 页，威斯康星，威斯康星大学出版社，1989。

② ［日］岩佐茂：《环境的思想》，韩立新等译，7 页，北京，中央编译出版社，1997。

环境（Surroundings）绝不是与人的生存相外在的，它不仅是人类生存的内在要素，而且是人类生存的根本条件，人是在一定的生态环境条件下实现自己的生存与发展的。环境是人与自然的有机统一，因此，"人与自然环境的关系并不是僵死的，而是相互作用的动态关系。因此，我们不能在只有人才是能动的、自然是受动的那种人对自然的单方面作用的关系中，而应在人与自然的相互作用、相互影响中来理解这一关系"①。许多生态人文主义者都认为，人以及整个生物圈的生存陷入困境，其原因倒不在于人类对于自然的认识已经足够。恰恰是相反，人过多地专注于对"自身"的认识而忽略了对自然的认识，既忽视了对自然本身的认识，也忽视了对人自身自然本性的认识，这就扩大了人与自然的对立。而事实上，对自然的认识才导致人对自己的认识发生决定性的根本变化。"对自然的知识是人的行动的基础，是改造现实的基础。对自然的认识导致我们对我们全部的生活条件、对我们的生存承担责任"②。为了能够真正理解生存，就必须重视自身与别的生物共同的自然本性，重视人生存的自然本性。自然科学所描述的人的形象确实没有全面地表现人的本质，但对于我们认识人的自然本性确实是必要的。因为我们常常就是由于夸大"人"的超越性意义从而漠视了其自然本性。对自然的认识永远是人的自我认识的基础。

当代环境哲学的理论症结在于：首先，在环境哲学，特别是其中的非人类中心主义的理论中，隐含着否认人在生物学意义上的优先性，把

---

① ［日］岩佐茂：《环境的思想》，韩立新等译，82～83 页，北京，中央编译出版社，1997。

② ［德］汉斯·萨克塞：《生态哲学》，31 页，北京，东方出版社，1991。

整个生命系统看成一种由高级动物到一般生命物甚至向非生命物的还原过程。动物解放/权利论把生命还原到动物，生物中心论则把道德关怀扩大到野生动物与植物，生态中心论认为一切自然存在的事物，不管是有机的，还是无机的，都具有其存在的内在价值。环境哲学的这种物活论的趋势从一方面反映了某种值得注意的反主体性倾向，但是，以这种还原的思维是否能够解决问题显然是令人怀疑的。一般说来，非人类中心主义只是主张人与一般动植物及生态系统拥有相同的道德地位，而不是道德重要性，这意味着人与动植物及生态系统之间的伦理学理论与具体的道德实践行动之间并不是一致的。

但是，问题的尖锐性就在于，人与动植物及生态系统之间的平衡恰恰是由于人的实践行为的干预而呈现经常性的冲突，因此关于人与生态系统之间的伦理学规定本身就意味着对人的实践行为的现实约束。环境哲学无疑是要强调人作为道德主体的责任，但人作为道德主体，必然被赋予相应的主体性，而且这种主体性无疑是在保障了生态环境优先性的情况下才是可能的。人只有在存在论的意义上超越了实存状态的存在者，才可能谈得上承担相应的道德责任。人所享有的道德重要性本身就是由其道德地位决定的，而道德地位则源于其生存的优先性。脱离生存的优先性而讨论其道德责任是不可能的，而且本身就是对人性的伤害，因此许多环境哲学的反对者把环境哲学的整体主义归结为"环境法西斯主义"①是有一定道理的。环境哲学强调生物及生命的多样性，这本身

---

① ［美］霍尔姆斯·罗尔斯顿：《环境伦理学》，杨通进译，46 页，北京，中国社会科学出版社，2000。

就是在消解了人的生存主体性的意义上设定起来的，所谓多样性理论仍然包含着深深的生命齐一论思想。当环境哲学将生命系统还原到非人的生命或非生命时，必然赋予后者以一种存在论的地位，而且这种还原实际上还意味着某种发生学意义上的存在论的盛行，这就忽略了传统哲学存在论中值得重视的某种超验形式所表达的人本主义精神。事实上，环境哲学尽管从形式上反对机械唯物主义从而主张生命整体论立场，但其理论实质则是自然还原主义。

其次，环境哲学的思维方式基本上是非历史的和非实践的。环境哲学确实蕴示着一场人与自然关系的巨大转换，但这场转换显然不是放弃已经历史性地形成的人类实践活动以及在此基础上建立起来的现代人类文明。已经形成的现代人类文明本身就属于我们不可能改变的历史，从这个意义上说，环境哲学的主张，特别是其中的非人类中心主义显然蕴含着一种反现代的思维取向。当代人类文化的一个倾向就是人们对现代工业文明的情感化的拒斥越来越明显，这种倾向其实正在酿成日益盛行的社会情绪，这为各种各样的反现代化思潮提供了市场。与这一时代流行的女权主义/女性主义、后现代主义以及种种神秘主义一样，在环境哲学的背后，其实存在着这一时代共有的感觉主义与相对主义的精神症候。环境哲学的思想方法及表述方式带着浓厚的重直觉、轻理性的特点，从很大程度上是为了达到其伦理学目的。人是理性的动物，理性形成人的生存的基本秩序与法则，并且是现代文明的核心价值观，理性同时也成就了现代性的人类中心主义。环境哲学对人类中心主义的消解的突破口之一就是贬低理性，进而借此提高其他动物的道德地位。然而，问题在于，反理性就能导向一种生态伦理的境界吗?! 因为事实上完全有理由相信：第一，一个非理性的自然世界的生态系统可能是自在的，但同时却是脆弱的；第二，非理性的世界不可能排斥人的参与，恰恰是人参与其中的生态世界导致了日益严峻的生态问题；第三，人要形成爱护环境、关爱大自然的教养与生活方式，本身就有待于人的理性的重建与参与。就是说，环境问题的改善，并不只是人与自然之间，也不只是把理性局限于人与自然之间。环境意识的培植、自然观的转换、理性的重建，诸如此类工作都必须考虑到人的活动的实践性与历史性，人与自然的现实的、历史性的统一是通过人的社会化的、历史性的实践活动实现的。因此，环境哲学的问题，伦理学的问题以及由此涉及的生存论问题本质都属于历史的实践哲学问题。这是这一时代的实践哲学的凸显与历史意识转换的表现形式，因而也必须诉诸时代性与历史性的实践哲学。

第五章

马克思实践哲学及其生存论基础

当代哲学正在发生着一场整体性的转型，转型表现在不同的侧面、论域或层次，诸如人学、实践哲学、文化哲学、价值哲学、语言分析哲学、生活世界理论、社会理论、政治哲学等等，都成为当代哲学的显学。但哲学形态的总体转换首先是哲学存在论的当代转换，这就是从超验的、实体性的抽象存在论向感性的、历史性的生存论存在论的转换，其实质即存在论变革或生存论转向。这里的生存论转向并不只是克尔凯郭尔意义上的，而是从一种根植于西方哲学传统之中的超验的、抽象的实体存在论向人类性的和历史性的实践生存论的转变。当代哲学是否能够趋向于并实现哲学形态的总体转型，在很大程度上也就取决于生存论转向的效果、深度与自我理解状况。也只有充分理解生存论对当代哲学的基础性地位，并建设性地将其吸纳进自身理论建构活动中，当代哲学整体性的转型活动才凸显出其应有的意义。当代哲学转型同时也是生存论哲学的关键，在于实现从近现代以来的西方哲学范式向人类性哲学范式的转换。但西方哲学传统已难以承担这一历史使命。在这个意义上，作为内在地继承并超越西方哲学、指向并引导着非西方历史及文化传统的当代嬗变及人类走向的当代哲学形态，马克思实践哲学应当在促进当代哲学的生存论自觉以及当代哲学转型方面承担重要的历史责任。标示着马克思新世界观的是实践观及思维方式，马克思实践观同时也应该看成实践生存观，实践观的变革同样也是生存观念的历史性变革。实践生存观并不只是一种散在的观点，而是蕴含着并要求表达为整体性地反映和表征当代人生存样式及生存意义的生存论存在论结构，这一结构即实践-生存论。我们的研究将表明，实践-生存论正是当代哲学存在论变革的目标与方向。

一、当代哲学的存在论变革问题

当代哲学存在论变革的实质，即从超验的、实体性的抽象存在论转变为感性的、关系性的生存论存在论。抽象存在论是整个传统西方哲学赖以成立的理论基石，传统哲学的理论思维、理论构建以及语言表达方式，都是与传统存在论的抽象性、超验性与实体性密切相关的。而且，应当说，传统西方哲学中的所有问题都是源于存在论问题，存在论"作为西方哲学史的核心和精髓，更表现在它对于西方哲学的态度、思维方式的决定性影响，以及它所引发的种种哲学问题"①。怀特海曾把整个西方哲学的演进看成柏拉图哲学的注脚。实际上，抽象存在论正是柏拉图哲学的典型，也是柏拉图哲学主导西方哲学传统的关键。整个西方哲学的主题就是抽象存在论。当代哲学对传统哲学的反叛，其重心正是对抽象存在论的反叛。

传统哲学的存在论有如下三个主要特征。

第一，抽象存在论及其思维方式。

存在论立足于超验的和实体性的原点（本体）所形成的逻辑演绎系统，旨在从逻辑和生成的双重意义上解释整个世界。人们试图从思维上建立起关于世界的终极的解释图式，但是，由于境遇的限制，人们又无法立足于自我寻求原因，确立信念，而是诉诸神秘的、不可知的东西或者是直观的外部世界，并最终以超验的、抽象的实体固定下来。如德谟克利特的"原子"、毕达哥拉斯的"数"、巴门尼德的"存在"、柏拉图的"理念（相）"、亚里士多德的"实体论"都属于这种实体。围绕着这类实体所构建的逻辑自洽的理论体系，即存在论体系。存在论同时也是后世传统哲学固有的形态。在这个意义上，笛卡尔的"我思"哲学体系、斯宾诺莎的"实体"说、莱布尼茨的"单子论"尽管从形式上看直接是认识论结构，但它们同时又都符合并体现为存在论，并且就这些理论与现实生活的疏离而言，都属于抽象存在论。至于黑格尔通过"绝对精神"所展开的哲学体系则是整个抽象存在论哲学的集大成，在黑格尔的哲学体系中，

① 俞宣孟：《本体论研究》，13 页，上海，上海人民出版社，1999。

人们看到了由形上理性所支配着的西方哲学传统如何通过自身的努力从而实现了存在论、认识论与逻辑学的统一（同一），而黑格尔所说的"理性的狡计"恰恰就表现在形上理性的自身同一与其理论结构生成动变的悖论。存在论虽然也反映了人的一种存在状态，但它是关于终极存在的理论表现形式，这一理论形式与人类所处的受限制的生存状态相联系，与人类的求知本性相联系，也与人类对神圣性存在的敬畏与想象相联系。因此，只要我们的生存境遇还被外部世界所制约、所困厄，只要在我们的认知视野内还有未被显明的对象存在，尤其是，只要人们的理想世界总还在追求着一种超越性和终极性的解释并且要求实现与宗教汇合，存在论哲学就有存在的理由。

存在论哲学也形成一种相应的思维方式——存在论的思维方式。其特点如下。

①还原性与超验性。存在论把多元万象的世界线性化地归结为抽象的和超验性的实体，这就把一个丰富的、动变的世界归结为一个静态的、简单的实体，把一个活生生的、多样化的世界简化为一个僵死的、封闭的存在图式。存在论当然需要确立一种实体，但这一实体并不是人们基于日常生活及其经验可以把握到的实体（实在），而是先于一切经验实在的纯粹逻辑规定性。因此，存在论"所谓的实在决不是经验的实在，而是先验的（a priori）实在"①。存在论的本性是超验性，而超验的存在世界又是与感性的生活世界隔离开来的。因此，存在论式的还原绝不是要还原到感性的经验世界，而是与经验世界相反，还原到一种先验的纯

① 俞宣孟：《本体论研究》，25～26页，上海，上海人民出版社，1999。

粹逻辑规定性，所谓先验也绝不是原初的经验，而是纯粹概念（Being）的自身给予。

②自身解释性。存在论具有解释功能，存在论的还原性实际上是因为其解释功能的需要，而存在论的还原性与超验性恰恰也取决于存在论的先验的自身解释体系。存在论之存在的目的就在于，通过体系化的演绎解释万象世界的生成动变。这种解释既是对象性的，又是被动的，但本质上是存在概念的自我阐释，并且存在论的明证性要求也是通过这一自我阐释活动而实现的。"存在论的第一个困难便是要求存在和存在的证明的一致，即存在本身便是其自身的明证（evidence）。在这个明证的水平上，存在论与认识论的分界突然消失了；存在要求直观性而使存在论认识论化，另一方面，明证性要求最终性而使认识论存在论化。"①可见，存在论的解释性只是存在论系统的自身阐释，因而它无意于像现代解释学那样，在具体的解释过程中体现人的活动。因而，在传统哲学存在论与由这一存在论所展开的解释活动之间不存在什么解释学循环，存在论的解释活动并不包括意义境遇活动。恰恰相反，所有人的自主活动，都是被传统存在论看成存在着偏见的主观因素而排除在外的。

③非历史性。存在论的解释体系仅仅凭据其逻辑认知功能抽象地演绎出社会历史的运动变化，并且把某种精神的内在的逻辑生成环节直接看成历史本身。但实际上，人的具体的历史实践活动始终在存在论的解

① 赵汀阳：《本体论的困难及其出路》，转引自宋继杰主编：《Being 与西方哲学传统》，1161 页，保定，河北大学出版社，2002。

释体系之外，在传统存在论所既定的视野内并没有真正的社会历史哲学，而由抽象存在论所构筑的社会理想也只能是乌托邦。这种乌托邦尽管僭越了现实实践，但另一方面，在具体的现实实践活动中却又"冒领"着历史理性的名声。存在论构建的其实是一种外在于人的生存实践活动的外在的逻辑图式，而真正的历史哲学并没有建立起来。我们说传统存在论的抽象性，特别表现在这种存在论的非历史性，实际上，正是非历史性构成了抽象存在论在社会哲学上的唯心主义取向。按照马克思的思想，传统存在论对于现实实践活动的理论表现方式本质上就是意识形态，而"思辨终止的地方，在现实生活面前，正是描述人们实践活动和实际发展过程的真正的实证科学开始的地方。关于意识的空话将终止，它们一定会被真正的知识所代替"①，这一"真正的知识"，其本质即能够配得上称之为"历史科学"的唯物史观。

④异在本质性。抽象存在论反映了深达西方哲学传统中的本质主义致思取向，本体在理论意义上就是指本质，这种本质表现上看是内在于存在中的，但由于存在（Being）与生存（Existence）的疏离，实际又是外在于人生存的。抽象本体的形成是追问"为什么"的结果，但是，由于这种追问从一开始就抛开主体，走向异在，因而只能以抽象本体的逻辑生成以及异在的解释循环为终结，其结果是人作为主体性的遮蔽与失落。从这一意义上说，如下一种见解显然是看到了问题的症结："本体论哲学存在的问题主要还不在于'本体'概念具有虚构、假想的性质，它的最大问题归根结底还在失落了人和人的主体性这一根本点上。按照本体思

---

① 《马克思恩格斯选集》第 1 卷，73 页，北京，人民出版社，1995。

维方式的理解，人的本质并不在人自身，而是被规定于先在的本体里，这正像动物的本性和行为方式早已由它的物种规定好了一样。"①人的活动当然需要必要的规定，特别是逻辑的或理性的规定，但逻辑与理性都只是人的活动的工具。但是，如果反过来人的活动反倒成为逻辑与理性的工具，那么人的活动就失去了内在的丰富性与多样性。

从形式上看，抽象存在论是与传统哲学的认识论融为一体的，从这一意义上说，存在论获得了某种知性以及逻辑意义上的规定性。但实际上，抽象存在论发生关联的主要领域却是在宗教神学中，或者说，认识论化的存在论话语体系其适应范围其实是在宗教神学中，这表明传统的抽象存在论本身是难以获得自我确证性的。所谓"存在"（esse），指的就是"上帝的在场"（presence of God）②。抽象的存在论以神学为必然归宿，这表现出传统存在论的超验本性，从这个意义上说，如同传统形而上学的理论归宿是基督神学，而传统形上理性的归宿实际上就是宗教信仰。传统哲学，无论可知论者还是不可知论者在试图把抽象本体导向神学这一点上是一致的。只不过可知论者把存在论与认识论等同起来，它被动地诉诸神学；不可知论把认识论与存在论分割开来，它主动地导向神学。

第二，二元对立的知性的思维方式。

由于先在地设立了经验与超验的对立，形上理性在具体理论化的过程中不可避免地引出一系列二元对立：物质与精神、自我与世界、身体与灵魂、主体与客体、唯名与实在、逻辑与经验、感性与理性、现象界

---

①　高清海：《哲学的憧憬》，240 页，长春，吉林大学出版社，1995。

②　参见第一章第二节"生存（Existence）与存在（Being）：断裂与沟通"。

与自在之物、价值与事实等等。其中，最基本的同时也是最容易被人们意识到的则是唯物主义和唯心主义的对立。总体上看，由形上理性主导的哲学传统扬唯心而抑唯物。唯心主义者把物质、感性、经验、现实等等当作哲学体系加以贬斥的对象，包括唯物主义或有一定唯物主义倾向的哲学家都鄙视感觉。德谟克利特、亚里士多德贬低感性（感觉），抬高理性。德谟克利特把感觉称为"暗昧的认识"，而理性则是"真理的认识"，只有理性才能够认识原子本身。亚里士多德则是在动物与非动物的意义上区分感觉，"一切作为动物的动物，都必然拥有感觉。正是根据这一点我们区分了什么是动物什么不是动物"①。在亚里士多德那里，感觉仍然是诸如听觉、味觉、视觉、触觉、嗅觉等等生理性的感觉，而不是人的感性活动。考虑到在亚里士多德的哲学中仍然包含有万物有灵论的成分，断言他通过感觉而将人与动物区分开来是没有根据的，但他确实并没有在感性意义上理解人的感觉。对他来说，人的感觉当然是"能够撇开事物的质料而接纳其可接受的形式"②，而理性正是事物的本质形式，是高于感觉的。近代的经验论哲学家从形式上看都是强调人的经验乃知识的唯一还原，但对于来源于经验的感性认识则持一种明显的怀疑态度。洛克确实将经验及感觉看成知识的最终来源，"我们的一切知识都是建立在经验上的，而且最后都是导源于经验的"③。但洛克又通过区分第一性质的质与第二性质的质从而将无法与事物割裂开来的感

---

① 《亚里士多德全集》，苗力田等译，Ⅲ，436B，北京，中国人民大学出版社，1992。

② 《亚里士多德全集》，Ⅱ，12.424A。

③ 洛克：《人类理解论》上卷，关文运译，68 页，北京，商务印书馆，1986。

性知识视为"简单的知识"或"不可靠的认识"。休谟对经验世界的坚守实际上加大了感性与理性的裂距，并导致近代经验论哲学最终走向怀疑主义。康德在知性领域实现了经验论与唯理论的统一，通过知性并不能达至形而上学，但由此又形成了新的二元分离即现象界与自在之物的分离。康德的整个《纯粹理性批判》就是要通过确立科学理性以拆解传统哲学知性化的形而上学，形而上学作为理论体系已经终结，代之而起的是上帝存在、灵魂不朽和意志自由。黑格尔反对认识论与存在论的分离，在他看来，形上理性的逻辑力量是无限的，它完全可以打通认识论与存在论之间的巨藩。但是黑格尔的逻各斯体系最终还是没有逃脱一种分离，即在最大程度上包容了以往一切二元分离的理性与生活世界的分离，并且，黑格尔还把形上理性推向了完全排斥非理性的绝对样态——绝对精神。

第三，理论上的封闭性与自足性。

存在论深达整个西方文化传统，并且形成了一种具有很强解释效应的逻各斯中心主义，传统存在论哲学的逻各斯中心主义同时体现在两方面：思维的自足性与语言的自足性。在思维方式中表现为：以逻辑代替事实，相信仅仅凭据逻各斯的力量就能解决人类精神活动的一切问题，因为精神的规定性同时就被赋予了逻辑的规定性。"这种精神的运动，从单纯性中给予自己以规定性，又从这个规定性中给自己以自身同一性，因此，精神的运动就是概念的内在发展：它乃是认识的绝对方法，同时也是内容本身的内在灵魂。"①这意味着，存在论在概念体系上的封

---

① ［德］黑格尔：《逻辑学》上卷，杨一之译，5页，北京，商务印书馆，1991。

闭性恰恰是由其理论上的自足性决定的。存在论在理论上的封闭性与自足性也必然表现在语言层面。"逻辑地规定的概念与日常语言中的概念的区别是，日常语言的概念是从这个概念所指的对象方面得到其意义的，而逻辑的概念则是从其与其他的逻辑概念的关系中得到规定的，逻辑概念的意义就是它的逻辑规定性。本体论通过把一切概念转变为'所是'和'是'，使'是'成为统摄、包容一切'所是'的最高、最普遍的概念，从而使它们都成了逻辑的概念。"①但是，这样一来，人类文化存在的多种形式势必会简化为某种单一的逻辑与概念形式，从而无视生活世界的存在。从某种程度上说，形上理性的自足性来自对人类智力和知识能力的无批判的信赖，这说明，在理性的意义上，存在论问题最后仍然要诉诸认识论。然而，恰恰是认识论演进过程中出现的独断论倾向说明，通过认识论化不仅不能破除反而会助长存在论的理论封闭性与自足性。在破除存在论的理论封闭性与自足性方面，康德哲学起着巨大作用。按照康德的思想，纯粹理性本质上就是一种仅在现象界以及科学认知领域才有效的理性（知性），一旦进入人的实践领域，理论理性（知性）便是不可能的，这从形式上看就否认了理论理性在实践领域的可能性。而实践领域，其实被看成了实践理性发生作用的领域，这意味着康德在人的活动的两大领域，即知性作用的科学认知领域以及实践理性发生作用的精神生活领域划分了一条边界，存在论无益于支持认识论。正如人们在实践领域之内解决精神信仰以及意志自由等问题并不需要认识论支撑一样，康德对存在论的批判实际上在存在论的理论自足性与封闭性

---

① 俞宣孟：《本体论研究》，27 页，上海，上海人民出版社，1999。

方面打开了一条缺口。但黑格尔正是通过将存在论方法论化（与此同时也将方法论逻辑学化）从而解决了存在论与认识论的同一，使得存在论的理论封闭性与自足性再一次膨胀起来，而存在论本身也陷入自我解释困境。

传统哲学存在论包含着如下三个要件。第一个要件是终极性问题意识的自觉导引。人们对世界本原问题即终极存在的强烈兴趣与关切是哲学发生的问题意识。哲学源于惊异，存在论问题源于对存在问题的执拗而充满疑虑的追问：存在是什么？存在何以在？存在竟然在？问题的提出必然要求我们超越事物的实存状态，概括性地把握事物的本质，并最终从对世界根源的一般规定走向对存在本质的抽象规定。这是一种穷根究底、永不满足的追问，这种追问铸就了传统存在论的理论至上性与终极性。人总是不可能满足于一个实存的世界，这一实存的世界对于人的生存而言又总是一个匮乏的和受限制的世界，人们强烈希望知道这一世界之"外"的世界，从而设法让无限世界不断"成为"人的生存世界。似乎只有从"无限"世界那里为有限世界的存在寻求一种根据才算踏实。这大概是哲学追问的理论旨趣所在。

如何实现对存在本质的抽象规定，则取决于存在论的第二个要件，这就是知性的支持。知性源于惊异，惊异标示着问题意识的执着的在场性并唤起了一种求知意识与冲动。"惊异就是对无知的意识，或者说是求知欲的兴起。"①存在论的形成同时形成和展开了认识论，也因此成就了西方文化的知性传统，反过来说，知性传统又使得存在论的论证环节

---

① 张世英：《进入澄明之境》，207 页，北京，商务印书馆，1999。

逻辑化、体系化，使得存在论成为整个传统知识范式的理论基础。知性不仅从理论形式上确立起了传统存在论，而且也直接满足了存在论追求绝对性和客观性的理论价值。存在论问题无疑先于认识论，认识论最初是归属于存在论的，它不过是展开存在论的一个环节。但是，一旦明确意识到人必须研究自身的认识能力，然后才能关注终极存在问题，认识论问题就变成了哲学的中心问题。与之相比，存在论问题则变成了哲学的次级问题。康德约束知性、限定感性世界从形式上看是为了从现象界中清除存在论问题，但却深刻地反证了存在论在自在之物的世界以及在人的实践世界中存在的必要性。现象界"不过是按照普遍法则把现象连结起来的一种连锁，因此它本身并没有自存性，它并不是自在之物本身，因而必然涉及包含这种现象的基础的东西，涉及一些存在体，这些存在体不是单纯当作现象，而是当作自在之物本身来认识的"①。在西方哲学中，类似于"自在之物"的存在(诸如理念、实体、绝对精神等等)是存在论之所以存在的根本。这些范畴的确立以及人们的接受过程，实际上是通过超验辩证法的方式实现的。这就是存在论之所以成立的第三个要件，即超验传统。从某种意义上讲，超验传统在存在论的要件中起着一种根本性的支撑作用，从中我们看到传统存在论如何与一种伟大的精神传统相联系。在传统西方哲学中，知性最终还只是确立超验存在论的必要中介，实体性必须要还原为超验性。作为本体的"实体"看上去只是某种在场的逻辑构造与形式，其实质却在于它是传统哲学家们关于生存建构的终极设定。存在论之所以获得如此高的哲学地位，与存在论问

① [德]康德：《未来形而上学导论》，庞景仁译，170 页，北京，商务印书馆，1985。

题最终化解为超验问题并直接通过宗教神学方式体现出来是有直接关系的，唯一的"实体"最终不过是超验的上帝存在。威廉·巴雷特说过："传统的存在论总是和神学一起流行的，在西方的实际系统中，这就总意味着神正论，就是对上帝及其宇宙完美进行证明。"①但上帝是否存在，本身已不是一个信念问题而只是信仰问题，在仅靠经验活动与理性活动不可能支撑起来的存在论领域中。信念问题直接就是信仰问题，信仰乃人的终极期待的存在形式，其理论形式就是超验存在论。存在论的超验化实际上把一个看起来由纯粹的哲学理性支撑起来，但事实上又无法完全支撑起来的问题提升并转换成了神学信仰问题。只要人们信仰上帝存在，超验存在论就得到了直接的理论支撑。

上述三个内在关联着的要件直接保证着传统哲学存在论的有效性，而当代哲学的存在论变革可以说正是在这三个方面全面展开的。整个生活样式的世俗化转变，使得人们的生存论关切直接从对生存根据的超验寻求转变为对经验的日常生活世界的自我理解。人们对终极存在之类问题的兴趣日益淡化，感性世界成为哲学活动的当然前提。当代哲学家大多倾向于对终极存在问题进行还原，或者还原为发生学意义上的世界本原问题，从而使之转变为依靠自然科学更有理由和能力解决的问题，或者还原为世界存在的意义问题，进而变成思维与语言的规范与溯源问题。两种还原既是对问题本身的治疗与消解，也从所谓终极存在中开显或剥离出了生存论意识。人们关心终极存在，原本就是源于一种生存论

① ［美］威廉·巴雷特：《非理性的人》，杨照明、艾平译，283 页，北京，商务印书馆，1995。

关切与眷顾，存在论变革则把这一维度强烈地凸显出来。至于来自知性与超验文化传统的支持，更是由于这两种传统自身的缺陷而大大弱化。知性不仅从理论形式上确立起了传统存在论，而且也直接满足了传统存在论追求绝对性和客观性的理论价值。但是，对知性的工具性以及物化本质的揭示使人们逐渐看到，存在论的理论建构过程并不是可靠的和中立的，而是逻辑给予乃至于心理定向的结果。如果说传统存在论的更根本的支持来自超验意识以及超验文化传统，那么恰恰是当代文化样式从超验世界向感性世界的转换，逐渐抽掉了存在论赖以支撑的超验文化根基。不管超验传统在多大程度上还存在着复活的可能性——事实上断言超验传统已不复存在也是十分轻率的，但有一点是毋庸置疑的，那就是那种试图把超验世界完全凌驾于现实生活世界之上的理论设想已不再可能。超验传统要继续存在，就必须充分地兼容并纳入到人的感性的生存论体验活动中，成为人的感性生活的一个具有批判与反省功能的维度，而不是决定性条件或要素。因此，超验存在论必然要转换为感性的生存论存在论。

存在论变革虽然势在必行，但从哲学发展的现状看，这场转换仍然处于未竟状态。不管是已经实现或正在实现的转换，还是有待于展开的转换，都存在着诸多难题。首先，当代哲学并未从某种绝对的存在论话语与思维方式中走出来，超验传统并没有也不可能轻易终结。应当承认的是，相对于当代哲学的其他转换，尤其是相对于当代人的生存方式、生活样式以及发展主题的转换而言，哲学存在论的转换显然要滞后得多，存在论的转换本来是 20 世纪诸多哲学转换的隐蔽的主题，随着当代哲学的其他转换的明朗化，才逐渐显化为哲学主题。也许有理由相信，存在论变革以及生存论自觉不仅是 20 世纪哲学的主题，而且作为一项未竟的使命也必将延伸到 21 世纪，并成为人类自身的历史必须面对的新的形而上学难题。其次，迄今为止，人们还只是停留于生存主义来理解存在论变革，因而也就不能领会和把握这一转换对整个当代哲学变革的意义。如前一章所述，生存主义在当代哲学的生存论自觉及其存在论的新的建构活动中具有重要意义，这就是从本质主义的、实体性的、超验性的存在论转变为以此在个体为核心的生存论存在论。但是，由于生存主义往往只是局限于个体感性，并且由于这一思潮本身的非理性及表演性，使得它所展开的生存论理解活动其意义大打折扣。海德格尔在 20 世纪 30 年代从此在存在论向语言存在论的转变，以及语言存在论在整个后现代哲学中的境况表明，存在论变革仍然处于一种复杂的和未完成的状况。最后，存在论的生存论化与存在论的知性化与科学化之间一直处于一种尖锐的对立之中。感性的存在论化，仍然还是一项难题。事实上，就现象学与分析哲学的实际影响力而言，存在论的科学化在很大程度上仍然占据上风（现象学与分析哲学都是把存在论当作一个可以操作的科学概念来使用的）。在晚近的西方哲学走势中，所谓存在论已逐渐弱化为形式上的语言存在论，甚至干脆为存在论上的虚无主义取代。60 年代以后的分析哲学、解构主义与后现代主义极力表明，不存在任何一种确定的存在论结构，存在论结构或者只是一种理论上的必要承诺与假设，或者是不断自我消解、意义自我延迟出场的理论上的不确定性，任何理论上的建构都可能冒被指摘为基础主义的风险。这种思想状况一方面揭示了生存论问题的复杂性，另一方面也阻碍着生存论哲学的进一步拓展和深化。

清理和思考存在论变革及其生存论自觉活动在当代哲学中的境况有益于我们更为准确地把握这一转换的历史性与理论复杂性。

在近代以前，存在论的确立只是纯粹概念的演绎，其中知性只是起着一种构成存在论的逻辑图式以及逻辑联结作用。近代哲学的认识论转向则把存在论的存在确定为实践领域的自由信仰问题，超验性不过是实践领域的自在属性。但是，如何把一种反思精神带入存在论中，这是近代哲学始终没有解决的，这正是康德哲学留给整个现当代哲学的任务。黑格尔的做法是把存在论问题直接看成认识论问题，进而把认识论问题直接看成方法论(逻辑学)问题，把在以前哲学中仅仅作为工具形式的知性进一步提升为辩证理性，把在康德那里的"现象界"与"自在之物(本体)"的悖论关系理解为现象与本质的表里关系，以此消除知性与超验性之间以及现象与本质之间的尖锐对立。在黑格尔哲学中，超验性就是通过生成整个世界图式并由此展示理性之狡计的绝对精神表达出来的；绝对精神是一切存在的根源，是真正的"本体"。但是，在胡塞尔看来，这种超验性不过是被黑格尔的逻辑体系驯化了的对象，甚至已不再是超验性，而只是先验性。胡塞尔则要走一条通过贯彻知性的明证性从而直接通达超验存在论的道路。胡塞尔是在严格的科学意义上使用存在论这一术语的。存在论就是本质科学，是对自然科学真正具有指导意义的先天科学，具体分为形式存在论(典范是数学)与质料存在论(典范是几何学)，这种存在论本身就是超验的知识。至于实体性则并不具备自身明证性，也不属于存在论的内在形式，恰恰相反，它是在现象学直观活动中直接还原本体(质)时需要悬置起来的东西。这实际上就把实体性从存在论中剥离出来了，通过这一工作，胡塞尔还原了存在论的先天知性基础。

　　胡塞尔其实已经在存在论的意义上将知性与超验性统一起来了。但这却是以存在论的科学化以及不自觉地排斥实践领域为前提的。存在论的科学化是胡塞尔本人的坚定信念，但对于实践领域的不自觉的排斥则逐渐为他本人所意识到，尤其体现在晚期生活世界现象学的理论尝试中。胡塞尔看到，知性的明证性其根源在于生活世界的自明性，正是因为对生活世界的自明性视而不见，知性才成为一种与生活样式相疏离的外在的东西并且成为当代人类精神生活的一个危相。尽管胡塞尔的生活世界理论在很大程度上还只是实现他整个超验还原的通道，因而他本人对这一思想的重视远不及人们所认为的那样重要。不过，恰恰也是通过生活世界理论，胡塞尔的后继者们（如海德格尔、狄尔泰、舍勒、萨特、伽达默尔等）与他本人的思想取得了最直接的承继关系。这些后继者们正是通过对其超验现象学的自觉克服与超越从而开始了由超验现象学向此在的、人类学的、个体的、语言的以及释义学的现象学的种种尝试，从而大大地推广了现象学方法并拓展了生存论的方向与论域。

　　存在论的科学化也是后来分析哲学运动不断追求的目标。前期分析哲学特别认同于逻辑实证主义的观点，认为形而上学只具有知识的外表和幻相，而实际上并不给予任何知识。形而上学的错误不在于其陈述是否错误，而在于它本身是无法证实的，因而形而上学是无意义的，必须拒斥。在前期分析哲学那里，并没有把存在论与形而上学区分开来，对形而上学的拒斥也就是对整个传统哲学存在论的拒斥。但是，这种拒斥仍然是总体上的，还没有深入到存在论话语之中。按照前期分析哲学，整个传统哲学的研究对象乃至研究路径都是错误的。后期分析哲学虽仍然拒绝承认形而上学存在的意义，在这个意义上也拒绝承认哲学应有一个不限于逻辑形式的超验性的存在论结构，但却肯定了形而上学的表现形式即实体存在论的意义。事实上，从威斯顿姆开始，分析哲学就开始走上了一条通过语言用法的分析自觉规范存在论的道路。在这里，拿分析哲学对于存在论的态度与康德以前的传统存在论相比是耐人寻味的，对于语词用法的严格区分，这在传统存在论的推论中就很讲究，只不过分析哲学直接把一个在传统哲学中还多半属于经院哲学式的问题套路直接用语言分析的形式呈现出来了。二者的区别表现在：传统存在论虽然采取了逻辑及知性的形式，但其最终根据却是超验原则，而分析哲学所强调的则是经验原则，正是基于此，早期分析哲学强烈要求拒斥形而上学，并由此否定超验存在论的存在。不过，一旦它所强调的分析方法得到贯彻，那么对于形而上学、存在论之类字眼也就不再那么刺眼了，而且，如果对存在论进行严格的逻辑与语义规范，那么这种本身就具有自洽性的理论结构就完全可能直接有益于哲学分析与训练活动。蒯因的努力则表明，形而上学与存在论就是严格的逻辑与语言分析的结果，因而本身就是哲学分析活动必须承诺的科学前提，这实际上是对胡塞尔现象学中不证自明的存在论前提的认同。只不过，胡塞尔现象学所认同的是存在论的超验的理论内涵，而后期分析哲学所认同的则是实体存在论的理论形式。

尽管 20 世纪哲学舞台上占主流地位的现象学运动与分析哲学运动都在努力超越传统存在论并追求着一种新的存在论范式，但是，这种努力同时又必须面临正风行于世的后现代主义的激烈冲击与批判。后现代主义与上述两大哲学运动其实存在着很强的承继关系，比如，后现代主义的思想内涵在很大程度上就是通过现象学方法揭示出来的。从胡塞尔的超验现象学转变为海德格尔式的经验现象学，既是现象学内部的一次思想转换，同时也是西方近现代哲学范式向后现代哲学范式的转换，只是后现代主义比海德格尔走得更远。至于后现代主义对哲学的理解，在某种程度上正是早期分析哲学的发挥：并不存在一种"加法式"的"哲学"，哲学只是一种必要的语言分析方法与技术，只不过后现代主义对语言本身也执行了一种消解方案。在后现代主义看来，现象学与后期分析哲学所形成的种种新的存在论结构及其解释，本身就是理论的不彻底性的表现，而现代哲学通过反叛传统哲学所获得的诸如人、主体、结构、语言等等，都仍然是以种种形式"在场"的形而上学，仍然是崇高话语、统一性逻辑与权力的延伸。因此，必须彻底消除元叙事，瓦解中心意识，破解知性思维方式以及一切以 -ism 的形式在场的权力话语。如果批判也被主流话语所同一，那就必须对"批判"本身进行反讽，以恢复哲学的批判与自我批判本性。按照后现代主义的逻辑，当代哲学远远没有敞开思想真实性的地平，"哲学"自身的"蔽"太多，其中最主要的仍然来自传统哲学存在论。因此，如果传统哲学存在论没有彻底消除，那就无法获得当代哲学的自我理解，至于是否存在一种存在论的东西，后现代主义者大都明确否认。在很大程度上说，后现代主义使当代哲学的存在论变革陷入了一种难以自拔的虚无主义泥淖中。

当代哲学的存在论变革最后以后现代主义这样一种彻底反叛、缺乏建树的形象呈现出来，自有其必然性。检讨当代哲学的存在论变革，我们可以发现这样几个突出问题。

首先，当代哲学确实注意到了存在论的理论形式与理论意蕴的区分，但是否肯定以及如何阐发存在论的理论意蕴却是当代哲学面临的难题。分析哲学认可的是构成存在论的逻辑形式，把存在论的理论意义直接看成存在论话语的所指（域），但拒绝承认存在论的形而上学意义，这实质上是把存在论的形上性的理论意蕴清除掉了。然而，对存在论与生活形式的内在关联，却是不可能通过分析哲学把握到的，这意味着对于转换了的存在论，其理论意蕴并没有得到充分的阐释。现象学运动通过克服意识哲学并且引入生活世界理论之后，逐渐抛弃了存在论的实体性形式，并把存在论创造性地理解为感性个体的生存论存在论，理解为人的生命活动的本质结构。但是，在这种理解中，存在着一种浓厚的非理性主义的致思取向，这一取向与分析哲学对形而上学的拒斥一起，导向后现代式的激进的反基础主义与相对主义。后现代主义对感性的高度重视并不是对于感性尚未确立起来的历史性的强调，而是以感性为策略反过来对原先与感性抽象地对立起来的绝对性、先验意识、整体主义、元叙事以及主体本身的拆解与颠覆。但是，反过来说，对于一个已经成为后现代观念与趣味主题的感性本身，后现代则完全持听之任之甚至盲目信从的态度。感性存在论应有的理论反思与建构工作在很大程度上已经被取消了。

其次，当代哲学存在论研究存在着过于依赖语言、忽视人及其实践活动的倾向。现象学运动在海德格尔之后走向了语言存在论（释义学存在论尽管强调理解活动的存在论意义，但它本身仍然可以看成语言存在论的具体运用），分析哲学运动则把语言分析方法直接看成全部的哲学活动，这里面都隐含着对语言的崇拜。语言确实不只是一种工具，它显示并在很大程度上成就了人的生活形式，但它本身仍然是一种有待于通过人的实践活动加以分析、评价和调整的对象，因而也不足以成为存在概念。如果非要把它看成存在概念，那也不过只是在传统哲学存在论的意义上增加了一个实际只是"在者"的"实体"，而语言本身的实体化其实比将一个超验的概念实体化更具有理论上的欺骗性。超验概念从很大程度上仍然给予我们一种反思批判的基础，只不过这一基础常常带有乌托邦的想象性，但它仍不失为一种典范意义的批判方式，但语言的实体化则意味着我们完全认同于一种确定的形式，而把语言的构造与我们当前的生活样式直接等同起来，放弃了对生活本身的历史批判。语言存在论尽管常常打着"历史"的旗号，但其"历史"只是"过去时"，而没有"将来时"，没有"将来时"的历史可以说还没有深入到历史的本质中去。从这一意义上，后现代主义对语言本身的拆解、批判与反讽只不过表明了语言本身是不可能存在论化的。

再次，当代哲学存在论变革可以说仍然只是停留于方法论层面上，尚没有实现对传统哲学存在论的自觉清理。存在论的方法论化，本是德国古典哲学特别是黑格尔哲学的遗产，当代哲学尽管打着反叛黑格尔的旗号，但对存在论的理解与运用却一直没有摆脱这一束缚。分析哲学只是把整个哲学活动限定于方法论层面，因此，它只能注意到存在论规范，而不可能注意到存在论重建。胡塞尔要求把纯粹意识的形成转换为纯粹意识的本质科学（存在论）。所谓纯粹意识的形成，从某种意义上就是关于存在的形成的存在论追问，而现象学作为纯粹意识的本质科学在很大程度上说就是关于纯粹意识的本质直观方法论。在当代语言哲学中，作为人的实践工具的语言被强制性地赋予了一种存在论意义，这意味着语言分析的方法论意义受到强化。后现代哲学的解构方法并不只是策略，而且是后现代哲学本身的存在方式，当然，解构本身也是对方法论的反讽，这种反讽暴露出当代哲学仍然处于一种历史性的重大哲学转变的过渡状态。

二、马克思实践哲学及其当代意义

当代哲学的存在论变革有一个根本目标，那就是给人类大交往时代提供理论上的诠释。就这一意义而言，当代哲学存在论变革的最关键的问题就在于，当代哲学精神深处仍然缺乏一种具有历史哲学和人类视野的整体性关怀与理论追求。现象学运动尤其是后期的释义学阶段虽然也融入了一定的历史维度，但这一维度因过于执着于生命的自我解释而缺乏历史感。历史是实践的历史而不只是话语与文本的历史，尤其不只是西方话语与文本的历史。要真正立足于人类视野，就需要关注人类整体的生存状况。也只有在对人类整体的生存状况有了一个全面的理解之后，才可能获得一种人类整体性的生存论理解。现象学运动所强调的主体间性问题，本质上是实践与交往问题，也必然依赖于人类实践活动的自我变革与调整。当代西方哲学特别是后现代哲学虽然部分地消解了整体主义（Totalism），但这并不意味着消除了整体性（Totality）。整体性作为人类生活的基本要求，也作为哲学活动的基本条件，不是过强而是太弱。经济全球化时代的主题就是人类的整体性，这是整合了诸交往主体的差异的基础上形成的蕴含着多样性与统一性的整体性。然而，后现代哲学恰恰从另一个侧面表明，仍然由西方哲学与文化范式主导着的当代西方哲学传统尚不可能获得一种理性的和历史的人类整体性。然而，迄今为止，当代哲学的存在论变革仍然只是在西方哲学特有的语境与问题中展开的，但事实上，仅仅借助于西方固有的思想与话语资源是难以实现存在论变革的。西方后现代主义所表现出的反存在论倾向不过是对当代西方自身内部问题的诘难与反讽，表明仅仅基于西方资源展开生存论的全面理解活动是不可能的。

我们认为，在不同文化的相互涵化问题仍然是我们的长期努力方向，而非西方文化还不可能自觉地被西方文化所认可并进入西方文化视野的状况下，马克思实践哲学作为一种内在地超越西方文化样态，并且在其发展进程中又不断融入了非西方文化体认与关怀的当代哲学思想就应该，也必然在实现哲学存在论的当代转换中发挥重大作用。

在当代不同的思想资源中，马克思实践哲学是真正体现了人类整体性并且也全面地影响到当代人类思想活动、思维方式以及生活范式的哲学——尽管这一最明显的事实常常为人们忽视。马克思实践哲学对当代西方哲学具有一种奠基性意义，这一意义集中表现在对于传统哲学存在论尤其是存在论的思维方式的反叛与废黜。马克思实践哲学不仅开启了现当代哲学的存在论变革，同时，作为一场在当代世界范围内影响深远，并且还将发挥持续性影响的思想运动，马克思实践哲学也具体引导和参与了现当代哲学的存在论变革。启动存在论变革并实现非西方文化传统的现代转化，原本就是马克思实践哲学实现现代哲学根本变革的题中应有之义，只不过，这一意义在已经呈现出来的现当代哲学的存在论变革工作中并没有得到恰当而充分的展现。西方马克思主义当然应该看成马克思主义哲学在晚期资本主义时代的一种表现形态，卢卡奇的社会存在存在论，葛兰西的实践哲学存在论，萨特的个体生存存在论，马尔库塞的感性存在论，等等，本身也构成了存在论变革的一部分。对于当代西方晚期资本主义社会及其文化状况具有很强的解释效应，都应该看成由马克思所开启的当代哲学存在论变革的理论成果与表达形式。但由此断言西方马克思主义全面开显了马克思哲学的当代意义显然是成问题的，对于非西方文化的现代转换以及与此相关的存在论变革要求而言，西方马克思主义的理论局限性是十分明显的，更无法替代马克思实践哲学。

要真正实现对传统存在论的改造，就必须改变存在论的结构与形式。传统存在论的症结就在于缺乏反思与自我超越性。西方哲学的辩证法本质上是一种富含生存智慧和对话意识的辩证法，如果黑格尔将辩证法精神贯彻到底，就完全可以破解超验存在论并且由此还原辩证法的生存论存在论意蕴。但是，在黑格尔那里，辩证法本身就被存在论化了，由于过分迷恋其逻辑体系，他在为其体系寻求一个绝对的支点时，仍然走向了实体存在论。之所以如此，就在于为他本人奉为圭臬的辩证理性一开始就是与人的生存相疏离的抽象理性，因而他所给出的逻辑图式对于活生生的人来说仍然还只是一种僵死的形式。在这个意义上，现代哲学特别是海德格尔等人将存在论直接看成生存论，的确是实现存在论变革的可贵尝试。但是，生存主义哲学的此在的也即个体式的生存论存在论仍然属于缺乏开放性维度的生存论结构。"此在"把非对象性当作自己的本质特征，把一切正常的或不正常的"在世状态"都看成不可避免的异化与沉沦，这必然导致生存论结构的自我封闭。什么样的生存论结构才具有开放性、反思性与自身超越性？仅靠生存主义哲学的此在个体生存论是难以显示出来的，个体的生存必须解决面对整体生存的主体间性问题，这就引出了存在于真实的个体背后的人的现实的规定性，即社会化与历史中的人。个体的感性非常重要，也是十分真实的，但只有在"社会化的感觉中"，人的那些"本质客观地展开的丰富性，主体的、**人的感性的丰富性……总之，那些能成为人的享受的感觉，即确证自己是人的**本质力量的**感觉**，才一部分发展起来，一部分产生出来"①。可见，问题本身的索解也自然把我们引向了马克思实践哲学。

　　马克思实践哲学与当代哲学存在论变革的沟通，其主题背景是马克思实践哲学与整个当代哲学转型的深刻关联。当代哲学所发生的转型是多方面的，涉及哲学的理论基础、性质、对象、主题、功能、问题意识等等方面，包括存在论变革、人的转向、生活世界转向、文化转向、语言学转向、实践哲学转向、历史转向等等。其中，存在论变革是当代哲学的理论基础的根本转变；人的转向即从对象客体转向主体本身，从物的哲学或神的哲学转向人的哲学；生活世界转向是哲学关注对象的转换，即从对象世界及抽象世界转向现实生活世界或属人世界；文化转向即从纯哲学领域转向广泛的人的活动领域，从纯哲学理论的建构转向文化的分析与批判，意味着哲学领域及视野的丰富和拓展；语言学转向即从纯粹思维的研究转向对语言的意义与用法的分析澄清与使用，或把当作工具的语言拓展为存在的语言，赋予语言以存在论意义；实践转向则是指思维方式从旧哲学的实体性思维方式向实践的思维方式转变，强调

---

　　① 马克思：《1844 年经济学哲学手稿》，87 页，北京，人民出版社，2000。

人的活动的历史性与社会性。因而，实践转向本身就蕴含着哲学的历史转向。上述转向之间既有侧重，又内在相关。人、生活世界、文化本身就是当代哲学的核心问题与论域，存在论变革则是哲学基础的变革，语言学转向则是发生在哲学内部的研究重心、研究方法与功能的转变。总体上看，由马克思开创的实践转向蕴含着思维方式的历史性转向，在整个当代哲学转型中具有前提性意义。只有在明确了实践转向的前提下，才可能进入其他转向并对这些转向的意义及其限度有一个明确的把握。当代哲学所强调的人、生活世界、文化问题、语言学向度以及存在论变革都应当建立在实践转向的基础之上，是实践转向的具体表现和拓展形式。所谓人、生活世界、文化、历史、语言以及具体的生存论结构及其阐释，恰恰都是多样化的实践活动的具体展开。而个体、语言、生活世界、境遇以及当代人的自我异化现象，也都是在当代人类所置身的历史实践活动中展开的，也必然要通过实践活动加以理解。因此，实践哲学在当代哲学中具有一种总体性的包容力量，而正是马克思的实践哲学真正开创了理解人的生存的时代。

但是，对于大多数西方哲学家来说，似乎并没有意识到由马克思所开创的实践哲学的重大哲学意义。考察当代哲学的实际情况，对人论、生活世界理论、文化理论、语言学哲学是非常重视的，而且这些哲学领域之间也呈现出很强的互释效应，但是对于实践哲学的自觉却很不够。在很大程度上说，当代哲学在强化人论、生活世界理论、文化理论、语言学哲学时，实际上往往忽略了这些哲学领域与实践哲学的总体性的联系以及相互关联。人、生活世界以及文化，本来只具有问题意识转换的作用，但在当代哲学中，这些随意性很强或赋予了很强随意性的概念却被放大成了哲学不证自明的基础，成为哲学理性最终的裁决者，同时也构成对自身意义的反讽和消解；语言学转向本来只是意味着哲学内部研究重心与研究方法的转换，但在当代哲学气氛中，却意味着研究功能与研究目的整体性转换，语言在很多场合下被直接看成人的实践活动本身，但对语言的实践批判与社会历史批判却难以得到有效展开。正因为如此，上述诸多转变本身也陷入了某种僵局。要走出这种僵局，就必须重视马克思实践哲学的总体性变革意义。但这并不仅仅只是通过强调实践哲学的重要性所能达到的。从某种程度上说，实践哲学所强调的思维方式的转换与实践哲学应该达到的理论形态建构是有一定距离的。作为思维方式变革的实践哲学实际上完全可以简化为实践观。一种观点尚不足以支撑一种哲学形态。实践哲学的理论形态上的旨向必然是与当代哲学理论基础的转换联系在一起的，因此，实践哲学必须要进一步考虑当代哲学的存在论变革的基础性意义，要做到这一点，首先又需要对生存论问题与实践哲学的内在关联有一个深刻把握。理论的建构与理论的走向总是勾连在一起的，生存论之所以最终被消解在其他哲学路向之中，恰恰与它没有及时地寻求到与马克思实践哲学的关联有关，也只有从理论上弄清楚生存论与实践的内在关联，才可能展现生存论哲学应有的历史方向。

另一方面，当代生存论哲学也没有能够处理好与其他哲学领域的关系，尤其是没有自觉意识到与实践哲学的内在关联，这使得已经呈现出来的生存论道路其意义大打折扣。如前所述，当代西方哲学并没有能够展现出生存论应有的历史方向，主要原因在于其生存论过于局限于感性个体的生存体验，过分强调生存的非理性。生存论是由生存主义哲学开启的，但生存主义哲学缺乏理性的和建设性的态度，生存主义哲学从一开始就置入了一种强烈的非理性的（甚至反理性的）和感性化的立场，这一立场必然导致生存论哲学陷入僵局。克尔凯郭尔（部分地包括叔本华）提出了生存论转向问题，但其哲学中蕴含的病态的精神气质以及超验神学立场，使得他们不可能真正开启这一转向。尼采把个体主义生存论发挥到极致，而且，由于对西方哲学理性主义传统以及超验的神学传统的彻底反叛，尼采的意志哲学也为生存论开启了一个可能的新方向，但是，从某种意义上说，尼采同样也赋予了强力意志某种超验的形而上学意义。生命哲学强调对生命的直觉与体验，强调人的生命的自我理解与阐释，但是对人的生命的理解并没有上升到超越性生存的高度，更没有把生命哲学自觉地提升到存在论变革这一思想高度。按照海德格尔对词源的异乎寻常的兴趣，他是不可能赋予仅有拉丁词根的"生存"以一种存在性的地位的，"生存论"也只是展开其"哲学之思"的"场域"。事实上，"生存论"在海德格尔哲学中只是作为形容词，而不是作为具有存在论意义的专名而使用的。① 在雅斯贝尔斯那里，"生存论"则是"大全"借以澄明自身的背景。萨特则干脆将生存论还原到实体性的存在论模式中，他

---

① 关于"生存论"，我们或许可以杜撰出 Theory of Existence 或 Existence Studies，甚至还可以称为 Philosophy of Existence(生存的哲学)。但是，迄今为止，在西方哲学领域中并没有"生存论"这一专名，海德格尔有时称为"Existenzial(生存论性质、生存论环节)""Existenzialitat(生存论状态)"，更多的时候是以形容词形式(existenzial)出现在句子结构中，诸如"生存论上的""生存论澄明""生存论机制""生存论领悟"等等。经常也有以 Existentialism(生存主义)来命名"生存论"，但是，构成称谓的 Existential 恰恰是作为超越 Existenz 要的"实存(exsistere)"意义，海德格尔拒绝以 Existentialism 来称呼其存在论研究，并不只是出于对生存主义作为思潮的反感，而是有其理论上的根由的。

似乎并不清楚生存论在整个当代哲学变革中的真正意义。就是说，生存哲学并没有能够确立起生存论来。生存哲学之后，语言哲学、后现代哲学以及环境哲学的兴起在很大程度上进一步深化和拓展了生存论哲学，或者在生存哲学意义上进一步推进个体感性，如后现代哲学，或者转移生存论哲学的方向，如语言哲学将感性个体存在论转移为语言生存论，或者是从主体性问题回溯性地思考人与自然的生存论关联，如环境哲学。而且这些努力的一个共同点就是强调生活世界的基础性地位。但是，这些努力仍然缺乏一种理性与建设性，而这种理性与建设性必然是奠定于人生存的历史性与实践性之中的，包括由这一历史性与实践性所支撑起来的健全的人类整全性与积极的生存态度与信念。从这个意义上说，要真正展现生存论哲学的历史性与当代性，就必须把生存论的理解与马克思历史的实践哲学内在地贯通与融合起来。

马克思的实践哲学就是实践的唯物主义，这里，我们有必要把马克思实践哲学进一步"还原"到根本的唯物主义或无神论的哲学立场。这种还原当然不是把马克思实践哲学还原到旧唯物主义水平，而是要凸显出马克思实践哲学在唯物主义发展中的深远的历史性，这就是揭示马克思新唯物主义的深层的理论变革意义。

我们经常称马克思建立在实践的唯物主义基础上的"新唯物主义"为"彻底的唯物主义"。那么，这里的"彻底"究竟体现在什么地方，显然是需要深入琢磨的。

在西方哲学传统中，"唯物主义（Materialism）"与"无神论（Atheism）"的区别是很明显的。前者主要是一种认识论概念，属于理智范畴，它更多的是指向于人对外部世界的认知态度；后者则属于一个宗教的或内心世界观的概念，它指向于人的内在的精神信仰，这一概念与存在论相连，无神论本身就是一种宗教。在一般情况下，认识论总是与包含着某种信仰的存在论相对应，因此认识论总是蕴含着相应的信仰，但这并不是一种必然性的包含关系。从精神信仰的角度讲，存在论总是优先于认识论，事实上，整个西方文明经过漫长的演变，逐渐形成了一种理智生活与信仰生活并行不悖的文化范式。这就解释了为什么许多传统哲学家在理智与认识论态度上属于唯物主义者，在精神信仰上却属于有神论者（而且这种差别在很多当代西方哲学家身上仍然存在）。

马克思恰恰要打破这种平衡。在他看来，必须从根本上根除超验传统及人们心目中根深蒂固的上帝意识，所有的精神信仰问题都需要通过理智的信念确立方法予以解决，无神论必须还原为唯物主义，对马克思而言，认识论是优先于存在论的。在这一意义上，马克思其实是进一步强化了由康德开启的认识论转向，并因此意味着德国古典哲学的完成。黑格尔的精神现象学实际上就是以无神论的方式表现的信仰体系，但其绝对精神仍然带有有神论的内涵，马克思则通过意识形态批判的方法将精神还原为人的现实生活，并从人的整体性的社会历史实践活动提升出人的活动的自身生成性。在这一意义上，马克思展开的是历史认识论。但这不意味着马克思用认识论取代了存在论问题。与作为精神信仰的无神论必须还原为唯物主义这一认识论立场密切相关，马克思实践哲学中同时还包含着另一个立场，这就是作为存在论的无神论必须还原为或提升到根本的人本立场。前一个立场可称之为科学主义立场，后一个立场可称之为人本主义立场。对于康德而言，人对于外部世界的知性态度与内在的精神世界的信仰态度是不相通的，但是，对马克思来说，两种态度本质上是相互关联的，科学认识论与人本主义的无神论内在融通。或者说，当马克思把世界观的转换从异在世界的抽象把握，历史性地转变为对属人世界的意义性把握时，人本主义的无神论立场必然蕴含着一种理智的和科学的认知态度与方法。从这个意义上说，仅仅将马克思的实践哲学把握为认识论显然是不够的，而且这并没有触及马克思实践哲学的核心。马克思实践哲学的核心是强调人的实践活动的历史性、主体性及其自我意识。

应当明确的是，马克思实践哲学，就其精神主旨而言，并不存在一种实体存在论式的存在论结构，把马克思实践哲学认识论化是不够的，甚至是错误的。因为马克思实践哲学的根本变革意义就在于彻底废弃传统哲学的实体存在论，在这个意义上同时也是要与传统的认识论哲学划清界限。因此，如果实体性乃存在论的根本属性的话，那么马克思实践哲学就不存在所谓存在论。马克思实践哲学的核心范畴是人、历史、实践、社会，而不是存在，诸如人、历史、实践、社会等等，乃人生存的承担者或具体样式，并不是高踞于人的生存活动之上并与人的生存相疏离的抽象的存在范畴。马克思从来就没有在存在之类问题上思考问题——在他的思想深处，这类问题本身就是无意义的抽象问题。在马克思看来，人是世间唯一感性的、对象性的存在物，人之存在就在于人的生存与生活。人是感性地和实践性地确证和阐释自身的存在过程的，根本就不需要外在于人且凌驾于人之上的某种抽象实体来"规定"人的生存过程，甚至于在这个意义上，那种否定人与自然界的非实在性的无神论都"不再有任何意义"了。因为"无神论是**对神的否定**，并且通过这种否定而设定**人的存在**"①。因此，无神论的核心范畴也就是人的存在，但人的存在不外乎就是人的历史性的生存。

马克思的实践哲学和唯物史观是相互贯通的。一方面，实践哲学要求实现对于世界的对象性理解，进而在世界的属人化过程中达到实践活动的自我理解。在此意义上，马克思实践哲学表达了一种对人自身活动的理性化追求，而实践发生理解活动的前提就是一定的社会历史条件，而且，实践哲学所追求的理性化不过就是唯物史观所预先承诺的历史合理性。实践观达到的对象性理解与自我理解的统一，其根据就在于社会历史性成为人生存的内在规定性。在此，实践合理性的本质就是历史合理性。对于人的生存活动已经成为人的自为的活动而言，人的秘密就在于人的历史性，"**历史不过是**追求着自己目的的人的活动而已"②。人的实践活动构成了历史，实践使人成为历史活动的主体，人的活动的历史性也就是其主体性。另一方面，历史乃人的实践活动展开的场景与结果，就是人的感性活动的生成过程。"全部历史是为了使'人'成为**感性**意识的对象和使'人作为人'的需要成为需要而作准备的历史（发展的历史）。历史本身是**自然史**的即自然界生成为人这一过程的一个**现实**部分。"③马克思表现的正是人的自我实现的历史，因而其历史观的核心就在于："从直接生活的物质生产出发来考察现实的生产过程，并把与该生产方式相联系的、它所产生的交往形式，即各个不同阶段上的市民社会，理解为整个历史的基础；然后必须在国家生活的范围内描述市民社会的活动，同时从市民社会出发来阐明各种

---

① 马克思：《1844 年经济学哲学手稿》，92 页，北京，人民出版社，2000。
② 《马克思恩格斯全集》第 2 卷，118 页，北京，人民出版社，1957。
③ 马克思：《1844 年经济学哲学手稿》，90 页，北京，人民出版社，2000。

不同的理论产物和意识形式，如宗教、哲学、道德等等，并在这个基础上追溯它们产生的过程。"①历史当然本身是通过社会化活动而展开的，自然界生成为人的实践的、历史的产物，就是社会，社会是人的历史性的实践活动得以展开的现实场景，"社会生活在本质上是**实践的**"②。唯物史观即人的社会化实践活动的"大写的逻辑学"。

与唯物史观的结合，赋予了马克思实践哲学以彻底的唯物主义精神。马克思对西方哲学与文化传统反叛最深刻之处就体现在这里。一般唯物主义的立场只能限定于认识论范围，这种认识论也可以拓展到存在论领域，但存在论领域在传统西方哲学内却是非历史的，不管是超验的存在论，还是经验主义的或自然主义的存在论，都是如此。这并不是说传统存在论缺乏历史哲学的视野，而是说传统哲学对历史的理解本质上还是先验论的，是通过抽象的精神辩证法所确立起来的先验主义历史观，这种观念深深地根植于西方文化传统之中。相对于这一传统，近代以来不断拓展的进步观念还显得相当稚嫩。实际上，不管是卢梭的浪漫的进步观，还是由牛顿机械时间观以及达尔文的生物进化说所确定起来的线性进步观，都不可能真正深入到实践的历史哲学中。就此而言，马克思关于费尔巴哈不可能把唯物主义真正贯彻到历史领域的批判，实际上也是对整个近代意义上的历史观的批判，这一批判直指近代历史观的先验本性。在唯物史观中，唯物主义本质上就是无神论，而马克思正是在无神论的意义上彻底贯彻了唯物主义，而历史唯物主义与实践的唯物

---

① 《马克思恩格斯全集》第 3 卷，29～30 页，北京，人民出版社，1960。
② 《马克思恩格斯选集》第 1 卷，60 页，北京，人民出版社，1995。

主义，则是这种思想努力的成果形式。

正是强调实践哲学与唯物史观的内在融合，强调作为认识论的唯物主义与作为精神信仰的无神论的一致性，马克思哲学彻底颠倒了西方哲学精神并改变了西方历史与文化的发展方向。

在当代西方哲学中，人们往往认为对西方思想传统最具有摧毁性的哲学是尼采的意志哲学，实际上，同样站在当代哲学起点上的马克思对西方思想传统具有更大的摧毁作用。尼采的反叛仍然是西方文化传统自身的反叛，马克思的彻底的无神论反叛则是对西方文化传统的对象化的和超越性的批判，其根本目的则在于通过"实际地改变现存世界的现状"从而实现从超验世界向实践的生活世界的根本转换。尼采的反叛仍然还维持着某种传统的贵族气质，这种反叛对百姓的日常生活影响并不大，但马克思的反叛则是总体上的，意味着被压迫阶级的阶级意识的觉醒与解放，马克思的反叛深入到日常生活之中并要求实现日常生活的历史性变革。尼采的反叛是复古式的和倒退的，马克思的反叛则是前瞻性的，前瞻性蕴含着人的活动的积极主动性，人的未来性或者说作为未完成的人才是历史活动的真正起点。马克思的实践哲学更有理由被看成当代哲学的起点与基石。

三、从实践观到实践生存观

马克思实践哲学及其蕴含的唯物史观往往被看成世界观、思维方式以及包括存在论范式在内的哲学观以及哲学形态的根本变革，从世界观方面看，是从对象世界向属人世界的转变；从思维方式上看，是从实体性的和抽象的思维方式向感性的和关系性的实践思维方式的转变；从理论构成方式看，是从体系性的和形而上学模式向问题为中心的解释学模式的转变；从功能看，是从单一的解释世界向改变世界的转变；从哲学形态上看，则是从旧的存在论哲学与认识论哲学向以生存论为存在论旨向的实践哲学的转变。上述转变在很大程度上已引起学界的高度关注并引发相关探讨。但有些问题仍然有待于厘清和挖掘。其实，马克思的实践哲学变革同时也蕴含着一种生存观念与生存论的变革。首先，传统哲学只是以客体的方式看待生存，生存只是一个被感知、被认识或承担的"对象"，马克思则从现实活动的有生命的个人出发，即从人的实践活动本性也即自由自觉的类生活本性出发，把人的生存与一般生命物的生命活动区别开来，把生存的主体直接定位于现实活动中的人，把生存看成属人的意义范畴，通过生活及生活世界的丰富性去理解人的生存活动，从而揭示出人生存的全面而丰富的内涵。其次，传统哲学把人和外部自然都看成"实体"性存在，并且把任何一种沟通人与自然之间关系的活动都当作是非人性的、工具性的生存手段，马克思则通过实践哲学把人与整个自然看成一种关系的相互存在，从而赋予了外部自然以属人的生存意义，与此同时也把工业与技术历史性地理解成人的生存的内在活动。再次，传统哲学不能真正从社会历史哲学的视野理解人的生存，"生存"实质上只是一个被给定的、抽象的甚至被随意肢解的客体，马克思则以唯物史观去理解生存，从而把生存看成人追求自身本质的历史性活动，真正赋予了生存理解以历史理性规定性。在马克思那里，生存论是历史地确定起来的，因而对生存论的理解以及理论建构本身也必然是历史性的理论自觉与建构活动。

　　传统哲学的两种生存观念，即超验实存观与自然主义实存观，它们分别代表着两种哲学观念，即客观唯心论与直观唯物主义，这恰恰是马克思的实践哲学所要批判的主要对象。其中，超验实存观把人的生存抽象为一种纯粹的精神实体，否认人的生命的内在价值，自然主义实存观则对人的生存采取了简单还原的态度，在很大程度上轻视人生存的人本性与神圣性。这两种态度都是把人的生存看成一种既定的、静态的"存在物"，都没有从属人的、活动的以及人本身的社会历史条件等方面去理解生存，都不是从实践出发去理解人的生存。正是在这样一个背景下，马克思提出"按照事物的真实面目及其产生情况来理解事物"①，即立足于"人本身"的实际的生活情况理解其生存活动。在马克思看来，对生存的理解并不在于对既定的生存物的理解，而在于对人这一具有改造世界功能并以此功能为标志的生存实践活动的自我理解。

　　马克思对旧生存观的批判是从超验实存观与自然主义实存观两方面同时展开的。应当说，对于超验实存观所导致的异在化的生存理解，是较容易识别的。因为只要立足于一种常识，对于生存的理解就会很自然地融入唯物主义的基本立场，从而识别超验实存观的虚妄所在。马克思的生存观变革其意旨之一也的确表现在这一方面，即从一种超验的宗教世界观彻底转变为唯物主义世界观，从**"彼岸世界的真理"**历史地转变为

---

　　① 《马克思恩格斯选集》第 1 卷，76 页，北京，人民出版社，1995。

"确立**此岸世界的真理**"①。在这一方面，马克思继承了以往唯物主义的基本精神，即哲学应当承认外部世界对于人及其思维活动的"优先地位"。这就是说，人的生存，如果撇开人的特征去寻求存在根据，肯定就是指在人历史性地生成之前的那个自然界，而不是超自然的神。在这一问题上，尽管旧唯物主义并没有意识到生存的属人性，但他们对生存的基本立场却较超验实存观可靠。但在马克思当时的理论视野内，其批判的重点却是旧唯物主义的自然主义实存观。正是通过对自然主义实存观的深刻批判，实践生存观才得以展开。海德格尔曾把马克思的生存观变革看成"形而上学的颠倒"，即把黑格尔的辩证唯心主义颠倒为辩证唯物主义，这一评价并没有看到马克思生存观变革的关键，因为假若不关联于实践哲学及唯物史观，即使把辩证唯心主义颠倒为辩证唯物主义也只是一种形式上的颠倒，而只是认识论意义上的颠倒，并没有涉及马克思实践哲学的存在论意蕴。这正如同海德格尔批判萨特的那样，把"本质（essentia）先于存在（existentia）"这一形而上学命题颠倒为"存在先于本质"，但是，"这种对一个形而上学命题的颠倒依然是一个形而上学命题"，仍然处于"存在之真理的被遗忘状态中"②。在此，马克思实践哲学的存在论意蕴不仅滞着于认识论，还应当融入生存论论域。马克思实践观变革的深远意义在于，确立外部世界的属人意义进而确立起属人世界的哲学基础地位，从生存理解的角度说，就是要从人的生存及其历史性的生存意义出发去理解一切存在物及其存在价值。在这个意义上，哲

---

① 《马克思恩格斯全集》第1卷，453页，北京，人民出版社，1956。
② ［德］海德格尔：《路标》，孙周兴译，386页，北京，商务印书馆，2000。

学层面上的所有有意义的追问，最后都不能超出关于"已经生成的人与自然"这一人类学的基本事实。追问在人的生存之前的"人"与"自然"是怎么回事，那是古生物学以及考古学关心的事体，如果哲学那样做，势必"把自然界的和人的存在**抽象掉**"，只能把问题本身弄得"没有任何意义"①。哲学的出发点或者说"本体"就是已经生成的人与自然的关系，进一步说即属人世界。这样一来，人与自然之间已经生成的关系，就不再具有哲学"本体"那样的实体性，而只是一种"生成关系"。这一生成关系既是"最初"由实践活动亦即劳动所确定的，又是通过实践活动即劳动不断实现的人本身的历史活动。在这个意义上，"经过劳动形成的人与自然的相互作用对于马克思来说是认识历史的关键"②。不具有历史性的本体对于人的存在论没有任何建构意义。而且，由于实践活动的自为性，意味着这种人与自然的生成关系也根本不可能驯服于自然存在论，因为由实践和劳动所造就的人与自然的生成关系不过就是整个世界史的生成过程。"**整个所谓世界历史**不外是人通过人的劳动而诞生的过程，是自然界对人来说的生成过程，所以关于他通过自身而诞生、关于他的**形成过程**，他有直观的、无可辩驳的证明。因为人和自然界的**实在性**，即人对人来说作为自然界的存在以及自然界对人来说作为人的存在，已经成为实际的、可以通过感性直观的，所以关于某种**异己**的存在物、关于凌驾于自然界和人之上的存在物的问题，即包含着对自然界的和人的非实在性的承认的问题，实际上已经成为不可

① 马克思：《1844 年经济学哲学手稿》，92 页，北京，人民出版社，2000。
② ［加］莱斯：《自然的控制》，岳长龄等译，78 页，重庆，重庆出版社，1993。

能的了。"①

　　马克思把"本体"确定为人与自然的生成性的关系或属人世界，一方面意味着本体本身没有必要还原为超验的存在，另一方面也意味着对实体化的本体观的克服。如果把这种思想贯彻到底，那就意味着，传统哲学那种超验性的、实体性的存在论在马克思哲学中将没有任何位置。取代传统哲学存在论的是一种感性意义上的存在论。马克思在《巴黎手稿》中称这种感性意义上的存在论为"欲望的存在论"。在马克思看来，这种"欲望的存在论"既是"对本质（自然界）的真正存在论的肯定"，又是对"感性地存在着"并蕴含着丰富性与多样性的生存个体的积极肯定。不仅如此，马克思还强调，这种存在论的积极的肯定本身必须"只有通过发达的工业，也就是以私有财产为中介，人的激情的本体论本质才在其总体上、在其人性中存在"②。在这里，"发达的工业"与"私有财产"作为两种中介条件，表达了马克思对于展现欲望存在论的境遇条件的关注，马克思实际上是把工业与人的本质活动直接关联在一起的，"**工业**的历史和工业的已经生成的**对象性的**存在，是一本**打开了的关于人的本质力量**的书，是感性地摆在我们面前的人的**心理学**"③。工业是人的本质之所以能够展开的基本的现代性条件，这指认了马克思所谓欲望存在论的基本的时代条件，缺乏这一基本的现代性条件，其实是没有必要谈论欲望存在论的。就此而言，马克思对感性的强调不仅与费尔巴哈那种宗教感意义上的吁求存在着截然差

---

① 马克思：《1844 年经济学哲学手稿》，92 页，北京，人民出版社，2000。
② 同上书，140 页。
③ 同上书，88 页。

别，也与现代生存主义哲学浪漫伤感并弥漫着浓厚的非理性主义氛围的感性存在着本质差别。马克思的欲望存在论本质上是要提升和赋予人的感性和欲望以历史的合理性，这种欲望存在论本质上必须充分地赋予人的生存条件以生存论内涵。人的生存并不只是精神性的自足，而必须包含着物质生活条件及其状况的满足，在市民社会状况下，私有财产则成为满足物质生活条件的社会性因素。马克思并没有一般地否定私有财产，而是要强调人以自己的方式积极地占有和支配私有财产，这种占有表现在历史上，正是对私有财产的积极的扬弃。其实，马克思与空想共产主义的根本区别就在于，与后者主张放弃工业化与私有财产不同，马克思是通过把工业与私有财产看成实现人自身本质的条件，并在这一意义上把 communism 看成一种普遍性的社会信仰，进而看成自身存在论的本质结构。传统的存在论是超验世界的逻辑构造，而马克思的存在论则是关于未来社会的信仰。马克思对欲望存在论的积极肯定实际上是通过人的历史实践活动实现的，与此同时，马克思对人的生存实践活动的历史性理解也由此实现了对传统历史哲学的彻底变革。传统的历史哲学，其共性是"把某种主观的东西（如历史运动的公式）强加给千差万别的历史现实"，而马克思的唯物史观则是"以经验的观察为出发点的，它注重的乃是现实历史的无限多样性和丰富性"[1]。传统历史哲学关注的并不是人生存的历史，而是关于历史的先验的普遍性法则，本质上是超历史的，而当马克思从工业以及私有财产方面展开人的存在论活动时，实际上是展开了人的生存的历史

---

[1] 俞吾金：《实践诠释学》，46 页，昆明，云南人民出版社，2001。

性本质与结构。

在《黑格尔法哲学批判》《论犹太人哲学问题》《神圣家族》等著作中，马克思特别批判了神学的超验实存观。但相比之下，马克思哲学在揭穿旧唯物主义的自然主义实存观方面的意义要更突出一些。用世俗的、常识的观念去识别非常识性的生存观，是很容易做到的，这也是马克思对神学的超验实存观容易被人接受的地方，然而，对于这种生存的常识性理解中所包含的误解，却是不太容易识别的。马克思本人的工作重心就在于帮助人们识别来自旧唯物主义而又根植于世俗观念中的"生存"理解假象并真正启动了生存观念的现代变革。在《神圣家族》中，马克思即指出："人的自我异化的**神圣形象**被揭穿以后，揭露**非神圣形象**中的自我异化，就成了为历史服务的哲学的迫切**任务**。"[①]这里，"人的自我异化的神圣形象"包含着以异在的和超越性的形式表现出人的生存境况的超验实存观，而"非神圣形象中的自我异化"。在生存理解的视野内，实际上就是指在日常生活与世俗生活中人们对于生存所产生的那些自以为确切无疑的流俗性认识，如把生存看作"纯粹个人"的生存行为，把人的生存与物的存在等同起来，把人的生存看成预成或给予的对象，等等，而支持这些流俗性认识的思想基础往往就是旧唯物主义。

在《关于费尔巴哈的提纲》一文中，马克思开宗明义："从前的一切唯物主义——包括费尔巴哈的唯物主义——的主要缺点是：对对象、现实、感性，只是从**客体**的或者**直观**的形式去理解，而不是把它们当作人

---

① 《马克思恩格斯全集》第 1 卷，453 页，北京，人民出版社，1956。

的感性活动，当作实践去理解，不是从主体方面去理解。因此，结果竟是这样，和唯物主义相反，唯心主义却发展了能动的方面，但只是抽象地发展了，因为唯心主义当然是不知道现实的、感性的活动本身的。"①按照马克思的思想，对于生存这样一种感性的现实活动的理解当然不能以客体的或直观的方式，而应该是人的生存实践活动的自我理解。应当说，在对生存的理解方面，费尔巴哈与以往的"客体式的唯物主义"是有区别的，"客体式的唯物主义"把人的生存完全当成"物"，并且是"敌视人的物"，而费尔巴哈则注意到了人生存的感性方面。但是，"他把感性不是看作**实践的**、人的感性的活动"②。而且，"对于实践则只是从它的卑污的犹太人活动的表现形式去理解和确定"③。这里，"卑污的犹太人活动的表现形式"是一种形象描述，意指费尔巴哈尚未把实践看成一个超越了日常生活范式的主体性概念，其根源则在于对人的感性活动把握不够。由于不能正确地把握感性，看不到实践活动的属人本性，因而，这种"**直观的**唯物主义，即不是把感性理解为实践活动的唯物主义，至多也只能做到对'市民社会'的单个人的直观"④，只能达到对于世俗社会的"私人等级"的理解，即关于生存的流俗式的理解，而不能达到理性化的和具有社会历史感的理解。

在《德意志意识形态》中，马克思进一步批判了费尔巴哈的直观感性观的症结所在，费尔巴哈所看到或承认的只是"感性的对象"，而不是

① 《马克思恩格斯选集》第 1 卷，58 页，北京，人民出版社，1995。
② 同上书，59 页。
③ 同上书，58 页。
④ 同上书，60 页。

"感性的活动"，其原因在于他"仍然停留在理论的领域内，没有从人们现有的社会联系，从那些使人们成为现在这种样子的周围生活条件来观察人们——这一点且不说，他还从来没有看到现实存在着的、活动的人，而是停留于抽象的'人'，并且仅仅限于在感情范围内承认'现实的、单个的、肉体的人'，也就是说，除了爱与友情，而且是观念化了的爱与友情以外，他不知道'人与人之间'还有什么其他的'人的关系'。他没有批判现在的爱的关系，可见，他从来没有把感性世界理解为构成这一世界的个人的全部活生生的感性*活动*"①。按照马克思的思想，要理解人的生存，就必须在一定的社会历史前提下，从人们之间发生具体的生产和交往活动的社会关系入手，现实地、批判性地考察人们的实际生活。资本主义现实生活中存在的大批瘰疬症患者、肺痨病人，其病因是贫困的生存环境，而不是这些不幸的人那里缺乏"最高的直观"与"类的平等化"意识。要改善生存环境，就必须诉诸相应的实践行为，与此实践行为相对应的，是人对自身生存意义的提升，只有这样，才能达到对于人生存的理性的理解。正是强调要批判性地面对感性活动，对生存理解就必须要关注人生存的内在矛盾冲突，并通过实践的方式理解和改变自身的生存状况，消除生存困境。"对于这个世俗基础本身首先应当从它的矛盾中去理解，然后用排除矛盾的方法在实践中使之革命化。"②生存理解作为人的生存活动的历史性的自我理解活动，必然要求实现对日常生活的批判与超越。在马克思那里，诸如异

---

① 《马克思恩格斯选集》第 1 卷，78 页，北京，人民出版社，1995。
② 同上书，59 页。

化劳动、阶级对立以及与此相关的人的自我异化，都被看作这种来自世俗基础的矛盾冲突的表现，理应纳入对于生存活动的批判性理解活动中。

对生存的理解当然需要直观方法，问题是如何直观？凭什么进行直观？这其实是深入把握马克思实践生存观的关键。马克思在《德意志意识形态》一书阐述其实践的唯物主义思想之后，紧接着就有一段解释性的话，值得我们特别关注："费尔巴哈对感性世界的'理解'一方面仅仅局限于单纯的直观，另一方面仅仅局限于对这一世界的单纯的感觉。费尔巴哈设定的是'**一般人**'，而不是'现实的历史的人'。'**一般人**'实际上是'德国人'。在前一种情况下，在对感性世界的**直观**中，他不可避免地碰到与他的意识和他的感觉相矛盾的东西，这些东西扰乱了他所假定的感性世界的一切部分的和谐，特别是人与自然界的和谐。为了排除这些东西，他不得不求助于某种二重性的直观，这种直观介于仅仅看到'眼前'的东西的普通直观和看出事物'真正本质'的高级的哲学直观之间。"①这里，马克思提到的"高级的哲学直观"特别值得揣度。按照上述论述，"高级的哲学直观"是在较低级的"单纯的直观"和处于中介位置的"二重性直观"基础上提出来的。"单纯的直观"，即对实存事实的直观，实存事实中其实也包含着实存状态的人，这里，实存本身成为"德国人"式的"单纯的感觉"直接把握的对象客体，所谓"德国人"的"单纯的感觉"指的应当是黑格尔式的概念直观方法。哲人们的精神的抽象态度折射出了他们对现实的过于天真的理解，但这样却是以天真

---

① 《马克思恩格斯选集》第 1 卷，75～76 页，北京，人民出版社，1995。

而精致的想象替代了现实生活世界的各种悖论与矛盾所换来的。人的本质当然是"人本身"，但这里的"人本身"必须要向"现实的历史的人"做一种必要的"现象学还原"。只有经过了这样一种还原，人及人的生存才真正向人的理解敞开，否则就仍然只是德国式的"单纯的感觉"。马克思这里的意思也暗示着：费尔巴哈表面上是在反叛黑格尔的抽象，实质上与黑格尔的抽象并无二致，他对于"单纯的直观"和"单纯的感觉"的二重性态度就是明证。而"高级的哲学直观"的内涵显然是不满意于"单纯的直观"与"二重性的直观"，而是指通过确立人的生活的优先性地位，通过深入地、历史性地把握和直观人生存的矛盾与内涵从而达到的对人的生存活动的全面的、历史性的把握与理解。说穿了，"高级的哲学直观"指的就是马克思在分析和把握问题时的注重历史、注重主体性的实践的思维方式与理解方式，"高级的哲学直观"即实践的生活直观。

对于马克思的这一论述还有一种理解，即把"高级的哲学直观"看成黑格尔辩证法的表现。其理由是，对黑格尔唯心主义的批判是《德意志意识形态》的主题，所谓"真正本质"则是对黑格尔式的本质直观方法的称谓，这里"真正本质"按马克思一般的加引号式的措辞方式，都是在一种反讽意义上谈到的。但是，这种理解包含着一种误解，似乎马克思对任何一种直观方法都持一种排斥态度，这恐怕并不符合马克思的思想。马克思反对黑格尔哲学的世界观理论，而黑格尔哲学中表现着辩证法精髓的方法论却是马克思要继承的，而黑格尔的本质直观方法恰恰是这一方法论的表现形式。而且，结合整个引文，我们可以发现，所谓高级的哲学直观方法恰恰揭示了"现实的、历史的人"的

"真正本质"的哲学直观方法，这种方法既承接了黑格尔的辩证法，同时也生动地表达了基于人的历史实践本性的生存论辩证法，马克思其实是要借着"高级的哲学直观""真正本质"这一话语阐述他自己对生存本质的理解。

实际上，马克思在紧跟着的一段话中就阐明了"高级的哲学直观"："他周围的感性世界决不是某种开天辟地以来就直接存在的、始终如一的东西，而是工业和社会状况的产物，是历史的产物，是世世代代活动的结果，其中每一代都立足于前一代所达到的基础上，继续发展前一代的工业和交往，并随着需要的改变而改变它的社会制度。甚至连最简单的'感性确定性'的对象也只是由于社会发展、由于工业和商业交往才提供给他的。"①马克思要求把技术和工业看成人生存的内在的活动，而不是与人生存相对立的东西。实践是对生存的维护，技术与工业作为人类实践的表现，同时也是人实现其生存的成果形式，技术与工业不过是人的生存实践活动的内在力量。人类的生存与生活已与科技和工商业结下了不解之缘，因此必须把它们看成人的本质性力量的表现形式。"工业是自然界对人，因而也是自然科学对人的**现实的**历史关系。因此，如果把工业看成人的**本质力量**的**公开的**展示，那么自然界的**人的**本质，或者人的**自然的**本质，也就可以理解了。"②

马克思并不是没有意识到科学技术与工商业的运用可能导致的人异

---

① 《马克思恩格斯选集》第 1 卷，76 页，北京，人民出版社，1995。
② 马克思：《1844 年经济学哲学手稿》，89 页，北京，人民出版社，2000。

化状况的加深。但是，在他看来，这恰恰是人的本质化得以实现的必要环节，"异化借以实现的手段本身就是**实践的**"①。通过异化去具体地展开人生存活动的各种关系，并在实际的历史进程中扬弃异化，这显示了马克思实践生存观的历史理性与辩证法精神。

四、实践-生存论的理论蕴含

马克思哲学关心的根本问题其实就是人的现实的生存。马克思哲学的理论基础与其说是存在论的，倒不如说是生存论的。学界大都认为马克思哲学虽然反叛传统哲学的超验存在论，但作为一种新的哲学形态，马克思哲学也应有自己的存在论②。不过究竟是什么样的存在论？其实是一个很复杂的问题。由于受亚里士多德哲学以及中国哲学本根论传统的影响，我们很少注重 Ontology 的超验特性。实际上，即使当人们使用 Ontology 这一术语时，所指的对象还是经验意义上的本根论。这一本根论，一方面是指世界的本原，另一方面是指个体生命存在的本体基础，且基本上都是在无神论的语境中使用的，与 Ontology 应有的有神论相差是非常大的。在这个意义上，称之为"本体论"本身就较为妥帖

---

① 马克思：《1844 年经济学哲学手稿》，60 页，北京，人民出版社，2000。

② 按照第 1 章的剖析，Ontology 应译为存在论。我们常常把 Ontology 译为本体论，这在很大程度上表明我们是在本原论而不是在超验论的意义上理解 ontology，既然如此，称为本体论或许更合理一些，但这却仍然不利于深入理解当代哲学的存在论变革问题。

地反映了这一差别。因此，当把马克思哲学的存在论结构称谓为物质本体论、自然客体本体论、人学本体论、实践本体论、社会本体论、历史本体论等，一方面反映了马克思哲学存在论在本质上的无神论，同时也意味着，这种称谓本身表明学界也许并未在存在论变革的意义上理解马克思实践哲学的存在论意义。但是，若考虑到马克思实践哲学是西方哲学传统的内在的反叛，那么在马克思哲学背景中讨论 Ontology 问题也还是应该称之为"存在论"。马克思实践哲学首先是对于西方哲学传统的内在超越，并通过这一活动开启并且深刻地影响着当代哲学变革。马克思实践哲学蕴含的存在论变革及其生存论意蕴，必然是从超验的实体性的存在论向感性的、社会历史性的生存论的变革，而不只是从超验的存在论向感性的生存论的话语平移。这就是说，并不是说把马克思哲学的存在论结构称谓为物质存在论、自然存在论、人学存在论、实践存在论等等就够了，而是要结合存在论变革挖掘马克思实践哲学的生存论结构及其蕴含，并且由此使马克思实践哲学也得到一种类似于传统存在论之于传统形而上学之奠基意义的理论阐释。

应当说，从生存论的意义上理解马克思实践哲学的存在论基础，本身也是对当代哲学存在论理论意蕴的内在理解。这里，把存在论的理论意蕴与存在论的实体性的理论形式区分开来是十分必要的。存在论的理论意蕴乃任何一种形式的存在论都必须承蕴的，同时也是人们通过存在论这一话语所表达出来的根本旨向，从表现形式上看则是主体的历史实践活动不断追求和实现的人、自然、社会以及历史的生存论统一性。应当说，不同类型、不同时代的文化样式都包含着生存论关怀并因此包含着存在论蕴含，超验性只不过是表达这一蕴含的一个维度，至于传统存在论的实体本性则是通过某种纯粹的逻辑形式所表达的超验存在的绝对性。但正是这种实体本性对于人的本己的生存论体验来说倒逐渐成了一种外在的规定形式，并最终将存在论的理论意蕴限定于超验之一维上。马克思哲学的意义就在于深入揭示人的历史实践活动，将传统哲学的超验的、实体性的存在论形式还原或转换为人的实践活动所内含的生存论意蕴。在这个意义上，我们平常所说的作为马克思哲学存在论的人的哲学存在论、社会存在论、实践存在论以及历史存在论等等，其实应该直接看成人的哲学生存论、社会生存论、实践生存论以及历史生存论。不过，鉴于实践观在马克思哲学中占有至关重要的解释意义，笔者主张应当把马克思哲学中具有存在论意蕴的理论基础称为实践-生存论。

实践-生存论蕴含着如下三方面的理论内容。

第一，从理论结构上看，实践-生存论是自然、人、社会通过人的实践及社会化活动所实现的自为的、开放的和历史的统一。

仅就生存论的基本结构而言，人与自然无疑具有"最直接的明证性"。在人们的意识中，一提到人的生存，也不外是人与自然两种构成要素。生存论结构当然必须包含人与自然，但仅仅在人与自然之间却只能形成一种原始的、自在的和被动的结构。这种结构缺乏积极的主体性，而这种积极的主体性正是通过人的社会性、历史性的实践活动表现出来的，这正是实践-生存论的理论内涵。实践-生存论表达的是一种自为的生存论统一关系，这是自然、人、社会之间开放的并且具有一定交互作用的关联，是一种动态的平衡系统。在这一系统中，自然、人、社会都不是自在的实体形式，自然是活生生的自然，是社会化的人生存于其中的自然，马克思称之为"自然界的生活"；人不再是抽象的自我意识，而是自然性与社会性兼备的处于具体历史活动中的人；社会则是正在生成着的历史性概念，即社会化。在上述系统中，人的因素具有主动性，但人之所以具有主动性，恰恰是因为人的社会化，因为正是通过社会化，自然才得以人化。"自然界的**人的**本质只有对**社会的人**来说才是存在的；因为只有在社会中，自然界对人来说才是人与人**联系的纽带**，才是他为别人的存在和别人为他的存在，……只有在社会中，人的**自然的**存在对他来说才是自己的**人的**存在，并且自然界对他来说才成为人。"①因此，整个自然、人、社会的自为的统一，就是通过社会化实现的。我们常常用人化来阐释人的生存，但仅仅在人与自然的关系上所理解的人化还是一种十分抽象的概念。只有当人化同时也具体地表现为社会化时，人-社会-自然生存系统的自为性才是现实的；因为正是通过社会化，人与自然才从非历史性的实体概念提升为历史性的开放的概念并具体实现其历史性的生成。

按照实践-生存论的理论内涵，自然与人都应当看成人本身的历史活动的产物。既然人和自然作为历史的前提"已经成为实际的、可以通过感觉直观的"②，那么，以非历史的态度去看待人与自然的观点就必须中止了。因此，不要在自然界是否存在之类问题上徜徉，而应当把问题集中于思考诸如自然界是如何通过人的劳动而"成为人的自然界"的，

---

① 马克思：《1844 年经济学哲学手稿》，83 页，北京，人民出版社，2000。
② 同上书，92 页。

也不要抽象地思考人的本质，而应该思考人在现实的社会关系中如何展开和规范人的主体性活动，自然的人化与人的自然化本质上是人的社会化活动，并必然是通过社会化的实践活动实现出来的。

在实践-生存论结构中，自然与人之间存在着强烈的交互性关系。首先，"自然界"必须能够作为人的"感性的对象"，也即成为感性的和属人的世界的一部分。"自然界，无论是客观的还是主观的，都不是直接同**人的**存在物相适合地存在着。"①就是说，人通过实践活动把自然界已经变成了人的生存的一部分，自然界真正成了"人的无机的身体"，"**感觉**在自己的实践中直接成为**理论家**。感觉为了物而同**物**发生关系，但物本身是对自身和对人的一种对**象性的、人的**关系"②。在这个意义上，自然界"直接是**另一个**对他说来感性地存在着的人"③。这就是说，"人化了的自然界"乃人的感性之所以可能的前提。在此，"人化了的自然界"，即属人世界也就是实践-生存论的核心概念。其次，人通过自身的对象性实践活动也在不断实现自然化，人直接说来就是自然存在物，而且是有生命的自然存在物，人是通过感性与对象性活动去确证自己独特生命价值的自然存在物。但人的活动不可能脱离自然界，"人靠自然界**生活**。这就是说，自然界是人为了不致死亡而必须与之处于持续不断的交互作用过程的、人的**身体**。所谓人的肉体生活和精神生活同自然界相联系，不外是说自然界同自身相联系，因为人是自

---

① 马克思：《1844 年经济学哲学手稿》，107 页，北京，人民出版社，2000。
② 同上书，86 页。
③ 同上书，90 页。

然界的一部分"①。不仅如此，人的活动本身必须参与进"自然界的生活"，因而，人也必须把自然界当作他的"感性的对象"，"一个存在物如果在自身之外没有自己的自然界，就不是**自然**存在物，就不能参加自然界的生活"②。

实践-生存论本身是一个动态的、历史性的结构，因而，自然、人与社会的具体流变都是随着人的社会化过程实现的。人的社会化培养起了作为人的最直观的生存实践活动——感觉（感性）。"社会的人的**感觉不同于**非社会的人的感觉。只是由于人的本质客观地展开的丰富性，主体的、**人的**感性的丰富性，如有音乐感的耳朵、能感受形式美的眼睛，总之，那些能成为人的享受的感觉，即确证自己是**人的**本质力量的**感觉**，才一部分发展起来，一部分产生出来。"③人是对象性的存在物并且也对象性地生存着，人的对象性活动同样也是通过人的社会化展开的，"只有当对象对人来说成为**人的**对象或者说成为对象性的人的时候，人才不致在自己的对象中丧失自身。只有当对象对人来说成为**社会的**对象，人本身对自己来说成为社会的存在物，而社会在这个对象中对人来说成为本质的时候，这种情况才是可能的"④。而人的对象性活动也只有通过社会化活动才能真正实现，

在实践-生存论中，实践与社会化是一对互动概念，社会化的事实尺度和理论根据都是实践，而实践的具体历史的展开就是人的社会化活

---

① 马克思：《1844年经济学哲学手稿》，56～57页，北京，人民出版社，2000。
② 同上书，106页。
③ 同上书，87页。
④ 同上书，86页。

动。整个实践-生存论结构之所以具有自为性，正是实践与社会化双向互动的结果。当然，正像社会化本身是一个历史过程一样，实践-生存论结构的自为的统一也是一个历史的过程。自然、人、社会这一整个生存论系统的正在生成的历史，同时也是整个生存论系统的尚待完成的历史，这一历史一方面创造并展开了人生存的内涵丰富性，另一方面，也同时带来尖锐复杂的生存矛盾，并造成不可避免的异化——社会化不过是对这种异化的理解和克服。

第二，从理论功用上看，实践-生存论是关于人类生存的根本理论，其具体表现形式即人类解放论。

实践-生存论不是关于自然哲学的理论建构，而是对于人的生存实践活动及其社会化过程的自我阐释。自然哲学只能解释人生存的实存事实，作为实存事实的生存当然会对理解人的生存有所益处，但它最多只是具体理解活动的一个知识学背景。要理解人的生存的超越性，就必须立足于人的实践的和社会性的生存方式。实践-生存论属于社会历史哲学范畴。

实践-生存论将生存主体确定在主体发展的最高阶段，即人类主体之上，它要求从人类的持存、从人类的应然生活出发，而不是从利己主义、从类的片面的要求出发去关注和理解人的生存，因而把人的生存看成通过具体的实践活动扬弃自身局限从而自觉追求类生存的历史过程。

类本位的生成是人的所有历史实践活动的最高目标，这一最高目标并不是某种抽象的乌托邦幻想，更不是与人的自我意识相异在的意识形态观念。在人类生存与发展中，差不多所有问题都是由于对类意识的自觉程度不够以及由此带来的对类本位的实现程度不够所造成的。实践活动中的类并不是抽象的，而是现实的和具体的；而且，应当说，正是因为实践活动，类才成为一个现实的和具体的概念。实际上，自从实践活动成为人类特有的生存方式以来，类意识的自觉与类本位的实现就成为解决所有重大现实问题与理论问题的最终方案——从很大程度上说，也是非常具体的方案。我们对每一种具体生存主体(包括他人、群体、社会、民族、国家乃至自我等等)以及主体间性的自觉都是确立在类本位的意识之上的，如果我们已经自觉意识到了类本位，那么上述一切具体的生存主体也就明确了下来，这也标示着人们对类本位的意识程度。类作为一件实存事实本是自在地存在着的，但这种自在的类能否上升到类本位并在人生存的具体实践活动中发挥作用，完全取决于人们对类的意识程度。在这个意义上，类本位恰恰是依赖于类意识而现实地存在着的。如果人们意识不到类的存在，那么类的实存不过只是种的存在，因为它并没有显示出作为类的存在的意义；只有当类的实存同时也显示出类存在的意义，类本位才是真实存在的。

正是因为将生存主体确立在类本位之上并且直接表达了对于人具体生存活动的关注，实践-生存论得以成为人类生存的根本理论。

值得注意的是，类本位与"个人"并不矛盾，正像社会与个人并不矛盾一样。作为人的社会化的完成形式，类同时就是"现实的、有生命的个人"，"人的个体生活和类生活不是**各不相同的**"①。而且，按照马克思的自由人联合体的理想，这种"现实的、有生命的个人"恰恰是"一切

---

① 马克思：《1844 年经济学哲学手稿》，84 页，北京，人民出版社，2000。

人的自由发展"即"类的发展"的条件①。在这里，个人与类之间之所以能够同一，仍然在于人是一种实践性的和社会性的存在物。作为个体的人之所以能够以特殊的生命表现形式确证类的存在，而类的存在作为一个整体也能够表现为每个个体的特殊生命活动，其实都是因为人的实践活动，因为人的社会性生存方式使然。正是在这个意义上，个人与类的同一才成为"**社会生活**的表现和确证"②。

因此，实践-生存论所强调的真实的个人并不是生存哲学所强调的那种个体。生存主义中的个体其实是在人为地割裂与社会以及与类的关联之后所形成的貌似真实其实十分抽象的"此在"式的个体。而实践-生存论中真实的个人则是指与类的生活直接同一起来的具体的生存主体，诸如具体的个人、群体、民族、国家，都是具体的生存主体，都应在与类的生活相谐趣的意义上去理解。

实践-生存论的社会历史旨向即人类解放论。

要真正实现具体的生存主体与类生活的谐趣，绝不只是某种美学上的努力就能达到的，它取决于人类自我解放的历史实践活动。相对于对真实的个人的一般描述，实践-生存论更加强调形成真实的个体生存的实际条件，尤其是揭示那些遮蔽真实的个人并使个人生活陷入异化状况的外部生存条件。因此，对具体的社会关系的批判远比对具体社会关系的解释重要。在人生存的现实活动中，真实的个人总是不能真实地表现出来，个人必然受制于其实际的劳动状况与劳动目的，

---

① 《马克思恩格斯选集》第 1 卷，294 页，北京，人民出版社，1995。
② 马克思：《1844 年经济学哲学手稿》，84 页，北京，人民出版社，2000。

"个人"要取得现实的生存，就必须放弃本属于他的劳动，不仅如此，还要反过来受制于他已被出卖的劳动。在现实中，真正的属于个人的生活并不存在，每个个人都必须作为"普通的个人"从而"处在本阶级的生存条件下才隶属于这种共同体"①。同时，也必须作为"私人等级"以异在的方式存在于以"消费和消费能力"作为"原则"的市民社会中，然而，恰恰是在市民社会中，人的生存活动被框定于"自私自利的物质生活"中。个人是通过其阶级归属与市民社会归属表现出来的，因而阶级归属与市民社会归属构成个人真实生存的合法性凭据，甚至构成其真实的本质，至于个体生存本身的内涵并没有能够表现出来。因而，当个人真正按照其"内在的需要"表达其生存活动时，反倒表现出"非本质的外在的规定性"②。

在现实中，真实的个人之所以并不能直接表现出他的自由自觉的生命活动，就是因为作为人生命活动的表现形式的劳动及其劳动关系的异化，其实质又在于私有财产的不同占有关系。人们对财产的不同占有关系具体确定着人们的生存活动，因此，以人的方式建构起一种积极的财产关系是获得人的生存活动的前提。

实践-生存论要求把对财产的不同占有关系看成衡量人们具体生存状况的关键因素，强调经济-政治关系对整个生存系统的决定和支配作用。在这里，实践-生存论反对像空想共产主义那样把异化归结为人对财产的依赖关系，而是归之为私人财产的不同占有关系，正是这种不同

---

① 《马克思恩格斯选集》第 1 卷，121 页，北京，人民出版社，1995。
② 《马克思恩格斯全集》第 1 卷，345 页，北京，人民出版社，1956。

的占有关系所表现出来的人们之间经济与政治关系的不平等支撑起诸多有差别的个人生存，并使得这些个人生存与类的要求之间对立。作为类的生存，它必须真正拥有人类生存条件，必须实现社会对财富的占有，但个人生存基于不同的财产占有关系却分割了这种总体性并具体表现为非类的和非社会性的生存活动，"个人的生活方式、个人的活动性质等等，不但不使个人成为社会的一个成员、社会的一种机能，反而使他成为社会的**例外**，变成了他的特权"①。这样一来，要实现个人的自由全面的发展，就必须从这种经济的和政治的不平等关系中解放出来，从而真正实现从异在的个人生存方式向真正个体的也即与类本位同一的生存方式的跃迁。在这里，类本位的历史性生成不仅取决于人们对类意识的自觉，而且具体体现在人们的历史实践活动中，体现为人们对经济政治关系、对真正的公民生活的真实的占有。马克思说："只有当现实的个人同时也是抽象的公民，并且作为个人，在自己的经验生活、自己的个人劳动、自己的个人关系中间，成为**类存在**物的时候，只有当人认识到自己的'原有'力量并把这种力量组织成为**社会**力量因而不再把社会力量当做**政治**力量跟自己分开的时候，只有到了那个时候，人类解放才能完成。"②

第三，从理论旨向上看，实践-生存论即生活世界的形而上学。

实践-生存论所确立的是人、自然与社会的自为的生存论统一关系，这是一种旨在表达人类解放终极社会理想从而引导人类现实生存实践活

---

①　《马克思恩格斯全集》第 1 卷，346 页，北京，人民出版社，1956。
②　《马克思恩格斯选集》第 1 卷，443 页，北京，人民出版社，1995。

动的人类生存理论。在此意义上，我们把实践-生存论直接看成生活世界的形而上学。

形而上学是与哲学在本质上的求真求善精神关联在一起的，它源自对世界的好奇与追问，是关于世界根源问题的追根究底式的探讨。但作为一门学问，形而上学恰恰是把这种本原式的和生成意义上的探讨抽象为本原式的和存在论意义上的逻辑构造，而这种构造反过来就成为一种前逻辑的设定。因此，超验性成为形而上学的本质特征，而概念性则成为形而上学的存在方式。离开了存在概念的演绎和体系性的构建都不可能有形而上学。进一步说，形而上学本身就是传统哲学得以存在的根本。笼统地讲，传统哲学有两大特征：一是理论精神上的存在论诉求，并且存在论本身特别适合于在宗教神学领域内加以运用；二是理论形式上对认识论的依赖，通过认识论的方式建立一种关于对象世界的客体化图式，而且正是通过这一方式确立起哲学方法论的中立性。实际上，传统哲学的上述两种特征正是基于传统哲学的形而上学。形而上学的意义在于：首先它确立起了一种超验世界及其解释模式，也奠定了文化传统的超验性，从而为超越有限的经验世界提供了一种存在论和信仰上的根据（在传统的生存样态下，这也是一种生存论的根据），其次是形而上学本身也建立起了一种追究事物本质并探求客观性的认知模式，进而形成了一种顽强支撑人类求知及其展开科学认知世界的理性主义致思取向。但其缺陷看来也日益明显，关于这一点，张曙光曾做过这样一种概括：

　　　　无批判地迷恋超验的形而上学，包括无限地拔高人自身的能力的主体形而上学，并以之作为自己安心立命的根基，这反映了人们尚不能自觉地理解并运用自己的心智和能力于自己的生活包括正视自己生存的有限性、不确定性，说明了人们心智和能力的某种不成熟性。这种不成熟性既如同缺乏自主生存能力的少年儿童总是相信童话崇拜"偶像"，也如同生命力旺盛的青壮年以为自己可以长生不老，以为世上没有自己办不到的事情。而由此产生的"形而上学"固然有给人以生活信念并鼓舞人向善向上的正面作用，但主要却是让人得到情感上虚幻的满足。因为它掩饰了人的真实的存在，遮蔽了人性的缺陷和弱点，又通过许诺给人们一个无限光明、尽善尽美的恒在的世界和作为这个世界主人的"大写的人"，助长了人的天真和简单的乐观，甚至助长了人的虚矫和妄想，从而使人走向否定自己尘世生活和肉体生命的歧途。①

上述概括指出了传统形而上学的超验本性及其神学根源，并且剖析了这一传统与传统时代人的受动的生存境遇的内在关联。这主要是针对传统形而上学的特征而言的。不过，传统形而上学其单纯性的理论外观并不是由于它在理论上"不能自觉地理解并运用自己的心智和能力"，而在于形式化的理论外观所蕴含的理论深刻性，而这点恰恰与形而上学表征着的抽象思辨性结合在一起的。就是说，形而上学的形成不能归之于人的心智能力的不成熟，形而上学反映了人类文化的高度的思辨能力与水平，而这一点恰恰又是与发达的认识论传统结合在一起，没有认识论

---

① 张曙光：《生存哲学》，79页，昆明，云南人民出版社，2001。

传统，就没有形而上学。形而上学当然反映了一种信仰上的需要（这是形而上学之所以成立的动力所在），但形而上学之所以成为一门被人及其文化系统接受的学说，离开了逻辑过程是不可能的。在形而上学所涉及的范围内，它实际上展示了一种高度的知识综合与抽象功夫。更为重要的是，深究传统形而上学的抽象性与超验性，并不能得出形而上学是反常识的。当我们批判形而上学时，还必须关注它的根源就在于日常生活世界之中。

形而上学由两部分组成，一部分是指具体的理论形式，即存在论，另一部分是指由这一理论形式所表达的终极信念与终极关怀。从内涵及意义上看，形而上学更为偏重后一部分。任何一种形而上学，如果其理论形式并没有包含一定的终极信念与终极关怀，那么这种形而上学就不够称之为"形而上学"。但是，作为终极信念与终极关怀的形而上学又总是隐含于其理论形式中的，而形而上学的具体理论形式也常常制约着它对于终极信念与终极关怀的表达。正因为如此，人们常常只看到其理论形式而忽视其中包含的终极信念与终极关怀价值。

看来有必要把形而上学与抽象的存在论区分开来。当我们剖析传统形而上学的存在论本质时，不能由此忽视形而上学作为终极信念与终极关怀的一面，特别是忽视这一层面与日常生活的融会。出于否定传统的实体存在论进而否定形而上学存在的意义，看起来是十分轻率的。作为终极信念与终极关怀，形而上学说到底就是指对于人自身生存的终极信念与终极关怀信念，说白了就是"过日子"的质朴且深刻的道理。形而上学并不是外在于我们日常生活的，它本身就存身于生活世界之中，就是说，只要人们在生存着，他的生存方式就是形而上学的，并且在此意义上就是哲学的。"与其说'形而上学'是人的现实生活的根据，不如说人的现实生活是形而上学的根据。形而上学作为生存论哲学的'前身'不过是人生存的'属人'向度的抽象或异在表达。"①正是在这个意义上，海德格尔才断言，某种自外部移入形而上学的生存样式并不是人的生存方式，"我们根本就不能把自身移入形而上学中去，因为，只要我们生存着，我们就总是已经置身于形而上学之中了。……只要人实存，人就以某种方式进行哲思"。②形而上学作为"生存之大道"，其实是其能够被称为"形而上学"的根本点所在，不过，这里的"生存之大道"本身也处于不断流变中，进而呈现出不同的样式。应当说，传统哲学的实体存在论也包含着一定的终极信念与终极关怀，这是一种在经验及感性界无法企及的终极信念与关怀，这种关怀最终直接转化为人们对神的绝对存在的信仰。这种信仰对于生存环境与生存能力十分有限的古代社会而言，是实实在在的，它具体到日常生活的每个层面。对于生存的超验式的信仰是形而上学的自在的呈现样态。但是，对于自为的世界而言，这样一种超验式的信仰就只能是一种外在的和异在的生存信念了。在自为的世界里，人们所需要的终极信念与终极关怀以及相应的确立信念的理论方式都应当是自为的。从这一视角看，传统的形而上学，无论在理论形式上，还是在它所表达的终极信念与终极关怀上，都是成问题的，不仅理论形式与其实际承载的生存信念是分离的，而且这种生存信念与当代人的生存信念实际上是背离的。

---

① 张曙光：《生存哲学》，134 页，昆明，云南人民出版社，2001。
② ［德］海德格尔：《路标》，孙周兴译，141 页，北京，商务印书馆，2000。

相对来说，形而上学在作为终极信念与终极关怀方面的涵容量与不确定性要远远大于其存在论的理论形式。存在论总是要固定得多，但终极性却是无形的，何况表达出来的终极性往往从形式上是与人们对于生存的根本信念隔离开来的。这里的关键在于，生存信念总是首先内存于人们的日常生活世界中的，是对于多样化的日常生活世界的内在体验，其具体表现是丰富多彩的；而存在论则只是哲学家的理论建构活动，而且往往是超验性的理论建构活动，相对而言，其形式要单一得多。在这个意义上，形而上学本身就应当是直接确立在生活世界之上的，而它通过实体存在论去承载生存信念的做法或许一开始就是不明智的，实体存在论的理论建构方式实际上阻挡了人们对生活世界的自觉。形而上学的根基应当在生活世界，而不在实体存在论的理论形式中。

当然，作为生存信念的形而上学本身是永恒的，而其具体的理论将随着人及其自我意识的发展而不断提升，因而其具体的理论确立方式应该是不断变化的，其稳定性只是相对的。当某种具体的理论确立方式严重阻碍了对生存信念的表达时，这种理论确立方式就需要破解甚至废止。在这个意义上，当代哲学不再满意于以异在的实体存在论方式确立人的生存信念，转而要求以自为的方式确立生存信念，是有其必然性的。当代哲学的努力，正是旨在将形而上学的终极信念与终极关怀价值，从与实体存在论的过分黏着中解放出来，并还原到生活世界之中，进而使形而上学成为生活世界的内在追求。然而，在我们看来，这种努力又只有通过实践-生存论的理论构造才是可能的。

当代人类生存活动的根本变化是从抽象世界向生活世界的自觉转

换，其实质是从非历史的、非社会的活动转变为现实的、历史的、社会性的活动方式。实体存在论之所以必须予以废止，就在于它无法跳出非历史的和非社会的建构与解释模式，它只能用来解释抽象的和实存的人与外部世界的关系，只能局限于分析人生存的外在矛盾，一旦深入到生活世界，面对人生存的丰富的内涵，它就无能为力了。而实践-生存论恰恰是通过人们现实的历史与社会关系直接切入生活世界及人生存的内在矛盾，通过具体阐释人生存的意义及其实现过程，从而表达对自为的生存信念的理解与追求，把生存论关怀自觉地看成通过人类解放所实现的人、社会、自然整个生存论系统的自为的统一。

实践-生存论所包含的是生活世界的形而上学，其中，实践-生存论既是形而上学的理论形式，也直接表达着根本的生存论旨趣。实践-存论直接就是一种新的哲学样态的存在论基础，这一存在论就其结构而言，就是指在生活世界之上所形成的并且是历史性地确立起来的人、自然与社会三位一体的整个生存论系统。其中，作为这一存在论的基本范畴，实践、生存、人、自然、社会、历史以及生活世界都不是实体性概念，而是流动性的、开放性的和历史性的。这些范畴的流动性、开放性和历史性保证了实践-生存论作为新哲学的存在论的流动性、开放性和历史性，同时也保证了存在论在功用上直接表达出对于人生存的终极关怀价值。

作为当代哲学的存在论基础，实践-生存论并不是用某种既定的理论模式建构起来的，而是历史地建构起来的；实践生存论所指认的不过就是人生存的历史，是人生存面向历史的结构与功能。它没有实体性的存在论结构，因此就不能用实体存在论的模式去理解，但它对一切人生存的实践活动却具有一种存在论性的理论承诺功能。实践-生存论是直接根植于生活世界并通过对生活世界的历史理性批判从而展开和确立起来的人类性的生存论结构。通过实践-生存论，形而上学既寻求到了它与生活世界的内在亲和性，又实现了它对生活世界的内在超越。这样一来，实践-生存论也就把作为终极信念与终极关怀的形而上学直接还原成了人生存的历史性的理想与境界。这是实践-生存论作为一种理论建构蕴含的人文理想，这一理想既是人类生存的高限，同时也是当代人类生存实践活动的基本地平。

实践-生存论也是马克思参与和引导整个现当代哲学存在论变革与建构的实际思想结果。马克思本人并没有直接提出实践-生存论，这一构想是我们结合整个当代哲学的存在论变革问题，从马克思哲学思想中读解出来的并且也是内蕴于马克思哲学的深层的理论结构。实践-生存论并不是一个静态的、封闭的理论结构，而是直接向人的历史实践活动开放的动态的结构，或者毋宁说就是不断实现其自我超越和内化活动的人类生命运动的自我阐释与理论表白。当然，实践-生存论同样也不应该是人为设定的、可以随意变化的理论假设，而是表达着人的历史实践活动的规律性与合目的性的内在统一性，实践-生存论因而也是对于人自身生存实践活动的历史性建构。在此意义上，实践-生存论有理由成为当代多元文化交互涵化与融通的理论基础，但它恐怕不应当成为所有文化样式的先在的霸权与宰制形式。种种文化样式的具体融通过程，尤其包括诸多文化传统的现代转换过程，主要还应取决于这些文化样式或文化传统自身的当代转换，在此意义上，实践-生存论具有一种方向性的引导作用。

实践-生存论仍然有待于历史的建构。因此，把实践-生存论看成当代哲学生存论自觉的真正目标，并不意味着当代哲学已经完成了存在论变革。断言当代哲学已经完成了存在论变革，就像断言哲学的"当代"已经终结一样，原是十分轻率的想法，以为通过马克思哲学就可以一劳永逸地"解决"存在论变革问题，本身就没有理解马克思哲学对整个当代哲学的巨大意义。因此，如果把实践-生存论看成当代哲学存在论变革的目标，那么，当代哲学的存在论变革本身就应该是一个没有终结也不可能终结的过程，这一过程所蕴含着的其实正是人类自我解放的正在进行却又永无终结的历史进程。

五、实践-生存论的理论意义

马克思的实践观本身就是指人的生存活动方式，是人生存的特质所在，人的生存活动是通过实践方式展开的，因而也需要由实践来阐释，而实践本身就蕴含着人的生存论结构，也只有通过这一生存论结构的分析，实践活动所指涉的人的意义、价值，才能够揭示出来。而实践所蕴含的生存论结构，则直接构成实践哲学之所以可能的存在论结构。在这个意义上，如果仅仅在思维方式上去理解实践哲学，只不过是看到了实践哲学的外显形式，而只有深入揭示和阐释实践哲学所蕴含的生存论结构，才可能真正深入到实践的内层；是实践-生存论内在地承载着实践哲学，也只有深入到实践-生存论，实践的思维方式方可拓展到其应有的深度。

从生存论存在论上理解马克思的实践哲学，本身是有哲学史和思想史的根据的。熟悉哲学史的学者都知道，实践哲学并不是专属于马克思的，自泰勒士以来，西方哲学史上一直就有实践哲学传统。但在亚里士多德之前，希腊哲学家并没有把实践看成人特有的活动，在《尼各马可伦理学》中，亚里士多德将"实践之知"（Phronesis）与"知性之知"(Episteme)以及"技术之知"(Techne)做了区分，知性之知强调思辨，其旨趣在于求知，实践之知"探讨的必然是行动，是应该怎样去行动"①。虽然知性之知与实践之知都存在着合理性问题，但区别仍然是明显的：前者关涉的是必然问题，而实践之知则关涉应然问题。"实践之知"与"技术之知"的差别在于，"人工制作的东西有它们自身的优点，因此，只要它们生成得有某种它们自身的性质，也就可以了。但是，合乎德性的行为，本身具有某种品质还不行，只有当行为者在行动时也处于某种心灵状态，才能说它们是公正的或节制的"②。说得更明确一些，技术之知是人为的、工具性的，而实践之知是自然的、率性的。因此实践之知当然包含着德性的规定性："德性是一种使人成为善良、并使其出色运用其功能的品质。事物有过度、不及和中间。德性的本性就是恰得中间。德性作为相对于我们的中间性、中道，是一种决定着对行为和情感的选择的品质，受到理性的规定。并非全部行为和情感都可能有个

---

① ［古希腊］亚里士多德：《尼各马科伦理学》，苗力田译，27 页，北京，中国社会科学出版社，1990。

② 同上书，30 页。

中间性。德性就是中道，是最高的善和极端的正确。"①亚氏同时也把这一规定性视为理智德性的当然规定性，但正如亚氏明确指出的那样，理智德性仍然还具有人为性，上述仅仅在"品质"层面规定的德性仍然不够，还需要体现出一种品行，即是说，善还需要表现出善行，如勇敢可能是一个人的善，但必须同时表现为符合正义的勇敢行动。可见，实践之知所表现的其实是关涉人的生存智慧，属于生存抉择与筹划，亚里士多德特别用以指处理公共事务和个人生活的实践智慧。

　　理论之知与实践之知的关系实际上是十分复杂的，对这一复杂关系的探讨贯穿于《尼各马科伦理学》，亚里士多德区分了探求真理的三种要素——感觉（sensation）、理智（reason）和欲望（desire），并从理智中撇开"思辨的理智"（与"知性之知"相通），"思辨的理智则不是实践的，它只有真和假，而不造成善和恶"②。亚里士多德把"有所为的思考"看成实践的本质属性，"理智自身不能使任何事物运动，而只有有所为的理智才是实践性的"③。亚氏进而把创制（poiesis）从实践中区分开来："创制和实践两者都以可变事物为对象。然而两者互不相同，实践不是创制，创制也不是实践。一切技术都与生成有关，而运用技术也就是研究使某种可以生成的东西生成。这两种东西生成的始点在创制者中，而不是在被创制者中。技术是种创制而不是实践。"④"有所为的思考"实际上

---

① ［古希腊］亚里士多德：《尼各马科伦理学》，苗力田译，37 页，北京，中国社会科学出版社，1990。

② 同上书，115 页。

③ 同上书，116 页。

④ 同上书，118 页。

是一种层次非常高的"知识"，是对纯粹善的认识与践行，源自苏格拉底的无知精神，即爱智慧的哲学真精神，亚里士多德把灵魂的存在分为五种方式，即技艺（art）、科学（scientific knowledge）、明智（practical wisdom）、智慧（philosophic wisdom）、理智（intuitive reason），在这五种方式中，第一种实际上就是指被排除于实践的创制（与上述"技术之知"[techne]相通），科学、明智与智慧都属于"科学的开始之点"，但"都不能把握开始之点，所剩下的唯有理智才能把握开始之点"。① 理智，之所以是"有所为的思考"，因为它所思考的正是实践本身的开端，而这种思考通过明智显示出来，但又不能像苏格拉底那样把爱智慧完全还原到明智。只有符合明智的品德才是德性，然而，若没有爱智慧，连明智本身都不存在。在这一意义上，理智本身就应当是伦理德性的内涵。由此可见，亚里士多德对实践的上述规定，实际上是建立起了西方伦理学的学科及传统，这意味着西方伦理学的内涵即实践哲学。由于亚氏对政治学的概念规定性，对实践哲学的这种探讨又使得政治学也伦理学化了②。亚里士多德开创了一门包含伦理学与政治学在内的广义的实践哲

---

① ［古希腊］亚里士多德：《尼各马科伦理学》，苗力田译，121 页，北京，中国社会科学出版社，1990。

② 如下分析可以佐证这一点："因为善出现于政治交往中，善的哲学分析——伦理学基本上是政治学的一部分，因此亚里士多德也把他的伦理学著作称为政治学。实践的基本科学伦理学必然属于政治学，这有一种体系的意义。伦理学不是道德主体性的学说，而是最初的自由人共同体的学说。伦理学从一开始就是一种政治的反思。亚里士多德的伦理学不是在主题意义上是政治学，而是在概念意义上是政治学。从概念上说，《伦理学》（指《尼各马科伦理学》，引者注）是一部政治学著作；《政治学》是一部伦理学著作。说伦理学是政治学，是因为善是在交往中产生的；说政治学是伦理学，是因为交往的各种设置是为产生善服务的。"（参见张汝伦：《历史与实践》，119 页，上海，上海人民出版社，1995）

学，并且，这一实践哲学与向伦理学与政治学的诉求与归属，以及在总体背景中与诸多人文学科的汇合，遂成就了强大的人文主义传统。这是西方实践哲学的主流传统。由此可见，实践用来指称人的社会化以及道德践履活动由来已久。近代哲学的确存在着按照技术生产的逻辑改造实践进而把实践泛化为指向于对象自然的外在活动的倾向，其结果是实践被框定于认识论范畴，从而失去了其实践智慧的内涵。正是在这个意义上，康德要求将自然与自由严格区分开来，把自然看成人的理论哲学的领域，把自由看成人的实践哲学的领域。"只有两类概念，是容许它们的对象的可能性有正好两种各不相同的原则的：这就是自然诸概念和自由概念。既然前者使按照先天原则的某种理论知识成为可能，后者却在这些理论知识方面在其概念本身中就已经只具有某种否定的原则（单纯对立的原则），相反，对于意志的规定则建立起扩展性的原理，这些原理因而叫作实践的原理；所以哲学被划分为在原则上完全不同的两个部分，即作为自然哲学的理论部分和作为道德哲学的实践部分（因为理性根据自由概念所作的实践立法就是这样被称呼的）。"①而实践概念也由此被区分为"技术上的实践"和"道德上的实践"。康德虽然称前者为实践，但并未对它给予实践的理解，而对实践理性的理解正是基于一种类似于亚里士多德的理智展开的。由于把自然以及人对于自然的知性活动排除于实践理性之外，康德的实践哲学蕴含了某种生存论内涵，但这一蕴含其根基仍然在于某种超验存在的内在而纯粹的规定性。康德实际上是强化了自亚里士多德以来西方实践哲学的主流传统，与此同时也深刻

---

① ［德］康德：《判断力批判》，邓晓芒译，7 页，北京，人民出版社，2002。

地暴露出传统实践哲学在理论根源上对生存论的疏离。

马克思实践哲学的意义在于，它不仅只是一般地承继了实践哲学的人本主义传统，并且要求在无神论的意义上贯彻实践哲学的彻底的人本主义。但这种彻底的人本主义并不是与自然主义的割裂，而是恰恰相反，是"自然界的真正复活，是人的实现了的自然主义和自然界的实现了的人道主义"①。自然主义与人本主义的这一统一，显然不是实体概念上的抽象同一，而是生存论的统一。在马克思那里，并不存在康德那种面对自然的理论哲学与面对自由的实践哲学的决然区分，就是说，人对于外部自然世界的认识和改造活动与人自身的道德实践活动本身就是关联在一起的。康德区分自然与自由(包括现象界与自在之物以及知性与信仰的区分)靠的是人的理性能力，而马克思则通过意识形态批判的方法揭示出，这种区分实际上是宗教神学的理论预设。而当基督教神学把人对于外部自然世界的认识和改造活动撇开在外时，同时也意味着撇开了人对于外部世界的改造活动应当承担的责任。在马克思看来，人对于外部自然的认识和改造活动恰恰是人的一切生活活动的前提，马克思并不是要回到把实践理解为外在的对象化活动的近代认识论哲学，而是把实践看成面对自我、自然界、社会和历史的总体性的生存活动，在这个意义上，人对自然界的实践活动本身就是人自身实践活动的内在的历史展开过程，在此，自然史被看成人类史的内在环节。如果说西方实践哲学的人本主义传统本质上仍然是神本主义，那么，马克思则要通过彻底的无神论使实践哲学真正人本主义化。基督教神学虽然以一种外在超越的方式表达了人性关怀，但这恰恰

---

① 马克思：《1844年经济学哲学手稿》，83页，北京，人民出版社，2000。

是以离弃并舍弃人的生存为前提的。在形式上看起来属于人本主义的地方，马克思却看出了问题，他使用了许多听起来颇有点别扭的措辞或表述，诸如"人的人性""人的属人的存在""人的本质就是人本身"，正是为了表明他在实践哲学上的彻底的人本主义立场，这一立场本质上蕴含着一种彻底的生存论旨向。换句话说，如果不在无神论和彻底的人本主义意义上建构生存论，就不可能真正进入马克思实践哲学。在马克思那里，"对宗教的批判最后归结为**人是人的最高本质**这样一个学说"①，其结果就是马克思哲学意义上的人学或实践哲学。但这一意义上的人学或实践哲学的基础不再是有神论或抽象存在论，而是无神论以及贯注于人的社会历史实践活动中的生存论。

　　一些反对从生存论层面理解马克思实践哲学的观点认为，马克思的实践哲学由于直接蕴含着一种无产阶级革命的理论，因而不可能是生存论的。不过这种观点基本上是站不住脚的，因为它实质上是基于对革命包括对马克思革命理论的某种偏执的认识。的确，由于发现传统哲学中抽象形而上学的意识形态本质，马克思使用了一种极具挑战意味的言说方式来表达其实践的唯物主义的新哲学观："哲学家只是用不同的方式**解释**世界，而问题在于**改变**世界。"②而当马克思把实践的唯物主义与共产主义等同起来时，所谓实践哲学直接意味着革命行动。这种革命内涵，毋庸置疑地蕴含在马克思本人的著述中，不过，是否是为革命而革命，为造反而造反，为改变世界而改变世界，却是大有说道的。实际

---

①　《马克思恩格斯选集》第1卷，9页，北京，人民出版社，1995。
②　同上书，61页。

上，马克思坚决反对在非理性或者无政府主义的意义上理解革命，革命
当然需要改变世界，但改变世界的目的是为了使世界更符合人的生存需
要，同时也使人的需要更符合自然的需要。人通过革命的方式克服异
化，但人克服异化的目的并不是为了革命。革命当然需要通过政治解
放，但政治解放是作为一种必经的中介而存在的，中介本身还不是目
的，解放的目的仍然是全面地展开人生存的内在的丰富性，**"任何**一种
解放都是把人的世界和人的关系**还给人自己"**①。对私有财产的扬弃，
恰恰是要实现对财产关系的积极的占有。可见，在马克思的革命理论
中，本身就包含着一种明确的关于人类解放的生存论构想。正是在这一
意义上，马克思把共产主义看成"交往关系的再生产"，其实质是资本主
义的生产关系历史性地转变为基于"自由人联合体"的社会性的交往实践
关系。其实质是把人与人的关系还原为物化的甚至异化的人与物的关
系，转变为人与人之间摆脱了基于财产异化关系的自由交往关系，其
中，"每个人的自由发展是一切人的自由发展的条件"②。马克思的共产
主义所表述的是一种不同于宗教神学式的个人信仰，是一种公共理性，这
是社会性的信仰，在这个意义上，把马克思的"共产主义"译为"共生主义"
更符合马克思的本义。③ 通过马克思的共产主义及其革命理论否定马克
思实践哲学中的生存论蕴含，看来是缺乏学理依据的。

　　不过，在学理层面，对马克思实践哲学仍然需要深入到生存论存在
论层面。马克思实践哲学强调的是人的活动的主体性以及世界的属人

---

① 《马克思恩格斯全集》第 1 卷，443 页，北京，人民出版社，1956。
② 《马克思恩格斯选集》第 1 卷，294 页，北京，人民出版社，1995。
③ 彭富春：《马克思美学的现代意义》，载《哲学研究》，2001(4)。

性，强调通过"人类社会或社会化了的人类"去实现人与自然的自为的统一。但在现代性的强势语境下，主体性可能进一步膨胀为主体主义，人类意识也可能泛化为人类中心主义，对实践的强调则有可能导向实践的自我崇拜。在笔者看来，目前对马克思实践哲学的理解方面确实存在着上述倾向。要克服这一倾向，突破口仍然在于挖掘和领会马克思实践哲学的生存论蕴含。实践观当然要强调主体性，但这一主体性并不是像近代认识论哲学唯我独尊的单子式的主体性，而是基于交往实践活动的蕴含着主体间性的主体性。这里的主体间性还不是像胡塞尔所说的那种超验的主体间性，而是社会性的交往关系，主体间性的实质即人的本质在现实意义上的社会性。在这个意义上，对马克思实践哲学主体性的理解本身就需要超越近代哲学的主客二分（主体主义与客体主义恰恰是这一主客二分的结果），进入一种建基于现实生活世界和人的社会化活动的生存论统一关系。主体主义表现在自然哲学上，则是人类中心主义。人类中心主义分为两种形式，一种是作为常识的人类中心观，就像一般的人道主义一样，常识的人类中心观强调在维持人与自然之间基本的生态和谐的意义上凸显人生存的超越性与优越性，它不过表达了一种日常的生存观念。另一种形式是主体主义层面的人类中心主义，它实际上是现代性条件的产物，在其中，人类的超越性在很大程度上被看成对自然的生存性的当然否定，这本身就是牺牲人与自然生存论关联的结果。马克思通过对实践和工业的积极的理解，强调了人对于自然的主体性，与此同时也把自然看成客体对象。因此马克思实践哲学意味着肯定常识的人类中心观，但不能进一步扩大为现代性的人类中心主义。事实上，马克思实践哲学，就是要在肯定人的实践及其社会化活动的历史合理性的意义上，重建人与自然的生存论统一关系。反过来说，重建人与自然的生存论统一关系，又必须展开实践的不懈的自我反省与批判活动。在这一意义上，马克思实际上是把仅仅只是在道德领域展开的实践扩展为人的活动的所有领域，从而使实践批判获得了一种新的形式与效能。在道德领域，实践批判的方式是内省和自律，但这一批判方式却难以应对人的指向于外部世界的对象性活动（包括人与人的社会交往活动）领域，而马克思的实践批判，指向的则是人的对象性活动的自我批判。当马克思把人的对象性活动具体地理解为人的社会化活动时，实际上意味着，人与自然之间的实践关系，就是通过人的社会化活动展开的，而实践批判同时也必然要体现为社会批判。人与自然的生存论统一，既是实践批判及社会批判活动展开的逻辑前提，也是这一批判活动所要达到的目标。

挖掘马克思哲学中的生存论意蕴，同时就是当代中国实践哲学的努力方向。实践哲学是 20 世纪 90 年代前后国内学术界关注的热点问题。通过切入实践的唯物主义，学界大体已经形成这样一种共识，即认为实践哲学不仅是马克思主义认识论的首要的和根本的观点，同时还必须是整个马克思哲学的首要的和根本的观点。这种理解体现了一种浓郁的现代哲学意识，由于建设性地理解和发展了马克思哲学的精神实质，当代中国实践哲学研究与世界哲学的当代走向形成了一种对话。现代哲学观念变革的关键就在于哲学关注的对象从自在世界向生活世界或意义世界的转化，这一转化的实质实在不是哲学内部的重点从存在论向认识论或实践论的转化，而是哲学思维方式从传统的存在论的以及认识论的思维方式向属人的、实践的思维方式的根本转变。但是，实践哲学研究也存在自身的困境：首先，它在反对存在论思维方式的同时虽然也承认任何一种哲学都应当具备一种存在论建构（事实上，论者们始终与种种非存在论化的哲学思潮保持着一定的距离），但却一直没有为实践及其人的哲学确立起相应的存在论基础。很多论者仍然只是在本原性的"本体论"做文章，并没有真正深入到"存在论"问题。即使在用 Ontology 表达存在论，但其具体内涵却是本体论，物质与实践两个本体究竟谁在逻辑上优先的问题就属于此类问题。这类问题貌似在理论问题上"较真"，但一开始就是在一个错误的前提下进行的，更多的学者干脆回避了存在论问题。然而，要想在哲学深处贯彻实践哲学，就必然触及存在论问题，也必须对这一问题拿出相应的理解来。其次，对于实践的外在性的过分强调事实上已使得研究本身陷入了一种主体主义困境。学界对于实践的强调大多是停留于外在的、对象化的以及物化的层面，而内在的、非对象化的以及精神层面的实践活动往往在理论视野之外。至于当代哲学提出的积极的主体间性思想迄今为止仍然缺乏与实践及交往概念的沟通与对话，实际上，主体间性并没有进入到实践哲学视野中来。正是由于对实践哲学的内在性与主体间性缺乏理解，造成了对具体实践活动的非理性的、反主体性的、反人类性的层面缺乏识别，在一定程度上导致了对实践的无批判的盲从。对实践的盲从反过来又阻碍着由实践的内在性所固有的自我批判精神的合理展开，由于一味执着于实践理性的自我范导能力，批判的理性反倒陷入对理性的限制。最后，至关重要的一点是，实践哲学研究所存在的根本问题在于尚未自觉地深入到生存论理解活动中，对生存的理解事实上往往存在两个认识误区。一个误区是把生存看成马克思所批判的旧唯物主义哲学概念，仅仅在一般生命物的存活本能的意义上去定位和看待人的生存，这就使得人们在理论思考与建构中不自觉地避开了生存论问题。另一个误区则是把生存完全看成生存主义哲学意义上的极端个体化的感性生存概念，于是对生存论的理解也就很自然地陷入了生存主义的困境：仅仅把个体的生存看成"真实的存在"，而把他者、共在以及境遇存在看成"非真实的存在"或"无意义的存在"，把人的生存与周围世界的存在对立起来。正是由于过于局限于生存论的个体意义从而在更广泛的生活意义上陷入了非理性困境，反过来又动摇了人们对于生存的信念。

马克思实践哲学当然蕴含着一种思维方式的变革，这种思维方式强调人的活生生的实践，强调人的活动的历史性和在具体实践活动中形成的社会关系，它坚决反对实体性的和非历史的思维方式。而存在论思维方式就属于这样一种实体性的和非历史的思维方式，这种思维方式抹去了人的感性活动和现实关系，借助于纯粹思维活动在人的活动之外构想出某个本体形式并以此本体为核心演绎成一个自足而独断的理论体系，即实体性的和非历史的存在论。这种存在论之所以是实体性的和非历史的，是因为它并没有考虑人们的实际生活过程，是因为它对人的实践活动的异在化与抽象。然而，实体存在论的独断性又表现于，它把实体性的本体本身直接看成包括人在内的一切存在物的根据，并且要求人们从其存在论的理论体系中去把握自身生存的根据。在实体存在论中，"本体"被看成了人之所以存在的本质或根据，其实恰恰是外在于人的生活甚至是与人的现实的需要与价值相敌对的东西。而实体存在论则被看成阐释人之所以存在的思想体系，但事实上存在论根本就不可能直接阐释人的生存，实体存在论其实是以一种完全静态的理论来解释动态活动的人，因而也就不可能理解人的生存——在它那里只有实存而没有生存。

可见，要贯彻实践哲学的思维方式，不仅要反对存在论的思维方式，还要进一步废弃实体化的存在论。存在论思维方式是与其实体存在论的理论结构粘连在一起的。在这个意义上，实践存在论的努力不过是重蹈实体存在论的覆辙，实际上是把实践本身实体化了，而一旦下降到实体思维的水平上，它当然也就难以应付物质存在论的诘难。因此，坚持实践哲学，就应当坚决贯彻实践哲学的思维方式。但是，实践哲学本身仍然需要得到深层的理论支持，在它的背后虽然不存在某种实体性的本体，因而也不可能为其建构起一种实体存在论来，但却必然存在着一种具有存在论功用的理论基础，而且，这一基础并不是外在于实践哲学的，而就是内存于实践哲学之中的，这一基础就是实践-生存论。

反对从生存论存在论上理解马克思实践哲学的观点认为，马克思哲学的存在论基础是建立在历史唯物主义基础上的社会存在本体论，这种本体论与现代西方生存哲学的生存论截然不同。在笔者看来，从生存论存在论意义上理解马克思实践哲学，并把马克思实践哲学的存在论理解为实践生存论，正是体现马克思实践哲学与其唯物史观相互统一的题中应有之义。虽然现代生存哲学对生存论的理解也陷入了困境，但这并不意味着由此否定生存论作为当代哲学主题的合法性。在这一意义上，因为诟病于现代西方生存哲学而否定从生存论上揭示马克思实践哲学的存在论结构，本身就可能把马克思排除于当代思想之外。不过，在撇开了某种思想姿态上的异议之后，倒很有必要冷静地思考一个问题，那就是马克思的实践-生存论在什么意义上与现代生存哲学形成实质性的对话进而凸显了马克思实践哲学与现代西方生存哲学的重大差别。

前面已经剖析过，所谓生存论转向并不是由马克思开启的，克尔凯郭尔是首次在西方哲学史上提出这一问题的思想家，这一在当代被看成开辟了欧洲思想新方向的努力，其实质是要回复到苏格拉底时代理性与生存不分轩轾的哲学范式。在海德格尔看来，形而上学意义上的存在论在根源上是与生存论同义的，而他一生的努力都是在寻求并阐释存在论与生存论的内在关联。众所周知，在如何分析和建构生存论存在论上，海德格尔在其前后期的哲学努力中其实是存在着很大侧重或差别的。在《存在与时间》中，海氏是侧重于通过此在展开一种基础存在论的分析和建构。在完成《存在与时间》第一部之后，海氏即对此在的存在性有所迟疑，而是转而诉诸语言，包括放弃基础存在论这一提法，海德格尔深信，语言是存在的家，生存是通过语言而在场的，而语言也在自身生成中实现了存在意义的澄明，"存在总是在通向语言的途中。这个到达者也把绽出地生存着的思想在其道说中带向语言。于是，语言本身就被提升到存在的澄明之中了"①。在此，语言是一种在场，而生存则是通过这一在场的存在承载起来的。理解语言就是理解生存，海德格尔之后的语言哲学在存在论层面的主要工作就是通过语言并穿过语言去把握语言之中或语言背后常常处于无名状态的生存论底质。当伽达默尔直接把理解活动看成具有存在论性的阐释时，理解活动本身就已经生存论化了。实际上，通过生存哲学特别是生存哲学融入其间的现象学运动的努力，生存论本身已经成为当代欧陆哲学的主题。而在欧陆哲学之外，英美分析哲学其实也蕴含着值得重视并需要从学理上

---

① ［德］海德格尔：《路标》，孙周兴译，426 页，北京，商务印书馆，2000。

深入探究的生存论蕴含。大体上说，从维也纳学派对形而上学的拒斥，到后期维特根斯坦对日常语言及生活形式的重视，到奎因的存在论承诺，再到 20 世纪 60 年代以后分析哲学与现象学的汇合趋势，分析哲学本身就以特有的方式参与了当代哲学的生存论努力。

但是，总的看来，现当代西方生存论哲学仍然存在着严重的困境并显示出时代的局限性与过渡性。第一，生存论陷入了感性个体的自身困境之中，理性主义时代形成了对人的个体生命存在及其价值的漠视，生存主义哲学则力图通过对感性个体之生存状态的揭示，克服理性主义对人的知性的和实体性的理解模式，呈现感性个体生命的意义和价值。但是，在强烈的非理性主义乃至反理性主义的影响下，这种努力又把自我与他人完全对立起来，使感性个体完全封闭于社会系统之外，进而张扬一种既乖张又脆弱、缺乏生存能力的病态的感性个体。第二，现当代西方生存论哲学运动中一直蕴含着生存论回复的强烈冲动，因而始终笼罩着（或者说一直就没有摆脱）一种浓厚的复古主义情结。现代西方生存论哲学的价值目标不是"向前看"，而是"向后看"，海德格尔一直在追溯一种存在的原初性，从对西方存在话语谱系的不倦的阐释，对"天地神人"四根同一境界的追寻，包括对看来于他并不熟悉的道家生存智慧的迷恋，都隐含着海德格尔本人在生存论态度上的无法摆脱的复古主义诉求，而这种诉求反过来又强烈地支撑着他对现代生活的本质拒斥，这一倾向一直深刻地影响着现代西方生存哲学。实际上，以海德格尔为代表的现代西方生存哲学并没有找到一条真正融入并理解当代人生存方式的生存论。第三，现当代西方生存论哲学并没有深入到哲学以及哲学精神的历史性转换中，与存在论变革及生存论自觉活动关联着的哲学的根本转变，是从有神论向无神论的历史性的转换，海德格尔至多只是一位具有无神论倾向的生存哲学家，而在精神本性上仍是一位有神论者，因而当他在对生存论的理解陷入某种难以摆脱的困境时，仍然要发出吁求："只有一个上帝能够拯救我们。"①其实，海氏生存哲学表现的是一种置身于虚无主义时代的生存焦虑与迷失，这种体验不仅表现在海德格尔哲学中，而且更为直接地表现在受海德格尔哲学直接影响的后现代主义思潮中。

马克思的实践生存论与现代西方生存哲学构成了一种批判性的和建设性的对话。② 实践-生存论当然包含个体此在的维度，无论在历史的起点上，还是在作为人的未来生存论的理想状态上，马克思都十分强调个体生存的意义。但是，个体生存绝不是抽象的，而是处于现实社会关系之中，在此，社会性构成了实践-生存论的理性规定性，个人、类与自然通过社会关系从而形成了生存论统一体。而海德格尔之所以陷入紧张的和非理性的此在生存论状态，正是由于没有看到个体此在与社会历史

---

① 海德格尔：《海德格尔选集》，1306 页，上海，上海三联书店，1996。

② 关于马克思生存哲学与当代西方生存哲学，张曙光曾做过一个精当的区分，兹引证如下："如果说，前者更为重视人生存的客观的社会的方面，后者则更为重视人生存的主观的个体的方面；前者认为人虽然在社会中会发生异化，但也只是在社会中才有自由，后者认为人在社会中往往被'平均化'，成为个性消失的'常人'；前者重视的是人生存的生产能力和社会规则，后者重视的则是人生存的自我选择的主观体验；前者重视人类社会历史的必然性和规律性，后者重视的则是人生的差异、偶然和不确定性；前者看重人的基于生存实践的感性，但同样重视理性，后者则质疑理性，信任并推重非理性；前者充分肯定工业和科技对人类发展的推动和解放作用，后者则尖锐批评科技和现代化作为工具理性的负面作用；前者对人类有一种最基本的信任，这个信任来自于人的生存的实践批判性，后者则因为人类的利己本能而对人深深地怀疑失望，要么就在伤感和浪漫之间徘徊；前者对人类有一个进步的基本信念，并指出了人走出动物式的'生存斗争'状态的道路，后者则对人类的前途感到迷茫，也只能让人的心灵在信仰的维度中得到安慰。"（张曙光：《生存哲学》，135 页，昆明，云南人民出版社，2001）

之间的内在融通。个体此在是通过融入社会历史而获得存在意义的。在此，作为马克思哲学特征的唯物史观，就是对于人自身生成过程的哲学理解与建构。历史的本质就是人自身实践活动的展开及其理解，而历史之为历史的意义就在于未来，人总是有一个未来存在，而且这一未来就是人自己创造的。人的生存，最终并不是向上帝交代，而是能否向人类自身的未来交代。当人把生存的意义论域仅仅限于个体与上帝之间时，实际上是无法摆脱掉悲剧性和宿命式的生存体验的，现代西方生存哲学实际上是强化了这一生存体验。但是，马克思实践生存论由于是历史哲学从有神论到无神论的根本转变，因而首先就舍弃掉了上帝意识，实践观意味着人为自身承担责任的伦理意识。马克思是"向前看"的，对马克思而言，现代人必然置身其间的生存方式及其状态意味着他不可能采取一种历史的复古主义态度，"无神论，共产主义决不是人所创造的对象世界的消逝、舍弃和丧失，即决不是人的采取对象形式的本质力量的消逝、舍弃和丧失，决不是返回到非自然的、不发达的简单状态去的贫困。恰恰相反，它们倒是人的本质的或作为某种现实东西的人的本质的现实的生成，对人来说的真正的实现"①。这意味着马克思要求通过自身积极有为的生存实践活动改变自身受动的生存状态，马克思正是通过对自身历史的深刻洞察和引导，展示了一种理性的历史乐观主义，并体现着对现时代的本质性理解。

现代西方生存哲学总是在试图修复某种看起来已无法复原的哲学传统的断裂，与之相反，马克思始终在强化这一断裂，换句话说，马克思

---

① 马克思：《1844 年经济学哲学手稿》，112～113 页，北京，人民出版社，2000。

实践哲学所显示的正是内源于欧洲哲学传统中的某种最为剧烈的反叛与超越,并由此蕴含着当代对传统从生存方式到精神形态的巨大跃迁。在这个意义上,马克思是当代西方的苏格拉底,这意味着马克思思想首先应当在西方思想传统中获得理解,而马克思也正是在突破西方传统的固有模式上实现了从西方性向人类性的转换与提升。因此,在马克思的生存论论域内,本身就关联着一种富含生存论资源的非西方文化传统面向当代的创造性转换,并且由此为全球性的现代性重建工作做出应有贡献。马克思正是通过这种方式导引着整个人类生存样式的当代转换,这正是马克思哲学的当代性所在。马克思不是先知,但马克思却富有历史的远见,通过其世界历史时代思想以及从有神论向无神论的过渡中必然出现的"人的非神圣形象的自我异化"的思想,马克思实际上已经指证了当代人生存状态以及精神信仰的危机。不过,马克思虽指出了当代人生存的虚无状态,但在其理论旨向上,却又历史性地超越了这一状态。当海德格尔叹服马克思真正是深入到历史的本质之维时,意味着这位当代最卓越的思想家本人还难以理解并达到马克思的思想高度。从这个意义上说,作为马克思实践哲学存在论基础的实践-生存论仍然有待于历史地建构。

第六章

人学与价值哲学的生存论建构

人学与价值哲学，通常被看成整体性地显示着当代哲学主题的具有典范意义的哲学样式。在人学与价值哲学中，显然蕴含着当代哲学对于人及其价值的强烈关注与追求，这也是马克思哲学与当代哲学的相通之处。就此而言，我们有理由也把马克思哲学在当代的典范形态看成人学与价值哲学，这本身也是当代哲学的主流态势。不过，在我们看来，作为当代哲学的典范样式，必须有与自身哲学趋向相一致的存在论蕴含。反过来说，如果尚没有在存在论问题上有所作为，就没有足够的理论力量断言人学或价值哲学在当代哲学中的典范意义，而这本身也是当代哲学人学与价值哲学包括马克思哲学背景下的人学与价值哲学的问题所在。因此，切入现当代生存论哲学，清理人学以及价值哲学的演进路向与问题、反省现代性条件下人与自然的生存论关联，进而深入探索人学与价值哲学的生存论建构问题，也成为人学或价值哲学特别是深化马克思人学与价值哲学研究的题中应有之义。

一、人学的主题化及其生存论蕴含

学界经常把当代哲学的典范形态确定为人的哲学，从总体上看，人的哲学与实践哲学是相通的。实践哲学标志着当代哲学思维方式的转换，而这一转换的具体成果，就是作为当代哲学典范形态的人学。人的哲学与实践哲学关注的共同问题就是人的实践或实践活动中的人，因此，所谓人学就是实践的人学，而实践哲学也就是关于人的实践哲学。二者的差异在于，实践哲学强调思维方式的转换，侧重于强调主体的活动，而人的哲学则侧重于强调主体及主体性本身。而且，在马克思哲学中，人学与实践哲学本身就是相通的。

需要说明的是，所谓哲学形态不同于生物学或语言学意义上的形态学概念，生物学或语言学意义上的形态学（Morphology）是指通过认识客体的形状、外貌与样态从而认识或建立起客体的内部组织、结构与功能，形态一般说来是静态的，可以把握的。自然科学、社会科学以及一些人文社会学科的研究中都渗透着一定的形态学及其方法，不过，对于哲学而言，情况较为复杂。一般而言，存在论的、认识论的传统哲学由于其体系性、构造性与描述性，基本上遵循着形态学的研究思路，也有理由把存在论哲学与认识论哲学看成典型的理论形态。但是，尽管如此，与科学形态相比，哲学形态仍有自身的论域与特质。科学研究的对象是明确的，具有客观性，而哲学研究的对象本身就是有待明确的对象，具有相对性，而且，哲学研究的特点恰恰就在于对已经明确了的对象进行不懈反思，并且努力把在具体的知识学科看来无法明确或者干脆被认定为是非对象的问题或领域确定为研究对象。科学理论形态更切合于其理论的体系化需要，但哲学的反思与批判活动却意味着不可能建立一个一劳永逸的哲学体系，即使可以建构出某个"体系"，那么哲学体系内部各个环节之间也必然呈现为不断反思和超越的逻辑联结。如果说科学形态总是呈现为一种静态的、相对封闭的理论结构，那么，哲学形态本身就应该是一种流动的和开放的结构。科学形态重事实，是实然形态，而哲学形态重价值，本质上是可能形态。应当说，随着当代哲学的强势的流动性和开放性，哲学形态的这一特点已逐渐明朗。正是在这一点上，我们认为当代哲学更为直观地反映了人的活动的积极主动性，而作为当代哲学典范形态的人的哲学更为适合于表达这种特质。内存于哲学中的社会功能与人性关怀，本身就决定着流动和开放的哲学形态所蕴含着的价值关怀，这就是对人性价值与人生存的创造本性的不懈张扬与开掘。

哲学形态并不是大全式的、自身封闭的体系，哲学活动的反思与批判本性使得哲学形态在本质上呈现流动性的和开放的特质。一切哲学形态都必须蕴含着人及其历史的自我理解，哲学形态的理论建构及体系化努力也正是基于哲学活动的本性需要。从存在论到认识论再到人的哲学（人论）的形态的历史性跃迁，本身也是人自身历史实践活动和人的自我认识的展开和提升过程。人的哲学或人论形态更符合哲学形态的论域与特质，把哲学看成人的哲学，是对哲学的正本清源的理解。

　　把当代哲学的典范形态确定为人的哲学，显然是与传统存在论哲学与认识论哲学相比较而言的。传统哲学同样也包含着深刻而执着的人性与人生关怀，从苏格拉底开始，哲学的目标就不再停留于对外部自然世界的冥思苦想，而是将这种知识性的冲动与探索转换到或内化为对社会人生的关注、思考、研究与引导。哲学之成为哲学，本身就要求跳出早先那种直接认同于既定存在状态的素朴实在论，以反思的、理性的和批判的眼光探索世界、关怀社会人生。因此，哲学介入人的生活，就必定不是对感性生活的盲目认同，而是需要超越实存状态，并提供一种对于人类生存境界的终极性的理解与阐释。从苏格拉底到黑格尔的传统西方哲学，一直就在努力这样做。不懈地认识自我、肯定和提升人的精神世界，始终就是传统西方哲学的根本目的与旨趣。但尽管如此，传统哲学还不能叫作人学。这主要是因为，传统的存在论与认识论哲学的抽象的和客体性的理论形态存在严重漠视和遮蔽人的倾向，传统哲学蕴含着深刻的人性内涵，在理论形式上却是与人的现实活动相异在甚至是相敌对的抽象的形上学理论。在这个意义上，传统哲学至多还只能叫作抽象的人的哲学，但正因为如此还不能称为人的哲学。

　　存在论哲学舍弃和割裂事物的现象存在而去追求某种绝对的本体（质）存在，进而把这种绝对本体看成一切事物的真正本质。按照这样一种本质主义思路，人的本质并不是由人自己确定的，而是由先于和外在于人的活动的本体所给定的。人并不能以自己的方式去实现其本质，然而，这种与活生生的人的存在相敌对的"本质"对人来说却始终只能是异在的东西。存在论哲学要求遵循客体化的、对象化的研究立场，反对主观性的介入，这种立场作为一种基本的研究方法当然是必要的，但一旦成为整个哲学的根本立场和方法，那么其排斥和漠视人的价值及其需要的客体主义倾向一下子就暴露出来了。存在论哲学确实呈现了传统西方哲学高度的逻辑分析与综合能力，但如果这种能力只是用来确证某种绝对的明证性，那就会反过来成为人们追求生活的直觉体验的限制。存在论哲学总是把一切事物的存在归结为某种抽象的、纯粹的存在形式，把一个本来开放、复杂多变的世界还原为一种封闭的、单一的实在，这就直接抽掉了包括人的生存样式在内的生活世界的丰富性及动变性。存在论哲学总是把自身直接看成某种终极存在的理论形式，把信念信仰化，这就堵住了怀疑与批判活动的介入，而怀疑及批判精神的匮乏，则使得存在论哲学不可能真正实现自我超越。因而，存在论的形成，就已经注定了其僵死的理论实质。超验性与实体性使得存在论哲学本身就存在着一种强烈的非人本化的理论追求，存在论在中世纪宗教神学及经院哲学中得到圆熟的运用和发挥，并不是偶然的。只有上帝才真正体现着本体的超验性与实体性，而上帝之所以获得这样一种超验性与实体性，恰恰是以牺牲人生存的经验性与实存性并将人的生命分裂为物性方面（肉体）与精神性方面（灵魂）为代价的。而且，由于存在论哲学固有的超验性、实体性以及二元对立的思维方式，存在论哲学在肉体与灵魂的二元对立中，只能否定前者，提升后者。而一旦人生存的精神层面与物性层面分裂开来，那么作为物性的人生存与一般生命存在物也就没有什么两样了，实际上是用一般生命存在物的规定性来抽象地看待人。

当然，断言存在论哲学漠视人的精神也有不当之处。事实上，存在论哲学太关注于人的精神，以至于将它与人的物性的生存活动对立起来，并确立起一个只能容纳精神意识的绝对的抽象世界。只不过，这样一来，人的活生生的生存活动却被肢解或忽视了。"本体论哲学所谓'深入'理解的结果，正是远离开现实世界、脱离了现实的人；它们的所谓本体世界、本真的人，不论把它理解为物质本性还是精神本性，都只是一种人为虚构的抽象物。抽象化的'本体'被用作现实存在的替代物，只能引人陷入抽象化的虚构世界。传统本体论哲学作为思辨的形而上学理论，犹如一个蒸馏装置，凡经过它处理过后之物，都要失去现实内容，变成抽象存在。人就是这样被抽象化而后失落的。"①可见，分裂人生存的物性层面与精神层面并据守其中一个层面，都只能是对人的片面的而且是抽象的和僵死的理解。把人生存的物性方面与精神性方面统一起来，把实然性与应然性统一起来，是存在论哲学乃至整个传统西方哲学没有能够达到的。

由于认识论与存在论的强相关性，在存在论哲学中所出现的人的缺失也进一步延伸到认识论哲学中，而且，正像存在论哲学是在认识论哲学中才取得成熟发展一样，整个传统哲学形态对人的失落也是在认识论哲学中才全面暴露出来。存在论哲学及其思维方式本身就是对现实的、感性存在着的人的无视及否定；而认识论哲学作为存在论哲学的完成则进一步把人客体化、片面化和简单化，乃至于把人还原为一般动物。本质主义、客体主义更主要的是通过认识论哲学展开的，而存在论得以奠基的概念辩证法，则在认识论哲学中进一步展现为逻各斯中心主义。通

---

① 高清海：《哲学的憧憬——〈形而上学〉的沉思》，241 页，长春，吉林大学出版社，1995。

过对认识主体的明确，认识论哲学提出了诸如我思、自我及自我意识等自我问题。但这里的"自我"，并不是每一个具体的、差异的"自我"，不是基于感性个体与个人真实性意义上的自我与自我理解，而是所有的"自我"，是整体性的、一般的、无差别的"自我"。这种"自我"不仅体现不出人生存的丰富性内涵，反而成为获得生存丰富性的限制。尽管认识论哲学从形式上看包含着对人性的某种程度的承诺，而且从历史进步与社会效价上看，这种承诺其现实目的就是要弘扬科学精神，批判封建神学对人性价值的抹杀，也正是由于把批判对象确定为封建神学，我们常常赋予认识论哲学以人本化理解。但是，这里的人性承诺，与其说是对人性的合理承诺，倒不如说是对现实的人的生存活动的外在要求，这种要求包含着认识论哲学对人的极其简单的和片面的理解。所谓"人本"，在认识论哲学特有的反神学背景下，实际上就是人之世俗性的甚或是生物性的本性，近代哲学特别是法国唯物主义哲学家们对人做还原式的理解是不足为怪的。而且，认识论哲学虽然反对神学，但在思维水平上却根本没有从存在论哲学尤其是中世纪神学所设定的肉体与灵魂的二元对立中走出来。这不仅表现于认识论哲学家经常陷入的身心二元论，更典型的表现在于认识论哲学本身确立起来的非此即彼的知性思维方式，这种思维方式将仅仅只是肉体与灵魂的对立关系放大为一切理论领域与实践领域的对立，而当代人的哲学一直就在致力于超越这样一种知性思维方式。

人的哲学之所以成为当代哲学的典范形态，是与人的问题成为当代哲学的中心问题密切相关的。

首先，当代哲学面临的时代际遇把人的问题提到了哲学的核心位置。传统时代所处的匮乏型的生存样态意味着主体性及自我意识程度相对要低得多，甚至没有独立出来，人把自身看成一种依附性的存在，而不是存在的主体。人的生存活动局限于劳作，对于一般人而言，尚不可能有闲暇的精神生活，这种情形本身就为某种超验性和抽象的精神自由提供了一定的阶级基础。但现时代所处的相对匮乏的生存样态则意味着人的主体性与自我意识的历史性跃迁。这一事实对当代人的自我理解具有至关重要的意义："人类不再把历史当作命运和神意的安排来被动地忍受了。人类第一次意识到自己的力量，把自己提升到历史的主体的地位，并承担起对自己未来的责任。"①尽管主体性本身的成长并不十分顺利，甚至存在着矫枉过正的倾向，但主体性的转变毕竟在历史性地生成之中。实际上，人的问题成为当代哲学的主题，一方面是因为人的主体性、价值与意义等等在当代获得了全面展现的可能性，另一方面也是由于人在全面展现其内涵时也陷入了重重困境。人之所以是当代哲学的主题，首先是因为人是这一时代面临的难题。"人从来没有像现在这样成为有疑问的；他不再知道他是什么并知道自己不知道。由于不能确定自己的道路，由于自己有疑问，因此，他以无比的忧虑研究他自己的意义和实在，研究自己来自何方、走向何方。"②人从生存条件上可能摆脱了精神的不自由状态，却又难以从境遇与感受上把持这种状态，当代人的个体生存陷入空前的焦虑与失重状态就是明示。

其次，人的问题本身就是贯穿于整个当代西方哲学演进的主线。

当代人本主义思潮与整个欧洲的传统人文主义特别是近代以后的欧

① ［德］于尔根·莫尔特曼：《20世纪神学的历程》，见《基督教哲学评论》（第4辑），54页，贵阳，贵州人民出版社，1994。

② ［德］兰德曼：《哲学人类学》，47页，上海，上海译文出版社，1988。

洲人文主义传统是一脉相承的，人文主义的核心就在于强调人的自由与尊严，也只有不断地解放和发掘人的潜在能力和创造能力，个人才能实现其价值。不管是传统的文艺复兴时期的人文主义，还是当代的人本主义，都是把人的关怀看成哲学的主题。不过，当代人文主义与传统人文主义相比已经发生了很大变化。阿伦·布洛克曾把人文主义传统概括为如下4个方面：理性的（而非信仰的）、自然的（而非神本的）、人道的（而非专制的）、乐观的（而非悲观的）。[①] 作为一种补充，我们还可以提到传统人文主义中的不自觉的人类中心主义。当代人文主义既继承了人文主义传统的浪漫精神以及人道关怀，但也出现了一些显著的变化。首先，当代人本主义哲学中的人是非理性的人，人是直接就在那里生存着的，不需要理性的证明。其次，当代人本主义虽然也强调人的自然本性，像弗洛伊德、柏格森的生命哲学以及带有生物学倾向的哲学人类学就是如此，但更多的人本主义则往往强调人的超生命的本性，并且坚决反对以生物学来解释人的生存，反对实用理性与工具理性对人的约束。再次，当代人本主义反对实体主义，强调人的生存在本质上的虚无性，当代人本主义一方面不得不接受日益世俗化的生存样态，但另一方面对于西方文明深处的超验意识还存在着某种深深的、无法割弃的眷恋，这同时也铸就了当代人本主义在历史观上的悲观主义精神。至于对人类中心主义的态度，则较为复杂，大多数人本主义恐怕并未意识到作为问题的人类中心主义，而像海德格尔这样真正意识到并要求彻底反叛人类中

[①]　参见［英］阿伦·布洛克：《西方人文主义传统》，234 页，北京，生活·读书·新知三联书店，1998。

心主义的观念，在某种程度上也使当代人本主义获得了一种向后现代主义过渡的思想准备。

在后现代哲学中，有一个醒目的口号：人之终结。这一口号看起来与当代人的哲学趋向相矛盾。其实，这里的"人"并不是主体性的人，而只是认识论意义上的主体人。而终结认识论意义上的人，不过意味着解放丰富性的个人，让人的各种具体生存条件直接出场。事实上，正是在后现代哲学中，人的问题才受到前所未有的关注，生态问题、女权主义、女性主义、民族主义、主体间性、公共性问题，都是通过后现代哲学所呈现出来的人的问题，这些极其广泛的问题表明当代哲学对人的问题的关注已远远超出了传统哲学的视域，同时也将当代哲学及人的哲学引入了一个新的天地。

人的问题确实是整个当代西方哲学的主线，但另一方面，当代西方哲学仍然没有达到对人的成熟理解。而且，从总体上看，整个当代西方哲学仍然处于走向人的哲学的途中。正是通过与当代西方人的哲学思潮的批判性的和建设性的对话，马克思的实践人学思想得以展开并获得一种当代性。

把人的哲学确定为当代哲学的典范形态，也是由马克思哲学在整个当代哲学的主导地位所决定的。马克思哲学不仅开创了整个当代哲学，而且也实际地影响和参与了整个当代哲学的发展进程，而马克思哲学的核心就是人的哲学。

把人看成哲学的出发点，并且把哲学看成人的哲学，都不是始自马克思。但是，传统哲学仍然不足以称之为人的哲学，根本原因就在于传统哲学尚未形成对人的合理理解：第一，许多传统哲学家都只是抽象地设定了人，这种抽象的设定虽然包含了对人的某种理想性理解，但这种理解与人的活生生的生存活动却是相异在的甚至是相敌对的。第二，一些自然主义哲学家虽然看到了人的生命存在，但却只是在一般生物学的意义上理解人，而没有看到人与一般生命物存在的本质差别。只有马克思才真正实现了对人的完整的理解，从而使人真正成为哲学的出发点进而展开了人的哲学的合理的理论建构。把人看成哲学的前提，实际上就是力图要肯定感性的人对于哲学活动的首要意义，这一态度隐含着一种基本的无神论与唯物主义立场。但要真正把感性的人确立为哲学的前提，那就必须将感性本身存在论化，这是西方哲学传统难以解决的，但这一点是基于传统西方哲学难以解决的难题。在传统西方哲学中，所谓存在论就是指由柏拉图开创，并在亚里士多德那里正式确立起来的以抽象的、实体性的概念推演来寻求某种绝对普遍性，从而解释万事万物生成变化的"纯粹原理体系"①。这就是说，存在论的本性即超验性，凡成为本体的都是超验的实体性存在，故感性是根本不可能成为本体的，更不可能建立什么感性存在论。由此可以看出，传统哲学的存在论注定是与感性的人相异在的，而要真正赋予感性以存在论的意义，不仅要赋予感性以新的理解，同时还必须对传统哲学的存在论进行一番根本的改造。在马克思那里，这两项工作是放在一起完成的。首先，马克思强调人之所以能够作为主体，就必然存在一种"依靠自己而存在"的依据，因而感性、感觉作为人的最真实的存在状态对人来说必然具有一种存在论性的意义。所谓感性与感觉，必须是人的生存论性的体验状态，是在人

---

① 俞宣孟：《本体论研究》，287 页，上海，上海人民出版社，1999。

的活动中其生命的意义与价值自觉呈现出来的状态，这种状态是个人能够融入历史的基础，同时也是历史作为人类史的基础性条件。"全部人类历史的第一个前提无疑是有生命的个人的存在。因此，第一个需要确认的事实就是这些个人的肉体组织以及由此产生的个人对其他自然的关系。"①换句话说，"有生命的个人的存在"之所以成为"历史"的首要前提，就在于人通过具体的生产实践活动，也即通过"生产自己的生活资料"②的生产性活动从而将自身与动物区分开来。但要真正达到这一点还不能仅限于"人自身的肉体组织活动"，而必须同时取得这种生产活动的生活意义，使得这样一种物性的生产活动不至于与人的生活相异化。因此，作为历史规定性的生产方式，"不应当只从它是个人肉体存在的再生产这方面加以考察。它在更大程度上是这些个人的一定的活动方式，是他们表现自己生活的一定方式，他们的一定的**生活方式**"③。显然，马克思不仅是在自然人类学的意义上肯定感性存在论的，而且，这种自然人类学意义上的规定性同时就是人生存的历史规定性，"全面发展的个人……不是自然的产物，而是历史的产物"④。而自然人类学的规定性与历史规定性的统一绝不是抽象的同一，而是通过具体的生活样式所实现的生存论层面上的统一。这本身就是对存在论的内在规定，这一规定实际上已经排除了存在论的超验语境，并把存在论直接还原成了生存论。在生存论的语境下，感性作为本体，已经不再是实体意义的本

---

① 《马克思恩格斯选集》第 1 卷，67 页，北京，人民出版社，1995。
② 同上书，67 页。
③ 同上书，67 页。
④ 《马克思恩格斯全集》第 46 卷（上），108 页，北京，人民出版社，1979。

体，也不是实体性的对象，而是生命本体，也就是"对象性的、现实的、活生生的"生存实践活动。正是通过这样一种生存实践活动，"人以一种全面的方式，就是说，作为一个总体的人，占有自己的全面的本质"①，并且"以**全部**感觉在对象世界中肯定自己"②。

第五章在剖析马克思实践哲学的生存论基础时指出，马克思虽然使用了"情欲存在论"这一话语，但他对情欲存在论的理解却不同于费尔巴哈"仅限于感情范围内"的"现实的、单纯的、肉体的人"，同时也不同于后来存在主义哲学中非理性的情欲存在论。恰恰相反，费尔巴哈与后来生存主义哲学那里的情欲存在论是马克思哲学所要超越的，"我们必须从'我'，从经验的、肉体的个人出发，不是为了……陷在里面，而是为了从这里上升到'人'"③。这一超越或提升活动的结果正是为了确立起人的本质规定性，这一本质规定性同时就是情欲存在论的生存论前提。

正是由于把感性活动，同时也是社会的、历史的人确定为哲学的出发点，才开创了当代人的哲学的全新景观。同时，由于马克思对人本质的丰富性的全面而深刻的揭示与阐释，从而真正确立起了一门"关于现实的人及其历史发展的科学"④，这门"科学"其实就是人的哲学。可见马克思哲学最有理由被称为人的哲学，而马克思哲学的实质也就是人的哲学。马克思的人的哲学具有一种开放性品格，它本身是未竟的和未然性的理论形态，这给当代人的哲学的深化和发展提供了广阔的空间。马

---

① 马克思：《1844 年经济学哲学手稿》，85 页，北京，人民出版社，2000。
② 同上书，87 页。
③ 《马克思恩格斯全集》第 27 卷，13 页，北京，人民出版社，1972。
④ 《马克思恩格斯选集》第 4 卷，241 页，北京，人民出版社，1995。

克思哲学是当代人的哲学的奠基者，一方面，通过对传统哲学的反叛和超越，马克思的人学思想开启并引导着整个当代西方哲学的方向，另一方面，马克思的人学思想直接影响着当代西方哲学的理论建构与思想趋向。当代西方哲学对人与主体性问题（包括主体间性）的高度关注，对晚期资本主义人的异化现实的思索，对工业化、技术化社会工具理性状况的揭露，对生活世界或生活形式的不约而同的兴趣，对现代性问题的深入思考以及后现代主义哲学的崛起，文化哲学的兴起，人类学范式的转换，现象学向解释学的转向以及解释学运动，等等，都与马克思的人学思想有直接的承继关系，也是马克思人的哲学理论的进一步深化。马克思的人学思想不仅对当代西方哲学发生了巨大影响，而且也对整个人类历史发生了巨大影响。

马克思的人学思想还具有一种原创性品格，它给人类社会发展提供了一种十分宝贵的思想启示和实践引导，它是迄今为止最现实也最高明的人文理想，就这一意义而言，马克思哲学关于人的思想对当代西方哲学仍然没有充分地发挥其本该发挥的影响，当代西方哲学也远远没有达到马克思的思想高度与深度。

马克思的人学思想绝不是空洞抽象的理论建构，而是要求具体化为个体、群体、无产阶级、被剥削被压迫阶级、民族与国家以及整个人类争取解放、争取独立、争取自由的思想武器。问题不在于解释世界，而在于改变世界，也就是通过具体的共产主义运动真正实现世界的属人化，实现"每个人的自由发展是一切人的自由发展的条件"的人类发展最高目标。人类关怀是马克思人的哲学的根本关怀，马克思也常常强调真正的哲学就应该是"世界哲学"（他本人也经常称自己是"世界公民"）。但是，当具体面对人的问题时，这一人类关怀又直接生成对弱势主体强烈而现实的关怀（这里的弱势主体，绝不是指身体上、生理上相对不足的弱势群体，而是政治、经济关系中的受压迫者受剥削者）。人的哲学成为马克思哲学的鲜明旗帜绝非偶然，也正是由于马克思人的哲学这一强烈的现实关怀，使得马克思的思想成为世界范围内弱势主体争取和确立自身利益与身份的思想武器。在整个近现代世界史上，还没有任何一种思想具有和发挥了如此广泛的历史影响，在千禧年之际一些传媒推出的对这一千年人类社会发展影响最大的全球十大思想家评选中，马克思总是位居第一或第二，这本身也从一个侧面反映出马克思思想的巨大的思想与历史意义。事实上，马克思哲学的影响早已超出了"哲学学术"的范围，超出了对当代西方哲学的影响，它对当代西方哲学的影响首先也是通过对当代西方社会与思想的影响而实现的，而当代西方哲学难以内在地接受和理解马克思思想，也在一定意义上反映出当代西方哲学观念的变革仍然还是局限于"哲学"范围之内并且严重地滞后于整个时代发展。事实上，西方哲学经过一个多世纪的反复折腾，至今尚没有走出西方中心主义困境，在当下西方思想界风行的当代后殖民主义理论仍然还无法摆脱"东方主义"（本质上是西方中心主义）语境。而在马克思那里，西方中心主义观念已经通过对"德国人"的批判、对人类命运尤其是对非西方国家及民族的现代化道路的强烈关注，对世界历史时代理论的历史性构架，已经得到了根本的克服。实际上，通过对马克思思想的创造性发掘，马克思哲学同时也将真正成为面向新世纪以及新千年的新的人类哲学、世界哲学或全球哲学。因此，我们有理由相信，马克思哲学思想还将在新的千年对人类社会发挥更大的影响。

马克思人学探讨的根本问题是人类命运的大问题。这也是马克思与当代哲学发生存在论融通的核心问题。影响当代人类命运的问题本身也有很多，但根本性的问题则在于如何重新理解和调整人与自然的关系。按照一般的理解，所谓自然即所有服从自然规律的事物。虽然从本义上讲，自然大至无限，小至精微，但是，我们仍然愿意将自然限定于地球范围内，包括通过地球生态成为人类生存空间的外部宇宙星空，自然应当主要是指一个产生生命并且主要是以人的生命为核心的生命系统，是一个充满生机、服从进化规律的生命存在与支撑系统。自然不是作为认知世界领域的无限的对象，而是作为生存领域的有限的环境，这是人类置身其间并依靠于斯的自然世界。当这样说的时候，实际上已经把自然与环境并用了。所谓自然环境其实是同义反复。然而相对于对自然的多种误解而言，这一反复是必要的。它提示人们：自然的本质必当在环境的语境中才能生动地凸显出来。

自然环境无疑是我们生存的内在要素，但绝不是外在于人的生存的。在更为宽泛的语义下，环境包括自然生态环境、社会关系环境及历史文化环境，但我们一般将环境特指其中的自然生态环境，或者干脆把以上三种环境统称为自然生态环境。这并没有什么不妥。但关键在于如何理解自然生态环境。实际上，自然生态环境与社会关系环境及历史文化环境之间并非决然对立、互不相关的单子式的封闭结构，而是互相涵容并贯通一体的有机的生态-人文系统。自然生态环境中必然包含着社会关系与历史文化的要素，而这些要素与自然生态环境本身的生命要素一样，一起构成了以人的生存为中心的自然生态环境的基本要素。当把三个层面的环境统称为自然生态环境时，实际上是要求在自然化的意义上强调自然界的生态化。这意味着用自然化来约束人工化。人有两种基本的生存方式，一是造化，一是人化，造化本是指自然本身的变化，变化的结果仍然符合自然的进化要求，人化则是按照人的意志对自然的改造，我们一般把文化直接看成人化。不过这种理解看起来是有问题的，因为文化并不只是人化的一面，它同时还必须包含着造化即自然化的一面。历史事实也证明，缺乏自然化或造化的"文化"并不是真正的文化。如何实现人化与造化的统一，正是现代性及当代文化的关键问题。

自然环境同时具有两方面属性：自立性与属人性。这两方面属性都是通过人的生存实践活动表现出来的。作为人的生命存在的条件，环境本身具有其自立性并直接约束着人的活动。人的生存活动乃自然环境的一部分，人的生命活动是直接从自然环境中获得的，因而必须符合和满足自然生命物的基本要求。"自然环境不仅是人的活动条件，同时还是被人能动改造、被人所加工的客体。但是，它绝不仅仅是受动的客体，是其内部存在着相互作用、相互影响运动的，并通过这一运动作用于人、给人以影响的自立的客观世界。"[①]人本身就是自然环境进化的产物，而且作为生物性进化已经定型的人类也必须依赖于自然环境才能获得长久生存。自然环境不仅是人类的物质性源泉，而且也是人类获得有意义的生存活动的精神支柱。自然环境的自稳性、多样性、复杂性、矛盾性、审美性是自在的自然界本身就具备的，不过这些属性同时又直接构成人类生命的丰富的和内在的属性。其实，即使人类通过进化活动所

---

① 岩佐茂：《环境的思想》，82 页，北京，中央编译出版社，1997。

表现出来的持续不断的改变自然环境的活动都必然是依赖于自然环境的，其结果是形成了不断拓展开来并且满足人的需要的自然环境。

自然环境也必然具有属人性。作为客体的自然环境并非与人类生存无关，恰恰是指向于并为了人类生存的，自然环境的丰富性恰恰是通过人的生存实践活动而呈现出来的。自然客体恰恰是以人的生存为前提的客体世界，这既是一种意向性的客体，也是具体实践活动中的客体，人类是通过这一客体确定自身生存方式的。梅洛-庞蒂说得好："自然不单是客体，也不单是意识与知识的交谈中所形成的附属物。它是我们产生于其中的客体，在这客体中，我们的起源逐渐被确定，一直发展到将起源系于一种实存。但即使这样，客体也依然是实存的基础和源泉。"[①]就像人的本性并不仅仅只是否定性与占有性，自然也并不只是"外在的事物集合"，就像马克思所生动地描述的那样，自然界本身就是"人的**无机的身体**"[②]。自然内在于人生存。人作为自然而存在，而自然本身也是不断人化着的存在。人类的生存实践活动不仅造就了作为类的存在物的人，也造就了自然环境的属人性或者说属人的自然环境。"人不仅仅是自然存在物，而且是人的自然存在物，就是说，是自为地存在着的存在物，因而是**类存在物**。他必须既在自己的存在中也在自己的知识中确证并表现自身。因此，正像**人的**对象不是直接呈现出来的自然对象一样，直接地**存在着**的、客观地存在着的**人的感觉**，也不是**人的**感性、人的对象性。自然界，无论是客观的还是主观的，都不是直接同**人的**存在物相

---

　　①　［美］弗莱德·R. 多尔迈：《主体性的黄昏》，万俊人等译，237 页，上海，上海人民出版社，1992。

　　②　马克思：《1844 年经济学哲学手稿》，56 页，北京，人民出版社，2000。

适合地存在着。"①因此，自然的属人化过程不仅是人的类化过程，也是自然的环境化过程。人无疑是环境的主体，环境的生成、存在与发展都是符合和满足于人的日益丰富的生命活动要求。整个文明进程同时就是人的自然化与自然的人化的双向互动过程，人对自然的能动的改造活动，同时也是人与自然的互动活动的文明成果，即环境。环境离不开属人自然的生成，它具体承载和表现着人与自然的生存论关联，是自然的人化与人的自然化的统一体。

自然并不是一种外在的物件，它本身就构成人的存在论要件，"自然包括任何的存在，是一切存在的总和"②。虽然可以把自然外化为自然界，但自然本身乃一个本体论或存在论概念。但这并非一个很容易获得的见识。自然最初其实是一个本体论概念，前苏格拉底时代哲人们的著述都冠以《论自然》，"自然"其意义就在于其神圣的生命意味，古希腊语中表达"神圣"的词就是"自然"，希腊语的"自然"所表达的"神圣"远不像后来基督神学所言说的"神圣"那样"神秘"。通过人格化并日益走向非人格化的上帝所承蕴的"神圣"在世俗的意义上必然是神秘的，但希腊式的"自然"，或者说希腊式的"神圣"则是自身开显而又自身遮蔽的"真理"，这不过是本性率真的"人性"。在汉语言中，"自然"其本义就是"本性"或"率性"，这是自然与人这一生命共同体的生命本性。按照亚里士多德的诠释："'本性'的基本含义与其严格解释是具有这类动变渊源的事物所固有的'怎是'；物质之被称为本性（自然）者就是因为动变凭之得

---

① 马克思：《1844 年经济学哲学手稿》，107 页，北京，人民出版社，2000。
② 罗尔斯顿：《哲学走向荒野》，刘耳、叶平译，40 页，长春，吉林人民出版社，2000。

以进行；生长过程之被称为本性，就因为动变正由此发展。在这意义上，或则潜存于物内或则实现于物中，本性就是自然万物的动变渊源。"①由此可见，自然具有一种根源性的生命意义。正是在上述意义上，"自然"与生存、与理性进而与存在直接融通。这样的"自然"当然是存在论的概念。

但"自然"的存在论意蕴的遗失确实又实实在在地发生了，它就发生在作为某种知识形态的哲学本体论的开端处：本体论被确定为一种超验的、实体性的理论结构并通过概念辩证法的形式表现出来。"自然"一方面被处理成为某种外在的自然界，这种外在的自然界很长时间一直是被看成物化的甚至是恶的源泉的自然世界。按照基督教的说法，自然界就是人类奴役的对象，人要获得超验感，就必须超越自然。而在人假定自然界是外在于人的生存活动时，人本身的生存也存在着自身遮蔽：人尚未获得一种与人的尊严相匹配的生存形式，就像人同样还未获得自身的尊严一样。自然界本身的强大，尤其是无所不在的对人生存的制约并不是靠在精神意识上假定人与自然的分离就能解决问题的，问题还在于创造出对抗强大自然界的实践与文化形式。科学技术的崛起就在于确立起了一种对抗自然界、祛除自然的附魅性的实践形式，而康德的努力则从哲学理性上把自然界看成人类知识可以完全把握的对象。但问题同样也在于，这样一来，自然的外在性被进一步确定下来，并且在整个近代成为一个与人的活动完全对立起来的僵死的外在形式。以至于多尔迈断言："在近代西方思想中，人的人性在任何场合下，都被看成不仅是与

---

① 亚里士多德：《形而上学》，吴寿彭译，89 页，北京，商务印书馆，1982。

人的自然性毫不相关，而且是尖锐对立的。"①

另一方面，在欧洲的自然哲学传统中，自然又被直接等同于精神本身。实际上，在近代以前的文化观念中，将自然看成自然科学求真的形式与将自然看成人类精神追求的一个天然规定性这两种自然观并没有分开。威廉·莱斯说："17 世纪欧洲的精神生活表现为一种对自然的迷恋。"②卡西尔则说："在 17 世纪思想中，'自然'概念包括两组问题，我们今天常常把它们区别开来，但那时人们却把它们视为一体。在 17 世纪，人们从未把自然科学与抽象学科分开来过，更谈不上认为两者的性质与有效性是对立的。这是因为'自然'在当时并不是指事物的存在，而是指真理的起源和基础。无论其内容如何，凡属自身确定的、自明的、无需求助于启示的真理，都是属于自然的。"③

上述两种自然观，其实都是传统自然的存在论意蕴之遗失的结果，前一种自然观发生在形式方面，后一种自然观则是内容上的遗失，它企图保持了一种"自然而然"的东西，但实际上正是分裂外在自然界与人化自然界的结果，外在的自然界从人的自我意识中分裂开来，而自然则成为精神与自我意识活动的语言描述方式，自然不过是一种指称自然性的话语方式。

自然的自然性的遗失在很大程度上是技术化及其理性工具化的结果。技术的本质就在于工具性，但技术在现代文化中的误用则在于工具

---

① 弗莱德·R. 多尔迈：《主体性的黄昏》，万俊人译，218 页，上海，上海人民出版社，1992。

② 威廉·莱斯：《自然的控制》，吴长龄译，65 页，重庆，重庆出版社，1993。

③ 卡西尔：《启蒙哲学》，顾伟铭译，235 页，济南，山东人民出版社，1988。

化。从很大程度上说，技术在现代文化中的强势推进导致了人与自然关系的疏离，一方面是人的自然性的丧失，另一方面则是自然的合人性的丧失。而人与自然关系的疏离进而也导致作为自然科学研究对象的自然与作为精神科学关注的自然的分离。技术本身只是人类改变他面对自然的受动性存在的工具与手段，在这个意义上，技术是人与自然之间实践关系的中介。技术只是人与自然发生关联的中介，但技术不应该看成人的或自然的本质，这就像对人的生理学研究不能代替对人的本质研究，而原子物理学也同样不能代替对自然的本质研究一样。反过来说，如果非要以技术来改造自然，那么情形往往就是："在自然转向人的技术掌握的一面，自然恰恰隐蔽它的本质。"[①]在这个意义上说，把人与自然关系看成一种技术化的关系，本身就是用抽象存在论来离异人生存的传统形而上学的延伸。技术本身是由人来支配的。技术本身当然是中性的，技术对于世界的创造与破坏同时存在，关键在于人的理性的导引。因此，技术的工具化不能归咎于技术，而在于人本身，在于人的理性的迷误。人的理性应当具有调节技术的能力，既应懂得如何发展技术并使之满足于人的福祉及可持续生存的要求，也应具备控制及避免技术的负面效应的能力。然而，近代以来，理性并没有承担起应有的技术调节功能。而且，在启蒙进程中，理性恰恰于不自觉中成为控制直至奴役自然的工具理性。

技术应看成人的天命，但这本身是一个需要在存在论层面加以质疑的问题。当我们思考天命时，思考的其实是一个沉重的伦理学问题。换

---

① 海德格尔：《路标》，孙周兴译，381 页，北京，商务印书馆，2000。

句话说，当我们把命运看成天命并且不得不在技术哲学中思考人的生存境遇时，已不可能在通常的道德哲学范围内展开，这本质上是对伦理学的存在论基础与本质的反省与回溯。关于伦理学的本质，人们已经习惯于将它看成社会生活领域的规定性，中国的道德伦理学是如此，西方自亚里士多德以来的伦理学也是如此。在中国哲学语境中，伦理与人伦相通，而亚里士多德的伦理学恰恰就是诠释其"人是政治动物"这一命题的政治学著作。但是，按照海德格尔的词义追溯，伦理学在希腊语中的意思就是"深思人的居留"①。这种理解又自然而然地指向"家园"意义上的自然，因而，伦理学实际上是关于自然的存在论或生存论，甚或就是本体论的本体论。基于此，海德格尔本人将对生存论本体论的回溯式的诠释工作直接看成哲学本体论的主要工作，因而也是伦理学的基本任务，按照海德格尔的观点，伦理学的基本工作必然是思考人与存在的本真关系包括思考人与自然的生存论关系。

在马克思看来，人与自然是天然联系在一起的，联系的纽带即人的实践活动，不仅如此，自然界虽然是自然的外化，但它并不是与人的生存相外在的对象物。而自然以及作为自然外化形式的自然界的本体论意蕴就在于它对人的活动的确证。"被抽象地理解的，自为的，被确认为与人分隔开来的**自然界**，对人来说也是**无**。"②在与自然相关联的意义上，自然界并不等于自然物。而且，按照马克思的实践观点，自然与作为自然外化形式的自然界并不是决然分开的，自然界既是人的实践活动

---

① 海德格尔：《关于人道主义的信》，见熊伟主编：《存在主义资料选辑》上卷，395页，北京，商务印书馆，1997。
② 马克思：《1844年经济学哲学手稿》，116页，北京，人民出版社，2000。

指向的对象，也是人生存活动的内在条件，自然界一方面是人的生存实践活动的意向性对象，另一方面又是确证人的本质性活动的属人的自然。这同时也给人的生存提出了一种责任。自然界毕竟不是一种外在的物化世界，自然界的根本属性就是自然，这是与人性直接相通的自然。如果说自然本身因为其反省性具有存在论意蕴，那么，在同样的情况下，我们也应该赋予自然界以生存论内涵，并且，如果说环境的支撑者不过是自然界的话，我们同样可以赋予环境以生存论意蕴，其本性正是马克思所强调的"人和自然界的实在性"。

可见，通过实践活动将人与外部世界区分开来，并不是要人为地分割开人与外部自然世界，实际上是要在一个更高的意义上达到人与外部自然世界的和谐统一。分裂世界只是展开人的生存的必经途径，本身并不是生存的目的。生存的目的是不断确立起生存的属人性并实现人对生存的真实占有。这里，"真实占有"不是盲目地占有，更不是霸占，人需要明确自身在大自然中的位置及其生存论内涵，需要明确自身生存与一般存在物存在的内在关联，还需要对自身生存能力及其发展潜力有清醒的自我意识。因此，"真实地占有生存"不仅意味着主动地拥有生存，而且还意味着人能够与别的存在物"共享"或"分享"生存。人的生存不过是自然的人化与人的自然化的实际表现形式。自然的人化，挺立起人在自然界中的主体地位，使人主动地拥有生存成为可能，因而展现了生存的超越性意义；人的自然化则使人反思自然的主体地位与自然界的关联性，反思自身生存能力的限制与后果，进而思量自然物存在的"生存"意义。按照马克思的思想，自然的人化与人的自然化是在社会化的人的基础上实现的，在此，社会化的人所承担的其实是一项生存论任务，一项

在人与自然之间能够有效合理地进行能量交换、获得人类长久生存的
责任。

　　人的生存并不是为我所欲、唯我独尊，绝不是通过掠夺和戕害自然
的方式换来的。一切自然物的存在，并不都是决然存在于人的生存活动
之外的，它们的多样性存在既是人类生存不可离弃的基础与条件，同时
又是多样性的人类文化及其生活方式的具体表现与证明形式。"一个存
在物如果在自身之外没有自己的自然界，就不是**自然**存在物，就不能参
加自然界的生活。"①这里，马克思说的是"自然界的生活"，而不是"自
然界的存在"。没有了自然的存在，当然也就谈不上人的生存，但在人
生存的意义上，自然本身也享有生活主体的权利。我们经常质疑自然具
有内在价值的合法性，须知这一质疑本身就是奠定在不经反省的人类中
心主义立场上的。从价值的属人本性看。说自然具有"内在"价值当然说
不过去，可问题可能就在于价值的设定并不只是人单方面的事情，将自
然视为客体、将人视为主体，然后又将主客体对立起来，这是人在设定
价值时的先行原则。但在人的实际生存活动中，人与自然不分轩轾的亲
和关系却是人与自然关系的现实基础与前提。自然界本身就是内在于人
的生存活动中的环境因素。"自然界，就它自身不是人的身体而言，是
人的无机的身体。人靠自然界生活。这就是说，自然界是人为了不致死
亡而必须与之处于持续不断的交互作用过程的、人的**身体**。"②人通过自
身的活动征服和控制自然，但人本身仍然属于自然界，"人直接地是自

---

①　马克思：《1844 年经济学哲学手稿》，106 页，北京，人民出版社，2000。

②　同上书，56 页。

然存在物",人一方面是通过生命力、禀赋、情欲、意志表现出来的"能动的自然存在物",另一方面,人"同动植物一样,是**受动的**、受制约的和受限制的存在物"①。在这个意义上,人的生存本身就存在一个自然极限,人自身不断扩展着的"发展"意志与能力都应当充分考虑这一极限,并借此规范自身的实践行为。

在工业文明以及现代化高速发展的今天,其实不应该通过抬高人生存的超越性及社会文化属性而漠视其生物性与自然性。人确实以实践的、文化的和社会的方式与大自然中的其他成员区别开来,但是,带来这种区别的,同时还有人在生物学方面与其他物种区别开来的那些诸如大脑、肢体及五官方面的生物特征。这些特征既作为人类长期劳动实践活动结果的社会文化属性而存在,也作为在大自然界中区别于其他物种的自然属性而存在。不能忽视它作为自然属性的独特意义,如果人类因为某种原因(常常就是实践的、文化的、社会的原因)丧失了这种自然属性,那么同样也会反过来失掉自身的社会文化属性。因此,人的生存应当努力保持其在生物学方面的自然属性,保持其作为"类"在基本生物属性方面应有的特征与优越,这是人在整个生态环境中可以保持稳定遗传与族类生存能力的"根本资源"。人本身作为自然物而持存,是其能够作为责任承担者而生存的前提。

对于人与自然关联的新的认识其实正是环境意识的本质,这种认识本质上是人的自我认识,而且应当看成当代文化自我意识的特点所在。自然环境既是人的对象性的存在方式,又是人的内在的存在方式。在与

---

① 马克思:《1844 年经济学哲学手稿》,105 页,北京,人民出版社,2000。

自然环境的生存论关联中，人的自我认识活动得以展开。"放在整个环境中来看，我们的人性并非在我们自身内部，而是在于我们与世界的对话中。我们的完整性是通过与作为我们的敌手兼伙伴的环境的互动而获得的，因而有赖于环境相应地也保有其完整性。"①所谓人性并不是一个僵化的和封闭的概念，人性的这种品性恰恰是通过与自然环境的关联性活动表现出来的。一方面，人生存于天地之间，人的活动必然融入自然世界，人性直接蕴含着自然性。另一方面，人性又是一个随着人的智慧不断丰富起来的开放性的历史性概念，其中，人与自然环境的对话，尤其是通过这种对话所实现的人性活动的自我反省与批判，对于人性的历史性生成起着至关重要的作用。人性的丰富内涵恰恰源于自然，是对于自然的属人性的不断领悟与创获。"人性深深地扎根于自然，受惠于自然，也受制于自然；而人类对自然的评价，就像我们对自然的感知一样，是从与环境交流的过程中抽取出来的，而不仅仅是我们加给自然的。"②人当然是自然存在物，而自然也因为人的活动的自然性从而成为肯定人的本质活动的对象性存在。"人直接地是**自然存在物**。人作为自然存在物，而且作为有生命的自然存在物，一方面具有**自然力**、**生命力**，是**能动的**自然存在物；这些力量作为天赋和才能、作为**欲望**存在于人身上；另一方面，人作为自然的、肉体的、感性的、对象性的存在物，同动植物一样，是**受动的**、受制约的和受限制的存在物，就是说，他的欲望的**对象**是作为不依赖于他的**对象**而存在于他之外的；但是，这

---

①　[美]罗尔斯顿：《哲学走向荒野》，刘耳、叶平译，92～93页，长春，吉林人民出版社，2000。

②　同上书，93页。

些对象是他的**需要**的**对象**；是表现和确证他的本质力量所不可缺少的、重要的**对象**。"①

但是，要将自然环境理解为确证人的本质力量的对象性存在，仅仅把人看成直接的自然存在物还不够。作为自然存在物而存在的人，同时也必然是社会性的、历史性的自然存在物。也只有在这一更丰富和深刻的层面上把握人的本质，与人的生存相关联的自然环境才表现为属人的自然性。"自然界，无论是客观的还是主观的，都不是直接同**人的**存在物相适地存在着。"②"自然界的**人的**本质只有对**社会的**人来说才是存在的；因为只有在社会中，自然界对人来说才是人与人**联系的纽带**，才是他为别人的存在和别人为他的存在，只有在社会中，自然界才是人自己的**人的**存在的**基础**，才是人的现实的生活要素。只有在社会中，人的**自然的**存在对他来说才是自己的**人的**存在，并且自然界对他来说才成为人。因此，**社会**是人同自然界的完成了的本质的统一，是自然界的真正复活，是人的实现了的自然主义和自然界的实现了的人道主义。"③仅仅作为自然存在物的人与自然的统一还只是一种自在的统一。人与自然应当达到自为的统一，而这又只能取决于社会化的人的历史生成。"社会化的人，**相互**联合起来的生产者，将合理地调节他们和自然之间的物质交换，使它置于他们的共同控制之下，而不让它作为盲目的力量来统治自己。"④

---

① 马克思：《1844 年经济学哲学手稿》，105 页，北京，人民出版社，2000。

② 同上书，107 页。

③ 同上书，83 页。

④ 《马克思恩格斯全集》第 25 卷，926～927 页，北京，人民出版社，1974。

在生态圈中，人确实是一种特殊的生命物。一方面，人不像其他动物那样属于特化型动物，而是可以在多种环境中生存下来的杂食性动物。在这一意义上，人似乎比其他动物更少对环境的依赖。但是，另一方面，人又是"专性寄生物"，必须依赖于有限量的寄主才能生存，就这一意义而言，人的生存能力又是相当脆弱的，在很大程度上说，源于肉体方面的人的生存能力并不能与人所获得的尊严相匹配。人类在进化中所获得的许多优势，对于动物生命活动的一些基本要求而言，或许恰恰表明了人的生命能力的先天不足。但人毕竟具有了强大的生命力，人的强大的生命力并不是单个的、孤立的个人所能获得的，而是人生存的族类能力，人生存的族类能力并不仅仅只是动物式的群体力量，而是人的历史性地形成的社会与文化能力。与人的尊严相匹配的恰恰是人的特有的文化活动形式。自然环境成为人的内在的存在方式，正是通过人的社会性、历史性的实践活动才得以展开的。

在生存论的意义上，人与自然的关系应当积极地理解为主体间性关系，而这种主体间性关系恰恰又是通过人的感性的生存实践活动所赋予的。马克思说得好："人对自然的关系直接就是人对人的关系，正像人对人的关系直接就是人对自然的关系，就是他自己的**自然的**规定。因此，这种关系通过**感性的**形式，作为一种显而易见的**事实，表现出**人的本质在何种程度上对人来说成为自然，或者自然在何种程度上成为人具有的人的本质。"[1]"对人来说直接是**人**的感性（这是同一个说法），直接是**另一个**对他来说感性地存在着的人；因为他自己的感性，只有通过**别**

---

① 马克思：《1844 年经济学哲学手稿》，80 页，北京，人民出版社，2000。

人，才对他本身来说是人的感性。"①赋予自然存在以人性或拟人性是十分恰当的，实际上，在更为亲情的意义上，自然环境与人类的关系完全可以理解为一种母与子的关系。人类无疑是自然环境孕育的产物，大自然永远是人类的母亲，这并不只是一种诗意的比赋，它本身就敞开了人生存的一个基本常识，只不过对这个往往被人为地淡化了的常识的理解恰恰又蕴含着某种积极的生存慧识。

当今时代与马克思恩格斯所处的 19 世纪相比已经发生了重大变化，19 世纪的欧洲基本上属于向大工业化资本主义的过渡时期，人类通过主体性力量所显示的对于自然世界的征服和改造功能无疑还作为历史的肯定性力量。因此，马克思恩格斯对科学技术即将带来的变化与福祉充满信心。但是，对于人类的实践活动已经和将要造成的生态恶变，他们同样也做出了许多发人深省的警示。事实上，比如恩格斯的那些关于人改造自然而又受制于自然界的论述已经成为今日思想家们批判环境恶化状况的常用资源。马尔库塞把现代人称为"机器时代舒舒服服的不自由的奴隶"，这话表明了当代人的新的奴役状态。事实上，现代社会所助长的恰恰就是一种物欲化需要，它在一定程度上淡化着人们对精神需要的追求。愈益独断的技术理性与工业理性分离了人与自然。但是，人离自然越远，他越是感到精神上的焦虑与惶惑，这种失落是靠物性的满足无法弥合的。实际上，现代人的"不自由"的精神状态在很大程度上正是源于他与自然之间愈益明显的疏离与分裂。

胡塞尔曾经指出，现代人之所以无法确定自己的生存状态，在于现

---

① 马克思：《1844 年经济学哲学手稿》，90 页，北京，人民出版社，2000。

代技术理性与工业理性对日常生活世界的惊人的遮蔽与控制。"现代人让自己的整个世界观受实证科学支配，并迷惑于实证科学所造就的'繁荣'。这种独特现象意味着，现代人漫不经心地抹去了那些对于真正的人来说至关重要的问题。只见事实的科学造成了只见事实的人。"①实际上，也正是这种遮蔽与控制本身破坏了人与大自然之间的共在统一关系。

人的生存应当融入人与自然的共在依存关系之中，这种融入，按照海德格尔的说法，即"诗意的栖居"，说得更清楚些，就是"亲近大自然"。"诗意地栖居"本身就意味着能够以一种面对大自然的率真的态度直面人世，坦坦荡荡、超然卓立，真诚地生活。亲近大自然所产生的是人与自然共在统一的生存论的价值互释。并不存在单纯的属人的价值或者纯粹自然的价值，属人的价值同时就是自然的价值，且就是从共在的生存论中产生出来的。人和大地自然是不可分离的，二者之间本来就不是单纯的主客体关系，自然并不是指某物或某个实体。说某物或某实体，总是与某种占有意识联系在一起的。自然作为"大地"对人而言，意味着某种神圣性的依托关系。人只是大自然的匆匆过客与寄存者，人是有死的存在，生是短暂的，死才是绝对的。但这些看似自明的道理竟被现代性所屏蔽。现代性工业与技术所造成的重要结果就是都市文明的形成，它造成了一种远离自然的生存方式与意识形态。不过，充满悖论意味的是，恰恰是这种远离自然的现代性生

---

① ［德］胡塞尔：《欧洲科学危机和先验现象学》，张庆熊译，5 页，上海，上海译文出版社，1988。

存方式激化起人们对人与自然生存论关联的自觉，诗性的思维方式也成为现代性重建工程的调节性力量。马克思曾把人与自然之间"抗争的真正解决"看作"历史之谜"与"存在之谜"的真正解答，在这个意义上，所谓生存论自觉的关键恐怕还在于是否能够实现现代性条件下人与自然关系的新的和解。

二、价值哲学及其生存论建构

价值哲学内部其实始终潜在地包含着一种生存论的理论蕴含，甚至价值哲学特有的理论视界已经包含了生存论的理论努力。就生存论是对经验与感性的自明与自觉而言，有理由把生存论看成经验主义传统的一个隐蔽的支点。不过，在生存哲学论域内，生存论所强调的感性与经验主义中的经验是有明显差别的。感性是人的对象性活动的表现形式，它是生命的直接呈现形式，而经验则是实现对象性活动的必备条件，因而只是表现人自身生命活动的手段。当经验主义强调经验的认识论意义时，经验作为感性的一面实际上是被排斥在外的。然而，从存在论角度看，经验之所以成为认识论的基础条件恰恰是由于经验所从属于的感性所具有的生存论意蕴。由于与认识论粘连一体的存在论本身就屏蔽着生存论，在经验主义中，感性生存观已经被先行地摒弃于经验之外，因此在经验主义传统中倒潜存着某种顽固的先验论。这就造成一种极有意思的思想后果，只有在经验主义走上怀疑论与相对主义极端的情况下，经验主义背后的生存论才会敞开。从思想效应上看，休谟对"应该"与"是"

的明确区分伴随着两个思想后果：一是为某种隐秘而又超验的绝对者敞开了存在的空间，超越于有限的事实世界之上的是纯粹的善的世界，知性难以把握到的存在本身就是绝对的存在。二是展开了为知性所漠视的广阔的生活世界领域，这是作为个体生命价值的实现领域，在这一领域中，个人的价值就是个体生存的感性现实性，价值论就是在这一论域内形成的。

1. 价值哲学的论域

价值哲学是关于价值的本质、关系、特性、效用、类型及其评价的哲学理论，它主要是从主体的需要以及需要的满足程度考察和评价各种事物、精神以及文化现象存在的意义。某种事物或现象具有价值，意味着该事物或现象是人们的需要、兴趣以及尤其是通过实践活动所追求的对象。价值既意味着对象性的客体对主体需要的满足程度，也意味着人的对象性活动的主体性内涵，价值形成的条件就是人的社会历史实践活动。价值表现在经济现象、政治现象、伦理现象、美学现象以及许多人文科学及社会科学之中，价值论则是通过反思和总括在具体学科领域中的价值观念，从而提升为哲学上的一般价值论。价值论一词最早是由法国哲学家拉皮埃在《意志的逻辑》中提出来的，后来，德国哲学家 E. 哈特曼在《哲学体系纲要》中进一步做了较为详尽的阐述。

价值哲学的实质是价值论，而价值论的基本前提是将事实与价值区分开。事实与价值的区分，哲学上称之为"应该"与"是"的区分。"是"所要追究和求证的是客观的"真"，属于认识论领域，"应该"所体现的则是人的希望与意志，其核心理念是"善"，属于伦理学领域。但是在哲学史上，伦理学一直被未经反思地置于认识论领域之中，"善"的问题或者被直接归结为"是"或"真"，或者被关于"是"或"真"的纯粹认识论的构造及理论探讨活动所遮蔽。苏格拉底断言："美德就是知识。"这可以说是对认识论的伦理学规定，但是，一旦知识论成为某种以外在的形式展开的知性范式，那么，其伦理学的承诺也不过是徒具形式了。在古希腊柏拉图式的存在论哲学样态中，"善"与"真"共存于同一的绝对理念，而且"善"本身也被看成纯粹的思维与逻辑规定性，反过来说，正是因为与"善"的抽象同一性，这种纯粹的思维与逻辑规定性并没有成为使认识论获得独立论域的知性规定性。伦理学直接同一于认识论的状况表明二者都没有获得相对独立的论域。当认识论致力于确定认识及真理的来源、途径、方法以及形成机制等等问题时，一方面是独断地认定"善"是属于人的知性及理性可以把握到的理念，另一方面知性的具体活动显然并没有考虑诸如对知识及真理的求解对主体的意义与价值。这样一来，伦理学的向度在认识论论域中被进一步遮蔽或悬置起来。然而，伦理学若要取得独立的论域，就必须从认识论中分离出来，这就是价值论的形成。

休谟首先区分了事实与价值，他认为，"是"不能推导出"应该"，"是"的问题属于真与伪的判断问题。"真或伪在于对观念的实在关系或实际存在和事实的符合或不符合。因此，凡不能有这种符合或不符合关系的东西，也都不能成为真的或伪的，并且永不能成为我们理性的对象。但是显而易见，我们的道德、意志和行为是不能有那种符合或不符合关系的。"①道德、意志与行为之类问题并不是"知性所能发现的任何

---

① ［英］休谟：《人性论》下卷，关文运译，498 页，北京，商务印书馆，1996。

事实"，而是属于与"是"或事实问题根本不同的"应该"问题或价值问题。康德则明确地将认识论看成由理论理性所构成的"是"或"真"的问题，而把伦理学看成由实践理性所决定的价值问题，并且认为实践理性高于理论理性，价值问题优越于纯粹的"是"或"真"的问题，这实际上已经初步奠定现代哲学价值论的独立论域及其重要地位。从康德开始，伦理学的主要论域实际上已经转换为价值问题，不过从理论形态上看，康德是把感性的价值消融于绝对的实践哲学中，而在他的实践哲学中包含的意志哲学、道德哲学与宗教哲学，实际上就是价值论的理论内容。

洛采常常被看成现代价值哲学的创始人。在洛采看来，宇宙是由必然真理、事实与价值三种要素综合而成，与之对应的知识形式是形而上学、知性自觉与普遍价值，三种要素及其知识形式之间并非谁决定谁的关系，而是依次构成手段与目的的关系。对事实的知性自觉是旨在达到关于必然真理的认识（形而上学），而对一切认识及形而上学的确证又旨在获得存在的普遍价值，普遍价值各异，其中最高的价值与目的即善。也只有作为最高价值的善才真正具有存在的意义，而且这一意义是人的所有知识的意义基础，这实际上是回复到了苏格拉底与柏拉图的伦理学与存在论同一的哲学传统。认识论传统曾使伦理学与存在论疏离开来，在这种疏离过程中，形而上学甚至也已经被知识论化，在这一意义下，洛采主张将形而上学还原为伦理学，"形而上学的肇端不在自身，而在伦理学中"①。洛采通过区别必然真理、事实与价值的方法重新确立了

---

① 万俊人：《现代西方伦理学史》下卷，10 页，北京，北京大学出版社，1995。

伦理学的存在论意义并把价值直接提升为存在概念。

　　具有学科功能的哲学价值论主要是由新康德主义者文德尔班及李凯尔特等人所确立起来的。如果说洛采仍然还是旨在复兴柏拉图那种以善的理念为绝对存在的超验的存在论传统的话，那么文德尔班与李凯尔特则通过将作为善的理念的存在转移到以一般价值为存在从而进入到了价值哲学的论域中，事实上，他们将自己的哲学直接称为"价值哲学"。价值哲学既反对将哲学归结为无所不包的形而上学体系，也反对将哲学归并到专门科学中，认为哲学有其特定的研究对象，这就是研究有关宇宙和人生的一般问题。但这种研究不是要确定对象，而是要通过回答对象与事物应是什么从而对价值本身予以规范。文德尔班明确地将事实与价值区分开来，并把哲学存在论看成对事实存在的研究，而把价值论看成对人生价值的研究，这样一来，价值论也就与存在论断裂开来。文德尔班进一步肯定了价值与事实的区分以及价值作为存在概念的意义，"价值不是被评价对象本身的特性，而是作为一切知识的标准的主体所具有的普遍正当性的规范，它是相对于主体而存在的，离开了主体的情感与意志，就根本不会有价值存在。而哲学，作为价值的一般理论，其任务就是从价值的角度对知识加以评价，从而建立事实与价值领域之间的联系。从更大的意义上说，哲学研究的对象就是价值，研究价值之为价值的本质，价值的效用并探讨存在于一切价值中的普遍联系"①。文德尔班宣称："一切哲学问题中最高的问题是存在对于价值和价值对于存在

---

　　① Wilhelm Windelband: *Introduction of Philosophy*，London：Onwin，1921，p. 215.

的关系问题。"①价值哲学当然强调应当关注个体的评价活动，但它更强调承诺并追求普遍价值。这一点是文德尔班特别强调的，"哲学只有作为普遍有效的价值的科学才能继续存在。哲学不能再跻身于特殊科学的活动中。哲学既没有雄心根据自己的观点对特殊科学进行再认识，也没有编纂的兴趣去修补从特殊学科的'普遍成果'中得出的最一般的结构。哲学有自己的领域，有自己关于永恒的、本身有效的那些价值问题，那些价值是一切文化职能和一切特殊生活价值的组织原则。但是哲学描述和阐述这些价值只是为了说明它们的有效性。哲学并不把这些价值当作事实而是当作规范来看待"②。与文德尔班把价值看成规范（他经常称其普遍价值学说为"规范论"）稍有区别，李凯尔特特别强调评价，在他看来，哲学命题不是表示对象之间的相互归属关系，而是表示主体对于对象的评价。"价值决不是现实，既不是物理的现实，也不是心理的现实。价值的实质在于它的有效性（Geltung），而不在于它的实际的事实性（Tatsächlichkeit）。"③价值因附着于对象之上从而使对象变得丰富，但价值之成为价值，又是由于"价值能够与主体的活动相联系，并由此使主体的活动变成评价"④。李凯尔特特别限定了价值的论域，自然事实无所谓价值，只有文化才有价值，而且价值恰恰是文化科学与历史科学富有意义的关键。个别化的文化科学本身就是立足于自明的价值之上

---

① 转引自冯契、徐孝通主编：《外国哲学大辞典》，289 页，上海，上海辞书出版社，2000。

② ［德］文德尔班：《哲学史教程》下卷，罗达仁译，927 页，北京，商务印书馆，1996。

③ ［德］H. 李凯尔特：《文化科学和自然科学》，涂纪亮译，78 页，北京，商务印书馆，1996。

④ 同上书，78 页。

的，而"没有价值，就没有任何历史科学"①。

价值哲学的兴起不只是发生于弗莱堡学派内部。发生在 19 世纪末、20 世纪初的现代西方哲学的重大转换都在一定程度上蕴含着价值哲学的旨向，当我们说现代哲学的主题从传统的抽象形而上学转向于人，这恐怕仍然只是一种概略性的断言，究竟是转向人的什么？这不外乎是人的现实生活或者说是活生生的、感性的人，可这仍然不是一种规范性的界定，价值哲学则把"人的什么"明确地界定为人的价值。文德尔班的规范论使得价值本身具有了存在的地位，这对于价值哲学所根植的"应该"与"是"的区分而言，本身就意味着一种哲学基础从关于"是"的存在论向关于"应该"的存在论的转换。但这场转换并没有深入下去，李凯尔特从规范论转变为评价论，实际上是回避开了潜存于价值哲学中的尖锐的存在论转换问题。

价值观念的转换是与整个当代哲学的人论的主题凸显与转变联系在一起的，这一点在尼采的价值重估思想中表现得最明显。在尼采看来，西方哲学传统一直是用善等同于道德与价值，并使之客体化、神圣化，进而把彼岸世界看成人的价值源泉与价值标准。必须废黜掉这种价值观，把价值还原为人的生命价值，对尼采而言，价值当然具有客观性，但这不等于价值评价也能做到客观性，因为价值评价必然是人的主体化行为，作为人的生命的体现者，价值必须要表达人的生命的保全与拓展。问题并不在于抽象地设定一种人的超验的价值体系在

---

① ［德］H. 李凯尔特：《文化科学和自然科学》，涂纪亮译，76 页，北京，商务印书馆，1996。

认知体系上是否可能，而在于从人的生存境遇上看，所谓超验者已经被事实地废黜了。上帝死了，超人则诞生。超人作为真正的主体人本身就是价值的裁定者。如果仅仅把具有一种既定的并且同时是宏大超越的目标看成信念主义的话，那么尼采的生命价值论有理由被看成一种虚无主义。但是，若从人自身生命活动的主体性、不可预期性与动变本性而言，问题却显得十分复杂。尼采的工作重心就在于价值重估，这一工作本身既是对传统哲学超验价值观的否定，又是对人们已经习以为常的人性价值观前提的批判。这一批判活动必然需要深入阐释人的生存实践活动才能实现，在这个意义上说，尼采提出的价值重估本身就是一项巨大的文化工程，整个生存哲学与价值哲学一直在致力于实现这一工程。

价值是什么？这是一个学界一直在探讨且没有定论的问题。目前至少国内学术界仍然存在着如下两种主导性的观点：一种是属性说，即把价值归结为价值客体所固有的性质；另一种是关系说，即把价值看成一种关系或者是对一种关系的把握。属性说坚持了价值的客体性，但它解释不了同一个"价值客体"为什么在不同主体那里会体现出不同的价值，另外，这种价值观似乎只是看到了经济学意义上的价值，而没有提升到哲学意义上的价值观。哲学价值观当然不能脱离经济学价值观而独立存在，二者基本上构成一般与个别的关系，其中，哲学价值观作为"价值一般"，根源于人的对象性活动，确证着人的主体性，这样的价值观本质上是建构于一定的实践活动关系之上的。经济学意义上的价值是基于人的经济活动关系的具体价值表现形式，但它不能完全代替人通过总体的对象性活动所体现出来的价值。人的对象性活动所形成的是一种主客体相互贯通的生存论统一关系，而价值，包括价值的客观规定性都不过是这种生存论关系的最直接的表现。"**人**通过自己的外化把自己现实的、对象性的**本质力量设定**为异己的对象时，**设定**并不是主体；它是**对象性的**本质力量的主体性，因此这些本质力量的活动也必须是**对象性的**活动。对象性的存在物进行对象性的活动，如果它的本质规定中不包含对象性的东西，它就不进行对象性活动。它所以只创造或设定对象，因为它是被对象设定的，因为它本来就是**自然界**。因此，并不是它在设定这一行动中从自己的'纯粹的活动'转而**创造对象**，而是它的**对象性的**产物仅仅证实了它的**对象性**活动，证实了它的活动是对象性的自然存在物的活动。"①

超越经济学上的价值概念，是进入价值哲学的起点。价值哲学兴起的关键就在于将价值概念从经济学的范畴提升到哲学范畴，也就是从单纯描述物用性属性的概念提升为反映人的多方面的生命需要的意义性概念。从这个意义上讲，如果停留于经济学上的价值概念并且严格地排斥价值关系以及价值的主体性内涵，恐怕在很大程度上尚未进入价值哲学特定的论域。

在价值论的论域内，价值并非一个实体性概念，因而价值必然是确立在一定的价值关系之上的。所谓价值关系，有学者将它明确地表述为："价值关系，是主体与客体之间的一种客观的基本关系。这种关系就是：在主体的实践—认识活动中，客体的存在、属性和合乎规律的变

---

① 马克思：《1844 年经济学哲学手稿》，105 页，北京，人民出版社，2000。

化，具有与主体的生存和发展相一致、符合或接近与否的性质。"①这实际上是把主体的对象性实践活动把握为一种客观关系，在此基础上，价值则被看成对这一客观关系在本质上具有并体现出来的主体性内涵："价值，是反映价值关系实质的哲学概念。在主客体相互关系中，客体是否按照主体的尺度满足主体需要，是否对主体的发展具有肯定的作用，这种作用或关系的表现就成为价值。因此，价值是对主客体相互关系的一种主体性描述，它代表着客体主体化过程的性质和程度。"②在这一定义中，我们注意到，价值的主体性特征获得了较有说服力的阐述。

上述两种关于价值的主导观点都是立足于主客体统一这样一种认识论的模式来展开的，这一模式特别强调需要范畴在价值生成中的重要作用。但是，第一，认识论模式毕竟不能全面反映出由众多存在者所构成的这一交互关联、互相依存的世界的复杂性，物与物之间，尤其是不同类型、不同层次的主体与主体之间都存在着丰富而复杂的主体间价值关系，这一关系从深层上看是生存关系，从表现形式上看则是交往关系。第二，通过认识论模式虽然有益于在肯定价值客体性的前提下揭示价值的主体性特性，但是，在价值论中，价值就不仅仅只是价值的客体性与主体性的对立统一，而是包含着多样的内在矛盾并体现为多样化的价值特征的范畴，诸如价值的潜在性与现实性的矛盾、价值的个别性与一般性的矛盾、价值结构的层次性与整体性的矛盾、价值的中立性与非中立性的矛盾、价值的个体性与社会历史性的矛盾、价值的民族性与人类性

---

① 李德顺：《价值论》，107～108 页，北京，中国人民大学出版社，1987。

② 同上书，108 页。

的矛盾以及不同价值尺度（如公平与效率、现实性与理想性）的矛盾等等。对这些丰富而复杂的价值关系以及价值属性的研究本身必须在生存论的论域内才能得到展开。

价值是价值客体以及价值关系的属性及效用对主体需要的满足，这一判断意味着价值客体及价值关系只是构成价值存在的事实性的前提，而其关键则在于价值是否满足主体需要。但究竟如何看待主体需要，如前所述则要求对需要的合理性予以反省，这一反省活动实际上可以看成评价活动的深层表现。如何看待价值与评价的关系仍然是学界在探讨的问题。大多学者认为，评价是对价值的反映，是价值决定评价而不是相反。但也有相当一部分学者反对将评价仅仅看成一种反映活动，理由是反映论只是属于认识论，而评价论以及通过评论活动展开的价值论则超出了认识论论域，作为评价活动的直接表现及其结果的价值判断与属于认识论领域的事实判断有着截然的差别："价值判断所揭示的是主体的需要与客体的性质、功能之间的关系，事实判断所揭示的是客体本身的性质和特点。这两者不是等同的。价值判断所对应的是主体与客体之间的一种价值关系，即客体与主体需要之间的关系，客体是否满足主体需要的关系，而事实判断所对应的是客体各要素之间与客体之间的关系。""价值判断与事实判断的本质区别在于，在价值判断中多了一种对于价值判断而言是决定其质的因素：人的需要。这就是价值判断之精灵。"①价值判断凸显了价值的属人性，而价值也必然是通过价值判断从而成为人的价值的。

---

① 冯平：《评价论》，254 页，北京，东方出版社，1995。

　　评价是通过主体的体验和情感活动所实现的对评价对象的意义性把握，这种把握与通常那种以如实描述客体事实为己任的认识确有不同，或者说是一种更广义的认识活动。评价活动既是价值论的理论构成，也是价值论获得合理性的前提。评价活动是在几个层面展开的：1. 把握价值客体或价值关系的存在意义，主要是指对价值真理的意义性把握。价值真理就是指具有真理性的价值判断以及与这种判断相符合的客观价值，它是评价活动所追求的目标。评价活动实际上还起着沟通认识论与价值论的作用，关于事实的"真"的认识正是通过评价活动转化为关于"真"的价值判断从而使"真"本身也成为一种内在的人性价值的。确实需要把价值判断与事实判断区分开，但这绝不意味着价值判断是违背事实判断的，认识论构成价值论得以成立的基础，事实判断也在很大程度上构成价值判断的标准，评价活动的重要责任就在于检查价值判断与事实判断的符合程度，达到应然性与实然性的统一。2. 深入揭示和分析价值的创生过程。评价是主体意识面向对象客体以及价值关系的对象性的精神活动，人的对象性的精神活动并不是被动地反映和解释世界，它本身就以自我意识的方式蕴含着人的主体性的对象性的实践活动，对象性活动的结果即按照人的"内在固有的尺度"从而造就一个属人的文化世界。与此同时，客体本身则转化为主体的活动能力，对象由其自身存在的形式进入主体活动的形式，这就是非对象化。所谓价值就是这种对象化与非对象化的双向互动活动的成果。3. 评价也是对评价活动的自我评价。价值是通过需要加以界定的，而需要则是由构成评价之基础的体验与情感活动所确定的。但接下来必须要弄清：假若人的体验与情感确定了需要进而确定了人的价值，那么，人的体验与情感的内在规定性是什么？人的需要与动物需要又如何区分开？是不是所有人的需要都是合理的、健康的？要弄清这些问题，就必须对需要本身加以评价，这种评价本质上就是反思，反思的结果就是要彰显评价活动的更深层次的合理性。人类活动的过程，就是追求价值、实现价值的过程，而价值存在的深刻的合理性恰恰也就在于人类社会及其历史生存的合理性，因此评价的深层的根据仍然在于生存论。

断言价值哲学成为一种新的哲学形态似乎有些仓促。在人的问题的总的哲学背景下，价值哲学是否作为某种总体的哲学形态从而起着统领诸多领域性哲学的作用？或者在当代是否存在某种总体的哲学形态？这些问题是价值哲学在理论上难以应对的。当代哲学确实发生着一场价值哲学运动，但运动的结果恐怕并不是一切哲学都成了价值哲学，而是价值哲学逐渐成了一个专门化的领域性哲学样态，与此同时，领域纷呈的当代哲学也不同程度地受到价值哲学的影响。照弗莱堡学派当时的设想，随着价值成为哲学的主题或基本问题，哲学的研究领域当然应当是价值论的"天下"。在当时的论域内，文德尔班与李凯尔特等人显然是强化了价值论与传统哲学的存在论与认识论的断裂，然而一旦把价值设定为新哲学的存在概念，那么价值论就仍然难以摆脱存在论与认识论的干系，它们之间的断裂不是决然的，而是存在着内在的连续性，这一连续性本身也是随着价值哲学自身问题的积累而逐渐呈现出来的。事实上，文德尔班与李凯尔特各自晚年的理论兴趣向新黑格尔主义、生命哲学、现象学及生存哲学的转移，本身就表明所谓价值哲学的兴起必须要融入整个当代哲学的总体性转型中才能得到说明，价值论、存在论与认识论的当代转换是内在地联系在一起的。存在论的转换即在生存哲学视野内得到初步开启但远未实现的历史性的生存论自觉，价值哲学的存在论承诺恰恰根植于这一历史性的转变之中。认识论的当代转换则在康德那里就已经提出来了，但胡塞尔的现象学又进一步推进了认识论转向。当代哲学的存在论转换与现象学中的认识论深化工作已经融合为一种影响深远的当代哲学传统，价值哲学的存在论问题恰恰是与这一传统内在关联着的。也只有深入到这一传统之中，才可能理解并解决价值哲学的存在论问题。

价值哲学的存在论问题历来是价值哲学研究的难题。面对这一难题可以有三种处理方案：第一种方案是把传统哲学的超验的、实体性的存在论直接看成价值哲学的理论基础；第二种方案是把价值哲学与传统的存在论哲学与认识论哲学区分开来，否认价值哲学的存在论基础。第三种方案是结合当代哲学价值哲学兴起的基本精神，批判性地利用、解读和改造传统哲学的存在论，从中引出某种具有理论支撑意义的价值哲学的存在论基础。在这三种方案中，第一种方案并没有把价值哲学看成一种新的哲学形态，它或者是隶属于传统存在论的，由此，价值哲学本质上就是超验的神学，或者是隶属于传统认识论的，在这一意义上，价值哲学则弱化为关于价值事实的实证性的、中立性的研究。第二种方案由于强调价值哲学与传统存在论哲学与认识论哲学的断裂，因而其存在论基础从形式上看被拒斥，但是，由于价值哲学已被看成一个独立的哲学形态，它本身又必然包含着某种存在论结构。这种存在论结构在第二种方案的具体执行过程中是不可能彰显出来的，价值哲学的存在论结构是在价值问题的合法性的反省基础上建构起来的，但一旦把价值哲学研究完全限定为对各种具体价值问题的分析与讨论以及关于价值判断的语义分析，那就必然会放弃关于价值问题的合法性批判。

第三种方案是值得倡导的。显然，价值哲学的存在论基础不可能直接从传统哲学存在论中移植过来，传统哲学的超验性的、抽象的实体存在论是与传统哲学的抽象的形而上学以及认识论哲学相匹配的存在论结构。存在论必然指向于某种存在者，而传统存在论中的存在者是抽象的实体，这种抽象的实体可以显化为诸如真、善、美、正义、平等等各种理念，可以表征为纯粹的判断形式，还可以归结为全知全能的上帝存在，一句话，抽象的实体指向必然性，或者准确地说是对必然性本身的先验规定。抽象的实体连接着两头，一头连接着超验的上帝存在，一头连接着纯粹理性，但在纯粹理性的那一头必定还需要通过知性承载起来，这就是认识论哲学，传统哲学的存在论哲学是与认识论哲学粘连在一起的，存在论哲学是通过认识论哲学承载和表现出来的。当然，传统哲学的存在论同时也就是认识论哲学的存在论基础，因此，传统存在论中的抽象实体还指向于某种外在的必然性。科学作为知性的成果形式因而也成为纯粹理性的表达形式，并获得一种先验的规定性，科学意味着事实的纯粹性，并且成为"真"的替代语。科学与"真"的同义看起来是把"善"赋予了科学，但实质上是用"真"直接代替了"善"，"善"并没有以一种应有的反省形式进入这一语境中。造成这一状况的理论缘由在于，传统的存在论与认识论哲学形态是从作为对象的外部世界以及抽象的纯粹理性出发去研究人，而不是从人自身出发去研究人与世界的关系以及人与人自身的关系，不是以真正的人本立场进入到人的研究。善是在我们关于世界的观念与人自身发生一种反省性的关联时才进入我们的理论视阈的，其前提是人面向世界主动开放，表现为属人世界观的生成。哲学主题必然会从确立在抽象的理念世界以及客体世界之上的存在论与认识论形态转变为根植于属人的现实生活世界之上的人论哲学形态，价值哲学可以被称为人论哲学形态的同一种表述，只不过其论域更为明确集中。

人们似乎已经习惯于用人的哲学来表述对当代哲学的理解，把当代哲学的主题归结为人的哲学，其实是在一种总体的和宽泛的意义上说的，人的哲学本身并不是一个严谨的学术概念。人们使用这一术语所表达的是一种思想倾向，所谓人的哲学包含了人的多重现实丰富性，诸如人的现实生活、人的价值、人的生存以及确证人的多重现实丰富性的实践活动等等。因此，人的哲学以及人的哲学理论需要具体化，诸如生活世界、价值论、生存论以及实践哲学，都是人的哲学的具体的理论样态。这些理论样态之间绝不是互不相干的，而是相互涵容并贯通一体的。严格地说，除了所谓人的哲学之外，价值哲学、实践哲学、文化哲学以及生存哲学等等都只能称为领域性哲学，但是考虑到它们之间的"家族相似性"，这些领域性哲学其实共享着当代哲学的理论基础，通过其中任何一个领域性哲学，都有理由承担起新的哲学形态的理论建构使命。

在当代诸多领域性哲学中，价值哲学或许具有一种典范的哲学形态价值（这一点尚需理论上的深入探讨）。价值哲学集中于"应该"问题。"应该"与"是"的区分标示着价值论是与传统存在论和认识论不同的理论论域。可以把价值论看成与存在论、认识论并列的另一个哲学领域。但这并不意味在价值论与存在论及认识论之间存在着一种根本的断裂。价值论与存在论及认识论之间具有一种批判性的关联，表现在：1. 存在论中对于"真"的追求与表述无疑体现着"善"的理念，"应该"以一种纯粹的理念形式蕴含于存在论中，这种形式常常被看成当代价值哲学的一个维度，但实际上关涉到价值哲学的理论基础。作为传统哲学核心的"存在"概念就是一个谓词，所谓"真"恰恰是对谓词的语义确证，明确地表达着客体（宾词）对主体（主词）的满足与符合，这一过程同时也体现着主体的意向性与对象性活动。只不过存在论哲学是把这一对象性活动看成主体自身的先验性的规定性，看成纯粹的非对象性活动。2. 在苏格拉底那里，善的理念是以一种内在的规定性置入到人的知识活动中的。认识论存在着两种传统：唯理主义的或绝对主义的传统与经验主义的或相对主义的传统。在前一种传统中，"善"直接被"真"所表达，但"善"同时也作为不可知的东西存在于后一种传统中。在前一种传统中，认识论代替了价值论，存在论的认识论化将善的理念同一为真的理念，在后一种传统中，特别是通过康德与休谟的努力，已经实现了价值与事实的区分。

事实与价值的区分是价值哲学的基点，但价值哲学的重点并不在于继续强化事实与价值的二分，而在于以价值为中心研究价值与事实的新的关联。这一关联对于纯粹的存在论与认识论来说是一个外围性的问题，而对于价值哲学来说，则是一个价值哲学的根本理论问题。传统哲学存在论与认识论的内在关联仅仅从传统哲学范式是很难弄清楚的，而价值哲学恰恰提供了一个有可能将传统哲学存在论与认识论样态融通起来的哲学范式。如果说休谟与康德已经区分了"是"与"应该"，那么从弗莱堡学派的价值哲学的提出开始，研究的重点就是基于价值的主体性与评价活动建构价值与事实的联系。李凯尔特明确指出："哲学，作为价值的一般理论，其任务就是从价值的角度对知识加以评价，从而建立事实与价值领域之间的联系。"①这意味着，价值论研究中已经蕴含了认识论的内容。

2. 从价值论到生存论

在生存哲学的论域内，价值论值得深入讨论这样几个问题。一是价值观念的转换问题；二是价值概念的厘定；三是评价活动的论域问题。而这几个问题都是与存在论转换及其生存论自觉活动关联于一体的，而且，只有进一步深入到存在论或生存论，才能深入阐发价值哲学或价值论的深层理论结构。

价值哲学的深层的理论结构既存在于价值哲学之中，同时也历史性地潜存于传统哲学存在论中。如前所述，当代哲学的存在论转换，其核心就是从传统哲学的超验的、抽象的实体存在论转变为奠基于现实生活世界之上，以阐释、反省和建构人的感性的和自由自觉的生命活动为己任的生存论，其目标是获得一种深入理解当代人类生存方式、生存境遇、生存矛盾及其生存意义的理论模式，揭示当代人类生存实践活动的历史合理性，进而形成健全积极的生存观念及信念。生活世界是当代人类生存实践活动的基本地平，它意味着当代人类生活的感性化取向，但正因为如此，生活世界尚不能作为当代哲学的自觉的理论基础。关于生活世界概念，学界内部一直都在争论，这种争论自有学理上的根由，笔者倒愿意把这种争论看成对某种试图赋予生活世界以过多的理论期待的

---

① ［德］文德尔班：《哲学概论》，215 页，伦敦，1921。

疑虑。这份疑虑是有道理的。大凡作为理论基础，必须具有充分的理论反省与建构功能。但生活世界却由于其感性的、散在的气质难以体现出这一功能。事实上，作为与日常生活粘连一体的生活世界本身就是拒绝理论反省与建构活动的，当中国学人在生活世界之前加上"现实"二字时，这一倾向显得更为明显。因此，问题"倒不在于哲人们提出这一概念时所置入的散漫性、非理性、直观性及自身封闭性，而在于这一概念的传播正好暗合了人们的某种庸常而浮泛的心态。……这一概念的高频率的使用，已然包含着对于'当前生活'的不自觉的崇拜"①。如同传统存在论所遭遇的整体性废黜，关于生活世界历史合理性的反思也从人们的理论视野与兴味中隐退了。

因此，必须穿过生活世界概念，敞开蕴含于生活世界之中而又被生活世界概念遮蔽的生存论。在当代哲学中，给予一种超验的理论模型及学说已被证明不再可能，但要人们接受一种纯感性的、非理性的思想状况则更不可能。如何寻求一种理性与感性的张力与平衡，这是当代哲学面临的巨大挑战。作为当代哲学的存在论基础，生存论必须蕴含着充分的反省性与建构性。生存论的反省性与建构性都是以生存的开放与自身超越性为前提的，而最深层的本质则是生存论的整体性与历史性。生存的开放性与自身超越性指向于生存的属人性，因为只有人的生存才是开放的，也只有人的生存才可能实现自身超越。它要求超越流俗的生存观念，即把人的生存还原为一般生命物的存活的观念，强调生存的属人性，强调从人的生存去理解生命，拓展和提升对生存意义、生活质量及

---

① 邹诗鹏：《生活世界话语的困限与生存论的自觉》，载《教学与研究》，2000(5)。

生命内涵的理解。① 就现实个体而言，生存的开放性与自身超越性其实都是有限的，但就人类整体而言，生存的开放性与自身超越性则是无限的，并不存在现实个体的生存与人类整体生存的决然对立，现实个体的生存通过历史转换为人类整体生存。恰恰是生存所深刻蕴含的历史性成就了生存论的理论反省与建构功能。只不过，生存的整体性与历史性对现实中的人而言总是处于一种不断生成的"历史"过程。这一历史过程曾被看成由超越者支配的过程，马克思则明确指出它不外乎就是人的自我解放过程，或者说是人成为人的过程。人是在成为人的过程中实现生存理解的，在这个意义上说，生存论的历史性恰恰意味着人的生存的未竟性，生存论的历史性起点在未来，它指向于一个属于人类未来的应然的生存状态。

作为当代哲学的典型形态，价值哲学应当对生存论建构给予高度自觉，因为生存论应当有理由成为价值哲学的存在论基础。但在价值哲学研究中，这一点似乎并没有获得充分自觉。价值哲学的理论基础就是价值论，这看起来是不言而喻的，至于价值论的理论基础又是什么，似乎没有做进一步的追问。造成这种情形有多方面原因，诸如价值论与传统存在论及认识论的断裂的过分强化、生存哲学中存在的非理性主义倾向、反基础主义的盛行、纠缠于具体的价值问题以及研究方法上的道德化倾向等等，但笔者觉得其中至关重要的原因恐怕仍然在于价值哲学研究中存在的感觉主义倾向。虽然价值哲学公开拒绝承认价值的历史性与客观性，因此在深层的理论意蕴中是不包括存在论内涵的，但当把价值

---

① 邹诗鹏：《超越对人生存的流俗理解》，载《华中理工大学学报（社会科学版）》，2000(1)。

哲学的理论基础完全确立在价值论之上时，研究者实际上又无意中赋予了价值论以存在论意义，并把作为价值论核心范畴的"需要"看成了"存在"或"本体"范畴。然而，无论在传统存在论的意义上还是在现代存在论的意义上，"需要"都不具有"本体"的奠基意义。

"需要"（will），也可以译为"意志""欲望"，需要无疑是一个主体性的概念，表达着人的意向性。这一心理性的、感觉性的概念显然不可能作为实体性的本体概念存在于传统存在论结构中，但却被价值哲学看成价值生成的当然前提。从词义上看，"需要"先行于"应该"范畴，从这个意义上讲，需要确定价值的产生。然而，同样是在价值哲学中，需要与价值又具有明显的互释关系。追问为什么会有需要，必然会搬出价值，如"之所以需要某物，是因为某物有价值"。这种相互阐释性表明，还存在着较需要与价值更为根源性的存在样式，值得做进一步的追问，这一存在样式就是通过当代哲学生存论体现出来的生存。生存承担着对需要的理性规定。

人是通过需要以及需要的不断满足从而展开其对象性的存在活动的。工商业作为已经产生的对象性的存在直接表征着人的本质力量的展开，人的需要也成就了科学与工商业文明成就。需要表征着人的自然的生存情态，正是在这个意义上，马克思称"人的**感觉**、激情等等不仅是［本来］意义上的人本学规定，而且是对本质（自然）的真正**本体论的**肯定"①。这是一种自然本性上的规定，人的对象化、人的独特的享受方式、人的工业实践活动，都是为了更好地实现这一自然的生存情态。但

---

① 马克思：《1844 年经济学哲学手稿》，140 页，北京，人民出版社，2000。

国民经济学家却通过把异化劳动看成劳动者的应然生存状态从而"把劳动者变成是没有七情六欲的和没有需要的存在物"，这样一来，人其实是被剥夺了自然的生存本性。"**违反自然的荒芜，日益腐败的自然界，**成了他的**生活要素**。他的任何一种感觉不仅不再以人的方式存在，而且不再以**非人的**方式因而甚至不再以动物的方式存在。"①国民经济学家之所以只是看到人的经济价值而不是人的全面价值，就是因为他们并不是从人的生存实践活动去理解人，根本的理论出发点在于理解人所特有的存在方式，即生存。在应然的背后还存在着一种生存的必然。价值哲学所建构的价值与事实的联系本质上应是生存论联系，也只有立足于生存论，人的丰富的应然性才能得到阐释。

因此，不能停留于对人的需要的感性的理解。需要必须是人的需要，而人的需要根源于人的生存。需要与生存的差别在于：1. 需要是人表现和充实自身价值而展开的意向性，但需要本身只是把人的生存局限于实存。生存作为蕴含着自身丰富性的存在性结构，确定着人的超越性。我们说生存，就是指人的生存，人的生存像一般动物那样，也具有实存性，但人的生存毕竟不同于一般动物的人的生存，具有本质上的超越性。生存在本质上是属人的，因而必然向需要敞开并把实存意义上的需要提升为生存意义上的需要。但一旦把人的主动性的超越性的生存还原为动物的、被动性的、物性的存活，必然会堵住生存面向需要的开放性，这样一种需要实际被还原为了动物性的本能。在这一意义上，生存论建构是用生存的超越性去统一实存性。2. 需要总是个体的，它表达

① 马克思：《1844 年经济学哲学手稿》，122 页，北京，人民出版社，2000。

的是个体的意志，需要本身并不必然与整体发生勾连，需要并不因为它没有考虑整体从而不成其为需要，而生存既是个体性的，也是整体性的，而且必然是整体性的。需要的个体性虽然表征着价值的直接性与真实性，但因为需要的个体性往往被限定为单子式的封闭个体，或者个体需要干脆被人为地剥离了生存整体性，因而由需要所阐释的价值的直接性与真实性往往会为某种物役性与功利性所困扰，个体需要的占有性与整体生存的共生意识总是处于一种尖锐的对峙状态。但是，从本质上说，生存的整体并不是僵死的和大一统的整体，而是一种流动性的网状整体，个体生存本身就是内置于生存整体中的。生存论用生存的整体性统辖和实现生存的个体性。3. 生存的整体性体现着生存理性，而生存理性本质上是由生存的历史性所赋予的。需要总是当下性的，它可能表现为历史性，但并不必然蕴含历史性，生存当然表现为当下性，但其根据却在历史中。生存的历史性既构筑起人类共同体的永续生存，又构成生存自我反省和自我阐释的内在规定性。生存论是以生存的历史性规定生存的当下性。

相比之下，生存论较价值论更具存在论意义，不过，在理论内涵上，生存论是通过对价值论的内在的反省活动所形成起来的，从价值论的解释模式可以找到一条进入生存论的适合通道。价值论的解释模式是生活（生命，life）→生存（existence）。价值论立足于两个关键性范畴：一是生活世界范畴，一是需要范畴。其中生活世界是展开价值论的基本平台，但这里的生活世界是一个直接给予的现成的世界，即经验的日常生活世界，而需要则是价值论得以展开的意向性活动，既标示着价值主体性，也标示着价值欲求的对象性与目标性。值得注意的是，生活世界的经验性与反思性同时也是由需要加以取舍的结果。经验的日常生活世界与需要范畴确定着价值论的非反省性与主体主义取向，这一取向同时也限定了价值论的人类中心主义论域（这种人类中心主义本质上是自我中心主义），因而关于自然的内在价值显然是价值论的难题，因为这必然涉及价值论的边界。由于停留于经验的和日常的生活与生命理解，进而也导致一种实存的生存观念。当然，也可以说，经验的、缺乏内在超越的生活与生命观念本身又是源于实存观的，因为生活（生命，life）→生存（existence）的解释模式同时也隐含着实存→生活与生命（经验的直观的日常生活与生命活动）的解释模式，把人的生存还原为一般动物的存活状态，必然意味着从动物性的需要本能及知性的态度去理解人的生活与生命。

立足于人的超越性的生存，从而进入生存论的解释模式。生存论的解释模式是从生存→生活（生命），作为一个基础性的概念，生存同时也是一个高起点的概念，生存就是指人的超越性的生存，因而生活及生命就是指属人的生活与生命活动。在生存论中，生活世界同样也是一个基础性的概念，但这一基础概念并不是给定性的，因而生活世界所带有的原初的经验性与直观性需要接受某种检测与反思。检测与反思的依据则是生存的超越性、整体性与历史性，在生存论建构中，需要仍然可以看成一个重要范畴，但它必须接受来自生存的超越性、整体性与历史性的反思与改造。这一反思与改造活动反过来也强化了生活世界的自我反思活动，从而使生活世界概念更具理论性，而且由生活世界的这种理解所展开的自为的生活与生命观念必然蕴含着一种超越性的生存观。超越性的生存是生存论的基点，但这并不意味着人的生存是排他性的，生存的超越性同时蕴含着开放性，超越性的生存是作为社会化的人的自然生命存在状态，但要达到这一超越性的生存，必须实现超越性与实存性、属人性与自然性、整体性与个体性以及历史性与当下性的辩证统一。生存论同样强调生存的主体性，但与此同时它还强调生存应有的主体间性，强调生存主体间以及生存主体与周围世界基于人的长久的历史性生存而应该建立起来的积极的、建设性的和富有智慧的对话关系。

第七章

开放生存论

一、生存论哲学的人类性方向

　　到目前为止，我们只是在西方哲学与文化背景及其影响范围内探讨生存论。这样一种考察方法是必要的。从客观上看，当代哲学的生存论努力，主要是在西方哲学与文化背景中展开的。而且，当代人类哲学思想主要是以西方哲学及文化思潮的演进为主流的。应当说，西方文化与哲学精神所固有的、不懈的反省与超越精神，在 20 世纪西方哲学与思想文化的演进中得到了更为淋漓尽致的表现，这种表现同时也是旨在回应一个剧烈动变的历史时代。从这一意义上说，当代西方哲学与文化在整个人类文化系统中具有一定的示范意义，而在时代意识上，当代西方生存论哲学本身也蕴含着一种人类性意义。但是，生存论毕竟不只是西方哲学与文化的"内部事务"，本质上应当与生存的人类性方向相一致，但这必须要超越一种生存的西方视域。

西方哲学从其现代境况向后现代境况的转移或后撤，在很大程度上表明，作为西方"内部事务"的存在论变革已经终结，但这里表征的恰恰是西方哲学与文化的危机，而不是生存论哲学的使命已告终结。哲学的整体状况与思想处境已经改变，透过存在论的转变，我们可以发现一条全新的当代生存论哲学地平。但是，西方哲学的当代发展本身也陷入了一个尴尬境地。在西方固有的哲学传统内，存在论变革无疑意味着西方哲学精神的终结，然而，包括生存论哲学在内，当代西方哲学并没有生成一种能够承担这种传统终结的新的样式。不仅如此，一浪高过一浪的相对主义或虚无主义潮流正在掣肘着西方精神传统的自身转换，生存论哲学见证并沉陷于这一转换过程，并且在这样一种复杂的过程中，生存的开显、自我阐释与自我解构差不多同时进行。

存在论变革的当代际遇可以从一句流行的说法——哲学的终结——中得到印证。我们现在基本上已接受了这一说法，但从很大程度上说，哲学的终结仍然需要从历史哲学意义上进行还原。哲学的终结是根植于西方超验传统之中的形而上学的终结。这里，终结的并不是某种徒具形式的形而上学理论，而是形而上学和与之无法分离开的西方超验的文化传统，是超验的文化传统的终结。进一步说，所谓超验的文化传统的终结也不只是指某种纯粹文本式的或抽象的文化传统，在超验的文化传统背后潜存的乃是经常被遮蔽了的"西方本质"，终结的应当是"西方本质主义"。

哲学的终结并不只是一种思想运作、生产及表述方式的终结，而是一种以自觉或不自觉的区域中心主义为核心的价值观念及意识形态，是欧洲中心主义或西方中心主义的终结。西方超验文化传统与西方中心主义是互为表里的。西方哲学存在论实际上总是与根深蒂固的西方中心主义有关，关于哲学存在论，前面我们曾分析过三个支持性要素：终极意识、知性传统与超验传统。其中，超验传统的支持作用是根本的①。还需要指出的是，哲学存在论的成立逐渐获得了来自根深蒂固的西方中心主义的支持，这本身也把哲学存在论限定于"西方"论域。从很大程度上说，我们需要充分评估西方中心主义的政治哲学内涵。权力的支撑确定着话语的现实力量，并且表达为一种强制性的逻辑。存在论哲学家们总是自觉或不自觉地把存在论的完成过程，看成建基于西方中心主义之上的"内在历史连续性"的持续与完善过程，这实际上表达的是西方传统的不言而喻的优越感。"内在历史连续性"这一在哲学中频繁出现的概念其意义是自明的，这就是根植于超越精神并具体体现于西方历史演进的时间向度，内在历史连续性根植于西方的超验传统，本质上是神创世论和基督神学目的论，但西方历史这一承载着超验传统的本体同时也被看成历史的不言而喻的主体。

哲学的存在论变革是哲学从抽象的历史向人的实践的历史的转变，它不再仅仅是纯粹理论的建构，而是关于历史活动的存在论建构，因而必须从现实的人类历史的批判活动中思考这一转换的历史处境与方向。哲学的存在论变革蕴含并要求实现历史的转变，这就是从西方历史向人类性历史的转换。

---

① 参见第五章"当代哲学的存在论变革问题"。

在西方哲学中，历史并没有取得与实践哲学相谐的独立地位，历史只是种种超验精神展开自身的背景，没有自己的规定性，甚至没有自己的理论优越性。但是，通过与西方文化的超验传统以及与近代以来的抽象进步观的交融，特别是与西方近代以来强势的资本主义体制及精神的结合，西方历史哲学逐渐形成了一种独断论式的逻辑。

西方思想对非西方思想的简化从古希腊就开始了。黑格尔说："希腊思想和东方思想都同有着这种自然性和直接性。但是希腊思想把东方的内容化成了一些完全贫乏的范畴，所以这些思想在我们看来，是不大值得注意的，因为它们还不是真正的思想，尚未具备思想的形式与范畴，而还存在着自然性。"①经过西方思想处理过的东方思想已不再是东方思想本身，但西方思想自古希腊时代以来一直就是如此处理东方思想的，所谓"东方主义"并不只是当代西方学术界存在的症候，它的形成由来已久，东方主义的本质就是西方中心主义。也唯有通过东方文化的自身努力，在无论是经济政治背景的支持条件，还是文化本身应有的消化、吸纳和批判异文化的能力方面。只有在非西方文化已经具备了足够的自我支撑能力的情况下，东西方文化传统才可能出现平等的和互动性的对话与融通。

在黑格尔的历史哲学中，世界历史以一种萌芽的形式潜伏在精神之中。精神就是人之所以为人的自由本质，而这种自由的本质必须是精神发展到一定阶段才能获得的。在黑格尔看来，东方人不可能懂得这种自由。黑格尔的历史哲学就是其精神的哲学，正是在黑格尔的历史领域

---

① ［德］黑格尔：《哲学史讲演录》第 1 卷，贺麟译，162 页，北京，商务印书馆，1978。

里，精神的本质得到了淋漓尽致的展现，这同时也是德语中"精神"（Geist）一词的丰富内涵的体现，是自由意志的自觉与实现。在黑格尔那里，精神开始意识到其自由的时期就是日耳曼世界的第三时期，黑格尔把这一时期具体确定为现代，也就是现代世界的起点，或者说是对现代性的历史规定性。在黑格尔看来，精神是超验与理性的混合，只有欧洲精神的精华——日耳曼人才可获得这样的禀赋，至于"放纵、粗野"的东方人是不可能获得这种自由的，因而也不可能获得这种精神品质。在黑格尔看来，"世界历史"之所以把日耳曼世界的第三时期确立为现代的起点，原因在于精神的先在规定性，而现代成为现实的历史又确定了历史的理性特征。近代以后形成的线性的社会发展观在黑格尔的历史——精神哲学中得到了最抽象的表现。在黑格尔看来，世界历史是世界精神的外化，世界精神的外化，即经验历史之所以形成的发展观念。"发展的原则包含一个更广阔的原则，就是有一个内在的决定，一个在本身存在的，自己实现自己的假定作为一切发展的基础，这一个形式上的决定，根本上就是'精神'，它有世界历史做它的舞台。"①

黑格尔的历史哲学理论是西方传统历史哲学的集中表达，代表了西方人看待非西方社会文化的典型范式，这一理论从内涵上看是通过一种超验或先验的理性主义重申西方内在历史的连续性，同时也在历史哲学的视域内确立起现代性。黑格尔的历史哲学理论是现代性的典型表达形式，正因为如此，也成为 20 世纪以来西方后现代哲学家及思想家反叛的主要靶子，反叛直指这种历史哲学背后的欧洲中心主义偏见。"各种

---

① ［德］黑格尔：《历史哲学》，王造时译，57 页，上海，上海书店出版社，1999。

互相竞争着的现代性理论，总是与一种历史理论联系在一起，这一点上，它们的立场是共同的：都把在西方世界的各个领域中发展起来的生活形式，看作在二元对立中'直接出现的'、'无特征的'一方，世界的其他地方和其他的历史时代相对而言则成为有问题的、'特殊的'一方，后者之所以能够被理解，不过是因为它们不同于被认为是常态的西方模式。"①"现代首先把自己界定为理智与理性的王国，相应地，把其他的生活方式看作这两种东西的缺乏。"②由此，非西方文化被看成非理性的或者说是前理性的。不过，有意思的是，理智与非理智的设定本来只是西方文化一厢情愿的独断论设定，但这一设定却直接成为西方排斥非西方的理论根据，在西方式的理性范围内，非西方的一概被看成不合理的，甚至是不合法的。在现代性制造的一系列二元对立的背后，其实总是间接或直接地包含着一种西方/非西方的对立。

形成现代性的历史观本身是隐蔽的，但这一隐蔽的历史观却牢固地支配或制约着西方现代思想。除了理性之外，在黑格尔的现代性思想背后，其实是一种排斥着非西方参与的根深蒂固的超验精神。当非西方接纳现代世界并在精神意识方面排斥西方思想文化时，非西方文化的自我封闭显然是有问题的，但是，这同时也与西方文化中缺乏非西方维度与包容意识有关。从这个意义上讲，东西方文化的沟通与交流是互动的，任何一方都须努力克服自身文化中的那些阻碍着文化沟通的壁垒。尽管其思想文化的根源在一般意义上是出于两种文明或文化样式的巨大差

---

① ［法］齐格蒙·鲍曼：《立法者与阐释者》，洪涛译，149 页，上海，上海人民出版社，2000。

② 同上书，150 页。

异，但是，对于同处于一个开放的生活世界中的人类而言，阻碍着文化涵化与融合的来自精神传统的藩篱及障碍确实需要拆除。

在当代哲学与文化背景内，对内在历史连续性观念的拆除，是通过后现代哲学实现的。后现代哲学立足于当下而蔑视历史，"历史是枯竭的，生活在现在的人类总是竭力地想要忘记过去，超越历史、超越知识和任何普遍性根据"①。在后现代哲人的眼里，历史不再是内在的和连续的，而是外在的和不连续的(断裂)，现实的文化现象充满着杂多、无序和不可理解性，并把人们逼向一个虚无的意义深渊。"后现代世界里不存在意义；它是一个虚无的世界，在这个世界中，理论漂浮于虚空之中，没有任何可供停泊的安全港湾。意义需要深度，一个隐藏的维度，一个看不见的底层，一个稳固的基础；然而在后现代社会中，一切都是'赤裸裸的'、可见的、外显的、透明的，并且总是处于变动之中。从这一点上讲，后现代场景展现的是意义已死的符号和冻结了的形式"②。"既然深度被夷平了，历史和经验也就因此被碾平了。人类迷失于后现代的当下时刻，疏远了那些哺育了我们的历史意识并提供了一个丰富多彩的、层次分明的、多向度的现在的积淀传统、连续性以及历史记忆。"③

后现代历史观既是对以黑格尔为代表的现代性历史观的持续性颠覆，同时也是对后现代消解历史深度的自身反讽，反讽直指以后现代哲

① ［美］波林·罗斯诺：《后现代主义与社会科学》，张国清译，93 页，上海，上海译文出版社，1998。

② ［美］道格拉斯·凯尔纳、［美］斯蒂文·贝斯特：《后现代理论》，张志斌译，164 页，北京，中央编译出版社，2001。

③ 同上书，351 页。

学为代表的当代西方哲学在理论建构上的无能处境。历史感的匮乏反映了存在论的虚无，作为一种过渡状态，后现代历史观显然也包含着一种存在论的焦虑，这种焦虑主要看来并不是期待什么超验意识的复活，而在于对某种与存在论粘连在一起的西方意识的焦虑。尼采哲学之后，人们对某种超验意识的复活已经不抱希望，但是，对于与这种超验意识关联着的西方中心主义，却是始终难以克服的，这一点事实上也妨碍了存在论变革的历史性生成。存在论焦虑实质上已变成西方中心主义的自身焦虑。

有一种说法听起来很"反动"：哲学只能是西方的。其实这同时也是一个直观的评价，这一评价道出了哲学终结的一个关键根源。如果哲学必须是超验性的，那么只有传统西方哲学才叫作"哲学"，这实际上将西方哲学本质上固有的超验性与超越传统的地缘根源联系在一起，进而凸显了西方中心观的终结。它看起来是在强调哲学的西方性，但实际上是把西方哲学推向绝路：如果哲学只能是西方的，那么这种哲学必然会终结，而且其实质正在于奠基于超验存在论基础之上的西方哲学传统的终结，而开放的、爱智的、因而与其他非西方哲学样式融通一体的哲学必然如凤凰涅槃般再生，如同非西方必然是人类中的文化类型一样，西方文化传统也需要通过某种创造性转换成为人类文化中的一种类型。因此，"西方的终结"这一看似诋毁非西方哲学样式的说法，实际上是以尖锐的方式提出了非西方哲学样式的自觉、阐释与重构问题。它引导我们思考这类问题：如果没有西方意义上的哲学，我们是否还能找到生活的理由？西方哲学之前或之后的哲学是什么样的？在这之前或之后的哲学中，非西方的精神文化传统提供或占据一种什么样的资质或地位？

　　哲学的终结显然不是要回到某种古希腊的生活样式与语言形式。在此，回复也只是一种思想的引导与反思的样式。作为存在论变革的旗号，哲学的终结预示着哲学本身的历史转变，这一转变虽然已经蕴含于马克思的实践哲学与唯物史观中，但却并未真正贯彻到当代哲学存在论变革中。就马克思哲学的巨大的哲学人类学意义以及对当代人类社会的解释、批判与引导价值而言，其中蕴含的存在论与生存论价值是应当释放出卓越的当代效应的。思想的事实也正是如此，通过内在地理解和批判当代人类实践与文明，马克思哲学成为当代哲学文化中的主导思想。通过对传统西方哲学存在论哲学与认识论哲学的决定性的超越，马克思哲学开辟并奠定了当代哲学的基本状况，并深入影响着当代哲学的基本走向，也正是通过与当代西方哲学的批判性的和建设性的对话，马克思哲学开辟了一条从西方哲学范式真正走向一种人类范式的可能性的历史哲学。对于非西方哲学而言，马克思资源的引入关键就在于完成自身文化传统的创造性转换。在这个意义上，争论马克思的西方性与非西方性都必须充分考虑到马克思思想的人类性，并从马克思思想人类性的意义上思考人类文化的当前处境与使命。任何一种存在论样式都是关涉于一定的文化传统及其表现形式的，因此，存在论变革，作为哲学基础的根本转换，必然要反映出文化传统的创造性转换，而存在论变革的艰难正表现在文化传统的艰难的时代转换。

　　中国文化传统如何与西方文化传统沟通，自近代以来一直就是困扰着中国学人以及中国社会的难题，而且，应当说，这两大文化传统的对接，在全球性人类文化生成的整个当代社会，尤其具有示范意义。在中西方文化传统转换及其融合的背景下，生存论自觉其实需要两方面的互动：一个方面是由西方哲学存在论范式的转换开启的西方文化对于中国文化传统的意向性及其接纳，另一个方面是中国文化传统的创造性转换向西方文化的积极的学习与涵容过程。这两个方面缺一不可，在可以预见的交往情势下，后一方面仍然要强于前一方面，文化互动的质量是成问题的。而问题的关键仍然在于两大文化传统的当代转换是否是在同一个方向上进行的。

就西方文化传统的自身超越性以及由现代性确定的西方文化的相对强势地位而言，西方文化传统的转换必然是通过西方文化自身实现的。马克思、尼采以及海德格尔等人正是实现这一转换的关键人物。而且，相对于尼采对西方文化精神中非理性精神的张扬，相对于海德格尔重新构造西方哲学的存在论传统，马克思通过改变社会基础以及生存方式从而实现的文化转变，更为根本性地推动了信仰传统的彻底转变。尼采对神的废黜，对非理性的张扬，看起来是用人本主义对抗神本主义，实质上意味着传统的神圣精神在当代文化意识中的缺席，海德格尔用此在的生存对抗实体性的存在，用生存的时间性与在场性开启存在的永恒与不在场，显然表达了对传统神学存在论的不满。但尼采与海德格尔看起来都没有提出一种体现着时代精神的哲学理念，相反，他们的哲学努力，连同他们所在的思想体系及思潮都汇入了这一时代的病态的精神现状中。这一时代病状的实质，其实正是西方文化传统在其历次转型中周期性重演的相对主义及虚无主义。

时代精神显然不能等同于这一时代的精神状况。这一时代仍然处于马克思所谓从区域史走向人类史的世界历史时代的前期阶段。在此一时期，不同的文化都被一种缺乏前景的相对主义乃至虚无主义所困扰。而时代精神则是对整个世界历史时代的称谓，实质上，这种由马克思指认的时代精神尚待生成，就在人们将时代精神直接赋予马克思哲学及思想时，很明显，马克思思想的当代性尚待开启。在马克思的思想努力中，当代西方文化与传统西方文化之间注定会发生一次断裂，这一断裂其核心是精神信仰的转变，这就是从有神论向无神论的转变，转变的核心是历史性的和大写的人的生成。在有神论中，人只有抽象的神性，没有历史性，当然也没有人的生成或生存，人注定是宿命的，且需要神的救赎，于是超验性的信仰成为人的内在的精神需要，甚至于成为人生存的根据。实质上，传统存在论之所以确证，其主要的功用并不在于智识的需要，而是信仰的需要，是把一种看起来外化甚至异化了的超验性赋予一种内在性的需要。无论是从语词上，还是从具体的确证方式上，存在论都表达着一种绝对的上帝存在的图式。换句话说，所谓存在论正是上帝自身之所以存在的言说体系与逻辑图式。存在论在古希腊的确立，见证了古希腊精神信仰从多神论向一神论的转换，而存在论的完善过程，则见证了后世西方精神信仰之超验本性的确证过程。但是，现代性的生存方式及其制度框架动摇甚至冲击了这种精神体验形式，马克思的实践哲学无疑包含着一种现代性的肯定态度，甚至其思想使命正是要为现代性奠定一种理论的合法性，而马克思实践哲学蕴含的存在论范式的转换，即由超验的、实体性的抽象存在论向实践的、历史性的感性生存论的转换，正是这一理论合法性的证明。在此意义上，存在论的理论确证方式以及由此展开的超验的精神信仰方式都属于前现代的，而生存论的理论确证方式以及由此展开的无神论的信仰方式则属于现代性的。马克思显然没有局限于传统无神论的信仰，传统的无神论表现的更多的是自然主义或者是以自然主义的方式表现出来的人本主义，而且它总是与宗教神学难以分开的，传统无神论的信仰实际上仍然是属于前现代的。马克思的无神论所强调的正是人生存的超越性，是人通过自身解放并通过世界历史时代而展开的人的自我确证，其本质是人通过自身生存实践活动展开的历史性。

因而，马克思对西方文化传统的彻底改造其本质在于精神信仰的根本转变。马克思由此真正开启了西方文化传统的现当代转换。并且，正是通过马克思，当代西方文化得以与中国文化沟通。因而，走向现代转型的中国文化选择了马克思而不是其他的西方思想家，并不是偶然的。通过接受马克思的哲学及思想，中国文化实现了自我批判与改造，并得以与当代西方文化形成对话。

中国文化传统的当代转换并不是要完全舍弃自身文化传统的基本风格和特质。中国文化传统在长期的流变中形成了许多风格与特质，如天人合一、儒道互补、内在超越、反求诸己、中道圆融、和而不同、政教合一、三纲五常、亲情伦理等，从哲学类型上看，中国文化传统应从无神论的信仰传统中进行总体把握。与西方文化经历了漫长的演进以及动变方形成一种超验的文化传统不同，中国文化传统则具有一种梁漱溟所谓"早熟"特征，即人的生存背景处于"向外用力"的物性化生存，但文化却过早地形成一种"向内用力"的精神样态①。实际上，中国文化的"早熟"特征并不能仅仅归结为中国圣人的超前智慧，而是应当从中国古代社会人的生存方式以及相应的文化表现形式入手分析。社会组织高度结构

---

① 梁漱溟：《中国文化要义》，268 页，上海，学林出版社，1994。

化、文化礼仪自成一体、民族中心意识、自我身份意识高度发达以及居有定所的农业社会，带来的是文化理解的高度自洽，国家民族的认同意识以及非社会化的社会构成方式，使得人民群体几乎没有必要诉诸某种超验的精神寄托。向外，对国家民族的忠诚直接构成一个人精神信仰的支撑；向内，率性而为、中规中矩就是一个人心性之学的内涵，而且，所谓"向外"与"向内"都只是对个体实践行为的相对区分，本质上是相通的，所谓"内圣外王""反求诸己"。从这个意义上说，中国文化传统恰恰是一种日常生活的哲学，是肯定日常生活体验方式的哲学。日常生活是原初性的和未分化的，体现着一种简单的复杂，反映日常生活的哲学需要的是经验性与内在性，而不是超越性与超验性。日常生活的意义是自足的，不需要从日常生活中提升出一种纯粹的超验实体并作为生活本身的根据，构成中国文化传统风格与特质的那些东西，其实都是对日常生活的体认，或者说是对中国传统社会具有超稳定性的生存方式或生活方式的文化肯定。有神论或一神论，从文化意义上讲，是对日常生活意义进行提升的结果，而无神论（源于多神论）则是对日常生活多样性的自我肯定与确证方式。中国文化传统"早熟"的特征其实质在于其无神论的信仰状况。

换句话说，"早熟"说并不是没有问题的。第一，中国文化传统的道德层面是否只是限于心性层面而与自然无涉，或者说，看起来适应于内在的道德修持的心性是否与向外用力的物性化生存之间是决然分离的。当把中国文化传统归结于道德心性之学，进而指出中国文化传统的生存背景只不过是处于向外用力的自然生存状况时，实际上是否定了人在自然生存状态下的道德心性需要，这恰恰是不符合天人合一的中国文化传统的。天人合一的"天"，既包含着一种超越性的天道，也体现着自在的率性与自然本性。只有兼备超越性与率性，方可实现"天道"与"人道"的合一。所谓"天道远，人道迩"，其义是要将看来具有一定形上性的天道拉回到人道，把超验还原到日常生活中，把宗教的超越回撤到道德的内在性之中。通过道统化的方式，中国文化传统提供了一套适用于传统农业文化的文化精神及政治意识形态的话语系统。其中，类群化且个体化的道德内化体系既承担了宗教超越，同时又避开了宗教与世俗的可能对立，这是一种特别具有社会整合及文化涵容价值的伦理学体系；而社会的秩序建构因为社会与人道、与天道的相通，因而也赋予了一种本体论的地位，进而被赋予了存在的神圣性与理论的合法性。

第二，说中国文化传统"早熟"，意味着西方文化传统的"晚成"，但这一点看起来经不起推敲。大体上说，前苏格拉底（或更确切些说是前巴门尼德）的哲学与文化表达方式基本是"向外用力"的自然哲学，而自巴门尼德及苏格拉底开始的西方哲学传统，从一开始就是存在论的方向。巴门尼德、苏格拉底与老子、孔子大约是同一时代，就在先秦哲学确立中国文化传统的一些基本精神的同时，古希腊哲人则以存在论的方式确立了西方哲学与文化传统。存在论从一开始就避开了心性论，而是诉诸知识论且完成了道德伦理学以及宗教神学的理论构建。考虑到西方文化传统的主导方面就是知识论和宗教信仰，以及存在论在知识论的构成以及宗教信仰的理论阐释方面的基础性意义，同样也会得出古希腊存在论传统的"早熟"结论。

实际上，当我们抱怨中国文化传统的早熟特征影响了中国文化传统的进一步分化时，站在西方文化传统历史嬗变的角度，同样也有理由指责西方哲学及文化的存在论传统影响了西方文化精神的演进。困扰着当代西方文化人类性转型的关键，是本质主义及实体主义，而尼采与海德格尔对整个西方哲学及文化传统的反叛，核心所指就是本质主义及实体主义。海德格尔从语言哲学的角度指责欧洲哲学传统背离了古希腊的存在论，实质上，古希腊的存在论已经以内在的形式包含了本质主义与实体主义。正如在第一章剖析 to be 及 Ontology 话语时已经指出过的，所谓原原本本的关于"On"的"学说"仅仅只是在巴门尼德、柏拉图以及苏格拉底那里呈现过，后世的存在论实质上都应当看成 Ontology 的理论应用。也就是说，所谓本质主义与实体主义不过是存在论的必然的理论结果。而从超验的和实体性的存在论向感性的生存论的转变，才显得如此艰难。而在同样一种理论困惑面前，比如海德格尔就直觉性地发现了中国老庄哲学的生存论底蕴。海德格尔实质上是在对西方哲学传统提问，实质主义和本质主义的西方哲学还叫作哲学吗？进而我们还应当质问所谓"中国文化传统无哲学"论：难道充满着生存论底蕴的中国哲学传统竟不能称为哲学?! 海德格尔的努力至今仍然是中西方文化深层沟通的一次诱人的尝试，但海德格尔显然缺乏一种足够的文化领悟以及语言思维能力开启中国老庄哲学乃至整个中国文化传统的生存论底蕴。这一工作正是留给当代中国思想文化及学术界的历史使命。

中国文化传统的生存论底蕴需要挖掘和阐发，不过这一工作必须与中国文化传统的现代转换历史地联系在一起。中国文化超越论的底质以及近代以来中国思想文化的状况表明，中西方文化得以沟通的中介既不是来自中国文化传统内部，也不是来自西方文化传统内部，而是源自对西方文化传统的历史性的反叛，并由此引导着西方文化转型的马克思主义。而马克思实践唯物主义蕴含的新的无神论传统也有益于实现中国文化传统的创造性转换，其实质是从一种适应农业文明的自在的无神论向一种适应工业文明的自为的无神论的转换，由此，中国文化传统得以实现创造性的阐释。中国文化传统的转换接受了马克思主义而不是其他西方思想，这是值得认真考量的。无神论是中国文化传统的特质，中西两大传统沟通的困难，对中国文化传统而言，主要是难以接受西方居主流地位的有神论的基督教传统及其信仰。马克思主义则不同，因为其无神论的明确指向基本上符合中国文化传统的信仰精神，而且马克思主义对欧洲文化传统的成功反叛，使唯物主义或无神论获得了一种历史性的生命力。就像马克思主义在当代西方思想界获得了一种主流的地位一样，通过融入或靠近马克思主义，中国文化传统得以实现其面向时代的创造性转换，并且由此赢得其应有的地位与身份。显然，就当代哲学与文化转型的实际境况看，当下时代以及未来相当长的历史时期将一直处于由马克思开创的这种历史性的哲学与文化转型之中。

二、生存论回复

生存论哲学的人类性方向，在文化意义上意味着向不同文化传统的多样性开放，这一方向历史性地落实为一场意义深远的人类文化事业，这就是，不同文化传统在开放的、互动的环境中共同实现从地域性的、狭隘的文化向多样性的、人类性的文化样态的历史性转换。文化传统的当代转换从根本上取决于文化传统的自我更新与超越。当然，反过来说，也只有在真正理解了当代哲学的存在论变革的基础上，不同文化传统的当代转换才是可能的、现实的和有历史意义的。

对于当代西方哲学与文化对非西方文化传统的当代转型的意义，人们往往持一种消极的理解，似乎西方哲学与文化的强势的政治效应一直在压制着非西方哲学与文化。而且，在很大程度上，当代非西方哲学与文化的走势也存在着直接效法和认同西方的倾向，非西方哲学与西方哲学的差异呈减少之势。但是，如果考虑到当代西方哲学的存在论变革或生存论努力对西方哲学与文化传统巨大的理论变革意义，以及与之相关的西方文化传统的人类性变革方向，我们就可以看出，当代西方哲学与文化的人类性方向已经给非西方文化传统的当代转换留下了"位置"。从后现代对西方理性主义文化的彻底反叛以及对差异性的强调中，我们看到了西方当代哲学文化精神与非西方文化精神沟通的可能性与前景。

在后现代哲学的论域内，所谓生存论自觉活动从很大程度上说就是生存论回复，这表现在两方面：一是通过反叛西方哲学两千年来的超验的、理性的传统向更具根源性的西方哲学与文化传统回复，二是通过西方当代哲学的健康的人类学走向以及非西方哲学与文化的积极回应从而向非西方文化传统回复。

西方哲学的生存论自觉活动始终追求着一种古希腊式的目标，这一目标既存在于古希腊人的生活方式中，也存在于古希腊人的语言中，存在于通过古希腊人的语言而被激活的古希腊人的生活方式中。古希腊人的生活方式是感性的、自然的，既简捷明快而又充满天真与梦幻，这是一种宁静、从容不迫而又富于灵性的生活样式，浸透着对生的达观与知足。这种生活方式对于厌倦了人声鼎沸、车马喧嚣、精神世界紧张焦虑且疲惫不堪的现代人而言，无疑是极具吸引力的，而且这本身就是存在于现代人精神与心灵深处的体验形式，这种体验形式直接构成了当代哲学生存论的社会心理基础。

生存论回复的第二个目标是向非西方文化传统的生存论体验及其精神的回复。只不过，在当代西方哲学生存论的背景中，这一回复仍然是隐蔽的和不充分的。对于希腊人的生活方式及其语言而言，西方哲学是可以大加彰显和发挥的，但是，对于并不熟悉古希腊传统的非西方文化传统而言，则只能限于某种试探与揣度。但是，这种试探与揣度却蕴含着一条通过非西方文化自身努力从而得以推展的广阔方向，这一方向意味着近百年来深深困扰着非西方文化的文化自觉与重建问题有可能展现出一个可观前景。

因为同处于人类文明的童年时代，东西方古代的生活样式实际上存在许多共同点。而东方古代的文化样式及其表现出的生活样式，恰恰也有理由成为生存论回复的目标。当代哲学生存论所要破解的那些理论状况，如存在论的超验性与实体性、形而上学的抽象化、传统哲学形态中人的失落、认识论哲学对人的生存的疏离、伦理学从存在论与实践哲学中的分化等，在中国哲学与文化传统中并不存在。中国哲学与文化传统同样包含着丰富的生存论蕴含，且足以与古希腊哲学与文化的生存论蕴含相比肩。

中国文化传统当然有理由成为生存论回复的一种典范。中国哲学重存在论而不重认识论，而且中国哲学的存在论与西方哲学的存在论有着很大差别。西方哲学的存在论是超验的和实体性的，这种存在论与认识论本身就是粘连在一起的，伦理学一度是从属于存在论的，但认识论哲学的干预迫使伦理学从存在论中分化出来，甚至成为认识论哲学的直接表现形式。伦理学成为制度的规定性，而不是人性的内省与自觉。中国哲学传统则强调人性的道德内省与自觉，人性的道德与自觉蕴含着一种生命的本体与结构，但这种生命本体在不同的哲学家那里有不同的表达形式，如道、天、象、易、气、仁等。这些本体并不是超验性的和实体性的存在概念，本身就是支撑生命的本体，即生命本体。存在概念"是""可说的"，而中国古代哲学的诸多本体概念却首先超越了"可说的"范围，中国哲学强调的是践履，而不是话语（甚至不相信话语）。因此，用诸多本体描述生命的根基并不是最重要的，最重要的是这生命的本体原不可说，或者说，所有可以表达的生命本体，其根源都是"无"。就此而言，中国哲学的存在论倒是与前期维特根斯坦哲学的"沉默"可比。生命本体不可说，既是强调生命本源的非实体性，也强调生命践履的重要性。就此而言，中国哲学的伦理学，也即实践哲学构成了中国哲学的存在论，只是其中的存在概念并不是唯一的存在概念，而是与生命的终极体验与关怀不可分的人生境界。此境界并没有经过系词化过程，因而必然是关于生命本质的不同表征，与其说是存在，倒不如说生存。就是说，中国哲学的存在论本质上就是生存论。当代西方哲学的生存论自觉试图突破认识论与存在论的粘连，实现伦理学向存在论的还原，并最终还原为人自身的生存论存在论的目标，竟原初性地存在于中国哲学传统的根源处。在生存论本体论的意义上，中西方文化传统是可以实现汇通的。

用中国哲学的本体概念翻译西方哲学的存在概念并不合适，对此，本书第一章已经做过详细剖析。但是，考虑到当代西方哲学的存在论变革所蕴含的人类性方向以及存在概念在当代西方哲学语境中已经发生的变化，用本体称谓存在，用本体论称谓存在论是有道理的。这样一来，存在论的意蕴也从纯粹的西方语境拓展到非西方文化传统中。从这一意义上讲，对本体概念的生存论意蕴的深刻自觉或许有益于深入理解当代哲学存在论的内在逻辑。

中国哲学与文化传统中的本体概念指的就是生命本体。在巴门尼德之前的古希腊哲学中，存在概念同样也属于生命本体概念①。但是，后来，西方文化的超验传统与实体传统改造了生命本体概念，本来一体于人的生命的灵与肉被分割开来：一方面从中提升出一个超验者，人的生存抽象为上帝的绝对存在；另一方面则把生命本体实体化为单纯的存在(实存)。生命本身则被看成一种诸范畴的流动生成过程，生命辩证法被概念辩证法取代。但是，中国哲学与文化传统并没有经过这种改造，这反而使得中国哲学中的生命本体概念更为充分灵活地表现出生命的多方面意义。中国哲学中的辩证法天然地属于生活世界辩证法。

中国哲学讲和谐，讲生命的流动生成，至于概念范畴的运用完全是服从于说明生命世界与宇宙秩序的流动生成的。"中国传统重天人合一，重生存、生活，人作为知、情、意之整体生存于天地万物之中，与万物融合为一体，人在这种'一体'中所体验到的，不可能是外在于人和外在于物的东西，而只能是内在于人和物之中的东西，因此，人通过体验所寻求到的本根，虽然是超越的，但它仍在具体事物之中。"②人生天地

---

① 参见第二章"前苏格拉底哲学的生命理论"。
② 张世英：《天人之际》，250页，北京，人民出版社，1995。

间，在中国哲学传统中，并没有一个超验性的世界高悬于生存个体的现世生存之上，人与外物的关系并不是一种征服与改造关系。人与外物是整个宇宙自然中的一部分，人本身就属于自然物，人同时也利用自然物而获得生存，但人利用物，并不由此破坏自然的秩序，所谓"物物而不役于物"。中国哲学传统不会去追问诸多本体概念的优先性。因为在中国哲学看来，这些本体概念本质上是相通的，"天地人只一道也，才通其一，则余皆通"（程伊川：《遗书·语录十八》）。中国哲学同样讲究心性及道德的修持与培植，德行人生，大化宇宙，中国哲学中的宇宙观与人生观是即自同一的，宇宙本体即是道德本体。当西方哲学在天上世界与地上世界做出种种决断（决战）时，对于中国圣人而言，二者本质上就是一个东西。天道与人道，其道一也，天道远，但天道同时也存于人心之中，存在于人的现世的道德践履之中；人道迩，但人道的秘密也在于天道。人生有涯，当尽其天道之悟，但形上的天道本质上是人不可能"知道"的。

就存在论差别而言，中国哲学传统的存有论是特别值得重视的。中国哲学传统的存有论强调的是生成性，而不是实体性，是关于智慧的讲述者（这更趋向于爱智本身），而不是智慧本体本身。中国哲学传统的存有论也强调知，强调理性，但更强调实践智慧，强调行，或者说是实践智慧限定理性，用行来限定知。中国哲学传统的存有论并不是要给出一种一劳永逸的人生宇宙图式，而恰恰是通过言与思的节制来开启世界的开放性。在中国哲学的本体概念中，并没有外在与内在的区分，在同样的情况下，也没有天道与人道、自然与文化的区分。对于中国哲学传统的存有论，牟宗三曾写道："中国的慧解传统亦有其存有论，但其存有论不是就存在的物内在地（内指地）分析其存有性，分析其可能性之条件，而是就存在着的物而超越地（外指地）明其所以存在之理。兴趣单在就一物之存在而明其如何有其存在，不在就存在的物而明知其如何构成。……故中国无静态的内在的存有论，而有动态的超越的存有论。此种存有论必须见本源，……此种存有论亦内涵着宇宙生生不息之动源之宇宙论，故亦常合言而曰本体宇宙论。"①

　　同样是形而上学，西方传统的形而上学是抽象的、超验的，与生活世界无涉，但在中国哲学传统中，所谓形而上学不外乎就是生存之"大道"，是生活形上学。可以用"天道"去指认这种形上学。"天"偏向于指儒家形上学，但它绝非指人之外的"天"，而是人的存在的形上学根源，其实是"天命"，在孔子看来就是"人性"，所谓"天命之谓性"。在这里，"天"已从宇宙本体内化为某种生命原创观念与人文追求，其典型即儒家所谓"天人合一"理想。这里的内化注定又是个体生命意识"率性"以求的过程，概括为仁、义、礼、智"四端"，这四端并非来自"外物"，所谓"非由外铄我也，我固有之"（《孟子·告子上》），即本我的生命直觉尽心、知性、知天的过程。在儒家看来，正常的日常生活本身就是"顺乎天"的，相应的，"天"亦是"顺乎人"的，二者统一于一个实实在在的"乐"，即统一于日常生活的伦常之中。在儒家精神中，形而上学与实践哲学是融合一体的。

　　相对于儒家的人伦形上学而言，道家形上学表现为浓厚的生命意

---

　　① 牟宗三：《圆善论》，337～338 页，台北，台湾学生书局，1985。

境的审美形上学。老庄之"道"绝非实体，而是指超然物外且又构成"万物之所然，万物之所稽"的非对象化的"道"，道本"无形""无名"且"不可言"。"无形"则非物；"无名"则不至于被概念化；"不可言"则使其本来的意义不致因扩散而丢失。强调"无形""无名"且"不可言"的"道"倒不在于表达某种神秘或厌世思想，毋宁是向所有固守于功利生活的世人指出那原本存在于日常生活中的诗性的逍遥与超迈；这"道"分明就是向每一位生命个体的直觉所展开的"道路"，故"道不远人，人能弘道"。

不论是儒家形上学，还是道家形上学，都反对分离人的生存，反对用一种抽象的范畴体系来认知人的生存，都强调人的生存的内在的生命体验。虽然二者在人生观上做出了不同诠释，但两种诠释恰恰提供了两种生存论风范，一种是入世的积极进取，一种是出世的逍遥无为。这两种风范往往同时存在于中国人的日常行为之中，而不是像很多人所说的那样，是两种截然不同的人格模式。中国人的生存观念是自然的，率性的，与物为善，与人为善，民胞物予，泛爱万物，顺应自然而生存。当当代西方生存哲学力图超越对自然的外在化理解并将诸如神圣性、真理、本质等意味赋予自然时，对中国哲学传统而言，自然恰恰就是指人与自然万物共生共存的生态环境。

从很大程度上，生存论回复是借着强调古老的生活样式从而强调一种哲学的生活基础以及哲学存在论应有的历史前提。存在论变革是当代哲学的基础性转变，这一转变带来了哲学形态的整体性的和全方位的转型，但这同时也凸显了当代哲学与传统哲学的尖锐的断裂。这种断裂暴露了生存论哲学的无根基性态势，而借助话语霸权的诸多姿态性的和煽情的思想表演显然加重了这一态势。思想发展史上的绝对断裂是不可能的，任何一种思想发展都与先前的传统保持着一种关联，特别是批判上的关联。在这种状况下，强调生存论回复意味着强化当代哲学生存论与传统哲学的历史的连续性，它反映了人们对生存论哲学的一种思考角度：面向传统思考生存论，并且深入传统中理解哲学生存论。然而，当代哲学存在论变革生存论的回复并不仅仅只是向一种逝去了的生活样式的回复，回复到古代人的生活，无论是古希腊人的生活，还是古代中国人的生活，都是不可能的。事实上，我们说古老哲学传统中的生存论意蕴包含着巨大的时代价值，正是以承认其活的生命和可传承价值为前提的，这意味着任何一种文化传统中的生存论资质必须是流变的并由此实现与当代哲学生存论的融通。我们也许有一千个理由断言中国古代哲学的生存论意蕴较前苏格拉底的古希腊哲学生存论丰富，但这丝毫不意味着中国哲学传统比西方哲学传统更适合后世诸历史时代。事实上，中国传统哲学生存论的"丰富性"同时也是意义的模糊性，而这恰恰是中国文化传统难以实现自身超越的障碍。

形而上学生活化，而生活又赋予自在的形上价值，就是中国文化的一大特点，它决定了中国人无须从现世生活之外去寻求某种精神关怀，这一特点有助于缓解西方文化那种由传统神学的异在化的价值体系向现代的人的哲学价值世界转换时所出现的过分的精神震荡，应当说，现代西方的一些思想家（如海德格尔）对中国哲学后定的称道是有道理的。但还应当看到，我们生活于其间的文化传统尚未完成现代转型，日常生活世界与形而上学之间的过分的互释性关系阻碍着生活世界本身应有的开放性，它使得我们在面对现代文明的冲击时自动地落入文化保守主义窠臼，从而对多变的现代社会无所适从。我们无法适应现代的动变社会并不是因为我们存在某种神学价值，而是因为据守于原生的日常生活，而我们心目中接受的形而上学仍然是与传统的日常生活同构一体的。对于现代日常生活所承蕴的形上学，似乎尚未进入自己的理解视野；正因为如此，我们尚需拆解并超越自身自在的生活形上学观念，从西方哲学的存在论传统与认识论传统中汲取养分，建设性地促进当代哲学生存论的人类性转换，实现对当代人类生存状况的积极的和肯定的理解。

哲学为什么要"研究"存在？肯定有一个原初的动机，这种动机对哲学家个人来说，不外乎就是对人生存的困惑与迷茫并期待着解开人生存之谜（尽管最终也只是寻求到一种能够进入生存理解的门径）。这在作为生存哲学家的苏格拉底那里其实是自明的：哲学与哲人的生活是相关的。但是，自柏拉图开始，或者说是自超验性渗入哲学开始，这一传统被中止了，哲学成为对生活本身的理论僭越。对此，黑格尔曾评价说："他（指苏格拉底，引者注）的哲学和他研讨哲学的方式是他的生活方式的一部分。他的生活和他的哲学是一回事；他的哲学活动绝不是脱离现实而退避到自由的纯粹的思想领域中去的。产生这种同外部生活联系的原因，是他的哲学不企图建立体系；他研讨哲学的方式本身毋宁说就包含了同日常生活的联系，而不像柏拉图那样脱离实际生活，脱离世间事务。"①从这个意义上说，西方哲学超验论的形成，既是西方哲学的起

---

① ［德］黑格尔：《哲学史讲演录》第 2 卷，贺麟译，51 页，北京，商务印书馆，1985。

点，同时恐怕也是存在论从生存论疏离开来的起点。

存在是哲学的核心概念，之所以如此，是因为存在是追问人生存的通道。"存在本身不成其为问题，存在只是在询问它的存在者——人那里，才成为问题，而存在也只有在人与存在的本质关系——生存理解中才凸现出来"①。因而，一种能够称得上是哲学的东西必定包含着足够的生存论资源。然而，就像海德格尔所指出的那样，哲学的麻烦正在于它似乎已经习惯于不再追问"如何存在"，而是把既定的"存在（Being）"概念当作起点，满足于精神的无限抽象。因而，若致力于思考人的问题，哲学就不应该把起点高高在上地确立为"存在"，而是应当还原为"生存"，从生存理解中寻求哲学的真精神，从而自觉地进入生存论建构。按照神学家约翰·希克的见解："所谓生存的思考，是一种事关重大、极其严肃，而又与人在感情上息息相关的思考。一个哲学家，只要不是一个超然事外漠不关心的旁观者，在他亲身卷入了他所讨论的问题，他的全部存在都被那哲学挣扎所占据的时候，他就是在从生存的角度进行思考了。在这个意义上，从柏拉图到维特根斯坦，所有最伟大的西方哲学家，都曾从生存的角度进行过思考。"②西方哲学是如此，非西方哲学，尤其是把追求原创性的生存智慧视为安身立命之本的中国哲学更是如此。也正是对于生存论体认的某种共通性，构成了不同文化相互沟通和涵化的坚实基础。

---

① 张汝伦：《存在的实践哲学》，见《中国现象学与哲学评论》（第一辑），227 页，上海，上海译文出版社，1995。

② ［英］约翰·希克：《宗教哲学》，何光沪译，8 页，北京，生活·读书·新知三联书店，1988。

生存论回复是一种历史意义上的回复。在此，回复不是复原，而是保持着一种内收和回返的张力与可能性，使得生存论总有一个可以凭借的起点，使得人生存的当下状态总有一个可以规定和反省的原点，使得生存论与整个文化传统保持一种内在的连续性与协调性，并使得生存论能够在开放性的和动变着的世界境遇中蕴含着人的丰富性与历史性。生存论的开启与生存论的回复，构成一种一张一弛、相互平衡的生存论路向。

三、中国文化转型与生存论自觉

生存论的路向是向前的，而不是向后的。当强调此路向的回复意味时，实际上是要强调文化传统的当代意义，也是对于当下过于急促的生存论进程及其问题的预警及可能的治疗。这里不妨在生存论的背景下讨论中国文化当代转型及其意义。

自近代以来，西方中心主义日渐强化，在这一意义上，中国文化一直没有免去"他者"角色。但是，恰恰是近代以来，中国文化的转型就是以被动进而主动的方式摆脱"他者"的过程。20世纪中国现代化的历程更是通过选择并接受西式的现代化社会发展理论实现中国文化之现代转换过程。我们现在尽可以对这一转换提出诸多反思（甚至做出种种历史假设），可是都必须面对一个历史事实，那就是，中国的现代化已不再是一种刺激—反应模式，而是形成了一种具有自我调适机制并且具有很强张力的自主现代性。换句话说，中国文化正在生成一种能够相容于现代社会生存的现代性生存模式。基于这一生存模式之上，正在完成文化传统创造性转换的当代中国文化本身就以一种参与者和建设者的身份积极地参与了全球性的现代性重建以及人类性的生存论自觉活动。中国现代性的生成本身与生存论的人类性方向是关联在一起的。

所谓现代性即现代的规定性，而现代本身的复杂、流动性以及不断延异的总体性及自我悖论性则使得对现代性的概念把握显得十分困难。不过，我们还是可以把现代性区分为如下三个层层递进的层面：第一个层面是条件性的，即能够跳出前工业社会的物质性和制度性的生存基础或条件，这是现代性的必备条件。但是，仅此还不够，因而现代性的第二个层面即是对上述条件的反思、审查与重建，包括现代性条件的自我理解活动。然后是第三个层面的现代性，这就是在哲学理性重建的意义上提升人对自身超越性的生存实践活动的理解，进而进行创造性的生存论建构活动。在这个意义上，现代性标示着存在论在人类性和历史性双重意义上的建构活动。西方现代性的演进历程，或许正是上述三个层面的渐次展开。19 世纪或早期资本主义时代的现代性属于第一个层面上的，大工业、市场经济及其法治社会的建立、契约伦理的确立、资本主义制度的合法化，使得西方从整体上获得了进入现代社会的生存条件。随之而来的物化乃至异化状况的加剧使西方文化精神渐次进入第二个层面，20 世纪中叶以来的西方现代性基本上都是在这一层面展开的，但现代性的展开与积累同时也逐渐膨胀了总体性并且反过来消减现代性的自我反省与批判能力。后现代性就是在这一条件下形成的，后现代性看起来是现代性的替代性话语，但实际上只不过是现代性的伴随产物，因为它既没有旨向也不可能做到超越现代性。当下西方的现代性基本上还只是停留于第二个层面的现代性，其症结就在于它无法超越西方中心主义，现代性与后现代性的不乏建设性的互动与对话一方面表现了当代西方文化仍试图借助自我超越的传统实现文化转型的努力，恰恰是这种现代性的自我迷恋与后现代性的姿态性的反叛表明当代西方文化基于自我超越的传统力量从而实现文化转型已经陷入绝境。这与其说是理性上的原因，倒不如说是文化上的原因，也就是说，以西方文化为主导的当代文化并没有储备起能够解释经济全球化背景下的人类文化转型的文化理论。如果没有非西方文化传统，特别是中国文化传统的参与，全球现代性的重建是不可能的。因此，即使是当代西方的现代性，本身也存在着一种通过融入非西方文化的创造性转换从而实现从西式的现代性提升为全球现代性的历史性转换。

西方文化的当代转换并不只是西方文化自身的转换，而是西方文化的人类性转换。现代中国的历史必然也是世界历史的重要组成部分，自进入自主的现代化道路以来，中国的文化转型就已经被看成全球性的人类文化转型的内在组成部分，而已经展开的中国文化转型也应该是全球现代性建设不可离弃的资源，这项本来应该属于常识的思想是值得我们认真反省的。而且，人类文化的当代转换正是不同的文化传统之对应于经济全球化的相互调适过程，"每一个文化都在全球性文化出现的过程中，不得不有所取舍与修改的必要，以资适应新的形式"①。在这个意义上，西方文化的当代转换与作为非西方文化典型的中国文化传统的当

---

① 许倬云：《中国文化与世界文化》，192 页，贵阳，贵州人民出版社，1991。

代转型之间并不存在某种时间上的前后关系，中国文化的转型只是从逻辑上才可以说成是"接着说"，而从历史意义上说倒应该是"楔入说"。换句话说，如果没有中国文化转型的参与，全球现代性以及人类性的生存论都将是片面的和不健全的。

就作为在西方已经成为现实的第一个层面的现代性而言，若纳入包括中国在内的非西方的生存现实，我们发现，所谓物质与制度层面的全球现代性本身还是一个假象。对于中国而言，现代性显然是一个追求的目标(而后现代性看起来更显得文不对题)而不是已经获得的生存事实。中国人感受到的更多的还是对于尚未获得的现代性条件的期待与追求，而不是对于一个尚未获得的现代条件的焦虑与逃避。如果还为一种基本的物质匮乏状态或基本的温饱问题所困扰，是谈不上现代性的。在此，物质层面的现代化始终是中国文化进入现代性的前提条件。而且，在此意义上，中国文化传统的差异或优势，在很大程度上都需要诉诸相应的经济与政治地位，中国文化传统对于当代人类文化的重要意义，只有借助中国综合实力的全面增强才能得到强有力的支撑和解释。

作为物质条件的现代化即第一个层面的现代性，与在第二个层面展开的对现代性条件的反思，并不是前后分开的两个阶段。西方现代性的问题可能就在于，现代性的建设过分集中于物质条件的完备，但这种完备看起来并不只是解决物质生活条件方面的，毋宁说是心理与欲望追逐方面的，实际上是难以量化的精神欲求。这种现代性条件，一方面并没有考虑到非西方在同等程度上的现代性要求，另一方面又进一步强化了自近代以来在西方文化中不断展开的人与自然、人与社会、人文主义精神与工具理性精神以及精神自足与物质欲求之间的冲突与对立，甚至人的物化状况本身已成为人在意志与无意识层面反感和厌倦的生存处境。因此，中国文化转型不能重蹈西方覆辙，不能等待物质条件的现代化积累到一定程度再考虑现代性的自我理解问题。实际上，就中国发展的现实而言，一些群体、阶层特别是一些地区，基本上已经实现了物质层面的现代化。但问题也正在于这种现代化在主体方面尚没有确立起理解并肯定物质现代化的精神文化素质，正像许多人认为经济发展必然是以牺牲环境为代价一样，同样也有很多人认为物质层面的现代化必然要先撇开文化传统。但舍弃了文化传统的现代化显然是缺乏精神品质和内涵的，也是人从内心深处要加以抗拒的。现代化不仅体现在外表，而且还有其不可离弃的文化内涵，实际上，在协调物性与心性方面，主张内圣外王、形上与形下兼济、儒道互补的中国文化传统本身就起着一种不可替代的润滑作用。马克斯·韦伯曾把新教伦理的形成看成资本主义及现代化产生的文化原因，并以此在西方主流学术界形成了一种拒绝从本土文化传统解释非西方现代化，甚至拒绝非西方现代化可能性的思想倾向。应当说，这一主流思想本身就是西式现代性中需要破除的本质主义。在新教伦理与资本主义之间可能存在一种文化上的承转关系，但是，如果考虑到当代西方后宗教时代虚无主义的精神状态，以及公共性资源匮乏的社群整合状态，那么似乎也有理由认为新教伦理得以产生的西方文化传统与现代化也并不适合，韦伯的观点同样也要打折扣。这里的问题似乎并不在于从文化上解释现代化的思维方式，而在于由于西方物质层面的现代化的先进性被直接赋予了文化上的先进性与合法性，并由此排斥非西方文化传统及其转型与现代化进程的互动。其实，中国文化传统的特质就在于其流变性。在这个意义上，文化上的守成并不是指对文化的一成不变的态度。事实上，文化守成主义就文化体系自身而言，是强调不断的调适与变化的（诸如强调道与器、体与用、形上与形下的分离）。而激进主义主张从整体上改造文化传统的观点，在某种程度上倒可能忽视了中国文化传统的这一特质。

实际上，亚洲"四小龙"经济与社会发展的成功经验已经表明中国文化传统的现代转换与现代化的推进与调整是互动的和互补的，"传统文化其实就是在现代化的过程中获得了一种调节，同时现代化也就在传统文化的发展中获得另外一种调节"①。走向富裕社会的中国文化也将在发挥中华文化传统的生存智慧、形成一种物质文明与精神文明互补共生的全球现代性方面应当发挥其应有的作用。进而言之，儒家文化圈正在形成的这种文化传统与现代化之间的互动关系和西方文化传统与现代化之间的沟通与对话，将极大地丰富和拓展文化层面的全球现代性，并使人类性的生存论自觉活动呈现出一种新的图景与气象。

当然，中国文化转型必须充分考虑到政治文明与制度文明的必然要求。现代性包含着无法避开的制度要求，作为社会整合的制度形式如果还停留于与农业社会相适应的传统形式，是谈不上现代性的。一种文化传统实际上解释着相应的生存样式，从总体上说，中国文化传统基本上是传统的农业社会的生存理解方式。它之所以不适合现代社会生存方式，并不是由于它在"理论上"低于当代文化（或许恰恰相反），而是它已经不适合现代社会生存方式。中国文化传统重自律而轻他律，重道统而

---

① 林安梧：《儒道文化与台湾现代化》，见《中国大学人文启示录》（第5卷），171页，武汉，华中科技大学出版社，2001。

轻规范，重"私德"而轻"公德"，重"做人"而轻"做事"，重人情而轻契约，这些都是困扰着文化传统之当代转换的障碍。中国文化传统存在着一种杂糅性，特别是其政教合一的强大传统仍然阻碍着现代社会诸领域的分化并且直接干预文化的自治。因此，中国文化转型对于政治及制度文明的诉求，并不是要恢复文化的政治功能，而是通过实现政治与制度文明进而实现文化样式从传统到现代的转型。政治文明与制度文明，本身就应当看成中国文化转型得以可能的现实平台，如果在政治与制度文明方面没有一种重大的突破，要实现文化的整体转型是不太可能的。政治与制度文明方面的滞后，目前已经成为中国社会文化转型的障碍性因素。但是，中国的政治文明与制度文明建设仍然不能完全走西方化的道路，其原因并不是政治或制度上的，而是道德人心等文化方面的。中国的政治与制度文明与文化传统的当代转换直接关联，就像文化传统的当代转换并不是要抛弃传统，中国的政治与制度文明也不是要完全抛弃已经形成的政治与制度文明传统。西式现代性的第二个层面的重要启示意义就在于对制度现代性本身的质疑与反思。制度现代性强调公共的、规范的和工具性的方面，"西方民主政治的发展不是基于对道德之无限性的追求，恰恰相反，它是基于对道德在现实生活中常常会感到无能这一事实的确认，是基于对人性的有限性方面、人性的负面价值的认识"①。但与此同时也进一步膨胀了西方文化传统关于人性恶的伦理设定，从整体的社会文化机制方面看，西方现代性的问题就是制度现代性的泛化，这种泛化没有充分考虑到人性及其教化的自我提高与完善。实际上，外

---

① 郑家栋：《断裂的传统》，11 页，北京，中国社会科学出版社，2002。

在约束体系(包括法律体系)的完备与人性对诸种外在约束体系的日益增长的抵抗之间的冲突，恰恰是制度现代性存在的主要问题。在这种背景下，中国文化传统中蕴含的社群与团队意识、道德内省以及强调人与制度间相互调适的人性论，对于反思和治疗当代西方制度现代性的泛化具有重要的启示价值。当然，意识到并且能够避开西方制度现代性的上述负面问题，并且通过制度现代化实现文化转型，对于促进中国文化传统的健康的和创造性的转换，更具直接的引导价值。

第三个层面的现代性表征的是哲学理性的历史性的建设，这是中国文化转型将对人类性的生存论自觉活动产生实质性贡献的方面。这一层面不再仅仅只是西式的现代性，而是人类性的现代性，是真正意义上的全球现代性。当代西方文化与非西方文化呈现了前所未有的对话，对话凸显了冲突，也彰显出丰富的差异与多样性，展示出生存论的基本平台。西方文化传统的困境与非西方文化传统困境在当代的交汇处，恰好孕育着一种新的人类生存与文化模式。新的人类生存与文化模式借助新的人类生存理念，而全球现代性的根本意义就在于培植这一理念。新的理念需要新的哲学范式，新的哲学范式不再是超验的、实体性的存在论范式，也不再是主客二分的和本质主义的认识论范式，而是感性的、扎根于实践活动与现实生活世界之中、通过人与人之间社会性的交互主体性去展开和规范人与世界关系的生存论范式。第一层面的现代性，乃认识论哲学的历史性的表现形式，认识论哲学所开展的知性思维方式以及主客二分的思维方式，所提供的乃是西方式工业文明的铁的逻辑，理性的工具化是以哲学的认识论化为前提的。第二层面的现代性，则是通过西方思想自身对认识论哲学的反省达到的，但其问题就在于这种西方性本身限制了反省的深度和质量。对工业文明的反思需要思维方式的调整，但不能局限于此，而是要求体现为实践活动的自我批判，观念的批判代替不了意识形态批判，对现代性的反省必须深入对西方人及文化的经济政治权力之中。在这个意义上，马克思思想通过超越西方思想传统从而导向了当代文化转型的人类性方向，而马克思思想中包含的与传统存在论样式根本不同的新的存在论，正是解释当代人类实践与文化的生存论存在论，这本身也是当代人类文化所追求的现代性的题中应有之义。反过来说，中国文化转型，从总体的人类文化的进程而言，恰恰要置于这一层面的全球现代性的建构活动，也只有在人类性的和历史性的意义上，即在人类理性的历史性的建设过程中，才能够谈论全球现代性。中国文化的特质就是丰富的生存论蕴含，我们甚至可以说整个中国文化的结构就是生存论，是撇开知性的、非实体性的、感性与理性融为一体、重视生命价值与意义的生存论。中国文化强调天人合一、内圣外王、阴阳互摄、刚柔相济，而文化传统的流动性、可塑性以及刚健有为的精神气质又使得这一蕴含表现出生生不息的张力与生命力，中国文化的生存论蕴含着一种积极的智慧。而且，中国文化近百年来的嬗变，本身也使得中国文化传统获得一种创造性，并成为全球现代性的内在组成部分。富于生存论蕴含的中国文化传统将在现代性的建构过程中产生积极作为，中国文化的当代转换也必然包含着存在论转换。但即使在存在论层面，中国文化转型也无须经历西方文化那种从存在论样态到认识论样态再到生存论样态的剧烈转变，不需要从舍弃那种早已深入西方文化骨髓的超验精神，也不需要摆脱那种深达西方文化探求外部世界的知性思维方式。中国文化转型的存在论转换更主要的是发挥自身文化优势的生存论样式的变通，需要激活中国文化传统的生存论蕴含，而在扬弃其自在的形式方面，仍然需要充分借鉴已经成为现代性思想资源的当代西方思想(西方思想的富于自我反叛和超越性的精神仍然是全球现代性建设的肯定性力量)。开放的心态与理性的思考方式将使中国文化转型从容面对外部世界的冲击，从而使自身的文化传统转型保持一种稳健务实的方向。做好自己的事情，本身就是对当代人类文化转型及其生存论自觉活动的最大贡献。

四、未竟的生存论自觉

当代西方的生存论哲学努力暴露了西方哲学固有的困境，同时也说明了仅仅依靠西方哲学是不可能展开生存论的人类性方向的，以中国为典型的非西方文化传统的转型必将以其积极和建设性的方式参与这一进程，但这并不意味着中国文化的当代转型将在未来的某一时刻固定下来。当代哲学的生存论努力不存在一种历史性的终结。因此，哲学的生存论道路并不是某种阶段性，甚或一次性"完成"的工作，而是对于人自身历史性生成及其不断发展进程的哲学见证。一项任务、一项工程、一项课题，都可以叫作完成，但生存论之路显然不是这种工程性和课题性的任务，它本身是一项不懈的和未然性的思想使命。哲学的生存论道路将一直处于一种未完成状态。

从某种意义上说，生存论的未完成状态意味着确立在生存论存在论基础上的哲学将一直处于"当代"状态，而当代哲学将一直滞留于理论的当代困境，而且随着当代的不断延宕，这种困境还会不断复杂和加深。当代哲学从超验的、实体性的存在论与认识论形态转变为奠基于人的实践活动及其生活世界的生存论（或人论）的哲学形态，本身也带来了当代哲学在自我理解上的困惑与焦虑，这是当代哲学自己给自己提出的难题与挑战。生存论的理论内涵正在于对于当代人及其生存困惑的理论表达，人及其生存问题的复杂性与内在矛盾，正是生存论的理论论域所在。在这一意义上，生存论的理论建构，必须服从于人及其生存问题的丰富性与复杂性，事实上，生存论不可能形成一种封闭的理论构造，其理论表现形式总是带有某种散漫性。看来，生存论对于当代哲学的理论奠基意义注定不会像存在论对传统哲学那样踏实，但又是当代哲学无法摆脱的命运。

哲学的当代性将一直持续下去，但是，生存论的未完成的本质并不在于哲学的当代性，而在于当代哲学变革本身的历史性，是将当代性赋予历史性的深化和理解。当代哲学变革是哲学的本质方向的根本转变，而存在论的变革或生存论的彰显既是这一根本转变的理论表现形式，也是哲学活动的实践表现形式。理论可以终结，实践却不可能终结。人的生存实践活动的开放性、未定性与历史性造就了生存论的未完成性。当代的生存论哲学本质上属于历史哲学，当然，历史哲学不再是传统哲学的精神哲学论域，而是充分吸纳了马克思唯物史观的人自身生成发展的历史。

生存不应该看成一种同一于一般生命物的实存，但生存也不能仅仅局限于感性个体与现实社会关系的悖论，更不是某种面对现代性选择时的荒诞或虚无的生存体验状态。生存的超越并不只是个体生存的挺立，而是由此实现生存的历史性，并以历史性的生存突破生存的个体与整体、内在与超越以及物性与精神性的悖反。在此意义上，现代人感性个体生存的焦虑状态显示的恰恰意味着生存尚未获得历史性。对于当代哲学生存论之历史性深度，海德格尔曾作过如下估计："历史性的人的绽出之生存还没有得到把握，甚至还需要一种本质建基；历史性的人的绽出之生存唯开端于那样一个时刻，那时候，最初的思想家追问着，凭着'什么是存在者'这个问题而投身到存在者之无蔽状态中。在这个问题中，无蔽状态才首次得到了经验。存在者整体自行揭示为'自然'，但'自然'在此还不是意指存在者的一个特殊领域，而是指存在者之为存在者整体，而且是在涌现着的在场(das aufgehende Anwesen)这个意义上来说的。唯当存在者本身被合乎本己地推入其无蔽状态并且被保存于其中，唯当人们从存在者之为存在者的追问出发把握了这种保存，这时候，历史才得开始。"①海德格尔的这一评价实质上也是对以他为代表的生存论存在论努力的自我估价。海德格尔凸显出了生存的历史性。然而，他的历史仍然还于西方本质主义，对海德格尔而言，"对存在者整体的原初解蔽"和"对存在者之为存在者的追问"，与"西方历史的开端"就是"一回事"，并且正是这一"时代"的历史本质②。海德格尔意识到了生存的当下超越的历史哲学困惑，但却无法走出这一困境，不仅如此，当海德格尔把历史语境局限于"当下"并把当下时代赋予历史本质时，实际上开启了一种后现代历史观。海德格尔实际上是通过把历史当下化的方式消解了他自己已经领悟到了的历史的深度。当后现代主义接受了他的虚无主义理论结果并在西方思想文化界获得了较广泛的呼应时，实际

---

① ［德］海德格尔：《路标》，孙周兴译，218～219 页，北京，商务印书馆，2000。
② 同上书，219 页。

上意味着，当代西方哲学与文化对历史的理解程度还远远没有进入历史的人类性意义之中。因此，当海德格尔批判萨特等人并没有深入到马克思的历史唯物主义之中时，其实是有实际内涵的。只不过，他本人在这一意义上仍然可以归于萨特之列。由此可见，真正从唯物史观及人类解放的高度展开的哲学生存论，不仅受限于理论及思想本身，也受限于人类自身生存状况以及相应的人对自身生存活动的理解深度。

生存论的未完成性主要基于人的未完成性。人的活动的特点就在于超越动物性的本能活动进入有意识的和对象性的实践活动，人在创造世界的同时也在不断实现自我创造与超越。从生物学角度看，人的进化已基本完成，但人的实践与文化活动却使人的生命活动处于一种生生不息的创造活动中。从本质上说，人类是未完成且有待完成的动物。人的生物性的进化活动的中止，并不意味着人不再寻求生存或生命活动的超越，人的生存活动的本质要求就在于，从源出于一般生命物的生命活动开掘和提升人的超越于一般生命物的生存与生活活动。这一活动本质上是人的感性的、实践的活动，是在生存论中才得以领悟并拓展开来的生命活动。

生存论的目标就是人（类）的解放，但人类解放是通过人的不懈努力与自我完善从而不断开显出来的目标，不可能是某个预定的目标（但绝非没有目标）。人类解放强调的是人的未来性，或者是通过人的未来性对人的现实生存的强烈关注，而人的未来性一方面取决于人已经进入的历史性，另一方面取决于人的问题的源源不竭的丰富性与复杂性。我们经常会发现一个生活上的常识或真理，那就是面对日益复杂的现实问题，重要的并不是一种万能式的方法或策略，而是是否具有一种克服困难、走出困境的勇气与信念，在此，人类解放提供的正是人类前进的方向与信念，而不是具体的道路与方法。永远处于未完成状态的人决定着生存论将始终处于一种未完成状态。

人的未完成性也表现为人生存的有限性。生存论将人的有限性问题提到了前所未有的高度。传统哲学的有限性是既定的（神定的），但在生存论中，有限性通过生存的超越及其实践活动成为意识到了的有限性。传统哲学的超验性代表是纯粹精神的历史性和超越性，其起点是无限与永恒意识，甚至直接就是来世意识。当代哲学的感性意味着人的生存的超越性与历史性，但这种超越性与历史性必须是对人的生存的有限性与实践性的自觉。正是由于割断了与超验的关联，生存论直接把有限的人的生存确定为生命的起点，但是生存的过程与目的则处于某种开放的和无边界的状况，这种从理论上无法把握的人生存的开放性与无限性正是生存论追求的历史目标。

人的未完成性还表现在人性的发育远未成熟。理性与自我控制是人类实践活动的突出标志，借助理性与自我协调能力，人类实现了人与外部自然界、人与社会组织、人与人以及人与自我的平衡，并有可能防止人自身的生活陷入某种非理性的失控状况。胡塞尔说过："一个人类寻求生存的时代，只有通过在对无限使命的追求之中，在理性洞察的基础之上自由决定其存在及其历史生活，才能够生存下去。"[1]但就人类生活实际状况而言，远没有培植起这种具有充分的自我协调与控制功能的理性能力。人的精神、心理以及整体的文明状况仍然显得紧张而脆弱，人

---

① ［美］多尔迈：《主体性的黄昏》，259 页，上海，上海人民出版社，1995。

类文明的可预期的筹划与安排常常受到种种突发事件的干扰而中断，事实上，文明机体正在不断受到各种毒素的侵蚀与毒害。人自身的种种不成熟状况表明人的发展始终处于某种启蒙状态，人性的完善恰恰是通过克服种种恶行实现的，人的发展注定伴随着人自身的异化。从种种现身事态上看，人性远未走上一条成熟的发育道路。

生存论的彰显同时表征着人的困境。人是世间的唯一的超越者。人用人自身的力量将上帝赶下了神坛，用信念取代了信仰，在某种意义上也占据了上帝留下的位置。人用感性的超越性取代了神学的超验性，但人的感性是否能够起到支撑起自身生存与历史的重任？这是生存论始终面临的困境。

生存论意味着敞开人性的丰富性与人的问题的复杂性，但人性的丰富性与人的问题的复杂性同时也确定了生存论道路的艰难曲折。人生存的多重的内在矛盾是通过生存论凸显出来的，这些矛盾包括：灵与肉的矛盾、经验与超验的矛盾、理性与非理性的矛盾、物质生活与精神生活的矛盾、对象性与非对象性的矛盾、生与死的矛盾、有限与无限的矛盾、当下性与历史性的矛盾、入世与出世的矛盾、实存与超越的矛盾、超越与责任的矛盾、造化与人化的矛盾、自然中心主义与人类中心主义的矛盾等，而且，随着生存问题的凸显，矛盾还将不断增加。应当说，这些矛盾的凸显本身就构成了人生存的丰富内涵，但同时也对人生存的意义承载能力提出了严峻挑战，丰富性与复杂性是同时并存的。只有人才有理由、有能力承担这诸多生存矛盾并将它们转变成人生存的内在组成部分。但人的问题显然也在于陷入生存的诸多矛盾困境而无所适从，当代人生存的矛盾困扰已给当代人带来了前所未有的精神焦虑困顿。人的内在的焦虑并不在于当代人的生活的单调，而是在于当代人生活世界确立起来的基本平台难以承载如此巨大的意义负荷与复杂性，当代人显然还没有培植起能够承担复杂的当代际遇的精神与心理能力。

生存论的复杂性在于，它所承载的并不是杂多的生存矛盾，而是人生存的内在悖论。生存论是实践的和问题的领域而不是理论的和知识论的领域。人生存的多重的内在矛盾并不是一种知性的对立，也不是抽象的同一，因此必须依照生存论领域的内在特征理解和阐释生存论。人是否能够以否定辩证法的思维方式，从矛盾的相反方面理解矛盾的积极的肯定的意义，已经成为生存论理解的内在要求。生存论的理解并不是纯粹逻辑的推展演绎，也不是单纯存在论的构建，而是一种原创性的哲学慧识在生存这一属人生活的根本领域的贯彻与渗透，是一种能够克服和摆脱生存困境与种种不幸的生存体验的生存信念的确立。而从与生存信念的确立相关联的意义上说，对生存悖论的理解其实取决于对生存有限性的自我认识，这种认识本质上就是否定的辩证法及其思维方式的自觉贯彻。人在多大程度上实现了自我否定，就在相应程度上理解了生存的内在性并确立起了相应的生存信念。关于生存的否定性思维实际上把生存的有限性提到了前台。关于生存的有限性思维不同于关于外部世界的有限性思维，外部世界的有限性思维属于外在超越问题，涉及知解力，也部分地涉及想象力，但生存的有限性却是一个内在问题，是人生意义的澄明问题，是人性的自我理解问题，它是苏格拉底所谓自我认识的核心问题，因而是哲学活动的根本目的。"人类的有限性就是在人的生存中的不的存在。不能理解否定性存在的思维方式就不能充分理解人类的有限性。有限性是人类局限的问题，局限包括我们不能做的或我们不能

是的。然而，我们的有限性并不仅仅是我们的局限的数目，相反，人类
的有限性把我们带到人的中心……如果不理解人类的有限性，那也就不
理解人的本性。"①

如前所述，生存理解本质上不是要理解人的生命现象，目前人类正
在对生命科学这一据说最具前景的科学进行不懈探索和研究，以破解生
命之秘。然而，生活的奥秘与神秘恐怕还不只如此，而在于生命现象所
体现出的文化多样性以及以人为典型的生命的神圣性，探索生命的起点
与目标都在于改善人的生存境遇，获得一种更好的生活样式。人既是生
命的中心，同时作为生命中心的人还承担着使一切生命保持生命联系的
责任，但人是否能够成为生命的中心，是否承担起了关爱万物的责任，
则取决于人的自我认识的深度。因此，人性理解在生命研究中既是基础
性的，又是目的性的。生存理解的起点与目的同样是一切实践哲学的原
则：学会做人，学会生存。

生存论哲学的凸显对当代人类生活的自我理解究竟有益还是有害，
究竟要把人类文化乃至文明带到何方，我们可以为此操心、忧虑，但不
能让我们的心智停滞于这种情状。人类生活的现状并不是令人满意的，
甚至充满危机，但生存的现实必然存在一个历史的和未来的向度，这一
向度引导着人的生存活动。正像与之关联的当代文化与文明出现了诸多
不尽人意，甚至违反人性的状况，我们有足够的理由对生存论路向做出
一种糟糕的评价并有理由缅怀逝去时代的精神理想。然而，事实是不管

①　[美]威廉·巴雷特：《非理性的人》，杨照明、艾平译，282 页，北京，商务印
书馆，1995。

我们做出什么评价，这一路向都在历史性地呈现出来，并将持续下去。因此，最重要的还是理解这一路向，也只有如此，我们才能做出评价进而采取相应的行动。

生存论虽然强调感性在生存论自觉中的重要意义，但生存论本质上不是感性问题，而是理性问题，是历史问题。生存论的感性立场是针对传统实存论在认识论意义上的感性立场而言的，这种感性立场强调生存活动的自为性与体验性，但并不是局限于某种散漫的自为与体悟状态而缺乏理论上的建构性。当代生存论哲学追求的是感性的、历史性的生存论存在论，这意味着是对高扬感性的意义对感性本身的历史性的和理性的理解。生存论追求的是更加成熟的生存智慧和生存理论的历史的建构性，并以这种自觉的历史意识反对生存论的简单的和抽象的建构，对生存论的历史性的建构本质上要求实现当代人生存信念与生命意义的重建。

参考文献

中文部分：

1. ［古希腊］柏拉图：《巴曼尼得斯篇》，北京，商务印书馆，1982。

2. ［古希腊］柏拉图：《文艺对话集》，朱光潜译，北京，人民文学出版社，1997。

3. ［古希腊］柏拉图：《柏拉图〈对话〉七篇》，戴子钦译，沈阳，辽宁教育出版社，1998。

4. ［古希腊］柏拉图：《苏格拉底的最后日子》，余灵灵、罗株平译，上海，上海三联书店，1988。

5. ［英］戴维·梅林：《理解柏拉图》，喻阳译，沈阳，辽宁教育出版社，2000。

6. 苗力田主编：《亚里士多德全集》(第Ⅱ、Ⅲ卷)，北京，中国人民大学出版社，1995。

7. ［古希腊］亚里士多德：《形而上学》，吴寿彭译，北京，商务印书馆，1985。

8. ［古希腊］亚里士多德：《范畴篇　解释篇》，聂敏里译注，北京，商务印书馆,1997。

9. [古希腊]亚里士多德:《尼各马可伦理学》,苗力田译,北京,中国社会科学出版社,1990。

10. 汪子嵩等编:《希腊哲学史》(第1、2卷),北京,人民出版社,1997。

11. 汪子嵩、王太庆编:《陈康:论希腊哲学》,北京,商务印书馆,1990。

12. [德]E. 策勒尔:《古希腊哲学史纲》,翁绍军译,济南,山东人民出版社,1992。

13. [美]特伦斯·欧文:《古典思想》,覃方明译,沈阳,辽宁教育出版社,1998。

14. [古罗马]圣·奥古斯丁:《忏悔录》,周士良译,北京,商务印书馆,1987。

15. [法]帕斯卡尔:《思想录》,何兆武译,北京,商务印书馆,1995。

16. [法]拉美特利:《人是机器》,顾寿观译,北京,商务印书馆,1959。

17. [法]狄德罗:《狄德罗哲学选集》,江天骥等译,北京,商务印书馆,1983。

18. [法]霍尔巴赫:《健全的思想》,王荫庭译,北京,商务印书馆,2006。

19. [荷]斯宾诺莎:《伦理学》,贺麟译,北京,商务印书馆,1997。

20. [英]休谟:《人性论》,关文运译,北京,商务印书馆,1996。

21. [德]康德:《纯粹理性批判》,韦卓民译,武汉,华中师范大学出版社,2000。

22. [德]康德:《判断力批判》,邓晓芒译,北京,人民出版社,2002。

23. ［德］康德：《未来形而上学导论》，庞景仁译，北京，商务印书馆，1982。

24. ［德］费希特：《全部知识学的基础》，王玖兴译，北京，商务印书馆，1997。

25. ［德］谢林：《先验唯心论体系》，梁志学、石泉译，北京，商务印书馆，1976。

26. ［德］黑格尔：《哲学史讲演录》1—4卷，贺麟、王太庆译，北京，商务印书馆，1983。

27. ［德］黑格尔：《小逻辑》，贺麟译，北京，商务印书馆，1980。

28. ［德］黑格尔：《逻辑学》（下），杨一之译，北京，商务印书馆，1976。

29. ［德］黑格尔：《精神现象学》，贺麟、王玖兴译，北京，商务印书馆，1981。

30. ［德］黑格尔：《历史哲学》，王造时译，上海，上海书店出版社，1999。

31. ［德］费尔巴哈：《基督教的本质》，荣震华译，北京，商务印书馆，1997。

32. ［德］《费尔巴哈哲学著作选集》，荣震华等译，北京，商务印书馆，1984。

33.《马克思恩格斯选集》1-4卷，北京，人民出版社，1995。

34.《马克思恩格斯全集》第1卷，北京，人民出版社，1995。

35.《马克思恩格斯全集》第2卷，北京，人民出版社，2005。

36.《马克思恩格斯全集》第3卷，北京，人民出版社，2002。

37. 《马克思恩格斯全集》第 25 卷，北京，人民出版社，1974。

38. 《马克思恩格斯全集》第 27 卷，北京，人民出版社，1972。

39. 《马克思恩格斯全集》第 46 卷，北京，人民出版社，1979。

40. 马克思：《1844 年经济学—哲学手稿》，北京，人民出版社，2000。

41. 马克思、恩格斯：《神圣家族》，北京，人民出版社，1968。

42. 〔俄〕列夫·托尔斯泰：《艺术论》，丰陈宝译，北京，人民文学出版社，1958。

43. 〔丹〕克利马科斯（克尔凯郭尔）：《论怀疑者/哲学片断》，翁绍军、陆兴华译，北京，生活·读书·新知三联书店，1996。

44. 〔丹〕克尔凯郭尔：《基督徒的激情》，鲁路、冯文光译，北京，生活·读书·新知三联书店，北京，中央编译出版社，2001。

45. 〔德〕叔本华：《作为意志和表象的世界》，石中白译，北京，商务印书馆，1986。

46. 〔德〕尼采：《权力意志》，张念东、凌素心译，北京，商务印书馆，1994。

47. 〔德〕尼采：《希腊悲剧时代的哲学》，周国平译，北京，商务印书馆，1994。

48. 〔德〕尼采：《偶像的黄昏》，周国平译，北京，光明日报出版社，1996。

49. 〔法〕柏格森：《创造进化论》，肖聿译，北京，华夏出版社，2000。

50. 〔法〕柏格森：《时间与自由意志》，吴士栋译，北京，商务印书馆，1997。

51. 〔德〕狄尔泰：《体验与诗》，胡其鼎译，北京，生活·读书·新知三联书店，2003。

52. ［德］卡西尔：《人论》，甘阳译，上海，上海译文出版社，1992。

53. ［德］卡西勒：《启蒙哲学》，顾伟铭等译，济南，山东人民出版社，1988。

54. ［德］文德尔班：《哲学史教程》，罗达仁译，北京，商务印书馆，1997。

55. ［德］H·李凯尔特：《文化科学和自然科学》，涂纪亮译，北京，商务印书馆，1991。

56. ［德］胡塞尔：《欧洲科学的危机和超验现象学》，张庆熊译，上海，上海译文出版社，1988。

57. ［德］胡塞尔：《欧洲科学的危机与超越论的现象学》，王炳文译，北京，商务印书馆，2001。

58. ［德］胡塞尔：《内在时间意识现象学》，杨富斌译，北京，华夏出版社，1999。

59. ［德］胡塞尔：《经验与判断》，邓晓芒、张延国译，北京，生活·读书·新知三联书店，1999。

60. ［德］舍勒：《人在宇宙中的地位》，李伯杰译，贵阳，贵州人民出版社，1989。

61. ［德］舍勒：《舍勒选集》，上海，上海三联书店，1999。

62. ［奥］维特根斯坦：《逻辑哲学论》，张申府译，北京，北京大学出版社，1988。

63. ［奥］维特根斯坦：《哲学研究》，李步楼译，北京，商务印书馆，2000。

64. ［德］卡尔·雅斯贝斯：《生存哲学》，王玖兴译，上海，上海译文出版社，1994。

65. ［德］卡尔·雅斯贝尔斯：《存在与超越》，余灵灵、徐信华译，北京，生活·读书·新知三联书店，1988。

66. ［德］海德格尔：《存在与时间》(中文第 2 版)，陈嘉映译，北京，生活·读书·新知三联书店，1999。

67. ［德］海德格尔：《形而上学导论》，熊伟、王庆节译，北京，商务印书馆，1996。

68. ［德］海德格尔：《路标》，孙周兴译，北京，商务印书馆，2000。

69. ［德］海德格尔：《林中路》，孙周兴译，上海，上海译文出版社，1997。

70. ［德］海德格尔：《荷尔德林诗的阐释》，孙周兴译，北京，商务印书馆，2000。

71. ［德］海德格尔：《谢林论人类自由的本质》，薛华译，北京，中国法制出版社，2009。

72. ［德］海德格尔：《在通向语言的途中》，孙周兴译，北京，商务印书馆，1997。

73. 孙周兴：《海德格尔选集》，上海，上海三联书店，1996。

74. ［法］萨特：《存在与虚无》，陈宣良等译，北京，生活·读书·新知三联书店，1987。

75. ［法］萨特：《辩证理性批判》，陈伟丰等译，合肥，安徽文艺出版社，1998。

76. ［俄］别尔嘉耶夫：《人的奴役与自由》，徐黎明译，贵阳，贵州人民出版社，1994。

77. ［美］弗洛姆：《健全的社会》，孙恺详译，贵阳，贵州人民出版社，1994。

78. ［美］马尔库塞：《现代文明与人的困境》，李小兵等译，上海，上海三联书店，1989。

79. ［匈］阿格妮丝·赫勒：《日常生活》，衣俊卿译，重庆，重庆出版社，1990。

80. ［法］梅洛—庞蒂：《知觉现象学》，姜志辉译，北京，商务印书馆，2001。

81. ［美］威廉·巴雷特：《非理性的人》，杨照明、艾平译，北京，商务印书馆，1995。

82. ［德］伽达默尔：《真理与方法》，洪汉鼎译，上海，上海译文出版社，1999。

83. ［德］伽达默尔：《哲学解释学》，夏镇平、宋建平译，上海，上海译文出版社，1994。

84. ［德］哈贝马斯：《合法化危机》，刘北成、曹卫东译，上海，上海人民出版社，2000。

84. ［德］哈贝马斯：《后形而上学思想》，曹卫东、付德根译，南京，译林出版社，2001。

86. ［美］蒂利希：《存在的勇气》，成穷、王作虹译，贵阳，贵州人民出版社，1997。

87. ［德］鲁道夫·奥伊肯：《生活的意义与价值》，万以译，上海，上海译文出版社，1997。

88. ［德］兰德曼：《哲学人类学》，张乐天译，上海，上海译文出版社，1988。

89. ［法］让·华尔：《存在哲学》，翁绍军译，北京，生活·读书·新知
三联书店，1987。

90. ［德］拉纳：《圣言的倾听者》，朱雁冰译，北京，生活·读书·新知
三联书店，1994。

91. ［德］布尔特曼等：《生存神学与末世论》，李哲汇、朱雁冰等译，上
海，上海三联书店，1995。

92. ［英］约翰·希克：《宗教哲学》，何光泸译，北京，生活·读书·新
知三联书店，1988。

93. ［美］赫舍尔：《人是谁》，隗仁莲译，贵阳，贵州人民出版
社，1994。

94. ［加］查尔斯·泰勒：《现代性之隐忧》，程炼译，北京，中央编译出
版社，2001。

95. ［美］汉娜·阿伦特：《人的条件》，竺乾威等译，上海，上海人民出
版社，1999。

96. ［美］赫伯特·施皮格伯格：《现象学运动》，王炳文、张金言译，北
京，商务印书馆，1995。

97. ［德］费迪南·费尔曼：《生命哲学》，李健鸣译，北京，华夏出版
社，2000。

98. ［美］霍尔姆斯·罗尔斯顿：《环境伦理学》，杨通进译，北京，中国
社会科学出版社，2000。

99. ［美］霍尔姆斯·罗尔斯顿：《哲学走向荒野》，刘耳、叶平译，长
春，吉林人民出版社，2000。

100. ［德］欧文·拉兹洛：《第三个 1000 年：挑战与前景》，王宏昌、王裕棣译，北京，中国社会科学文献出版社，2001。

101. ［苏］弗罗洛夫：《人的前景》，王思斌、潘信之译，北京，中国社会科学出版社，1989。

102. ［法］弗朗索瓦·佩鲁：《新发展观》，张宁、丰子义译，北京，华夏出版社，1987。

103. ［日］岩佐茂：《环境的思想》，韩立新等译，北京，中央编译出版社，1997。

104. ［日］岩崎允胤：《人的尊严、价值及自我实现》，刘奔译，北京，当代中国出版社，1993。

105. ［德］汉斯·萨克塞：《生态哲学》，文韬、佩云译，北京，东方出版社，1991。

106. ［加］莱斯：《自然的控制》，岳长龄、李建华译，重庆，重庆出版社，1993。

107. ［英］凯蒂·索珀：《人道主义与反人道主义》，廖申白、杨清荣译，北京，华夏出版社，1999。

108. ［英］齐格蒙·鲍曼：《立法者与阐释者》，洪涛译，上海，上海人民出版社，2000。

109. ［美］波林·罗斯诺：《后现代主义与社会科学》，张国清译，上海，上海译文出版社，1998。

110. ［美］道格拉斯·凯尔纳、［美］斯蒂文·贝斯特：《后现代理论》，张志斌译，北京，中央编译出版社，2001。

111. ［英］阿伦·布洛克：《西方人文主义传统》，董乐山译，北京，生活·读书·新知三联书店，1997。

112. ［英］安东尼·弗卢等：《西方哲学讲演录》，李超杰译，北京，商务印书馆，2000。

113. ［德］比梅尔：《海德格尔》，刘鑫、刘英译，北京，商务印书馆，1996。

114. 熊伟：《存在主义哲学资料选辑》（上），北京，商务印书馆，1997。

115. 宋继杰：《Being 与西方哲学传统》，保定，河北大学出版社，2002。

116. ［匈］卢卡奇：《历史与阶级意识》，杜章智译，北京，商务印书馆，1996。

117. 复旦大学哲学系编：《西方学者论〈1844 年经济学—哲学手稿〉》，上海，复旦大学出版社，1983。

118. 涂纪亮编：《当代美国哲学论著选译》（第 2 集），北京，商务印书馆，1991。

119. 梁漱溟：《中国文化要义》，上海，学林出版社，1987。

120. 牟宗三：《圆善论》，台北，台湾学生书局，1985。

121. 汪子嵩：《亚里士多德关于本体的学说》，北京，生活·读书·新知三联书店，1982。

122. 张世英：《天人之际》，北京，人民出版社，1995。

123. 张世英：《进入澄明之境》，北京，商务印书馆，1999。

124. 许倬云：《中国文化与世界文化》，贵阳，贵州人民出版社，1991。

125. 高清海：《哲学的憧憬》，长春，吉林大学出版社，1995。

126. 叶秀山：《前苏格拉底哲学研究》，北京，生活·读书·新知三联书店，1982。

127. 叶秀山：《苏格拉底及其哲学思想》，北京，人民出版社，1986。

128. 叶秀山：《思·史·诗》，北京，人民出版社，1988。

129. 赵敦华：《西方哲学通史》（第1卷），北京，北京大学出版社，1996。

130. 赵敦华：《基督教哲学1500年》，北京，人民出版社，1994。

131. 庞学铨：《存在范畴探源》，上海，上海三联书店，1994。

132. 邓晓芒：《思辨的张力》，长沙，湖南教育出版社，1998。

133. 李德顺：《价值论》，北京，中国人民大学出版社，1987。

134. 俞吾金：《生存的困惑》，上海，上海文化出版社，1993。

135. 俞吾金：《实践诠释学》，昆明，云南人民出版社，2001。

136. 张汝伦：《海德格尔与现代哲学》，上海，复旦大学出版社，1995。

137. 倪梁康：《胡塞尔现象学概念通释》，北京，生活·读书·新知三联书店，1999。

138. 张祥龙：《海德格尔思想与中国天道》，北京，生活·读书·新知三联书店，1996。

139. 张祥龙：《从现象学到孔夫子》，北京，商务印书馆，2001。

140. 冯平：《评价论》，北京，东方出版社，1995。

141. 张曙光：《生存哲学》，昆明，云南人民出版社，2001。

142. 刘立群：《超越西方思想》，北京，社会科学文献出版社，2000。

143. 杨大春：《沉沦与拯救——克尔凯郭尔的精神哲学研究》，北京，人民出版社，1995。

144. 高秉江：《胡塞尔与西方主体主义哲学》，武汉，武汉大学出版社，2000。

145. 徐嵩龄主编：《环境伦理学进展：评论与阐释》，北京，社会科学文献出版社，1999。

146. 郑家栋：《断裂中的传统》，北京，中国社会科学出版社，2003。

147. 杨学功：《本体论哲学批判》，博士学位论文，中国社会科学院，2001。

148. 邹诗鹏：《人学的生存论基础》，武汉，华中科技大学出版社，2001。

149. 邹诗鹏：《实践-生存论》，南宁，广西人民出版社，2002。

150. 金克木：《试论梵语中的"有——存在"》，载《哲学研究》，1980(7)。

151. 余纪元：《陈康与亚里士多德》，载《北京大学学报》，1992(1)。

152. 余纪元：《亚里士多德论 ON》，载《哲学研究》，1995(4)。

153. 黄楠森、丛大川：《本体论能否成为一门相对独立的科学》，载《哲学研究》，1985(12)。

154. 王太庆：《我们怎样认识西方人的'是'?》，载《学人》(第四辑)，南京，江苏文艺出版社，1998。

155. 赵敦华：《"是"、"在"、"有"的形而上学之辩》，载《学人》(第四辑)，南京，江苏文艺出版社，1998。

156. 王路：《如何理解"存在"?》，载《哲学研究》，1997(7)。

157. 汪子嵩、王太庆：《关于"存在"和"是"》，载《复旦学报》，2000(1)。

158. 萧诗美：《西方哲学的 Being 只能从是去理解》，载《武汉大学学报》，2000(1)。

159. 颜一：《实体(ousia)是什么?》，载《世界哲学》，2002(2)。

160. 奥尔特：《胡塞尔的"生活世界"概念及其文化政治困境》，邓晓芒译，载《哲学译丛》，1994(5)。

161. 于尔根·莫尔特曼：《20世纪神学的历程》，载《基督教哲学评论》（第4辑），贵阳，贵州人民出版社，1994。

162. 怀尔德·约翰·丹尼尔：《存在主义的挑战》，载《当代美国哲学论著选译》（第2集），北京，商务印书馆，1991。

163. 张汝伦：《存在的实践哲学》，载《中国现象学与哲学评论》（第1辑），上海，上海译文出版社，1995。

164. 张志杨：《悼词与葬礼：评德法之争》，载《中国现象学与哲学评论》（第1辑），上海，上海译文出版社，1995。

165. 张灿辉：《诠释与此在》，载《中国现象学与哲学评论》（第2辑），上海，上海译文出版社，1998。

166. 梦海：《存在的两极：理性与生存——论雅斯贝尔斯的理性生存哲学》，见湖北大学哲学研究所《德国哲学论丛》编委会编：《德国哲学论丛》(1996~1997)，北京，中国人民大学出版社，1998。

167. 张庆熊：《生活世界是科学和哲学的出发点和归宿》，见《中国现象学与哲学评论》（第2辑），上海，上海译文出版社，1998。

168. 默迪：《一种现代的人类中心主义》，载《哲学译丛》，1999(2)。

英文部分

1. C. H. Kahn, *The Greek Verb to be and the Conception of Being*, Foundations of Language, 1966(2).

2. W. G. F. Williams, *What is existence*, Oxford, 1981.

3. J. Burnet, *Early Greek Philosophy*, London, 1945.

4. K. Freeman, *The Presocratic Philosophers*, Oxford, 1959

5. Wilhelm Windelband, *An Introduction of Philosophy*, London, 1921.

6. W. D. Ross, *Aristotle's Metaphysics*, Oxford, 1924.

7. J. Owens, *The Doctrine of Being in the Aristotlian Metaphysics*, Toronto University Press, 1957.

8. P. Morewedge ed. , *Philosophy of Existence Ancient and Mediaval*, New York, 1982.

9. Ernist Breisach: *Introduction to Modern Existentialism*, New York, Grove Press, 1961.

10. Robert Bretall ed. , *A Kierkegaard Anthology*, Princeton University Press, 1946.

11. Karl Jaspers, *Philosophy*, Routinge Books, 1972.

12. Karl Jaspers: *Reason and Existencz*, Noonday Press, New York, 1955.

13. Wittgenstein. Ludwig, *The Blue and Brown Books*, Oxford University Press, 1982.

14. Heidegger. Martin, *Existence and Being*, New York, 1962.

15. Heidegger. Martin, *An Introduction to Metaphysics*, Yale University, 1959.

16. Heidegger. Martin, *Basic Writings*, Harper and Row Publishers, New York, 1977.

17. Heidegger. Martin, *On the Way to Language*, Harper and Row Publishers, New York, 1971.

18. Werner Brock ed. , *Existence and Being* , Routindge Books，1984.

18. William Barrett，*Irrational Man*：*A Study in Exuistential Philosophy*，Anchor Books，New York，1962.

19. Erich Fromm：*To have or to Be*？New York，1976.

20. Rüdiger Bubner，*Modern German Philosophy*，Cambridge University Press，London，1981.

21. Foucault. Michel：*The Order of Things*：*An Archaeology of the Human Sciences*，Vintage Books，New York，1973.

22. Hans-Georg Gadamer：*Truth and Method* , New York，1992.

23. Derrida. Jacques，*Positions*，Chicago University Press，1982.

24. Walter Kaufmann：*From Shakespeare to Existentialism*，Doubleday & Company，Inc. Garden City，New York，1960.

25. Calvin O. Schrag：*Existence and Freedom—Towards an Ontology of Human Finitude* ，Northwestern University Press，1961.

26. John Macquarrie *Existentialism*，Penguin Books，New York，1972.

27. Harold H . Oliver：*A Relational Metaphysic* ，Boston University，1981.

28. M. k. Munitx，*Existence and Logic* , New York University Press，1974.

29. Archie J. Bahm：*Metaphysics*，*An Introduction*，Albuquerque，New Mexico，1974.

后　记

　　书即将出版，作者通常总要在后记里说些话的。我也是有话要说。

　　当下是一个让人眩晕的年代，人们经常让各种感觉弄得"找不着北"。连一向沉静从容的哲学也有些沉不住气。记得若干年前参加一次哲学专业研究生答辩，研究生本人提出了"理性的转向"，答辩委员会的一位老师竟把"转向"念成了"zhuàn xiàng"，引得一番窃笑。仔细想一想，这位老师真有点"冤"，最近这些年来哲学界"创造"出来了种种转向（诸如人的转向、实践观转向、生活世界转向、价值哲学转向、文化哲学转向、语言学转向、社会哲学的转向、解释学转向、技术哲学转向、历史哲学转向、政治哲学转向、后现代转向、修辞学转向，应用伦理学转向等，有兴趣的读者还可以继续添加），而许多"转向"都被认为是开辟了哲学的新方向，大有令哲学改天换地之势！想想真是很滑稽，一下子冒出这么多"转向"，不让人"晕头转向"才怪呢！

为探索当代哲学的自我理解问题，特别是存在论在当代哲学中的表现形式，笔者多年以来一直致力于当代哲学的生存论转向研究。在笔者看来，生存论转向的实质是当代哲学的存在论变革，其实践意义则在于深刻揭示了全球时代人类文明的新的转型，包括对东西方文化传统创造性转换的生存论阐释。但是，这一由克尔凯郭尔提出、并在当代生存哲学中拓展开来的问题，并没有充分地凸显其哲学的、文化的与社会历史的意义。基于这一背景，在近些年的研究与著述中，我不断在强化"转向"。但是，当"转向"的声浪已成为种种形式的口号或姿态，并且对"转向"的各种过于单一的定位及其理解已经掩盖甚至抹杀了当代哲学的丰富内涵时，我开始感到一种深深的疑虑①。坦率地讲，目前国内对生存论研究所做的各种批判，并不都是令人信服的，但其中有一种意见则是我所赞同的，这种意见认为生存论哲学在重视当代哲学的存在论变革时，过分强化了当代哲学与传统哲学的断裂。我的生存论转向研究，则是既包含向"前"推进的维度，也包含使哲学生存论获得历史与传统支撑的"生存论回复"的努力。正是基于此，当张汝伦先生提出能否调整一下书名（原书名即《生存论转向》）时，我完全接受了建议，并取用了现在这样一个相对平实的书名。

---

① 相对于"生存论转向"这一提法而言，吴晓明等先生把当代哲学的存在论变革称为"生存论路向"，显得更为精当。

　　这里不妨把这些年来笔者对生存论转向的关注与探索做一点交代。在 20 世纪 90 年代中期，那时笔者在长春，在勤勉但也多少有点漫无目的的学术积累过程中，试图找一个较新颖的方向，谋一点看起来还算有点前景的学术活路。当时，在听一些年长的先生及学者们谈论问题时，渐渐感到生存论转向是一个虽时常被提及、但在学术路向上并没有得到清理的话题①。因为这也是我自己感兴趣的领域。意识到此，笔者感到很振奋，觉得若在这一问题上花些工夫，或能有所收获。有了这种想法，我就一头扎了进去，实际上这些年的主要研究领域就是哲学生存论。

　　其实，整个研究工作存在着相当大的难度，生存论研究看起来是很"硬"的领域，也要求具有相当的学术素养与思想深度。在高清海、孙正聿以及导师张维久先生的指导下，我完成了题名为《实践-生存论》的博士学位论文，初步提出了"实践-生存论"论的理论构想，其中在生存语言谱系以及当代哲学生存论转向的理路方面花了些工夫，得到了一些专家的好评（该书已于 2002 年由广西人民出版社出版）。当时有多位友人告诫我值得在这一问题上进一步用功。我自己也明确意识到了。1999年以后，我到武汉大学哲学系从事博士后研究以及后来在华中科技大学哲学系执教，便把主要的精力放到了这一问题上。研究得到了合作导师欧阳康先生以及武汉大学哲学系博士后流动站众多先生的指导。如果说，当时的博士学位论文还只是一种初步的导论形式，或者说是开了一

---

　　① 顺便说一句，最近几年总有人在分辨究竟在当代中国谁先提出生存论转向，似乎这涉及一个特别重要的学术专利似的，或者要由此确定国内方兴未艾的生存论哲学研究的第一人，实际上，作为一个在民间流行了多年的话题，这笔账是很难算清的。

个看起来还不错的头的话，那么，本部著作无论是在一些研究细节方面，还是在整体的理论工夫方面都有了实质性的进步。

我在生存论领域的研究工作得益于目前学术界的三大气候。一是近些年来马克思哲学当代性的研究趋向，这一趋向积极促成和推进了马克思哲学与当代西方哲学的比较研究，笔者是这一研究的积极参与者，更是这一研究及其成果的受益者。特别值得指出的是，近年来国内西哲及马哲界关于 to be 及 Ontology 问题发表的大量成果给我提供了丰富的营养。二是国内正在兴起的具有重要意义的现象学研究，我不是现象学专家，但我认为我的研究所运用的方法正是现象学方法。充分重视现象学方法在生存论哲学研究中的重要作用，本身也是我所在的华中科技大学生存哲学研究群体的基本共识。但是，与此同时，我又与现象学保持一种谨慎的"距离"，毕竟，通向或展开现代思想之路还有许多。三是学界对于经济全球化问题以及文化传统的创造性转换的研究，笔者由此形成了一种强烈影响着自己研究活动的识见：在西方文化的当代转换与非西方文化传统的创造性转换之汇合处，必然是存在论的对话与融通。

近些年，在构建当代中国语境中的生存哲学研究方面，张曙光先生是重要的开拓者，也是一位难得的良师益友，我们在这一领域经常探讨，我在很多具体问题的理解上受益于他的见识与启发。刘怀玉先生、张廷国先生、萧诗美先生先后审读或部分审读过书稿，并提出了大量建设性意见，谨致衷心的感谢！本书涉及的一些古希腊、拉丁文以及德文等专业术语及其汉译问题，笔者先后请教过林志纯先生、靳希平先生、邓晓芒先生、彭富春先生、杨学功先生。美国天主教大学终身教授麦克林先生，一并致以深深的谢意！

生存论是一个值得下功夫的领域，希望有更多的人士进入这一领域，辛勤耕耘并有所收获。正因为如此，我也由此吁请人们保护好这一领域（现在已有不少本来很有前景的领域因为研究者的恣意耕作而变成了"废地"）。实际上，生存论并不是什么新的研究领域，它本身就是古老的存在论哲学在当代的表现形式，在当代哲学与文化背景下对存在论的分析、阐释与体贴，就是生存论研究。在这个意义上，所谓生存哲学，就是哲学本身，但哲学却并不局限于生存哲学。人人都在以自己的方式进入生存论，但未必都要打着生存哲学的旗号，反过来说，打着生存哲学的旗号，未必就是在从事生存论研究（笔者对李德顺先生近些年关于学术研究要"多栽树、少插旗"的呼吁十分赞成）。老实说，生存论研究并不在于研究者必须奉献出或从这个领域拿走多少"成果"，而在于是否由此深化了人类对自身生存智慧的反思与认识！

邹诗鹏
2005 年 5 月于武昌喻家山

再版后记

　　《生存论研究》初版于 2005 年。十多年来，拙著产生了一定的学术效应，目前在市场上已难觅踪影。现有幸纳入北京师范大学出版社的相关书系予以再版，作者自是十分感激和欣慰！

　　这次再版，除了进行一些文法、编辑体例以及个别表述上的修正，在内容上未作修改。一个重要原因是不那么容易做大的修改。拙著出版以来的这些年里，笔者一直在继续和深化生存论的研究，相继出版了《转化之路——生存论续探》《虚无主义研究》，连同一批学术论文，在这一领域用力并不小。尤其是《虚无主义研究》，本质上就是面向时代精神及其问题的生存论分析，此著前前后后耗去 10 年时间。就是说，在拙著出版之后，作者在同一领域所做的诸多探索，都已经反映在相应的著述中。因此，这次再版若真要做修改，实不太可行，除非完全推倒重来，但目前显然没有如此颠覆性的想法。因此，不如依原版出版。当然还有一个实际的、但却是较弱的原因：这些年来，笔者的研究实际上发生了一定的拓展与转变，即拓展并转向社会政治理论以及马克思主义理论史研究，包括国外马克思主义及其激进理论的前沿研究，还有民族理论以及中华民族共同体研究等，研究面铺得较大，目前精力实有些顾不过来。

而且，就当下生存论的研究状况而言，很有必要依其初版原样出版。世纪之交，一批中国哲学学者尤其是马克思主义哲学学者，尝试在生存论研究方面展开一些探索与创造。其中，拙著的特点正在于从生存论的根基处展开探究。应当说，这样的探讨以及由此揭示的马克思哲学的存在论结构，迄今为止依然是学术界研讨的主题，在许多场合还是有待消化和开放的主题，其对相关人文社会科学的意义，也有待于彰显和阐释。看上去，时下生存论研究已经变成显学，甚至成为相关人文学科套用的术语。然而，这种"显学化"以及术语的套用，时常是以对论域本身的想当然的误会为前提的。事实上，当枝蔓和新的话语不断出现，以至于遮蔽掉地基时，就必然要求回返原初的地平与论域。

有一类学术，转来转去，总还是在起始处徘徊，真是无解！

邹诗鹏
2021 年 8 月于复旦大学光华楼

图书在版编目（CIP）数据

生存论研究 / 邹诗鹏著. —北京：北京师范大学出版社，
2021.12

（走进哲学丛书）

ISBN 978-7-303-27339-3

Ⅰ.①生…　Ⅱ.①邹…　Ⅲ.①马克思主义哲学—研究
Ⅳ.①B0-0

中国版本图书馆 CIP 数据核字（2021）第 221309 号

营　销　中　心　电　话	010-58805385
北 京 师 范 大 学 出 版 社 主题出版与重大项目策划部	http://xueda.bnup.com

SHENGCUNLUN YANJIU

出版发行：北京师范大学出版社　www.bnup.com
　　　　　北京市海淀区新街口外大街 19 号
　　　　　邮政编码：100875
印　　刷：鸿博昊天科技有限公司
经　　销：全国新华书店
开　　本：730 mm×980 mm　1/16
印　　张：33.25
字　　数：379 千字
版　　次：2021 年 12 月第 1 版
印　　次：2021 年 12 月第 1 次印刷
定　　价：128.00 元

策划编辑：饶　涛　祁传华　　责任编辑：林山水
美术编辑：王齐云　　　　　　装帧设计：王齐云
责任校对：陈　民　　　　　　责任印制：赵　龙